신론과 죄론

신론과 죄론

초판 1쇄 발행 2024년 5월 20일

지은이 조길봉
펴낸이 황성연
펴낸곳 하늘기획
출판등록 제306-2008-17호
주소 경기도 파주시 광탄면 혜음로883번길 39-32

전화 031- 947-7777
팩스 0505-365-0691
디자인 조윤정
편집 박상진
마케팅 이숙희, 최기원
제작 관리 이은성, 한승복

ISBN 979-11-92082-097 03230

이브리어 단어별 해설로
새롭게 알아가는

신론

죄론

지은이 조길봉
Writer Shepherd Cho Gil-Bong

이브리어 단어별 합성어 해설 연구원
A research Institute of compound words for each Ebrew word

신론과 죄론은 조직신학의 핵심이다. 조직신학에서 다루지 못한 부분들을 해설하였다. 영이신 하나님을 론(論) 하는 것 자체가 어리석고 불가능하다. 단 원어성경에 드러난 것들을 이브리어 단어별 합성어해설을 하였다. 신론을 통하여 그동안 알지 못하였던 영이신 하나님과 그 칭호들 속에 담긴 의미들과 죄론을 통하여 솨탄을 쉽게 알아가는 교과서가 될 것이다. 예슈아(예수)께서 복음을 전파하시면서 아버지의 이름을 알게 하였고 내가 알게 하였다고 말씀하셨다.

이브리어 단어별 합성어해설로 원어성경의 본질로 돌아가려고 하였다. 단어별해설은 원어성경의 본질을 올바르게 이해할 수 있다. 청교도Puritan 개혁은 원어성경의 본질로 돌아가는 혁명이다. 각 나라의 국어는 그 나라의 민족성과 토착문화가 깊이 자리를 잡고 있다. 그래서 원어성경을 왜곡번역하게 된다. 대한민국은 한자, 영어, 유교, 불교, 샤머니즘의 영향을 받아서 혼합종교화 되어 있어 지극히 기복신앙을 추구한다. 이브리어를 가장 쉽게 이해하고 정통적으로 깨달으려면 이브리어 단어별 합성어해설만 한 것이 없다. 이브리어와 헬라어만이 성경의 본질이다. 킹제임스 성경을 비롯하여 세계각국어의 성경들은 불완전하다. 이브리어와 헬라어를 각국어로 완전하게 번역할 수가 없기에 더욱 그렇다. 영어와 한자가 이브리어와 헬라어를 망쳐놓은 곳이 적지 않다. 신론과 죄론을 이브리어 단어별 합성어해설을 5가지 중심을 가지고 하였다.

1. 이브리어 모든 단어를 모음어로 새롭게 하였다.

한글번역 성경은 이브리어 모음어가 아닌 곳이 많다. 고유명사까지 모음어가 아니다. 더 이상 성도들을 속여서는 안된다. 고유명사(에하흐, 예슈아), 인명, 지명, 국명, 동물명, 식물명 등)는 시대와 국가를 넘어 불변하다. 모음어는 다소 불완전한 면이 있지만 이브리어 단어별 합성어해설은 자음만 해설하므로 그 의미가 명확하다.

2. 본문 중심으로 해설하였고 이브리어 단어별 합성어해설을 하였다.

헬라어는 사전적 의미는 있으나 상형문자가 아니므로 이브리어만 단어별 합성어해설을 하였다. 단어는 같지만 본문이 바뀌면 해설도 달라진다.

3. 이브리어 단어별 합성어해설은 성경구절로 주를 달았으므로 연구나 설교, 성경공부를 하는데 유용하게 하였다.

성경 70권(시편을 5권으로)은 모든 성경을 해설하는 원리원칙의 중심이며 최상의 주석이다. 웨스터민스터 신앙고백서 제 1장 9항. '성경 해석의 규칙은 성경 그 자체 임.' '9항 성경 해석을 위한 무오한 법칙은 성경자체이다. 그러므로 어떤 성경구절의 참되고 완전한 의미에 대하여 의문이 생긴 때에는(참되고 완전한 의미는 여럿이 아니고 하나뿐임)보다 분명하게 말하고 있는 다른 구절을 통해서 연구하고 알아내야한다'고 하였다.

4. 이브리어 단어별 합성어해설은 초등학문이나 학자의 견해나 추정을 배제(排除)하고 오직 원어성경해설을 하였다.

신론과 죄론에 대한 이브리어 단어별 합성어해설은 초교파적으로 인용하며 가르칠 수 있는 장점이 있다. 사전적 의미로 해설하였기 때문에 원어성경의 본질적해설이다. 교단이 다양하지만 사전적 의미들은 모든 교단이 인용한다. 그러므로 안심하고 선지식을 내려놓고 본서를 대하라고 권한다. 본서는 이브리어를 전공하지 않은 목회자, 신학생, 성도들이 쉽게 이해하도록 해설하였다.

5. 신령한 영적 단어별 합성어해설을 하였다.

엘로힘, 루바흐 엘로힘, 에하흐 엘로힘 얼굴 앞에서 겸손하게 무릎을 꿇었다. 그 무엇이라도 그분 앞에 내세우지 않았다. 오직 생명진리의 말씀만 나타내려고 하였다. 가장 영적인 것은 하나님에 의해 영감으로 기록된 70권 성경(시편을 5권으로)이다. 교단마다 다양한 기존의 선지식(고정관념)들은 신지식을 받아들이는데 거침돌이 된다. Protestant 교단들마다 깨닫고 세워가는 성경진리들을 서로가 세워주고 가르치는 자가 진실한 목자와 감독이다. 40여명의 성경기록자들이 다른 성경기록자들을 비판하지 않았다.

죄론이 모든 성도들에게 중요한 분명한 이유가 있다. 개혁교회는 죄 사함을 강조한다. 죄 사함을 받아야 영생구원을 받고 하나님의 왕국에 들어간다. 예슈아(예수 이브리어 모음어)을 믿으면 구원을 받는다. 예슈아께서 자기의 죄를 대신하여 저주의 십자가에서 대리적 속죄의 희생물이 되셨다는 것을 믿는 자는 반드시 회개, 회심의 과정을 거친다. 한글번역 성경과 원어의 사전적 의미에도 어떤 죄인지, 명확하지 않다. 그러나 이브리어 단어별 합성어해설을 하면 죄명이 무엇인지 명확하게 알 수가 있다. 죄는 곧 솨탄마귀요 속성이다. 죄론에 바로 설 때 보이지 아니하는 영물인 솨탄마귀들과의 싸움에 승리할 수가 있다. 죄(솨탄마귀)와 관련된 단어들이 약 50~60여개가 있다. 본서에서는 10개 단어 외 다수를 해설하였다.

죄론(罪論)이 잘못되면 올바른 회심(회개)을 할 수 없고 죄 사함을 받지 못하면 영생구원을 받지 못한다. 죄와 죄의 열매로 수많은 영혼들이 저주의 영멸지옥으로 떨어지고 있다. 본서를 통하여 영혼들을 구원으로 이끌게 되기를 바란다.

이브리어 단어별 합성어해설을 하면서 많은 것을 깨닫게 되어 이 비밀의 복음을 혼자만 알고 있기보다는 진리를 사모하는 자들과 나누고자 해설을 시작하여 출간하게 되었다. 모든 영광을 루바흐 엘로힘께 올려드린다.

목차

| 신론

| 죄 론

I 신론

01. 영이신 하나님을 계시(ἀποκάλυψις 602, 아포칼립시스-덮개를 벗김, 드러남, 계시, 이전에 감추인 것을 나타냄)하시는 이름

(1) 이름의 단어는 솀 שֵׁם (8034, 솀-이름)이다.

솀의 사전적 의미는 쉰-이빨, 형상, 모양, 올바름이다. 멤-물, 진리, 사역, 열린 자궁, 열린 계시, 닫힌 자궁, 닫힌 계시이다.

솀 간략해설

영이신 하나님은 형상과 모양이 없으시지만 실존하여 계시며 그 증거로 필수적인 생명진리의 말씀으로 사역하고 계심을 이름들로 알려주셨다. 처음으로 알려주신 영원한 이름과 기억할 칭호는 '엘로힘(남성복수 하나님, 남성복수 하나님이란 모든 만능들이신 하나님, 모든 권능들, 권세들, 힘들이신 하나님 등) 에하흐(여호와 고유명사, 영이신 루바흐 엘로힘 께서는(창1:2) 생명과 능력으로 영원히 실존하시며 예슈아의 생명과 연결되어 실존하심을 나타는 칭호)'이다(출 3:15).

'하나님(엘로힘)이 또 모세에게 이르시되 너는 이스라엘 자손에게 이같이 이르기를 너희 조상의 하나님(엘로힘) 여호와(에하흐) 곧 아브라함의 하나님(엘로힘), 이삭의 하나님(엘로힘), 야곱의 하나님(엘로힘)께서 나를 너희에게 보내셨다 하라 이는 나의 영원한 이름이요 대대로 기억할 나의 칭호니라'(출 3:15)고 하였다. 해설은 성경의 순서대로 엘로힘(창1:1), 루바흐 엘로힘(창1:2), 에하흐 엘로힘(창2:4), 순으로 한다.

영이신 하나님을 계시하시는 이름들은 그 자체로 실존하고 계시다는 증거이다. 독립성, 자존성, 주권성, 유일성, 만능으로 인격(지정의)적 통치와 활동의 강력한 표현들이며 구원하시고 구출하시며 구조하시고 죄 사함과 영생구원과 복을 주시는 이름들이다. 보이지 아니하시는 영이신 하나님을 의식하며 실존하시는 하나님을 부를 수 있도록 이름과 칭호를 알려주셨다. 영이신 하나님의 칭호를 차례대로 해설한다는 것이 부담스럽지만 이브리어 단어별 합성어해설은 이브리어 사전적 의미와 상형문자의미 중심으로 하기에 성경본질의 해설이다.

(2) 영이신 하나님의 이름

하나님은 누구신가?

하나님은 영이시다(요 4:24, 창 1:2).

하나님은 영이시므로 육안으로 볼 수가 없는 분이시다(출 33:20(18-23), 딤전 6:16, 계 1:16-17, 행 9:3-9)

프로스 티모테온 알파 Πρὸς Τιμόθεον α' 그람마γράμμα(딤전) 6:16 '오직 그에게만 죽지 아니함이 있고 가까이 가지 못할 빛에 거하시고 어떤 사람도 보지 못하였고 또 볼 수 없는 이시니 그에게 존귀와 영원한 권능을 돌릴지어다 아멘'이라고 하였다.

하나님은 영이시므로 특별한 이름이 없으시다. 영이시기에 사람들이 부르기에 합당한 이름을 공식적으로 친히 말씀하셨다.

그 공식적인 이름은 '엘로힘 에하흐'이시다(출3:13-15).

쉬모트세페르(출) 3:14 '엘로힘께서 모세에게 그가 계속 말씀하시기를 나는 생명으로 실존하고 있었으며 나는 생명으로 실존하고 있다 하는 자, 그가 말씀하시기를 너는 이렇게 이스라엘 아들들에게 내가 항상 생명으로 실존하고 있다는 것을 말하라고 그가 나를 너희에게 보내셨다'라고 하였다.

영으로 실존하시는 당신의 전지전능하심을 사람들에게 알리시기 위하여 영이신 하나님은 이런 분이시다는 칭호, 또는 속성을 통하여 알려주셨다. 필자가 발견한 영이신 하나님의 칭호들, 속성들은 교회에서 보편적으로 사용하고 있는 것이다. 이것들을 종합적으로 정리하여 해설하였다.

● 영이신 하나님을 대표하는 칭호들

① **엘로힘**(창 1:1).

② **루바흐 엘로힘**(창 1:2).

③ **에하흐 엘로힘**(창 2:4).

④ **엘**(창 14:18).

⑤ **아도나이**(창 15:20).

⑥ **예슈아**(창 49:18).

성경의 나오는 순서를 따라서 해설을 한다.

02. 엘로힘이시다(창1:1)

엘로힘 אֱלֹהִים (430 엘로힘-일반명사 남성복수, 하나님, 신들, 모든 능력들이신 하나님)이다.

'엘로힘'이 고유명사가 아니고 일반명사인 것은 이방신들에게도 쓰였다(창35:2, 출23:13). 헬라어 하나님 θεός(2316 데오스-하나님, 이방신, 행 12:22, 행 28:6, 살후 2:4)과 영이신 하나님 πνεῦμα(4151 프뉴마-영, 바람, 생기, 미혹의 영, 세상의 신, 고전 2:12, 고후 4:4, 엡 2:2, 요일 4:6)도 명사로 사용되었다. '데오스' 이브리어역어는 '엘로힘이다.

◆ 베레쇠트 בראשית 세페르סֵפֶר(창) 1:1 태초에 하나님(엘로힘)이 천지를 창조하시니라.

원문 : **베레쇠트 בראשית 세페르סֵפֶר(창) 1:1**
בְּרֵאשִׁית בָּרָא אֱלֹהִים אֵת הַשָּׁמַיִם וְאֵת הָאָרֶץ׃

직역 : **최초에 그가 창조하셨다 엘로힘 본질의 실체 그 하늘들 본질의 실체**

문장정리 : **최초에 엘로힘께서 그 하늘들의 본질의 실체와 그 땅의 본질의 실체를 그가 만드셨다**(창조).

◆ 이브리어 단어별 사전적 의미

רֵאשִׁית (7225 레쉬트–첫째, 처음, 시작, 최초, 최상의 것) בְּרֵאשִׁית **전치사–명사 여성 단수**

בָּרָא (1254 바라–그가 만들다, 그가 창조하다) בָּרָא **칼 완료 3인 남성 단수**

אֱלֹהִים (430 엘로힘–하나님, 신들, 일반명사 남성복수 하나님의 의미는 모든 것들의 만능이신 하나님, 모든 강함들이신 하나님, 모든 권능과 권세들이신 하나님, 지혜들과 주권들이신 하나님 등등) אֱלֹהִים **일반명사 남성 복수**

אֵת (853 에트–번역 불가능한 불변사, 본질, 실체, 진수) אֵת **대격표시어**

שָׁמַיִם (8064 솨마임–그 하늘들) הַשָּׁמַיִם **관사–명사 남성 쌍수**

אֵת (853 에트–번역 불가능한 불변사, 본질, 실체, 진수) וְאֵת **접속사–대격표시어**

אֶרֶץ (776 에레츠–이 땅) הָאָרֶץ׃ **관사–명사 여성 단수**

엘로힘 해설

'엘로힘' אֱלֹהִים (430, 엘로힘의 사전적 의미는 하나님, 신들이다. 명사남성복수, 하나님의 의미는 모든 것들의 만능이신 하나님, 모든 강함들이신 하나님, 모든 권능과 권세들이신 하나님, 지혜들과 주권들이신 하나님 등등)이다.

영이신 하나님은 엘로힘이시다.

영이신 하나님을 엘로힘이라고 칭하신 것은 모든 것들의 만능이신 하나님, 모든 강함들이신 하나님, 모든 권능과 권세들이신 하나님, 지혜들과 주권들이신 하나님 등등이시다는 것을 알려주시려는 것이다.

엘로힘 하나님을 처음 알려주신 곳이 창세기 1장1절이다.

창세기 1장1절에서는 만물창조의 만능들이신 엘로힘 하나님이시다는 것을 알려주신 것이다. 창세기 1장2절에서는 루바흐(영이신 하나님) 엘로힘이라고 하여 루바흐와 엘로힘은 하나(일체(一體))라는 것을 알려 주신 것이다.

엘로힘은 모든 힘들과 모든 능력들과 모든 강함들이신 하나님이라는 남성복수형이다. 보통은 유일하신 하나님, 한분이신 하나님, 전지전능하신 하나님 등등으로 가르쳐왔다. 그러나 엘로힘을 남성복수형으로는 가르쳐주지 않았다.

하나이신 유일한 하나님을 복수형 엘로힘이라고 하신 것은 첫째는 영이신 하나님을 한분의 하나님으로 설명하기가 쉽지 않아서이다. 이해의 범위를 넓혀 놓으셨다. 둘째는 엘로힘 단어 안에 루바흐(영이신 하나님)와 에하흐(여호와)와 예슈아(예수)를 담아 놓으셨다. 신학적 용어로 말하면 삼위일체는 성부하나님, 성자하나님, 성령하나님이라고 한다. 성부(아버지)는 '아브' אָב (1, 아브-아버지 father)해설에서 예슈아(예수)께서 아버지라고 부르신 그 아비지가 누구신지를 상세하게 해설한다.

지금까지는 성부하나님, 성자하나님, 성령하나님이라고 사용하여 왔다. 그러나 생각하여보라. 자식이 없는 아버지는 없다. 그리고 하나님은 영이시라는 것을 언제나 잊지 말아야한다. 순서가 바뀌었다고 해서 삼위일체의 교리가 훼손 되는 것은 아니다. 그러므로 성경중심으로 삼위일체교리를 말하려면 루바흐(영)하나님, 예슈아(예수)하나님, 아브(아버지)하나님 이래야 한다.

이렇게 가르쳐도 삼위일체 하나님의 절대주권과 엄위함과 장엄함이 바뀌는 것이 아니다. 망령되이 일컫는 것도 아니다. 그래서 선지식(고정관념)을 내려놓지 아니하면 신지식의 복음이 이상하게 보인다. 이상한 것이 아니라 처음 듣기 때문일 뿐이다.

삼위일체를 증명하는 성경들을 보라.

베레쇠트 בראשית 세페르סֵפֶר(창) 1장2절에 '루바흐 엘로힘'이라고 하여 ① '영이신 루바흐와 엘로힘'은 하나라로 연결하였다. 베레쇠트 בראשית 세페르 סֵפֶר(창) 2장4~5절에 '에하흐 엘로힘'이라고 하여 ② '에하흐와 엘로힘'을 하나로 연결하였다. 베레쇠트 בראשית 세페르סֵפֶר(창) 1:26절에 '우리'라는 1인공성 복수를 3번사용하여 위(位)가 있음을 알려주셨다.

토 카타 이요안넨 유앙겔리온 Τὸ κατὰ Ἰωάννην Εὐαγγέλιον (요) 10:30절에 ③ 나(예슈아)와 아버지는 하나라고 하였다(요 17:21-22). ④ 예슈아(예수)를 보내신 아버지 하나님과 아들(예슈아)이라고 하였다(요 17:3,1,5). ⑤ 아버지하나님과 아들 예슈아(예수)께서 ⑥ 보혜사성령하나님을 보내신다고 하였다(요 14:26, 요 16:7). ⑦ '주 여호와의 영'(아도나이(주) 에하흐(여호와) 루바흐(영)) 에하흐(여호와)께서 내게(예슈아) 기름(마샤흐)을 부으사 라고 하였다(사61:1). ⑧ 한아기 한아들(예슈아)께서.... 전능하신 하나님(엘-단수 하나님, 만능과 힘이신 하나님, 권세, 권능, 주권이신 하나님 등등)이라, 영존하시는 아버지(아브)라, 평강의 왕(예슈아(예수))이라고 하였다(사 9:6).

예슈아(예수)가 전능하신 하나님이시고 영존하시는 아버지이시며 평강의 왕이라는 것을 통하여 예슈아, 에하흐, 엘로힘, 루바흐 안에 위가 있으며 상호 인격적으로 독립적, 주권적이면서 연합적으로 실존하고 계신다는 것을 증명하고 있다.

삼위일체론도 어쩌면 인간의 학문의 한계의 한 단면이다. 삼위일체론의 교리는 명확하게 세워졌지만 그래도 영이신 하나님을 삼위일체의 교리로 모두 설명 할 수가 없다. 오직 이브리어 단어별 합성어해설로만 영이신 하나님의 칭호들과 속성들을 명확하게 해설하여 해결하였다.

엘로힘 상세해설

좀 더 구체적으로 엘로힘을 이해하려면 엘로힘의 합성어를 하나씩 분리하여 해설하면 더 명확해진다.

① 엘로힘 첫 번째 알파벳은 '알레프' א 이다.

알레프는 처음에 하늘의 본질과 땅의 본질을 창조하시는 모든 것들의 만능들이신 엘로힘이시다(창1:1). 알레프의 사전적 의미는 소, 희생, 배우라이다. 엘로힘을 뜻글자인 한자풀이 하듯이 분해하면 복음이 담겨 있다는 것을 알게 된다.

알레프는 '바브' ו와 '요드' י י두 개의 합성어이다. '바브'는 연결하는 사람 예슈아이다. 다른 말로 하면 아버지하나님께로 가는 십자가의 길을 열어 놓으신 예슈아이다(요 14:6, 히 10:20). '요드'는 에하흐 권 손으로 하게 하시는 능력, 되게 하시는 능력이다. '요드'는 예슈아를 붙잡고 계시는 능력의 손이다

(마 26:39,42,44, 마 27:46). 십자가에 못 박히신 두 손이다(마 27:35, 요 20:25,27, 시 22:16). 영생을 주신 자들을 붙잡고 계시는 두 손이다(요 10:28-29)

엘로힘은 만능들의 하나님이시다. 그럼에도 저주의 십자가에서 대리적 속죄의 어린양의 희생물이 되시려고 예슈아로 오셨다(요 1:29,36, 계 5:6,12,13, 계 7:9,10, 계 7:14,17, 계 12:11, 계 13:8, 계 14:1, 계 15:3, 계 17:14, 계 19:9, 계 21:22, 히 1:3, 행 8:32, 고전 15:3, 창 3:15, 갈 1:4, 갈 3:13, 딤전 2:6, 딛 2:14, 벧전 2:24, 요일 2:2).

'요드'는 예슈아 십자가의 복음의 비밀을 가르쳐 주신다. 그리고 에하흐 쥔 손의 능력으로 호흡과 생명과 필수적인 생명진리의 말씀을 붙잡고 모든 능력들과 모든 힘들과 모든 지혜들로 천지만물을 창조하신 엘로힘 하나님이시다. 그러므로 '알레프'는 예슈아(예수) 하나님을 상징한다(창 1:1, 요 1:2,3, 잠 8:22-30).

예슈아 안에 엘로힘이 계시고 엘로힘 안에 예슈아가 계신다. 예슈아(예수) 만능들이신 하나님이라는 것을 친히 보여주셨다. 죽은 자를 살리시고, 귀신을 쫓아내시고 각종 질병과 문둥병을 고치시고 바다위로 걸으시며 풍랑이는 바다를 잔잔케 하시고....., 하나님의 왕국 복음을 전파하셨다.

만능들이신 엘로힘를 배우라는 것과 만능들이신 엘로힘(예슈아)께서 사람의 죄의 짐을 짊어지시고 저주의 십자가에서 희생물이 되어주셨다는 것을 깨달을 때까지 배우라는 의미가 담겨있다(막 10:45, 갈 3:13, 빌 2:6-7).

예슈아(예수) 십자가복음의 진리가 깨달아질 때 일상생활에서 변화가 일어난다. 깨달음이 없으면 믿음과 일상생활에서 변화가 일어나지 않는다. 모든 것들의 만능들이신 엘로힘 하나님께서 죄인들을 구원하기 위하여 저주의 희생물이 되셨다는 것을 반드시 배워야한다.

② 엘로힘 두 번째 알파벳은 '라메드' ל 이다.

라메드는 '바브' ו와 '카프' כ의 합성어이다. 바브는 연결하는 사람 예슈아를 상징한다. 카프는 편손과 적용을 의미한다. 목자이신 예슈아의 생명과 연결이 되어 있는 자는 예슈아의 가르쳐주신 말씀을 마음에 받아들여 생활에 적용한다. 그리고 라메드는 목자와 통치자의 막대기를 들고 가르치시는 '예슈아를 상징'한다(요 10:11,14, 히 13:20, 벧전 2:25, 계 7:17). 예슈아의 가르침을 받아들이는 자는 칭찬과 영광과 잘되는 복을 받는다. 목자의 막대기로 양들인 성도들을 보호하시고 구출해주는 도구가 된다(시 23:4).

테힐림 תהלים(시) 23:1-4에 여호와는 나의 목자시니 내게 부족함이 없으리로다 2 그가 나를 푸른 풀밭에 누이시며 쉴 만한 물 가로 인도하시는도다 3 내 영혼을 소생시키시고 자기 이름을 위하여 의의 길로 인도하시는도다 4 내가 사망의 음침한 골짜기로 다닐지라도 해를 두려워하지 않을 것은 주께서 나와 함께 하심이라 주의 지팡이와 막대기가 나를 안위하시나이다라고 하였다.

목자는 자기 양들이 악한 짐승(쇄탄마귀)에게 잡아먹히지 않도록 밤잠을 자지 않고 지켜 주신다(왕하 6:16-17, 욥 5:18-23, 시 34:7,22, 시 91:7-11, 시 97:10, 시편 121:1-8, 시 145:20, 잠 3:6, 잠 12:21, 마 6:13, 롬 8:28, 롬 8:35-39, 딤후 4:18, 히 1:14).

양들의 의식주를 책임지시며 평안하게 쉴 곳을 알고 계시며 그곳으로 이끌어 가신다. 그리고 당신의 이름을 걸고 의롭고 올바른 길로 안내하며 이끌어 가신다. 양들이 알지 못하는 죽음의 그늘과 흑암의 세상 골짜기에 있지만 악하고 나쁜 일들로 인하여 무서워하지 않도록 당신이 친히 함께 하시며 통치자의 막대기로 위로하시며 안전하게 지켜주신다. 그러나 예슈아께서 가르쳐주시는 말씀을 듣고도 받아들이지 않고 제멋대로 살아가는 자에게는 징계의 막대기가 된다.

엘로힘께서 오래 참으시고 말씀을 보내셔서 교훈과 책망과 바르게 함과 의로 교육하여 구원에 이르게 하신다(딤후 3:15-17). 그러나 거역하고 따르지 않는 당신의 양인 성도를 바르게 세우시기 위하여 징계의 매를 드신다(신 8:5, 삼하 7:14, 시 32:4,5, 시 73:14, 잠 3:12, 렘 10:24, 히 13:4-11, 계 3:19).

하나님의 징계는 두 가지

첫째는 회심(悔心)과 회개(悔改)하여 돌아오라는 기회를 주시는 징계이다.

둘째는 그의 인생과 영혼을 멸하는 멸망의 심판이다.

프로스 히브라이우스 Πρὸς Ἑβραίους 그람마γράμμα(히) 12:4-13에 너희가 죄와 싸우되 아직 피 흘리기까지는 대항하지 아니하고 5 또 아들들에게 권하는 것 같이 너희에게 권면하신 말씀도 잊었도다. 일렀으되 내 아들아 주의 징계하심을 경여기지 말며 그에게 꾸지람을 받을 때에 낙심하지 말라 6 주께서 그 사랑하시는 자를 징계하시고 그가 받아들이시는 아들마다 채찍질하심이라 하였으니 7 너희가 참음은 징계를 받기 위함이라 하나님이 아들과 같이 너희를 대우하시나니 어찌 아버지가 징계하지 않는 아들이 있으리요 8 징계는 다 받는 것이거늘 너희에게 없으면 사생자요 친아들이 아니니라. 9 또 우리 육신의 아버지가 우리를 징계하여도 공경하였거든 하물며 모든 영의 아버지께 더욱 복종하며 살려 하지 않겠느냐 10 그들은 잠시 자기의 뜻대로 우리를 징계하였거니와 오직 하나님은 우리의 유익을 위하여 그의 거룩하심에 참여하게 하시느니라. 11 무릇 징계가 당시에는 즐거워 보이지 않고 슬퍼 보이나 후에 그로 말미암아 연단 받은 자들은 의와 평강의 열매를 맺느니라 12 그러므로 피곤한 손과 연약한 무릎을 일으켜 세우고 13 너희 발을 위하여 곧은길을 만들어 저는 다리로 하여금 어그러지지 않고 고침을 받게 하라고 하였다.

선한목자이신 예슈아(예수)의 인도를 따라가는 자는 죄(사탄마귀)와 생명 걸고 싸운다(행 20:24, 행 21:13, 딤후 4:7-8, 히 11:35-38, 계 12:11, 계 20:4). 비틀거리는 생활을 올바르게 바로 세워나가는 자이다(히 12:12-13). 이것을 못하기 때문에 믿음생활을 바르게 하라고 징계를 하시는 것이다. 그리고 어느 권세나 세상세력의 힘을 의지 하려는 자들을 징계의 심판으로 멸망하게 하신다.

예솨에야흐 ישעיה 세페르ספֶר(사) 31:1-3 도움을 구하러 애굽으로 내려가는 자들은 화 있을진저 그들은 말을 의지하며 병거의 많음과 마병의 심히 강함을 의지하고 이스라엘의 거룩하신 이를 앙모하지 아니하며 여호와를 구하지 아니하나니 2 여호와께서도 지혜로우신즉 재앙을 내리실 것이라 그의 말씀들을 변하게 하지 아니하시고 일어나사 악행하는 자들의 집을 치시며 행악을 돕는 자들을 치시리니 3 애굽은 사람이요 신이 아니며 그들의 말들은 육체요 영이 아니라 여호와께서 그의 손을 펴시면 돕는 자도 넘어지며 도움을 받는 자도 엎드러져서 다 함께 멸망하리라고 하였다.

첫 번째는 징계는 사랑과 긍휼이 넘치는 어머니와 같은 마음이다. 두 번째는 심판은 사랑과 긍휼이 없는 아버지하나님의 공의이다. 아버지의 공의는 거역한 나라와 사람과 단체를 멸망시켜버리는 무서운 심판이다. 엘로힘의 이름을 깨닫지 못하면 어쩔 수 없다. 도와주는 사람과 도움을 받는 사람까지 멸망으로 심판하시는 무서운 엘로힘이시다(창 6:5-7, 창 7:11-24, 창 19:24-28, 민 14:36-37, 민 16:1,27-33,43-50, 민 25:9, 대상 21:14, 고전 10:7-11, 히 10:28-29, 민 12:25-29).

③ 엘로힘 세번째 알파벳은 '헤이' ה 이다.

헤이는 '바브' וו 두 개와 '요드' י의 합성어이다. 헤이는 사람의 실존의 원인을 말하고 있다. 헤이는 호흡과 목숨과 실존이라는 의미이다. 사람은 호흡 이상의 생명 즉 영원히 실존하는 생명을 받았다. 이 생명이 곧 예슈아의 생명과 에하흐의 되게 하시는 능력으로 영원히 실존한다. 그러므로 헤이는 사람의 호흡(생명)을 연결하여 실존하게 하시는 에하흐 엘로힘의 생명을 상징한다(창 2:7). 그리고 숨, 호흡은 루바흐 엘로힘, 만능들이신 영이신 하나님께서 사람 안에 거하신다는 증거이다. 사람이 호흡하며 실존하는 것은 에하흐 엘로힘과 루바흐 엘로힘의 동시사역이다(창 2:7).

사람이 죽으면 돌아갔다라고 한다. 무엇이 어디로 돌아갔다는 것일까(전 12:7, 눅 12:20, 눅 16:22-23, 요 16:28). 루바흐 엘로힘께서 사람에게 호흡(생명, 영)을 계속 불어 넣어주지 않으면 죽는다. 베레쇠트 בראשית 세페르סֵפֶר(창) 2:7

에 '살아있는 생명의 호흡'을 계속 불어 넣고 계신다고 하셨다.

베레쇠트 בראשית 세페르סֵפֶר(창) 2:7절 직역문장정리를 보라.

'에하흐 엘로힘께서 그 아담을 흙으로부터 그가 만들었다 그가 그 흙 콧구멍들에 그가 숨을 계속 불어 넣어주므로 호흡하는 생명들이 그에게 일어나며 그 아담이 숨 쉬는 존재(네페쉬, 목숨, 생명)로 생존하게 되었다.' 라고 하였다.

'그가 그 흙 콧구멍들에 그가 숨을 불어 넣어주므로'

◆ 이브리어 사전적 의미

אֲדָמָה (127 아다마-그 땅, ~육지, ~토지, 그 흙) הָאֲדָמָה 관사-명사 여성 단수

נָפַח (5301 나파흐-그가 숨을 계속 불어 넣어주므로) וַיִּפַּח 와우 계속법-칼 미완 3인 남성 단수

אַף (639 아프-그가 코들, 그가 콧구멍들) בְּאַפָּיו 전치사-명사 남성 복수-3인 남성 단수

흙으로 아담(사람)을 지으시고 영이신 루바흐 엘로힘께서 에하흐 엘로힘으로 들어가 거하신다. 에하흐 엘로힘으로 아담(사람)에게 들어가 거하신다는 것은 사람이 호흡을 연결하여 실존하게 하시는 일을 에하흐 엘로힘께서 하신다. 그리고 이것은 만능들이신 루바흐 엘로힘의 일하심이 적용되고 있다는 것을 알려주신 것이다. 이 말씀이 성도들에게는 영이신 하나님이 거주하시는 성전이 되었다는 증거와 루바흐 엘로힘, 에하흐 엘로힘, 예슈아 마쉬아흐(예수 그리스도, 예수스 크리스토스, 이에수스 크리토스)와 하나 되었다는 증거로 나타난다(마 10:20, 요 14:17,20, 요 17:11,21-26 고전 3:16-17, 고후 13:5, 골 1:27).

'너희는 너희가 하나님의 성전인 것과 하나님의 성령이 너희 안에 계시는 것을 알지 못하느냐'(고전 3:16)라고 하였다.

베레쇠트 בראשית 세페르ספֶר(창) 1장~50장까지 엘로힘 남성복수 214회, 엘 남성단수 17회, 구약성경에 엘로힘 남성복수 하나님은 약 2600회, 엘 남성단수 하나님은 약 240회가 나온다.

엘로힘께서 당신을 알려주실 때 남성단수인 '엘'하나님이니까 남성복수인 '엘로힘'하나님보다 약하거나 부족하다는 것은 아니다. 엘로힘과 엘은 모든 힘들이신 하나님, 모든 만능들이신 하나님, 강함들이신 하나님, 모든 권능들이신 하나님, 모든 지식과 지혜들이신 하나님이라는 사실이다. 때에 맞게 영이신 하나님께서 당신을 나타내시는 칭호들과 속성들과 현현과 다양한 방법들을 사용하셔서 사람들에게 당신을 알려주신 것이다.

④ 엘로힘 네 번째 알파벳은 '요드' ׳ 이다.

요드는 쥔 손, 하게함, 능력이다. 요드는 에하흐를 상징한다. 에하흐 손의 하게하시는 능력이다. 그러므로 온갖 일들이 에하흐 손의 하게하시는 능력과 권세로 인하여 이루어진다. 온갖 일들을 에하흐께서 되게 하지 아니하시면 되는 것이 없다. 요드는 이브리어 22자 중에 가장 작은 글자이다. 그러나 가장 귀한 능력을 가지신 에하흐이시다. 에하흐는 마레아키 מלאכי 세페르 ספֶר(말) 4:5절 이후, 신약에서 고유명사의 이름으로 나오지 않는다. 그러나 그 에하흐께서 예슈아 이름으로 오셨다.

아래 성경을 보라.

'누구든지 여호와(예슈아)의 이름을 부르는 자는 구원을 얻으리니' 이는 나 여호와(에하흐)의 말대로 시온 산과 예루살렘에서 피할 자가 있을 것임이요 남은 자 중에 나 여호와(에하흐)의 부름을 받을 자가 있을 것임이니라(요엘 2:32)고 하였다.

'누구든지 주의 이름을 부르는 자는 구원을 받으리라' 하였느니라(행 2:21)고 하였다.

이르되 '주 예수(예슈아)를 믿으라 그리하면 너와 네 집이 구원을 받으리라'(행 16:31)고 하였다.

그렇다. 예슈아(예수) 이름을 믿고 부르면 영생구원을 받는다. 아브라함이 에하흐의 이름을 부르듯(창 12:8), 예슈아를 마음에 영접하는 자가(요1:12) 예슈아 이름을 부르는 자이다. 그리고 예슈아만을 찾고 구하는 자에게 엘로힘 왕국의 의가 이루어진다(마 6:33).

'또 미리 정하신 그들을 또한 부르시고 부르신 그들을 또한 의롭다 하시고 의롭다 하신 그들을 또한 영화롭게 하셨느니라'(롬 8:30)고 하였다(롬 1:13, 고전 12:2-3).

'그러므로 내가 너희에게 알리노니 하나님의 영으로 말하는 자는 누구든지 예수(예슈아)를 저주할 자라 하지 아니하고 또 성령으로 아니하고는 누구든지 예수(예슈아)를 주시라 할 수 없느니라'(고전 12:3)고 하였다.

'이 예수(예슈아)는 너희 건축자들의 버린 돌로서 집 모퉁이의 머릿돌이 되었느니라 12 다른 이로써는 구원을 받을 수 없나니 천하사람 중에 구원을 받을 만한 다른 이름을 우리에게 주신 일이 없음이라'(행 4:11-12)고 하였다.

⑤ 엘로힘 다섯 번째 알파벳은 '멤' ם이다.

멤은 물, 진리, 사역(생활화), 열린 자궁, 열린 계시, 닫힌 자궁, 닫힌 계시의 의미이다(마 16:16-17, 눅 24:31-32,44-45, 행 26:18, 요 6:63, 고전 2:9-15, 고후 10:4, 사 50:4, 렘 23:29, 창 18:9-15, 창 21:1-3, 창 25:21, 창 30:1-2,22-23, 삼상 1:6).

멤은 단어의 앞과 중간에 쓰일 때에는 מ이고 문미형으로 쓰일 때에는 ם이다. 멤의 상형문자는 물결의 모양이다. 물은 사람에게 필수적인 생명이다. 진리는 영육간에 필수이다.

멤의 열린 계시의 진리의 말씀을 깨닫고 그 생명진리의 말씀으로 살아지는 자는 고해(苦海-쓰디쓴 괴로움이 끝이 없는 이 세상)바다와 같은 세상을 발로 밟고 살아가는데 필수적인 능력의 말씀이다(엡 6:10-17, 딤후 3:15-17, 히 4:12, 약 1:21-23, 계 3:10, 계 12:11, 계 13:10, 계 14:12, 시 19:7-11, 시 119:9-11,98).

'멤'은 필수적인 생명진리의 말씀으로 사역 하시는 예슈아를 상징한다(요 1:14,17, 요 5:25, 요 6:68, 요 8:32, 요 14:6, 요 16:13, 요 17:17, 요 18:37, 행 3:15, 요일 5:6, 요일 5:11-12 시 25:5, 렘 31:33).

그렇다. 예슈아는 생명말씀의 말씀이시다. 그리고 하나님이시다.

'태초에 말씀(예슈아)이 계시니라 이 말씀(예슈아)이 하나님과 함께 계셨으니 이 말씀(예슈아)은 곧 하나님(예슈아)이시니. 4 그(예슈아) 안에 생명이 있었으니 이 생명은 사람들의 빛이라'(요한복음 1:1,4)고 하였다. 루바흐 엘로힘 이름 안에 통치자와 목자이신 예슈아와 유월절 어린양 예슈아의 복음을 담아 놓으셨다.

엘로힘 합성어인 알파벳 5개를 간략하게 상세해설을 하였다. 엘로힘 단어 안에 귀한 진리의 복음들을 담아놓으셨다. 더 자세한 진리는 이브리어 단어별 합성어해설 연구원에서 들을 수 있다. 엘로힘 단어에 대한 학자들의 주장을 보면 실망이다.

아래 내용을 보라. '엘로힘'의 대한 브니엘 성경연구소에서 발행한 바이블렉스 10.0에서 발췌한 것이다.

אֱלֹהִים(430, 엘로힘-하나님, 신들)

엘로힘(명남)**은 엘로아흐**(אֱלוֹהַּ, 433: 하나님)**의 복수형이며, '하나님, 신, 신들' 을 의미한다고 하였고 엘로힘의 어원에 대해서 어떤 학자들은 엘**(אֵל, 410: 하나님, 신. 강한 자)**의 추정 어근인 어근 울**(אול: 강하다)**에서 유래되었다고 하고, 다른 학자들은 엘로아흐**(אֱלוֹהַּ, 433: 하나님, 신)**의 추정 어근인 알라** (אלה: 두려워하다)**에서, 또 다른 학자들은 엘과 엘로힘은 모두 엘로아흐에서 파생되었다고 주장한다. 보다 적절한 견해는 엘로힘이 엘로아흐**(와 함께 알라)**에서 유래하여 히브리 성경에서 독특하게 발전되었다고 생각하는 것이다. 구약성경에서 이 단어는 약 2,600회 이상 나온다.** (참조: J. B. Smick; BDB; TBC).

학자들은 엘로힘(명남)은 복수형이며, '하나님, 신, 신들'을 의미한다고 명백하게 결정해야한다. 어떤 학자들은 엘(אֵל, 410: 하나님, 신. 강한 자)의 추정 어근인 어근 울(אוּל: 강하다)에서 유래되었다고 하고, 다른 학자들은 엘로아흐(אֱלוֹהַּ, 433: 하나님, 신)의 추정 어근인 알라(אלה: 두려워하다)에서, 또 다른 학자들은 엘과 엘로힘은 모두 엘로아흐에서 파생되었다고 주장하고 있다. 성도들이 이것을 알게 된다면 전지전능하신 하나님과 죄사함과 영생구원과 복을 주실 분으로 믿을지 의문이다.

베레쉬트 בראשית 세페르סֵפֶר(창) 1장1절 '엘로힘' 1장2절 '루바흐 엘로힘' 2장4절이하 에하흐 엘로힘을 확정하지 못하고 추정과 견해와 어디에서 파생되었다고 한다면 나는 그런 엘로힘, 루바흐 엘로힘, 에하흐 엘로힘을 믿지 않을 것이다. 어떻게 영원 전부터 실존하고 계신 만능들이신 창조주 엘로힘, 루바흐 엘로힘, 에하흐 엘로힘으로 믿을 수 있을까하는 의문이 들 수밖에 없다. 성경의 본질을 왜곡시키는 학자들의 추정과 견해 등으로 증명하려든다면 그 성경은 이미 하나님의 말씀이 아니다. 그 엘로힘은 처음에 하늘의 본질과 땅의 본질 그리고 만물을 창조하신 엘로힘이 아니다.

성경개정판들을 보면 원어의 사전적 의미를 벗어나 번역된 곳이 너무 많다. 교육기관에서 참 진리인 창조론은 거부되고 가짜로 증명된 진화론은 높이 평가하여 학문으로 가르치고 있다. 이것이 허무맹랑(虛無孟浪-터무니없이 비고 거짓되어 허황되며 실상이 없는 것)한 학문이다. 물론 성경을 세상학문으로 판단할 수 없기에 그럴 수 있다고 하자. 신학자의 사명은 상형문자의 의미까지는 아니라도 이브리어 단어별 사전적 의미와 성경균형에 맞게 진리를 번역하며 세워 나가야한다. 특히 영이신 하나님의 대표적인 엘로힘에 대해서는 더욱 정확해야한다. 학자들이 영이신 하나님의 칭호를 신화(神話)에서 나오는 신들처럼 견해와 추정이라고 하여 창조주 엘로힘을 신화에 나오는 잡신들처럼 취급하는 것을 중단해야한다. 학자들의 초등학문으로 하나님의 이름(칭호)를 공허하고 헛되며 거짓되게 일컫는 죄를 범하지 말아야한다(출 20:7).

03. 영이신 하나님은 루바흐 엘로힘이시다(창1:2)

■ 루바흐 엘로힘 רוּחַ אֱלֹהִים 사전적의미

루바흐 רוּחַ (7307 루바흐-광활하다, 안도하다, 간격, 구조, 구원, 숨, 바람, 영, 냄새를 맡다, 향내를 맡다, 감지하다)이다. 엘로힘 אֱלֹהִים (430 엘로힘-하나님, 신들)이다.

'루바흐'가 영이므로 이해를 돕기 위하여 영이신 루바흐 엘로힘이라고 하였다.

본문 : 베레쉬트 בראשית 세페르ספֶר(창) 1:2 땅이 혼돈하고 공허하며 흑암이 깊음 위에 있고 하나님(엘로힘)의 영(루바흐)은 수면 위에 운행하시니라.

원문 : 베레쉬트 בראשית 세페르ספֶר(창) 1:2

וְהָאָרֶץ הָיְתָה תֹהוּ וָבֹהוּ וְחֹשֶׁךְ

עַל־ פְּנֵי תְהוֹם וְרוּחַ אֱלֹהִים

מְרַחֶפֶת עַל־ פְּנֵי הַמָּיִם׃

직역 : 이 땅 이것이 ~일어났다 혼돈 공허 흑암 ~위에 얼굴들 깊은 물 영 엘로힘 비상하다 ~위에 얼굴들 그 물들

문장정리 : **이 땅에 혼돈과 공허와 흑암 이것이 일어났다. 그 물들 위에 영의 얼굴들로 비상**(왕으로 하늘에 좌정해 계시는 것)**하여 엘로힘의 얼굴들이 깊은 물 위에 계셨다.**

◆ 이브리어 단어별 사전적 의미

אֶרֶץ (776 에레츠–이 땅) וְהָאָרֶץ **접속사–관사–명사 여성 단수**

הָיָה (1961 하야–이것이~이 일어났다, 이것이~이 되다, 이것이~이다) הָיְתָה **칼 완료 3인 여성 단수**

תֹּהוּ (8414 토후–형태 없음, 혼돈, 공허, 텅빔) תֹהוּ **명사 남성 단수**

בֹּהוּ (922 보후–공허, 텅빔) וָבֹהוּ **접속사–명사 남성 단수**

חֹשֶׁךְ (2822 호셰크–어두움, 흑암) וְחֹשֶׁךְ **접속사–명사 남성 단수**

עַל (5921 알–위에) עַל־ **전치사**

פָּנִים (6440 파님–얼굴들) פְּנֵי **명사 남성 복수 연계**

תְּהוֹם (8415 테홈–깊은 물, 바다, 깊음, 심연(마음을 묶음, 가장자리를 꾸밈)) תְהוֹם **명사 여성 단수**

רוּחַ (7307 루바흐–영, 숨, 바람) וְרוּחַ **접속사–명사 여성 단수 연계**

אֱלֹהִים (430 엘로힘–하나님, 신들, 남성복수 하나님이란 '모든 것들의 만능들, 강함들, 권능들, 지식들과 지혜들이신 하나님' 등등) אֱלֹהִים **일반명사 남성 복수**

רָחַף (7363 라하프–기운을 잃다, 비상하다, 배회하다) מְרַחֶפֶת **피엘 분사 여성 단수**

עַל (5921 알–위에) עַל־ **전치사**

פָּנִים (6440 파님–얼굴들) פְּנֵי **명사 남성 복수 연계**

מַיִם (4325 마임-그 물들) :הַמָּיִם 관사-명사 남성 복수

루바흐 간략해설

루바흐(영) רוּחַ(7307, 루바흐-광활하다, 안도하다, 간격, 구조, 구원, 숨, 바람, 영, 냄새를 맡다, 향내를 맡다, 감지하다)이다.

루바흐 엘로힘이라함은 루바흐(영), 즉 영이신 루바흐는 만능들이시라는 것을 알려주신 것이다. 영이신 루바흐와 엘로힘이 분리되어 있지 아니하고 하나라는 명백한 증거이다.

신약에서는 프뉴마(영) 데오스(하나님)는 영이신 하나님이시다(요 4:24). 한글번역 성경에 성령은 '거룩한 영'(하기오스(거룩한) 프뉴마(영))이시다(마 1:18,20, 막 12:36). 구약에서는 루바흐 엘로힘이라고 한다(창 1:2). 영이신 루바흐 엘로힘은 본질이 영이시고 생명이시다. 모든 것들의 만능들이시다.

영이신 루바흐 엘로힘께서 행하시는 일은 만물창조를 하셨다. 그리고 루바흐 엘로힘은 모든 권세와 엑클레시아(성도)의 머리(왕)이신 예슈아(예수)(엡 1:21,22, 골 1:18), 땅의 임금들의 머리(계 1:5), 만왕의 왕(딤전 6:15, 계17:14, 계 19:16, 시 72:11), 생명이신 예슈아(예수)를 사람에게 연결시키는 영이신 하나님이시다(요 14:17,20,26, 요 15:26, 요 16:7-12,13-15, 행 2:17-18, 욜 2:28, 롬 8:5-9, 고전 2:10-13, 고전 12:3, 요일 2:27, 요일 4:2-3, 계 1:1). 그리고 생명의 울타리인 말씀을 깨닫게 하는 일을 행하신다.

루바흐 첫 번째 알파벳은 '레소' ר 이다.

레소는 머리, 왕, 다스리고 통치하시는, 잉태라는 의미이다. 레소는 예슈아(예수)를 상징한다. '레소' 안에 감추어져 있는 예슈아를 보라. 예슈아는 모든 권세와 엑클레시아(교회, 성도)머리와 만왕의 왕이신 예슈아이시다. 엄마가 아이를 잉태하여 온통 아이에게 모든 마음을 쏟고 살듯이 예슈아를 자기의 머리(생각과 마음)와 만왕의 왕(지배, 통치, 계 17:14, 계 19:16)으로 마음에 받아들여 잉태(영접, 요1:12)하여 생명으로 품고 의식하고 사랑하며 살라는 것이다. 영이신 루바흐 엘로힘께서 이일을 행하라고 감동하시고 깨닫게 하신다(고전 11:3, 고전 12:3, 엡 1:21-23, 엡 4:15, 엡 5:23, 골 1:18, 골 2:9-10).

루바흐 두 번째 알파벳은 '바브' ו 이다.

바브는 갈고리, 못, 연결하시는 사람 예슈아이시다. 바브는 성막을 세우는데 요긴한 갈고리요. 못이다. 성막은 오늘날 성도(성전)이다. 성전을 세우는 분이 곧 예슈아 마쉬아흐(예수 그리스도, 예수스 크리스토스, 이에수스 크리스토스)이시다. 그래서 예수스 크리스토스를 교회(엑클레시아, 성도)의 머리라고 하신 것이다(엡 1:22-23, 골 1:18). * 만물을 지배하시는 주 하나님과 어린양이 성전이다(계21:22).

영이신 루바흐 엘로힘께서는 예슈아께서 십자가와 부활로 완성하신 죄사함의 복음과 영생구원의 복음을 사람에게 연결시키신다. 영이신 루바흐 엘로힘께서 예슈아를 알리시고 증거 하신다(요 14:17,26, 요 15:26). 예슈아의 영광을 나타내시고 예슈아의 것으로 사람에게 알리신다(요 16:14-15). 그리고 죄와 의와 심판에 대하여 세상을 책망하신다(요 16:8-11).

바브 안에 감추어져 있는 복음이 예슈아이시다. 예슈아께서 저주의 십자가에서 못 박혀 대리적 속죄의 희생물이 되셔서 하나님 아버지와 타락한 인간과의 단절되어버린 관계를 십자가의 다리로 연결시키는 일을 영이신 루바흐 엘로힘이 행하신다(마 16:16-17, 요 14:6,16-17,26, 요 15:26, 요 16:8-15, 행 7:51, 롬 15:13, 고전 2:10-13, 고전 12:3, 엡 1:13,17, 엡 4:30, 살전 1:5-6, 살전 4:8, 딤후 1:14, 히 2:4, 히 9:8, 히 10:15, 벧후 1:12,21, 요일 2:20,27, 계 2:7,11,17,29, 계 3:6,13,22, 전 12:11).

루바흐 세 번째 알파벳은 '헤트' ח 이다.

헤트는 생명의 울타리, 보호의 울타리, 성과 백성을 지키는 난공불락의 요새의 울타리, 영이신 하나님께서 정하여 놓으신 생명 경계선을 의미한다. 헤트 안에 감추어져 있는 예슈아를 보라. 헤트를 가장 쉽게 이해하려면 미츠라임מִצְרַיִם (4714, 미츠라임-애굽 Egypt(지명), 이집트)에서 출애굽 하기 전에 유월절 어린양을 잡아 구워먹는 집의 문 인방과 좌우기둥에 어린양의 피를 발랐다. 미츠라임(이집트, 애굽)의 장자와 처음 태어난 가축을 죽이는 재앙에서 어린양의 피가 발라져 있는 그 집을 에하흐의 사자가 그 집을 넘어가므로 죽음을 면하게 되었다(출 12:7,13-14, 요 10:11,16,27, 엡 2:14-18, 살후 2:13, 딛 3:5, 히 13:20). 생명의 울타리인 사람의 마음 안에 생명의 영으로 루바흐 엘로힘께서 거주하신다. 이것을 믿는 것이 구원이요 영생이다(요 1:12, 요 3:15-18). 이처럼 영이신 루바흐 엘로힘은 성도들에게 어린양 예슈아(예수)께서 저주의 십자가에서 대리적 속죄의 피를 흘리셔서 죄 사함과 영생구원의 생명의 경계선을 만들어 놓으셨다. 그리고 그 생명의 경계선을 넘어가지 아니하도록 감동하시는 일을 행하신다(요 1:29,36, 요 3:3-8,15-18, 요 5:24-25, 행 4:12, 행 16:31, 행 17:25-27, 롬 5:12-19, 고전 3:4-7, 고전 4:6, 고후 4:3-7, 살전 1:5, 히 2:3, 신 32:8, 욥 14:5, 사 2:22, 렘 17:5).

04. 영이신 하나님은 에하흐 엘로힘이시다(창2:4)

■ 에하흐 엘로힘 יְהוָה אֱלֹהִים 사전적 의미

에하흐 יְהוָה (3068 예호와-여호와, 야웨, 에하흐)이다. 엘로힘 אֱלֹהִים (430 엘로힘-하나님, 신들, 모든 만능들이신 하나님)이다.

본문 : 베레쉬트세페르(창) 2:4 이것이 천지가 창조될 때에 하늘과 땅의 내력이니 여호와 하나님이 땅과 하늘을 만드시던 날에

아래 베레쉬트세페르(창) 2:4절 이브리어 모음어 번역을 보라. 에하흐 모음은 두 개다. 요드에 '쉐바 유성"ㅔ'와 '바브'에 '카메츠"ㅏ'이다. '바브'에 '카메츠"ㅏ'를 헤이로 끌어와 '하'가 된다. 네 번째 알파벳 '하이'가 '흐'발음이 되므로 '에하흐'이다. 필자의 저서 『이브리어 단어별 해설로 새롭게 알아가는 예슈아께서 가르쳐주신 기도』에서 '예하바'라고 하였으나 모음어가 아니다. 그때에는 가장 적절하기에 '예하바'라고 사용하였지만 개인적으로는 모음어 '에하흐'라고 하였다. 본서에서부터 모음어인 '에하흐'로 전용하였다. 복음전파가 그랬듯이 언젠가는 한국기독교교회와 세계기독교교회가 기독교 사전에서도 공식적으로 '에하흐'로 사용할 날이 올 것을 믿는다. 이브리어 모음어를 이스라엘인들의 특유의 악센트로 발음을 하므로 한글모음어 번역과는 다를 수 있다. 그러나 창세기 2:4절모음어 번역은 표준이다.

원문 : 이브리어 원어 베레쉬트세페르(창) 2:4

(에레흐) אֵלֶּה (아쇼트) עֲשׂוֹת (뻬욤) בְּיוֹם (뻬히빠레암) בְּהִבָּרְאָם (베하아레츠)

וְהָאָרֶץ (하솨마임) הַשָּׁמַיִם (바솨마임) וְשָׁמָיִם׃ (에레츠) אֶרֶץ (엘로힘) אֱלֹהִים (에

하흐) יְהוָה (토레도트) תוֹלְדוֹת

직역 : 이것들 역사들 그 하늘들 그 땅 그것들을 창조하셨고 날 만들다. 에하흐

엘로힘 땅 하들들

문장정리 : 이것들 그 하늘들과 그 땅을 창조하셨고 에하흐 엘로힘께서 하늘들

과 땅의 그것들을 만드셨던 날이다.

◆ 이브리어 단어별 사전적 의미

אֵלֶּה (428 엘레–이것들) אֵלֶּה **지시대명사 공성 복수**

תּוֹלְדָה (8435 토레다트–출생, 후손, 결과, 역사) תוֹלְדוֹת **명사 여성 복수 연계**

שָׁמַיִם (8064 솨마임–그 하늘들) הַשָּׁמַיִם **관사–명사 남성 쌍수**

אֶרֶץ (776 에레츠–그 땅, 지구, 대지, 육지, 영토) וְהָאָרֶץ **접속사–관사–명사 여성 단수**

בָּרָא (1254 빠라–만들다, 창조하다) בְּהִבָּרְאָם **전치사–니팔 부정사 연계–3인 남성 복수**

יוֹם (3117 욤–날, 낮, 하루) בְּיוֹם **전치사–명사 남성 단수 연계**

עָשָׂה (6213 아솨–일하다, 행하다, 만들다, 형성하다, 이루다) עֲשׂוֹת **칼 부정사 연계**

יהוה (3068 예호와– 여호와, 야웨, 에하흐) יְהוָה 고유명사

אֱלֹהִים (430 엘로힘–하나님, 신들) אֱלֹהִים 명사 남성 복수

אֶרֶץ (776 에레츠–땅, 지구, 대지, 육지, 영토) אֶרֶץ 명사 여성 단수

שָׁמַיִם (8064 솨마임–하늘들) וְשָׁמָיִם׃ 접속사–명사 남성 쌍수

베레쇠트 בראשית 세페르סֵפֶר(창) 2장4절에 처음 나오는 에하흐는 고유명사이다.

베레쇠트 בראשית 세페르סֵפֶר(창) 2:4절에 יְהוָה 에하흐 אֱלֹהִים 엘로힘 안에 예슈아께서 생명으로 실존하고 하고 계심을 담아놓으셨다.

에하흐 간략해설

에하흐의 이름은 영이신 루바흐 하나님께서 능력과 생명으로 실존하시고 예슈아와 연결되어 계신다는 것을 알려주신 것이다.

한글번역 여호와, 예호와, 야웨는 이브리어 모음어가 아니다.

이브리어 모음어는 에하흐 יְהוָה(3068 에하흐, 창2:4, 6.000회), 에호비 יְהוִֹה(3069 에호비, 창15:2, 260회), 에호바יְהוָֹה(3070-3074 에호바, 창22:14, 5회)이다. '에호비'와 '에호바'는 마소라 학자들의 매우 큰 실수이다.

영이신 루바흐 엘로힘께서 명백하게 이것이 영원한 내 이름이고 기억할 칭호라고 가르쳐 주셨다(출 3:14-15). 마소라 학자들은 똑같은 자음에 모음을

붙여 음역을 하였으나 에하흐의 성호를 일관성과 통일성을 잃게 하는 큰 실수를 하였다. 한글은 모두 여호와라고 하여 통일성이 있으나 원어로 보면 명확한 모음어 이름이 아니다. 그렇다면 무엇이 명확한 이름과 칭호인가?

베레쉬트 בראשית 세페르ספֶר(창) 2:4,5,6,7,8,9,15,16,18,19,21,22; 3:1,8,9,131,14,21,22,23절에 에하흐 엘로힘이다.

그런데 베레쉬트 בראשית 세페르ספֶר(창세기) 3-6장보라. 뱀(솨탄마귀)은 에하흐(생명과 능력으로 실존하시는 분)를 빼버린다. 일반명사인 엘로힘만을 사용한다(창 3:3,5). 미혹을 받아들여 하타 죄를 범하고 타락한 아담과 하부하(하와)가 에하흐 엘로힘이 아니라 엘로힘으로 인식하기 시작한다(창 3:10,12,24). 창세기 4장부터는 분리되어 나오기 시작한다. 창세기 4장에 에하흐 8회, 엘로힘 1회가 나오고 5장에 엘로힘 5회, 에하흐 1회 6장에 엘로힘 7회, 에하흐 3회가 나온다. 이후부터는 에하흐 엘로힘, 엘로힘 에하흐(출3:15,18) 등으로 뒤바꿔 나오기 시작한다. 하타 죄의 시작이 이처럼 무섭다는 것을 명백하게 보여주고 있다.

쉬모트 שמות 세페르ספֶר(출) 3:15절에 엘로힘 אֱלֹהִים(430 엘로힘) 에하흐 יְהוָה(3068, 에하흐)라고 하였다.

이브리어 원어 사본에 모음이 맞는 다면 아래와 같이 음역을 해야 하지만 고유명사인 에하흐를 '예호비'와 '예호바'라고 모음을 붙인 것은 마소라 학자들의 명백한 큰 잘못이요, 실수이다.

모세가 영이신 루바흐 엘로힘, 에하흐 엘로힘 하나님께 상형문자로 말씀을 받아 창세기, 출애굽기, 레위기, 민수기, 신명기를 기록하였다.

토 카타 마타이온 유앙겔리온 Τὸ κατὰ Ματθαῖον Εὐαγγέλιον (마) 6:9절

직역문장정리 : '그러므로 너희는 이런 방식으로 기도하라. 너희는 하늘들 그 위에 우리 아버지, 당신의 그 이름처럼, 당신으로 거룩하게 하시고'

'당신의 그 이름'이란? 영이신 루바흐 엘로힘 아버지의 이름이다.

목자와 감독(엡4:11, 행 20:28)과 성도가 영이신 루바흐 엘로힘의 이름, 에하흐 엘로힘의 이름, 예슈아의 이름(칭호)의 뜻을 정확하게 얼마나 알고 있을까 하는 의문이 든다. 필자도 이브리어 단어별 합성어해설을 하면서 알게 되었다. 거의가 모른다.

에하흐 יְהוָה 간략해설

능력으로 실존하시는 에하흐이시다. 생명으로 실존하시는 에하흐이시다. 생명과 생명으로 연결되어 영원히 실존하시는 에하흐이시다. 영적으로는 에하흐의 쥔 손은 십자가에 못 박히신 예슈아의 손들이다. 영원한 에하흐의 이름이 신약에는 한 번도 나오지 않는 것 아니라 예슈아가 곧 에하흐이시기 때문이다(욜 2:32, 행 2:21, 행 4:12, 행 16:31, 롬 10:13).

아래 헬라어 이에수스(예수스, 예수, 예슈아) 사전적 의미를 보라.

이에수스'Ιησοῦς(2424, 예수스-'여호와는 도움이시다' 또는 '여호와는 구원이시다', 마 1:1,21, 요 1:12,14 요 3:15-18, 요 14:6)이다.

성경을 자세히 보라. 어느 곳에서는 에하흐 엘로힘, 또는 엘로힘 에하흐라고 하였다. 창세기 3장 이후로는 앞과 뒤로 바뀌었을 뿐 같이 나오는 곳이 많다. 영이신 루바흐께서도 만능들이시고 에하흐께서도 만능들이시고 엘로힘께서도 만능들이시고 예슈아(예수)께서도 만능들이시라는 것을 알려주신 것이다. 성경에 하나님은 곧 만능들이시다.

베레쇠트 בראשית 세페르סֵפֶר(창) 2:4-7 이것이 천지가 창조될 때에 하늘과 땅의 내력이니 여호와(에하흐) 하나님(엘로힘, 남성복수, 모든 능력들이신 하나님)이 땅과 하늘을 만드시던 날에 5 여호와(에하흐) 하나님(엘로힘)이 땅에 비를 내리지 아니하셨고 땅을 갈 사람도 없었으므로 들에는 초목이 아직 없었고 밭에는 채소가 나지 아니하였으며. 7 여호와(에하흐) 하나님(엘로힘)이 땅의 흙으로 사람을 지으시고 생기를 그 코에 불어넣으시니 사람이 생령이 되니라고 하였다.

쉬모트 שמות 세페르סֵפֶר(출) 3:15 하나님(엘로힘)이 또 모세에게 이르시되 너는 이스라엘 자손에게 이같이 이르기를 너희 조상의 하나님(엘로힘) 여호와(에하흐) 곧 아브라함의 하나님, 이삭(이츠하크)의 하나님(엘로힘), 야곱(야아코프)의 하나님(엘로힘)께서 나를 너희에게 보내셨다 하라 이는 나의 영원한 이름이요 대대로 기억할 나의 칭호니라고 하였다(창 2:8,9,15,16, 18,19,21,22, 슥 9:16, 슥 10:6, 슥 11:4, 슥 12:5, 슥 13:9, 슥 14:5 등등).

영이신 루바흐 엘로힘의 이름과 칭호들이 이브리어 모음이 아니라 영어식이므로 본질을 왜곡시키는 언어가 되어버렸다. 영어가 만능이 아니다.

영어만 아니라 세계 어느 나라 국어라도 이브리어를 대신할 언어와 국어는 없다. 이브리어의 고유의 발음과 영적인 의미를 다 표현하지 못하지만 마소라 학자들에 의하여 붙여진 모음도 불완전하지만 더 이상의 방법이 없으므로 모음어 발음에 가깝게 번역하고 부족한 부분은 주를 달아 해설을 해야 할 때가 되었다고 본다. * 에하흐는 정확한 이브리어 모음번역이다.

학자들이야 그렇다고 치더라도 불신자들이 엘로힘과 에하흐의 이름이 이렇게 논란이 많다는 것을 알면 과연 기독교를 무엇이라고 평가할까 생각하기도 싫다. 영이신 하나님께서 인간들에게 자신을 알리고자 알려주신 이름(칭호, 명칭, 속성)을 가지고 추정, 견해, 발전, 주장, 생각 등의 인간의 초등학문의 논리로 그 일관성과 통일성을 파괴하는 일을 멈춰야한다.

성경적 기독교의 신앙을 고취시키는 것이 아니라 도리어 저해하기 때문이다. 잃어버렸던 영이신 하나님의 고유 이름을 찾으려는 노력과 연구들을 하되 본질을 훼손하는 것은 하지 않는 것이 바람직하다.

정경으로 채택되어 사용하고 있는 자국의 성경번역으로 발견할 수 없는 의미들과 영적인 의미들은 원어를 통하여 더 깊이 있게 연구하여 생명의 복음으로 가르치는 것이 올바른 것이며 바람직하다. 그 일환으로 이브리어 단어별 합성어해설을 하는 것이다. 과거나 현재나 미래에도 선구자(先驅者)는 외길을 갔다. 현재에는 알아주지 않고 비판을 받아도 미래에는 길이 남을 고귀한 생명진리이기 때문에 필자는 오늘도 영이신 루바흐 엘로힘의 감동을 따라 이브리어 단어별 합성어해설의 글을 쓰고 있다. 만능들이신 에하흐 엘로힘께서 종을 붙들어 쓰시는 동안까지 다양한 주제의 이브리어 단어별 합성어해설집을 발간할 것이다.

필자는 웨스터민스터 신앙고백서(1647년)를 믿는다. 그 중에 제 1장 8항 ~10항을 보라.

제 1장 8항

8항 이브리어로 되어 있는 구약 성경(이브리어는 옛날 하나님의 백성들이 사용한 원어였다)과, 헬라어로 되어 있는 신약 성경(헬라어는 신약 성경이 기록될 당시 가장 일반적으로 사용되었던 국제어였다)은 하나님에 의해 직접 영감 되었고, 또한 하나님의 비상한 보호와 섭리에 의해 예나 지금이나 순전하게 보존되었기 때문에, 그러므로 신임할 만하다(마 5:18). 그러기에 모든 종교적 논쟁에 있어서 교회는 최종적으로 성경에 의존해야 하는 것이다(사 8:20; 행 15:15; 요 5:39,46). 하나님의 모든 백성들은 성경을 가질 권리와 관심을 가지고 있으며, 하나님을 경외하는 마음으로 성경을 읽고 연구하도록 명령 받았지마는(요 5:39) 성경의 원어를 모든 사람이 아는 것은 아니다. 그러므로 성경은, 성경이 전수(傳受)된 모든 나라의 자국어로 번역되어야한다(고전 14:6,9,11-12,24,27-28). 원어들이 모든 하나님의 백성에게 다 알려져 있는 것은 아니다. 그리하여 하나님의 말씀이 모든 사람에게 풍성히 거하게 하여, 그들이 하나님을 합당한 방법으로 예배할 수 있게 하며, 성경이 주는 인내와 위로를 통하여 소망을 가질 수 있도록 해 주어야한다(골 3:16; 롬 15:4).

1장 8항의 요약

성경은 구약은 이브리어로 신약은 헬라어로 기록되었다. 성경원본들은 영이신 하나님의 영감으로 기록되었다. 최종적인 권위는 원본들에게만 있다. 현존하는 공증된 사본들도 동등한 권위를 가지며 모든 성도들이 소망을 가지도록 자국어로 원어를 번역을 하되 사전적 의미를 중심으로 하며 각 국가의 토속적, 문화적 번역과 개인의 견해나 추정과 주장을 철저하게 배격(排擊-남의 의견·사상·행위·풍조 따위를 물리침)해야한다. 성경은 우리의 신앙과 삶에 유일한 소망이요. 법칙이다.

제 1장 9항

9항 성경 해석을 위한 무오한 법칙은 성경 자체이다. 그러므로 어떤 성경구절의 참되고 완전한 의미에 대하여 의문이 생긴 때에는(참되고 완전한 의미는 여럿이 아니고 하나뿐임), 보다 분명하게 말하고 있는 다른 구절을 통해서 연구하고 알아내야 한다(벧후 1:20-21; 행 15:15-16).

1장 9항의 요약

성경이 성경 자체를 해석해 준다. 난해한 부분들은 보다 분명하게 말하고 있는 병행 구절들에 의해 명백해진다. 원어 성경연구로 확증한다. 모든 신학과 신앙의 차이는 성경관(다중의 교파들)에서 시작되므로 서로 간에 정죄하지 말고 존중하고 보완하며 충족(充足-채워 넉넉하게 하며 모자람이 없게 함)해야한다.

* 필자의 모든 도서에서 성경구절을 많이 인용하고 있는 이유이다.

제 1장 10항

10항 최고의 재판관은 성경에서 말씀하시는 성령 외에는 다른 아무도 될 수 없다. 이 재판관에 의하여 종교에 관한 모든 논쟁들이 결정되어야 하고, 교회회의의 모든 신조들과, 고대 교부들의 학설들과, 사람들의 교훈들과, 거짓 영들(private spirits)이 검토되어야 하며, 그의 판결에 우리는 순복해야한다(마 22:29,31; 엡 2:20; 행 28:25).

1장 10항의 요약

성경번역의 논쟁에 있어서 최고의 재판관은 오직 성경(원본과 공증된 사본의 번역 성경)이며 우리는 순복해야한다. 성경의 원본과 번역본의 차이점을 인정하고 누구나 성령의 감동을 받아 성경원어를 해설할 수 있다.

이브리어자음이 상형문자의 의미를 담고 있으므로 상형문자의 그 의미와 사전적 의미를 따라 해석해야 한다. 그러나 자음만으로는 완전하고 일관된 발음을 할 수가 없으므로 마소라 학자들이 붙인 모음을 따라 발음하는 것이 현재로선 가장 모범이라고 본다. 이스라엘 본국어로 100% 발음할 수는 없지만 최상의 노력을 기울여야 한다. 특히 고유명사들은 100% 살려서 번역해야 한다. 우리나라 소리글의 장점을 살린다면 최대한 근접할 수 있다고 본다. 한글과 영어와 한자로도 해설되지 아니하는 단어들은 목자와 감독(엡 4:11, 행 20:28)들이 본문과 성경의 본질 안에서 생명과 치유와 복의 말씀으로 전해야한다.

쉬모트 שמות 세페르(출) 3:15절에서 알려주신 영원히 기억하고 생각하는 영이신 하나님의 이름은 정확하게 엘로힘 에하흐이다.

◆ 쉬모트 שמות 세페르(출) 3장15절 본문, 원어, 직역, 문장정리

원어 : 출애굽기 3:15

וַיֹּאמֶר עוֹד אֱלֹהִים אֶל־ מֹשֶׁה כֹּה־ תֹאמַר אֶל־ בְּנֵי יִשְׂרָאֵל יְהוָה

אֱלֹהֵי אֲבֹתֵיכֶם אֱלֹהֵי אַבְרָהָם אֱלֹהֵי יִצְחָק וֵאלֹהֵי יַעֲקֹב שְׁלָחַנִי

אֲלֵיכֶם זֶה־ שְּׁמִי לְעֹלָם וְזֶה זִכְרִי לְדֹר דֹּר׃

본문 : 쉬모트 שמות 세페르(출) 3:15 하나님이 또 모세에게 이르시되 너는 이스라엘 자손에게 이같이 이르기를 너희 조상의 하나님 여호와 곧 아브라함의 하나님, 이삭의 하나님, 야곱의 하나님께서 나를 너희에게 보내셨다 하라. 이는 나의 영원한 이름이요 대대로 기억할 나의 칭호니라.

직역 : 그가 말씀하시기를 다시 엘로힘 ~에게 모세 이렇게 너는 ~말하기를 ~에게 아들들 이스라엘 에하흐 엘로힘 너희 아버지들 엘로힘 아브라함 엘로힘 이츠하크 엘로힘 야아코프 그가 나를 보내셨다. 너희에게 이것은 나의 이름이다. 영원한 이것은 나를 생각하는 세대와 세대

문장정리 : 엘로힘께서 모셰에게 그가 말씀하시기를 너는 말하라. 이스라엘 아들들에게 엘로힘 에하흐 너희 아버지들, 아브라함의 엘로힘, 이츠하크의 엘로힘, 야아코프의 엘로힘 그가 나를 너희에게 보내셨다. 이것은 나를 생각하게 하는 세대와 세대에서 이것은 영원한 나의 이름이다.

◆ 쉬모트 שמות 세페르(출) 3장15절 이브리어 단어별 사전적 의미

אָמַר (559 아마르–말하다) וַיֹּאמֶר **와우 계속법–칼 미완 3인 남성 단수**

עוֹד (5750 오드–연속, 계속, 순회, 여전히, 아직, 다시, 그 외에) עוֹד **부사**

אֱלֹהִים (430 엘로힘–하나님, 신들) אֱלֹהִים **명사 남성 복수**

אֵל (413 엘–~에, ~쪽에, ~안으로, ~옆에, 대하여, 관하여) אֶל־ **전치사**

מֹשֶׁה (4872 모셰–모세) מֹשֶׁה **고유명사**

כֹּה (3541 코–이렇게, 이 방법으로, 여기에, 지금까지) כֹּה־ **부사**

אָמַר (559 아마르–말하다 say) תֹאמַר **칼 미완 2인 남성 단수**

אֵל (413 엘–~에, ~쪽에, ~안으로, ~옆에, 대하여, 관하여) אֶל־ **전치사**

בֵּן (1121 벤–아들들) בְּנֵי **명사 남성 복수 연계**

יִשְׂרָאֵל (3478 이스라엘–이스라엘) יִשְׂרָאֵל **고유명사**

יהוה (3068 예호와, 야웨) יְהוָה(에하흐) **고유명사**

모음대로 번역하면 '에하흐'이다. 홀렘(ㅗ)가 없는데 홀렘을 2개를 더하여 '여호와', '예호와'라고 하였고 또 '야웨'라고 하였으나 이브리어 모음어가 아니다. '에하흐'상세해설을 보라.

אֱלֹהִים (430 엘로힘–하나님, 신들) אֱלֹהֵי **명사 남성 복수 연계**

엘로힘을 '명사 남성복수'라고 한 것은 모든 만능들, 강함들, 권능들, 등등이신 하나님이시라는 것을 알려주신 것이다. 엘로힘 상세해설을 보라.

אָב (1 아브–너희 아버지들) אֲבֹתֵיכֶם (이보테이켐)**명사 남성 복수–2인 남성 복수**

אֱלֹהִים (430 엘로힘–하나님, 신들) אֱלֹהֵי (엘헤이)**명사 남성 복수 연계**

אַבְרָהָם (85 아브라함–아브라함) אַבְרָהָם (아브라함)**고유명사**

אֱלֹהִים (430 엘로힘–하나님, 신들) אֱלֹהֵי (엘헤이)**명사 남성 복수 연계**

יִצְחָק (3327 이츠하크–그는 웃었다, 이삭 Isaac(인)) יִצְחָק **고유명사**

אֱלֹהִים (430 엘로힘–하나님, 신들) וֵאלֹהֵי (벨헤이)**접속사–명사 남성 복수 연계**

יַעֲקֹב (3290 야아코브–야곱) יַעֲקֹב (야아콥, 야아코브)**고유명사**

שָׁלַח (7971 샬라흐–보내다, 뻗치다, 쫓아내다, 내보내다) שְׁלָחַנִי **칼 완료 3인 남성 단수–1인 공성 단수**

אֶל (413 엘–~에, ~쪽에, ~안으로, ~옆에, 대하여, 관하여) אֲלֵיכֶם **전치사–2인 남성 복수**

זֶה (2088 제–이것, 이러한) זֶה־ **지시대명사 남성 단수**

שֵׁם (8034 솀–나의 이름) שְּׁמִי **명사 남성 단수–1인 공성 단수**

עוֹלָם (5769 올람–영원, 긴 기간, 고대, 옛날, 미래) לְעֹלָם **전치사–명사 남성 단수**

זֶה (2088 제–이것, 이러한) וְזֶה **접속사–지시대명사 남성 단수**

זֵכֶר (2143 제케르–밝다, 빛나다, 순수하다, 순결하다, 깨끗하다, 나를 기억하는, 상기하다, 나를 생각하는, 기억, 기념물) זִכְרִי **명사 남성 단수–1인 공성 단수**

דּוֹר (1755 도르–시대, 세대, 거주(지)) לְדֹר **전치사–명사 남성 단수**

דּוֹר (1755 도르–시대, 세대, 거주(지)) דֹּר׃ **명사 남성 단수**

쉬모트 שמות 세페르(출) 20:7절 너는 네 하나님(엘로힘)여호와(에하흐)의 이름을 망령되게 부르지 말라. 여호와는 그의 이름을 망령되게 부르는 자를 죄 없다 하지 아니하리라는 말씀을 인용하여 에하흐의 이름을 부르는 것 자체를 망령되다고 하여 부르지 않고 '아도나이'라고 부른다. 쉬모트 שמות

세페르(출) 20:7절을 자세히 보라. '에하흐'만 아니라 '엘로힘 에하흐'라고 하였다.

엘로힘은 부르지 않고 '아도나이'만 부르는 것은 성경의 본질을 왜곡시키는 것이다. 성경의 본질을 왜곡시키는 것이 곧 망령되고 공허한 것이다. 에하흐 엘로힘은 영이신 루바흐 엘로힘께서 영원히 기억하고 생각하며 부르라고 가르쳐 주신 이름이다.

오히려 아도나이라고 하는 것이 망령되고 헛되고 공허한 것이다. '아도나이 엘로힘'이라고 해도 어색하다. 원어대로 엘로힘 에하흐라고 불러야한다. 영이신 루바흐 엘로힘께서 당신의 이름을 엘로힘 에하흐라고 알려주셨다. 영이신 하나님을 찾고 부르라고 이름을 주셨다(창 4:2, 창 12:8, 창 13:4, 창 21:33, 욜 2:32).

쉬모트 שמות 세페르(출) 3:15절에서 영원한 이름과 칭호를 엘로힘 에하흐라고 모세와 이스라엘백성에도 알려주셨고(출 4:5) 미츠라임 파르오에게도 엘로힘 에하흐라고 하였다(출 3:18, 출 5:1).

영이신 하나님(요4:24)의 공식적인 이름과 등장회수

엘로힘 (창 1:1, 약 2.600회)

루바흐 엘로힘 (창 1:2, 루바흐 약 838회)

에하흐 엘로힘 (창 2:4, 에하흐 약 6.000회 이상)

예슈아 (창 9:18, 마 1:21,25, 눅 1:31, 눅 2:21, 구약성경 78회, 신약성경 약 833회)

엘 (창 14:18, 240회)

아도나이 에호비흐 (창 15:2, 아도나이 약 360회)

엘로힘 에하흐 (출 3:15, 신 1:11, 신 4:1, 대하 28:9, 미 4:5)**이다.**

아브람이 아도나이(나의 주님) 에하흐라고 하였다.

'여호와(에하흐)의 말씀이 환상 중에 아브람에게 임하여 이르시되 아브람아 두려워하지 말라 나는 네 방패요 너의 지극히 큰 상급이니라'(창 15:1)는 에하흐의 말씀을 듣고 '아브람이 이르되 주(아도나이) 여호와(에하흐)여 무엇을 내게 주시려 하나이까'(창 15:2)라고 하였다.

창세기 15:2절 여호와의 모음어는 에호비흐יֱהֹוִה이다. 원문의 모음을 보라. 모음어에 따라 여호뵈라고 번역하기도 하지만 아니다. '바브' 위에 '홀렘'(ㅗ)을 '헤이'로 가져와서 '호'가 되었다. 그러므로 '바브'에는 '히렉'(ㅣ)만 남는다. 그래서 '비'이다. '헤이'는 이브리어 후음문자 5개중 하나이므로 '흐'이다. 그래서 '에호비흐'이다.

아도나이는 약 13세기경 바벨론포로 후에 에하흐의 이름을 부르기를 두려워하여 사용한 관용적(습관적으로 늘 쓰던 것, 오랫동안 써서 굳어진 것)인 호칭이었다고 한다. 출애굽기 20:7절에 망령되이 일컫는 위험을 피하기 위해 경건한 유대인들은 고유명 그 자체 대신 '아도나이'라는 말을 마소라 학자들이 사용하기 시작하였다. 이브리어 자음에 모음을 붙이기 시작 한 것은 약 5-10

세기경이라고 한다. 모세가 출생(B.C. 1527)당시의 미츠라임(애굽)의 파르오(바로)는 투트모스 1세(Thutmose I, B.C.1539-1514)였다.

모세가 창세기(창,출,레,민,신)를 기록하였다. 아도나이는 모세 출생이전 2~3세기 전부터 이미 사용하고 있었다는 것을 참고한다면 관용적 호칭이었다는 것에 힘이 실린다고 할 수 있다.

그러나 에하흐를 아도나이라고 번역하라거나 칭하라고 하신 말씀이 성경에 1회도 없다는 것을 성경이 명백하게 증명하고 있다. 마소라 학자들의 심정은 이해하지만 성경대로 믿자는 데는 이의를 재기할 수가 없다. 두려움 때문에 에하흐의 이름을 아도나이로 부르는 것이 망령된 것이다. 두려우면 성경의 본질을 왜곡시키지 말고 성경의 본질에 따라서 두렵고 떨림으로 구원을 이루어가야한다.

'셋도 아들을 낳고 그의 이름을 에노스라 하였으며 그 때에 사람들이 비로소 여호와(에하흐)의 이름을 불렀더라'(창 4:26).

'누구든지 여호와(יְהוָה 3068, 에하흐)의 이름을 부르는 자는 구원(מָלַט 4422, 마라트-가만히 가버리다, 피하다, 도망하다, 구출하다, 구원하다)을 얻으리니 이는 나 여호와(에하흐)의 말대로 시온 산과 예루살렘에서 피할 자가 있을 것임이요 남은 자 중에 나 여호와(에하흐)의 부름을 받을 자가 있을 것임이니라'(요엘 2:32)고 하였다.

에하흐의 이름을 부르는 קָרָא (7121, 카라- 부르다, 선포하다, 소환하다, 읽다) יִקְרָא 칼 미완 3인 남성 단수) 자 הָיָה (1961, 하야~이 일어나다, ~이 되다, ~이다)만 구원을 얻는다고 하였다.

에하흐의 이름을 부르지 않으면 구원이 없다는 말씀이다.

에하흐 이름을 '부른다'는 카라 간략해설

영원한 생명으로 실존하시는 에하흐의 이름을 부르는 목적이 분명하다 불가능에 가까운 죄사함과 영생구원에 대한 소망을 가지고 만왕의 왕이신 예슈아와 모든 만능들이신 하나님께 자기를 구원하여 달라고 그 이름을 부르라는 의미이다.

■ **카라 사전적 의미**

카라 קָרָא (**7121, 카라-부르다, 선포하다, 소환하다, 읽다**)이다.

에하흐의 이름을 부르는 것은 에하흐를 향한 자기의 믿음을 선포(세상에 널리 알림)하여 알리고 있는 것이다. 에하흐의 이름을 부르는 것은 생명으로 실존하시는 에하흐를 자기의 마음과 삶으로 불러들이고 있는 것이다. 만왕의 왕이신 예슈아와 모든 만능들이신 하나님과 생명으로 실존하시는 에하흐와 동행하기를 원하여 부르라는 것이다.

에하흐의 이름과 예슈아 이름 관련된 성경을 보라.

에하흐 이름을 불렀다(창 4:26, 창 12:8, 창 13:4, 창 21:33, 시 116:4, 왕상 18:24, 사 12:1-6, 욜 2:32, 습 3:9).

에하흐 이름과 예슈아 이름의 성구들(출 3:15, 출 15:3, 출 33:19, 출 34:5-7, 레

19:12, 삼상 20:42, 삼하 6:18, 왕하 2:24, 시 7:17, 시 23:3, 시 54:6, 시 105:14, 시 106:47-48, 시 113:1-3, 잠 18:10, 사 26:8, 사 51:15, 사 55:13, 렘 10:16, 암 4:13, 미 5:4, 말 1:11, 마 1:21, 행 4:12, 마 28:19, 요 14:14, 요 17:26, 행 2:21, 행 9:15, 행 22:16, 롬 10:12-13, 고전 1:2, 빌 2:9-11).

성경을 번역하는 학자들이 영이신 하나님의 이름과 칭호를 '추정'과 '견해'로 접근을 한다면 유일하신 영이신 루바흐 엘로힘, 에하흐, 예슈아의 이름을 믿어야 할지의 심각한 문제가 발생할 수가 있다. 더 나아가서 기독교의 계시의 성경을 믿으라. 일점일획도 폐하심이 없이 다 이루어지는 말씀이라고 가르칠 수 없는 날이 오리라고 본다. 아래내용을 보라.

아래 내용은 브니엘 성경연구소에서 발행한 바이블렉스 10.0에서 발췌한 것이다.

יהוה (3068, 예호와-여호와, 야웨)

예호와는 이스라엘의 하나님을 나타내는 고유명사이며, '여호와, 야웨'로 음역한다. 우리가 "여호와"라고 부르는 하나님의 명칭은 본래 히브리어 4자음 문자 '요드, 헤, 와우, 헤(YHWH)로 구성되어 있다. 이 신성 4문자(Tetragammaton)는 하나님의 인격적 이름으로 성경에서 창 2:4에 처음으로 나타나며, 구약성경을 일관해서 총 6,000여회(cf. BDB) 나타난다.

이 하나님의 이름은 한글 번역본의 개역에서 "여호와", 공동번역에서 "야웨", 영역본에 Jehovah 라고 음역하고 있지만 그 정확한 발음을 알 수가 없다. 중세 어느 때에 그 정확한 발음을 잃어버린 것이다. 그러므로 신성 4문자에 대한 정확한 발음과 기원 및 의미는 상당한 논의의 주제가 되어왔다 (Freedman, TDNT).

1. YHWH의 발음과 금기

(1) 마소라 본문에서 YHWH는 영속적 케레(qere perpetuum)의 명칭이다. 하나님의 이름을 구성하는 이 신성 4문자는 너무 거룩하므로, 유대인들은 관습적으로 그 이름을 발음하지 않았다. 사본 필사자들이 신성 4문자를 기록할 때는 매번 완전히 목욕을 하고 완전히 옷을 갈아 입었으며, 그 문자들을 기록하는데 사용한 붓을 부러뜨렸다. 감히 입으로 말하기가 황송한 그 이름에 대한 경외심 때문에 구약성경 시대 이후(B.C. 3세기 경부터), 회당에서 성경을 낭독할때, 또는 읽는 자들이 성경에서 그 이름을 볼 때마다 명사 아도나이(adonay, 나의 주님)로 발음했다. 이것은 "여호와의 이름을 망령되이(문자적으로, 헛되이, 경솔히) 일컫지 말라"는 계명과 관련된 것이다.

그 후에 마소라 학자들이 자음으로만 기록되어 있는 구약 본문에 모음을 삽입할 때 아도나이(adonay)를 나타내는 마소라 모음을 신성 4문자 YHWH의 모음으로 첨가했다(C. Brown, TDNT). 그렇다면 야호와(yahowah)로 발음 표기되어야 하는데 예호와(yehowah)로 발음 표기되어 있다. 이것은 첫 음절에 a 모음을 가지면 그들이 피해야 하는 바로 그 금기를 위반하기 때문이다. 그래서 그 언어 구조상 가장 특색이 없는 e를 선택하여 예호와(yehowah)로 표기한 것이다. 이러한 기록은 신성 4문자의 첫 음절이 e 혹은 이와 유사한 모음을 포함하고 있지 않다는 직접적 증거가 된다 (C. H. Gordon, Vgaritic TextBook, Anor, 38, 1965; R. Kittel, "Yahweh", Schaff-Herzog).

(2) 구약성경에서 하나님의 이름 예호와(yehowah)와 합성된 인명(人名)을 살펴보면 두 가지 어형을 가지고 있는데 요(yo-)와 예호(yeho-)이다. 예를 들면 '여호와께서 주신다'를 의미하는 yonatan(요나탄, 삼상13:3)과 yehonatan(예호나탄, 삼상18:1)입니다.

그리고 yehosua(예호수아:여호와는 구원이시다)라는 칭호는 하나님의 이름을 포함하고 있는 아주 오래된 이름이다. 세칼(M. H. Segal)은 이 호칭이 일찍부터 존재했다는 것은 YHWH라는 명칭이 모세에게 계시되기 전에 이미 알려졌음을 나타내 주는 증거로 보았다. 보다 긴 어형이 보다 짧은 어형보다 더 이른 시대에 사용되었다. 그렇다면 보다 긴 어형이 분명히 본래의 어형이다(G. J. Botterweck의TDOT).

그리고 야-(ya-)나 야호-(yaho-)로 부르지 않고 요-(yo-)나 예호(yeho-)라고 부른 것은 야-(ya-)나 야호-(yaho-)가 금기가 되기 때문에 피한 것이다.

어떤 인명의 끝 부분에서 신성 4문자는 역시 두 가지 어형 형태를 가지는데 '-yahu(-야후)와 -yah(야)'이다. 예를 들면'나의 왕은 여호와이시다'를 의미하는 malkiyyahu(말키야후)와 malkiyyah/ya(말키야)이며, 여기서도 보다 긴 어형 야후가 우선이다. 야후나 야는 첫음절 이외에는 금기가 되지 않으므로 본래의 발음대로 표기한 것이다.

구약시대 말기(주전 5세기)의 엘레판틴 파피루스(Elephantine papri)의 더 짧은 이름 YHW는 -야후(shemayahu=세마야후같은 이름에서 처럼)나 야호-(Jehozadek=예호체닥 같은 이름에서 처럼)로 읽어야 한다고 기록하고 있다. 야호(yho)라는 발음은 B. C. 1, 2세기 쿰란의 헬라어 단편들과 1세기의 영지주의 문서에서 발견된 헬라어형 iao(야오)에 의해 확증된다.

2. YHWH의 어원 및 의미와 보다 정확한 발음

(1) 어떤 학자들은 이 이름을 달에 대한 숭배와 관련된 감탄의 소리로 간주되고 있는 원시적인 어형 야(Yah)로부터 유래되었다고 본다(참조, G. R. Driver, ZAW, 46, 1928). 그래서 그 이름이'오 그 분'을 의미하는 야후와(Ya -huwa)에서 유래되었다고 암시하는 학자들도 있다(참조, M. Buder, Moses, 「1946」1958. 49f,: S. Mowinckel, "The Name of the God of Moses").

그러나 이러한 이론은 거부되었다. 그 이유는 그 이름을 감탄사의 소리로 간주하게 되면 신앙이 언제나 그 이름에 기초를 두어 왔다는 종교적 내용과 그 이름에 부수되는 계시적 가치를 설명하기 어렵기 때문이다(참조, E. Jacob, Theology of Old Testament).

(2) 보다 적절한해석은"있다, 존재하다"를 의미하는 동사 haya(하야)와, 그리고 그 동의어 hawa(하와)와 관계되어 있다고 보는 것이다. 출애굽기 3:14에서 하나님은 모세에게"나는 스스로 있는 자니라(ehyeh aser ehyeh) 스스로 있는 자(ehyeh)가 나를 보내셨다 하라 나를 너희에게 보내신 이는 하나님 여호와(YHWH)라 하라 이는 나의 영원한 이름이요 대대로 기억할 나의 표호니라"고 말씀하셨다.

R. de Vaux는 에흐예 아셰르 에흐예라는 문구의 번역과 의미에 대해서 가장 좋은 번역문은 "I am He who Exists"(나는 존재하는 자[그]이다)라고 주장한다. NASB, NRSV는 "I AM WHO I AM"으로 번역했다. 이 문구는 그 의미에 있어서 초시간적(omnitemporal)이다. '나는 이미 존재하였고, 이제도 존재하고, 앞으로도 존재할 자, 곧 영원히 존재하는 자이다' 는 의미를 지니고 있는 것이다.

그 이름 에흐예(ehyeh)는 칼 미완료 1인칭 단수로"나는 있다"이다. 그러나 사람은 이 이름으로 하나님을 부르지 않는다. 야웨/여호와라는 이름은 사람이 그를 3인칭으로 말할 때 생긴다.

따라서 하야(haya)의 미완료 3인칭(히필형)은 야흐예 또는 야헤(yahyeh)이며, 그 동의어 하와(hawa)의 미완료 3인칭(히필형)은 야흐웨 또는 야웨(yahweh)이다. 여기서 발음상 두 경우에 유사하지만 야웨가 신성 4문자 와 더 근사하다.

혹자는 YHWH가 동사 하와(hawa)에서 유래한 것이 아니라 모세 시대에 하와(hawa)가 발음되었던 소리와 비슷한 소리를 내는 어떤 기원이 불분명한 고대의 단어라고 제시하지만 우리는 출애굽기 3장 내용과 YHWH 를 연관시켜 연구해본 바 hawa(하와)와 YHWH가 서로 관계가 있다고 생각된다.

또한 N. Walker 등은'있지도 않은 히필형(사역형)을 만들어 낸다고 비난하지만 W. F. Albright, D. N. Frcedman 등 여러 학자들은 히필형이 남서 셈어에서 알려 지지 않았다고 해도 그것이 이스라엘의 하나님의 이름이었으리라고 시사했다. 따라서 하나님의 이름인 신성 4문자 YHWH는 하와(hawa)의 미완료 야흐웨(yahweh, 보통 야웨로 발음함)와 YHWH의 후기 표기인 헬라어 야웨(iaoue)나 야베(iabe)에서 볼 때, 원래의 발음이 YaHWeH였으리라고 생각된다.

데오도레토스(4세기)는 사마리아인들이 신성 4문자를 iabe(야베)로 발음했다고 말한다. 알렉산드리아의 클레멘트(3세기 초)는 iaoue(야웨)로 발음했다. YHWH의 셋째 문자인 와우(w)를 사마리아인들은 b(ㅂ)로 발음하고 클레멘트는 ou(우)로 발음한 것이다.

(3) 남부 가나안 언어들(히브리어, 모압어)이 y는 i, w는 u, h는 e, a로 발음되었다고 본다면 YHWH는 iaue(야웨)로 발음될 수 있다(여러 가지 발음이 제시되고 있을지라도). 이 음역은 앞에서 살펴본 바, 후기 헬라어표기인 iaoue(야웨), iabe(야베, b를 u로 발음할 때 iaue[야웨]가 된다)와 일치하며, hawa(하와)의 미완료 3인칭 히필형 yahweh(야흐웨, 야웨)와도 일치한다. 그렇다면 하나님의 이름YHWH의 발음은 야웨(yahweh)이라고 거의 확신할 수 있다.

3. YHWH의 번역들

(1) 앞에서 언급한 바와 같이 이 하나님의 이름 YHWH는 마소라 본문에서 금기 때문에 예호와(yehowah)로 나타난다. 우리가 지금 일반적으로 공인하고 있는 70인역본도 이 이름을 유대인들의 읽기(케팁→케레)를 따라 '퀴리오스'로 번역했다.

RSV와 다른 역본들도 이 이름이 본문에 나올 때는 언제나 주(LORD)라는 단어를 대문자로 기록함으로서 이 관계를 따르고 있다. 마찬가지로 라틴어 성경도 도미누스(Dominus:주 Lord)라는 단어를 사용하고 있다.

현재 세계의 거의 모든 성경 번역본들(극소수를 제외하고)은 '주' 라는 말을 사용하며, 새번역 표준판도 '주' 라고 번역했다. 이것은 하나님의 이름 여호와/야웨란 이름을 세계의 모든 성경에서 제외시키는 무서운 음모라고 할 수 있다.

70인역본에 대해 한마디 하고자 한다. 지금 보유하고 있는 가장 오래된 70인역본의 한 사본 단편들에는 헬라어 본문에 히브리어 문자로 쓰여진 신성 4문자 YHWH가 등장한다. 이 관습은 주후 1세기의 후기 유대인 구약성경 역자들에 의하여 실행되었다. 쿰란에서 발견된 70인역본의 한 사본에는 심지어 신성 4문자가 IAW로 번역되어 있다.

이러한 발견들은 70인역본의 번역자들이 신성 4문자(YHWH)를 '퀴리오스'로 번역했다고 하는 생각에 대해 의심을 갖게 한다. 그렇다면 이것은 70인역본의 본문에 있는 신성 4문자를 철저하게 퀴리오스로 대치시킨 것이 주로 기독교인 서기관들의 짓이라는 이론을 뒷받침해 준다. (P. E. Kahle, H. Bietenhard).

그러므로 현재 우리가 70인역본으로 공인하고 있는 70인역본은 본래의70인역본 을 변개한 것으로 볼 수 있으며, 그렇다면 이 70인역본을 따르는 것은 진정한 70인역본과 다른 길로 행하는 것이 된다.

(2) 그리고 에호바(Jehovah)라는 어형은 마소라 본문의 표기에 근거하여 16세기에 통용되었으며, 갈라티누스(P. Galatinus)의 라틴어 역본에서는 iehoua(예호와)라는 어형으로 나온다 (De Arcanis Cath, Veritatis, 1516, 11).

1530년에 틴데일(Tyndale)은 출애굽기 6:3을 번역할 때 Jehouah(예호와)를 사용했다. 그 후 Jehovah는 표준 철자가 되었다(C. Broun:DNTT). 따라서 미국표준역성경(ASV)과 신세계번역본(NWT)는 Jehovah, 한글 개역은"여호와"로 번역했으며, KJV는 일곱개의 구절, 즉 그 이름이 특별히 강조되거나(출 6:3; 시 83:18; 사 12:2; 26:4), 다른 요소와 결합된 구절(창 22:14; 출 17:15; 삿 6:24)에서 Jehovah로 번역했다.

그러나 "Jehovah"나 "여호와" 는 앞에서 살펴본 바와 같이 YHWH라는 하나님의 이름에 대한 바른 음역이라고 할 수 없으며, yahweh가 더 바른 음역이다. 예루살렘성경과 공동번역은 야웨로 번역했다.

어떤 고대 역사에 의하면 의인 시몬(Simon)이 죽은 후에(B.C. 200년경) 제사장들은 축복 행위에서 여호와 이름을 언급하는 것을 중지했다고 한다(T. Sot 138). 성전 예배 의식에서 여호와의 이름은 여전히 대속죄일에 대제사장이 축복할 때 사용되었다.

「그러나 교육 행위에서 성경 인용시 여호와라는 단어가 '이름'이라는 '셈'으로 대치되었다. 그래서 신성 4문자 YHWH를 사용하기를 중단했으며, 따라서 그 발음마저 잊어버렸다.

그런데 놀라운 일은 세계의 거의 모든 성경 번역자들은 성경에서 여호와/야웨라는 이름을 없애버린 것이다. 대한성서공회서 번역한 표준 새번역도, 몇 군데를 제외하고는 여호와란 이름을 모두 없앤 것이다. 역사의 하나님 여호와를 최고의 역사 기록에서 삭제해 버리는 이 무리들은 회개해야 할 것이다. 이름을 기억하지 못하는 것은 그에 대한 관심이 그만큼 없다는 것이다.

우리는 여호와, 혹은 야웨라는 이름이 소중한 큰 이름임을 명심해야 한다."내가 여호와의 이름을 찬양하나이다". - 아멘 -.

_참조: J. B. PAYNE; FREEDMAN; O'CONNOR; RINGGREN

엘로힘과 에하흐의 이름을 두고 학자들의 의견들이 분분하다. 모두가 다 어떻게 사용하느냐를 두고 각자의 의견과 생각, 연구의 결과, 견해와 추정이라고 하였다. 그리고 두드러지는 것은 이브리어식이 아니라 모두가 영어식이므로 신뢰할 만한 것도 있고 신뢰하지 못할 부분도 있다. 한글로 영어를 다 발음하거나 표현 하지 못한다. 영어도 한글과 이브리어를 다 발음하거나 표현하지 못한다는 것을 각 나라가 인정한다. 그러므로 성경만큼은 더 더욱 성경의 원리와 균형에 맞게 번역하는 것을 기본원칙으로 해야 한다.

쉬모트 שמות 세페르ספֶר(출)3:15절 중심으로 단어 몇 개를 모음어 번역으로 살펴보기로 한다.

'여호와, 예호와, 야웨' 등으로 부르고 가르치고 있는데 יְהוָה의 모음번역은 '에하흐'이다. * 이브리어 모음번역 '에하흐' 외의 번역들은 모두 모음번역이 아니다. 이스라엘 언어의 악센트accent를 감안하여 가장 적절하게 '에하흐'라고 하였다.

'모세'는 מֹשֶׁה '모셰'라고 하였지만 '모소ㅔ'이다. 한글 모음으로 합성할 수 없어서 '모셰'라고 한 것이 아닌가 싶다. 한글의 소리글도 한몫 한 것 같다. 영어는 'Moses'이다.

'이스라엘'은 יִשְׂרָאֵל '이소ㅔ라엘'이다. 한글 소리글로 '모셰'라고 한 것처럼 모음이 같으니까. '이셰라엘'로 번역하는 것이 오히려 더 올바른 번역이라고 본다. 영어는 'Israel'이다.

'아브라함'은 אַבְרָהָם '아브라함'이다. 아브라함은 정확하게 번역하였다. 영어는 'Abraham'이다.

'이삭'은 יִצְחָק '이츠하크'이다. '이츠하크'는 한글로 가능하다. 영어는 'Isaac'이다.

'야곱'은 יַעֲקֹב '야아콥', 또는 '야아코브'이다. '야아콥'도 한글로 가능하다. 영어는 'Jacob'이라고 하였다. 판단은 독자의 몫으로 남겨놓는다.

이름과 지명은 고유명사라는 것을 항상 먼저 생각하고 정확하게 번역해야한다. 영이신 루바흐 엘로힘의 이름과 칭호들과 속성들을 번역할 때 더 명확하게 해야한다. 영어는 '이브리'을 '히브리'Hebrew라고 한다. 그래서 나는 영어를 꼭 써야 할 때에는 Ebrew라는 단어를 만들어 '이브리'라고 하였다. 언젠가는 영어사전에 공식단어로 등록되라고 확신한다.

영이신 하나님을 '루바흐 엘로힘'이라고 하신 것은 영이신 하나님은 모든 것들의 만능들이신 하나님이시다 라는 것을 알려주신 것이다.

'에하흐 엘로힘'이라고 하신 것은 영원한 생명과 생명으로 실존하시는 에하흐께서는 예슈아이시고 모든 것들의 만능들이 에하흐 손에서 난다는 것을 알려주신 것이다.

'엘로힘 에하흐'라고 하신 것은 아담타락이후에 앞뒤가 바뀌어 부르게 된 명칭이다. 그 뜻과 의미는 모든 것들의 만능들의 엘로힘께서는 영원한 생명으로 실존하시고 모든 생명이 하나님의 손에 있다는 것을 알려주신 것이다.

이러한 해설은 이브리어 단어별 합성어해설을 통해서만 알 수 있다. 명백한 성경의 본질적 해설이다. * 영어와 한자가 이브리어본질을 왜곡한 곳이 적지 않다.

성경번역은 원어성경의 본질을 그대로 번역하면 된다. 사람의 감정이나 지식, 추정, 견해 등은 사실도 아니고 진리도 아니다. 원어에서 엘로힘(창 1:1), 루바흐 엘로힘(창 1:2), 에하흐 엘로힘(창 2:4), 여자의 후손으로 오실 예슈아(창 3:15), 에하흐께서 사람으로, 에하흐 마레아크(사자, 사신)로 나타나심(창 18~19장), 전능(깁보르)하신 하나님(엘)과 평강(솨롬)의 통치자(사르)(사 9:6), 말키 체테크(의로운 왕)(창 14:18), 말씀과 하나님(요 1:1), 만물을 창조하신 분(요1:3), 생명의 빛(요 1:4-5,9, 요 8:12, 창 1:3) 등으로 계시던 그 하나님께서 때가 차매 예슈아께서 오셔서 아버지와 영이신 하나님을 보여 주셨다(요 1:14,18, 요 3:16-18, 요 14:9, 골 1:15, 요일 5:20)라고 하면 된다.

'말씀이 육신이 되어 우리 가운데 거하시매 우리가 그의 영광을 보니 아버지의 독생자의 영광이요 은혜와 진리가 충만하더라'(요 1:14).

'본래 하나님을 본 사람이 없으되 아버지 품속에 있는 독생하신 하나님이 나타내셨느니라'(요 1:18).

'예수께서 이르시되 빌립아 내가 이렇게 오래 너희와 함께 있으되 네가 나를 알지 못하느냐 나를 본 자는 아버지를 보았거늘 어찌하여 아버지를 보이라 하느냐'(요 14:9).

'그리스도는 하나님의 형상이니라'(고후 4:4).

'그는 근본 하나님의 본체시나 하나님과 동등됨을 취할 것으로 여기지 아니하시고 7 오히려 자기를 비워 종의 형체를 가지사 사람들과 같이 되셨고'(빌 2:6-7).

'그는 보이지 아니하는 하나님의 형상이시요'(골 1:15).

'이는 하나님의 영광의 광채시요 그 본체의 형상이시라'(히 1:3).

'그는 참 하나님이시요 영생이시라'(요일 5:20)고 하면 된다. 더하거나 뺄 것이 없다. 추정이나 견해를 덧붙일 필요가 없다. 진리의 본질을 비 진리로 번역하지 말아야한다. 본서에서 인용한 성구들 중에 일부만 직역문장 정리를 하여 올렸다. 모든 성구들을 직역문장정리를 하였더라면 한글번역 성경과 비교가 되고 원어에 더 관심을 가지게 될 텐데 부족했다.

05. 엘 אֵל(410 엘- 하나님, 신, 240회)하나님이시다.

베레쉬트 בראשית 세페르סֵפֶר(창) 14:18 살렘 왕 멜기세덱이 빵 לֶחֶם(3899, 레헴-빵, 음식)과 포도주를 가지고 나왔으니 그는 지극히 높으신 하나님(엘)의 제사장이었더라고 하였다. * 레헴은 떡이 아니다. 빵이다. 이스라엘 사람들은 떡이 무엇인지 모른다.

■ 엘 종합 사전적 의미들

엘 אֵל (410(408-413) 엘-하나님, 신, 아니, 아니다, 아무것도 아니다, 어느쪽도 아니다, 이것들, ~에, ~쪽에, ~안으로, ~옆에, 대하여, 관하여)이다.

엘 간략해설

'엘'하나님은 단수이다. 만능이신 하나님, 강하신 하나님, 힘이신 하나님 등이시다. '엘'은 예슈아께서 십자가에서 못 박히신다는 십자가복음의 비밀을 알려주셨다(고전 1:18,21). 십자가복음을 믿음으로 받아들이는 자에게 힘과 능력이신 하나님께서 그에게 죄 사함과 영생구원을 주신다. '엘' 하나님은 많은 목자와 성도들이 처음 들어볼 수도 있다. 한글성경은 엘로힘(남성복수 하나님)과 엘(남성단수 하나님)을 모두 하나님이라고 번역하였기 때문이다. '엘'하나님(240회)보다 엘로힘하나님(2,600회)을 성경에서 더 많이 말씀하셨다는 사실을 간과하지 말아야한다. 그 이유와 그 목적이 있으셨기에 엘로힘으로 나타나셨다. 2,600곳을 찾아보면 영이신 하나님의 뜻을 명백하게 알게 된다. 그리고 엘 종합 사전적 의미들을 보라. '하나님, 신, 아니, 아니다, 아무것도 아니다, 어느쪽도 아니다, 이것들, ~에, ~쪽에, ~안으로, ~옆에, 대하여, 관하여'이다. 성경에서 사람들에게 알려주신 힘과 능력이신 엘(남성단수, 하나님) 하나님이 아니면 그 엘은 우상 신이다. 가나안 신 엘 (El)이 있다. 이 엘은 가나안의 신들 중 최고 우두머리 신으로 '신들의 아버지'라고 불렀다. 우가릿 문헌(Ugaritic literature)에는 그가 만물의 창조자이며, 인간 출산에 관여하는 신으로 묘사되어있다. 그의 부인은 '아세라'(Ashtaroth)이다. 그러나 이 가나안 우상 엘 신은 힘과 능력과 강하신 하나님이 아니다. 아무것도 아니다. 사람이 만들어 놓은 수공물이다(출 20:3-5, 신 4:28, 시 97:7, 시 115:4-8, 시 135:15-17, 사 42:17, 사 46:6-7, 렘 10:3-5, 합 2:18-19, 행 19:26, 고전 10:19-20).

이 우상 신을 믿고 그 엘 우상을 섬기며 그 우상 안에서 살기를 원하는 그 사람은 불신자이다. 영이신 루바흐 엘로힘께서 성도와 불신자를 분별하라고 다양한 사전적 의미를 '엘' 안에 담아 놓으신 것이다.

5-10세기에 이브리어 자음에 모음을 덧붙이던 마소라 학자들은 이 사실을 알지 못하고 모음 을 덧붙여서 6개로 분류하였으나 실상은 하나이다. 자음이 같으면 모음과 관계없이 그 의미들이 하나로 묶여 있다. 모음은 읽기위한 것이다. 그 이상의 뜻이 없다. 오직 자음에만 그 뜻을 담아 놓으셨다. 현대 이브리어는 상형문자의 변형(變形-모양이나 형태가 달라지거나 달라지게 함)문자이다. 그러나 현대 이브리어 속에 상형문자의 의미가 그대로 담겨 있다는 것을 기독교 개종한 유대랍비들이 가르치고 있다. 영이신 루바흐 엘로힘께서 엘(남성단수, 하나님)외에는 아무것도 아니라는 것이다. 그러므로 힘과 능력과 강하신 엘 하나님께 대한 믿음을 가져야한다.

06. 아도나이 אֲדֹנָי(136 아도나이- 나의 주 my Lord, LORD, 약 360회 (에하흐 등을 포함하여 약 6.823회))이시다.

나의 주(아도나이) 에호비흐(여호와)이시라고 아브람이 말하였다.

베레쇠트 בראשית 세페르סֵפֶר(창) 15:2 아브람이 이르되 주(아도나이) 여호와(에호비흐)여 무엇을 내게 주시려 하나이까 나는 자식이 없사오니 나의 상속자는 이 다메섹 사람 엘리에셀이니이다라고 하였다.

직역문장정리 : 아브람 그가 주 에호비흐(여호와)께 말하여 당신은 무엇을 나에게 주시려고 합니까? 나는 아들이 무자하여 다닙니다. 나의 집의 소유자는 그 담메세크(다메섹, 지명)의 엘리에제르 (엘리에셀, 인명)입니다.

'에하흐'와 '에호비흐' 모두 '고유명사'이다.

יהוה(3068 에하흐) יְהוָה(에하흐) **고유명사**

יְהוִֹה(3069 에호비흐) יֱהוִה(에호비흐) **고유명사**

하나이신 루바흐 엘로힘께서 당신을 알리기 위한 이름과 칭호이다(출 3:13-15). 한국교계와 세계교계는 조속히 바로 잡아야한다. 두 눈을 똑바로 뜨고 보라. 고유명사이기에 네 개의 자음합성어가 모두 동일하다. 모음만 다르다. 마소라 학자들이 모음을 잘못 붙인 것이 분명하다.

■ 아도나이 사전적 의미

אֲדֹנָי (136, 아도나이-나의 주 my Lord, LORD)이다.

아도나이 간략해설

아도나이는 나의 주, 나의 주님이라는 뜻이다.

아브람은 아브라함으로 개명되기 이전의 이름이다(창17:5). 우리는 아브라함을 믿음의 아버지라고 부르고 있다. 아브라함의 믿음을 본받으려고 한다. 유대인들도 아브라함과 이츠하크와 이스라엘(야아코프-야곱)의 삼대조상을 자랑스럽게 여기며 추앙한다. 아브라함은 에하흐의 이름을 부를 때 '나의 주 에하흐'라고 하였다.

아브라함이 나의 주 에하흐라고 한 것은 나는 에하흐를 나의 생명과 나를 실존하게 하시는 하나님이십니다. 나는 당신을 나의 인생의 주인, 나의 가정의 주님으로 섬기고 있습니다라는 믿음의 고백을 하고 있다. 그리고 아들이 없는 아브라함이 에하흐께서 자기에게 언약한 것을 생각하며 여쭈고 있는 내용이다, '내가 너로 큰 민족을 이루고 네게 복을 주어 네 이름을 창대하게 하리니 너는 복이 될지라'(창 12:2-3). '내가 네 자손이 땅의 티끌 같게 하리니 사람이 땅의 티끌을 능히 셀 수 있을진대 네 자손도 세리라'(창 13:16)고 하셨습니다. 그런데 나는 아들이 없습니다. 담메세크(다메섹) 사람 엘리에제르(엘리에셀)가 나의 집(가정)에 소유자로 삼아야 하겠습니다라고 하였다(창 15:2).

아브라함은 에하흐을 아도나이아로 부르지 않았다.

에하흐는 에하흐의 이름과 칭호이다. 아도나이는 아도나이의 칭호이다. 각 칭호의 상징과 의미도 다르다.

아래 성경들을 보라.

베레쇠트 בראשית 세페르ספֶר(창) 12:8 거기서 벧엘 동쪽 산으로 옮겨 장막을 치니 서쪽은 벧엘이요. 동쪽은 아이라. 그가 그 곳에서 여호와(에하흐)께 제단을 쌓고 여호와의 이름을 부르더니라고 하였다.

'그가 처음으로 제단을 쌓은 곳이라 그가 거기서 여호와(에하흐)의 이름을 불렀더라'(창세기 13:4).

'아브라함은 브엘세바에 에셀 나무를 심고 거기서 영원하신 여호와(에하흐)의 이름을 불렀으며'(창세기 21:33).

'셋도 아들을 낳고 그의 이름을 에노스라 하였으며 그 때에 사람들이 비로소 여호와(에하흐)의 이름을 불렀더라'(창세기 4:26).

'이삭(이츠하크)이 그의 아내가 임신하지 못하므로 그를 위하여 여호와(에하흐)께 간구하매 여호와(에하흐)께서 그의 간구를 들으셨으므로 그의 아내 리브가가 임신하였더니'(창세기 25:21).

'이삭이 그 곳에 제단을 쌓고, 여호와(에하흐)의 이름을 부르며 거기 장막을 쳤더니 이삭(이츠하크)의 종들이 거기서도 우물을 팠더라'(창세기 26:25).

'또 본즉 여호와(에하흐)께서 그 위에 서서 이르시되 나는 여호와(에하흐)니 너의 조부 아브라함의 하나님이요 이삭의 하나님이라 네가 누워 있는 땅을 내가 너와 네 자손에게 주리니'(창세기 28:13)라고 하였다.

그리고 쉬모트 שמות 세페르סֵפֶר(출) 3:13-15절에서 모세가 물어보기 이전부터 아담과 하와에게 에하흐 엘로힘으로 찾아가셔서 말씀하셨다(창 3:9,13,14,21,22,23). 카인에게 에하흐께서 찾아가셔서 말씀하셨다(창4:6,9등) 노아에게 에하흐께서 찾아가셔서 말씀하셨다(창7:1,5 등).

아브라함(창12:1,4 등), 이츠하크(창26:2 등), 야아코프(창28:13,21 등)에게 에하흐로 찾아가셨고, 에하흐라고 말씀하셨고, 그들은 에하흐 이름을 불렀다. 유대인들이 에하흐를 두려워하여 빚어낸 것이다. 에하흐를 아도니아라고 읽고 호칭하는 것은 단언하건데 영이신 루바흐 엘로힘의 뜻이 아니다. 그리고 성경적이 아니다. 사람의 계명과 전통이다(막 7:6-9, 사 29:13).

영이신 하나님이시기에 무어라 마땅히 부르지 못하였으나 창세기 4:26절부터 에하흐의 이름을 부르기 시작하였다. 그러기에 아브라함도 자연스럽게 에하흐의 이름을 부르며 단을 쌓았고, 에하흐께 기도를 올렸다.

그런데 유대인들은 에하흐의 이름이 나올 때 마다 에하흐의 이름을 부르지 않고 '아도나이'라고 하였다. 이름은 부르라고 있다. 전적 부패한 인간들이 에하흐의 이름을 대신하여 아도나이라고 부른다고 해서 에하흐를 높여드리는 것이 아니다. 믿음을 지키는 것도 아니다. 에하흐가 두려우면 에하흐께서 주신 말씀을 순종하라고 권한다. 아도나이라고 부른다고 그 두려움이 감소되는 것도, 복들을 받는 것도 아니다.

그렇다면 아도나이를 사용하지 말라는 것이냐? 성경에 아브라함, 모세,

다뷔드, 선지자들과 성도들은 아도나이라고 하였다. 예슈아 제자들과 성도들은 헬라어 퀴리오스(이브리어 아도나이)고 하였다. 예하흐를 아도나이라고 하지 말라는 것이다. 성경의 본질로 돌아가자는 것이다. 개혁이란 성경의 본질로 돌아가는 것이다.

엘로힘(약 2.600회)과 엘(약 240회)을 모두 하나님이라고도 하지 말아야한다. 한국교회와 세계교회가 성경본질의 권위를 세우고 성도들에게 올바르게 알리고 가르치라고 목자와 감독과 학자로 부르심의 사명과 그 책임을 다해야 한다.

헬라어, 이브리어 두려움과 경외를 보라.

'두려움' φόβος(5401, 포보스-공포심, 두려움, 놀람, 경악, 공경, 존경, 경외), εὐλάβεια(2124, 율라베이아-두려움 fear, 경외 awe, 경건 piety, 히 5:7, 히 12:28)이다.

'포보스', '율라베이아' 명사 이브리어 역어는 '파하드' פַּחַד (6343, 파하드-두려워하다, 경외하다, 공포, 두려움, 두려움의 대상, 창 31:42, 출 15:16, 신 2:25, 사 24:17 등등)이다.

'경외' εὐλαβέομαι(2125, 율라베오마이-공경하다, 경외하다, 존경하다, 두려워하다, 히 11:7)이다.

율라베오마이 동사 동의어 포베오 동사 φοβέω(5399, 포베오-무서워하다, 두려워하다, 놀라다, 존경하다, 경외하다, 마 10:26, 마 17:6, 막 5:33, 눅 1:50, 눅 18:2, 요 9:22, 행 10:2,35, 벧전 2:17, 계 14:7, 계 19:5 등)이다.

포베오 동사 이브리어 역어는 '야레' יָרֵא (3372, 야레-두려워하다, 무서워하다, 경외하다, 창 3:10, 창 15:1, 창 18:15, 신 5:5, 시 119:120, 사 43:1, 미 7:17, 말 4:5, 전 12:13 등등)이다.

에하흐를 높여 드리며 믿음을 지키는 것은 그의 말씀에 순종하는 것이다. 말씀 순종하는 것이 에하흐 엘로힘을 경외하는 것이요 두려워하는 것이다. 이것이 하나님의 백성된 증거이다(창 1:26-28, 창 2:17, 출 19:5, 출 20:1-17, 신 6:25(1-25), 신 28:1-14, 렘 7:22-23, 렘 11:4, 렘 11:7, 렘 26:13, 말 3:7-12, 막 12:33).

에하흐를 아도나이라고 부르는 것이 에하흐를 경외하고 두려워하는 것이 아니라는 것을 한국교회와 세계교회는 명백하게 알아야한다. 사람의 계명과 교훈과 전통으로 하나님의 말씀을 폐하는 일을 하면서 잘 믿는다고 하는 자는 영이신 하나님께 버림 받은 자이다(마 15:1-11, 막 7:1-23).

영이신 하나님의 말씀에 순종하는 것보다 더 기쁘게 하는 것이 없다(삼상 15:22, 잠 21:3 미 6:6-8, 암 5:21-24, 요삼 1:3-4, 빌 2:15-16, 살전 3:6-9, 히 10:7-10, 벧전 4:10-11).

가장 선한 행실로 영이신 하나님께 영광을 올려드리는 것은 오직 그의 말씀을 준행하는 것이다(신 12:32, 수 1:7, 호 6:6, 마 5:16, 마 23:23, 고전 10:31-33, 요 15:5-8, 고후 9:13, 엡 2:10, 히 11:1-40).

엘로힘 에하흐의 말씀을 더하거나 가감하지 말라는 이브리어의 해설을 보라.

'이스라엘아 이제 내가 너희에게 가르치는 규례와 법도를 듣고 준행하라. 그리하면 너희가 살 것이요. 너희 조상의 하나님 여호와(에하흐)께서 너희에게 주시는 땅에 들어가서 그것을 얻게 되리라. 2 내가 너희에게 명령하는 말을 너희는 가감하지 말고 내가 너희에게 내리는 너희 하나님(엘로힘) 여호와(에하흐)의 명령을 지키라'(신명기 4:1-2)고 하였다.

■ 까라(가감) 사전적 의미

'가감' גָּרַע (1639, 까라-줄이다, 감소하다, 제지하다, 억제하다, 억누르다, 물러나다, 회수하다, 딴 데로 돌리다, 22회)이다.

● 까라 단어별 합성어-끼멜+레소+아인이다.

끼멜-낙타, 보답이다. 낙타가 생명의 주인에게 보답하는 것은 주인의 지시에 고분고분하게 순종하지 아니하면 매를 맞는 것처럼 생명의 말씀을 거역하고 억누르고 감소시키며 순종하려는 자를 제지하며 관심을 딴대로 돌리는 자가 '까라' 하는 자이다.

레소-머리, 왕, 통치자, 지배자, 잉태이다. 영이신 루바흐 엘로힘을 의식하지 못하는 사람은 자기의 지식과 힘을 바탕으로 왕의 자리에 앉아서 짧은 지식으로 생명의 말씀을 제 멋대로 줄이고 감소시키고 하나님의 말씀의 의미를 딴 데로 돌려놓는 자이다.

아인-눈, 대답이다. 육신의 눈으로는 영이신 루바흐 엘로힘의 계시로 주어진 진리의 말씀을 이해하지 못하므로 가감하는 것이다.

까라 간략해설

사람이 하나님의 왕의 자리에 앉으면 교만해져서 눈에 보이는 것이 없다. 생명의 말씀의 의미들을 초등학문으로 이해하려고 한다. 루바흐 엘로힘의 감동으로 계시하신 복음의 말씀들을 가감하여 줄이거나 감소시켜 딴 데로 돌리는 자에게 그 책임을 반드시 물으신다(신 12:32, 마 5:17-19, 막 7:1-13, 갈 3:15, 계 22:18-19).

하나님의 말씀을 가감을 하지 말고 더 하지 말라고 하셨다.

마솰레이 מִשְׁלֵי 세페르סֵפֶר(잠) 30:6 너는 그의 말씀에 더하지(야솨프) 말라 그가 너를 책망하시겠고 너는 거짓말하는 자가 될까 두려우니라고 하였다(욥 13:7-9, 계 22:18). 에하흐를 아도니아로 하는 것이 가감이요 더하는 것이다.

■ 야사프(더하지) 사전적 의미

더하지 יָסַף (3254, 야사프-더하다, 증가(증대)하다, 늘다, 불어나다, 다시 하다, 약 200회)이다.

● 야사프 단어별 합성어해설 요드+싸멕크+페이다.

요드-쥔 손, 하게함, 능력이다. 에하흐 손의 하게하시는 능력으로 40여명의 사람을 부르셔서 루바흐 엘로힘께서 그들에게 영감(데오프뉴스토스-하나님에 의해 영감된(감동된))을 주셔서 성경70권(시편을 5권으로)을 기록하게 하셨다(딤후 3:16). 모든 성경이 하나님의 영감(감동)으로 되었다는 또 다른 말은 '영이신 하나님께서 성경에 숨을 불어 넣으셨다'는 것이다. 이것은 곧 성경이 하나님의 말씀이라는 것을 증명한다.

존 웨슬레(John Wesley)는 '하나님의 성경은 성경의 기자들을 감동시켰을 뿐만 아니라 간절한 마음의 기도로 성경을 읽는 사람들을 계속적으로 감동시키며, 초자연적 능력으로 말씀의 이해를 도와준다.'고 하였다. 그렇다. 필자도 이브리어, 헬라어 번역학을 전공하지 않았으나 영이신 루바흐 엘로힘의 초자연적 만능으로 번역을 하게 되었고 도서들을 발간하기에 이르렀다. 1981년 7월 삼각산 독수리봉이라는 곳에서 임신6개월 중인 아내 박민자와 함께 3일 단식기도하며 구하였던 기도는 하나였다. 주의 종으로 부르셨사오니 주의 일을 감당하도록 '종에게 말씀의 지혜를 달라고 구하였다.' '종의 눈을 열어 주의 율법(토라)의 기이하고 놀라운 것을 보게 해달라'(시119:18, 시51:10)고 끊임없이 사모하여 구하던 그 기도의 응답이 2013년 7월 어느 날, 나의 눈이 열려 이브리어 단어의 신령한 의미들이 열리기 시작하였고 오늘날에 이르게 되었다. 그러므로 내세울 것이 없다. 두렵고 떨린다. 겸손하게 지금도 끊임없이 사모하여 엎드릴 뿐이다. 지금도 성경을 읽지 않으면 살아갈 수가 없다.

70권 성경의 중심내용은 '하타'의 원죄(창3:1-6, 시51:5, 시58:3, 롬5:12, 원죄는 죄의 근원)와 자범죄(창8:15, 욥15:14,16, 롬3:9-12, 엡2:1-3, 자범죄는 원죄의 타락의 근원으로부터 충동받은 욕심)로 영이신 루바흐 엘로힘과 단절되어 영원히 지옥멸망의 길을 가는 사람이 예슈아를 믿음으로 죄사함과 영생구원을 받으라는 말씀이다.

후세의 사람들이 이브리어 성경을 자국어로 번역하는 과정을 통하여 가감을 하고 더하는 일들이 일어날 줄을 아시고 미리 경고의 말씀을 하셨다. 하나님말씀에 덧붙이는 자는 두루마리에 기록된 재앙들을 더하여 받는다.

싸멕크-버팀대, 측정, 언약의 반지, 약속 등이다. 하나님의 말씀은 영혼이 잘되고 범사가 잘되며 강건하라는 언약의 말씀이다. 영육간의 복 받을 사람은 하나님의 말씀으로 자기의 생활을 측정하며 자기 인생의 버팀대로 삼고 나아간다. 이렇게 귀한 생명과 복의 말씀이 마치 부족한 것처럼 더하고 증가시키고 늘어나게 하는 것이 아니라고 하셨다.

페-영이신 루바흐 엘로힘 입으로부터 나온 불변의 말씀을 사람이 입을 개방하여 기록된 말씀에다 보태고 더하는 죄를 범하지 말라고 경계의 말씀으로 금하

> **셨으나 더하는 자에게 '플레게(**타격, 재앙, 채직질, 매질, 하나님이 보내는 피할 수 없는 재앙)' **재앙을 더하여 내리시고 거룩한 성에 참여함을 제하여 버리신다(**계 22:18-19).

거룩한 성에 참여함을 '제하여 버리신다.' ἀφαιρέω(851, 아파이레오--에서 취하다, 빼앗다, 가져가 버리다, 제거하다, 옮기다, 없애다, 베어 버리다, 떨어뜨리다, 빼앗기다, 막 14:47)이다.

'만일 누구든지 이 두루마리의 예언의 말씀에서 제하여 버리면 하나님이 이 두루마리에 기록된 생명나무와 및 거룩한 성에 참여함을 제하여 버리시리라'(계 22:19).

■ 헬라어(플라게)와 이브리어(막카) '재앙' 사전적 의미

재앙 πληγη**(4127, 플레게-만능들이신 엘로힘께서 보내시는 피할 수 없는 강타, 타격, 재난, 상처, 때림, 채찍질, 매질, 부상, 타박상, 불운, 재앙)**이다.

재앙 מַכָּה **(4347, 막카-타격, 부상, 상처, 학살, 살인, 재난, 재앙, 48회)**이다.

막카 간략해설

사람이라면 누가 재앙받기를 원하겠는가. 재앙은 자기가 불러들이는 것이다. 왜 타격, 부상, 상처, 학살, 살인, 재난, 재앙을 불러들이는가?

첫째는 예언의 말씀들을 가감하고 더하는 죄로 인하여 받는다(계 22:18-19, 눅 11:52, 계 22:12, 출 32:33, 레 26:25, 시 69:28, 잠 30:6).

둘째는 에하흐 엘로힘의 말씀을 순종하지 아니하므로 받는다(신 28:59,61(15-68), 신

29:19-28, 렘 10:18-22, 렘 14:10-19, 렘 30:12-13).

아래 성경들을 보라.

'너희가 나를 거슬러 내게 청종하지 아니할진대 내가 너희의 죄(하타아)대로 너희에게 일곱 배나 더 재앙(막카)을 내릴 것이라'(레 26:21)고 하였다.

'여호와께서 네 재앙(막카)과 네 자손의 재앙(막카)을 극렬하게 하시리니 그 재앙(막카)이 크고 오래고 그 질병(홀리)이 중하고 오랠 것이라'(신 28:59)고 하였다.

'또 이 율법책에 기록하지 아니한 모든 질병(홀리)과 모든 재앙(막카)을 네가 멸망하기까지 여호와께서 네게 내리실 것이니'(신 28:61)라고 하였다.

사람이 당하는 재앙의 고통들 중에 가장 힘든 것이 질병의 고통이다. 그 질병을 가져다가 몸에 들어붙게 하시는 재앙을 받으면 살아날자 없다. 전염병은 항상 있어왔으나 코로나 3년 동안 온 세계가 죽음의 공포에 두려워 떨었다.

다바림 דברים 세페르סֵפֶר(신) 28:60 여호와께서 네가 두려워하던 애굽의 모든 질병(마드베)을 네게로 가져다가 네 몸에 들어붙게 하실 것이며라고 하였다.

모든 질병의 원인과 처방

다바림 דברים 세페르(신) 28장에 저주관련 두 단어

(1) קְלָלָה (7045, 켈랄라-저주, 악담, 독설)이다.

(2) אָרַר (779, 아라르-저주하다)이다.

신명기 28:15-68절의 질병의 원인은 엘로힘 예하흐의 말씀을 불순종하는 자에게 임하는 저주의 재앙이다.

① 자연법을 어겨서 생기는 병(과음과식 등, 스트레스, 운동부족).

② 부모로부터 유전된 질병(고혈압, 당뇨 등, 강인한 체질, 약한 체질, 성품, 시 51:1-9, 시 58:3).

③ 죄로부터 오는 질병(눅 5:18-24, 신 28:15-68), 다바림세페르(신) 28:15-68절 중심으로 *저주와 염병(15-21), *폐병, 열병, *염증, 학질(22), *종기와 치질과 괴혈병과 피부병(27), *미치는 것과 눈머는 것과 정신병(28), *맹인(29), *무릎과 다리를 쳐서 고치지 못할 심한 종기가 머리~발끝(35), *애굽(미츠라임)의 모든 질병을 네게로 가져다가 네 몸에 들어붙게 하심(60).

④ 귀신마귀솨탄으로부터 오는 질병(마 9:32, 막 9:17-28).

⑤ 하나님의 영광을 위한 질병과 죽음(요 11:4,39,(1~44)).

⑥ 하나님의 일을 위하여 오는 질병(요 9:1-7, 막 5:39-42).

⑦ 아만의 증거로 치료하셨다(마 8:5-13, 막 5:25-34, 눅 1711-19, 막 14:3(3-9), 눅 7:37-38(37-50), 눅 18:35-43).

수많은 군중들이 예슈아의 가르침을 받고 따르고 오병이어의 기적을 보았지만 '네가 죄 사함을 받았다.' '네 믿음이 너를 구원하였다.' '네 믿음대로 되라'는 선언의 말씀을 듣는 자는 몇 명 되지 아니하였다는 것을 복음서에서 만나게 된다.

그 이유를 혈류증을 앓고 있던 여자에게서 찾았다.

'혈류증 여인은 예수의 소문을 듣고'(막5:27) '소문' περί (4012, 페리- 예슈아~에 관하여, 예슈아~에 대하여) '듣고' ἀκούω (191, 아쿠오-듣다, 경청하다, 주의하다, 들어서 깨닫다)이다.

혈류증을 앓고 있는 무명의 여자는 예슈아에 대한 소문을 듣고 즉시 깨달았다. 혈류증 여자에게 예슈아에 대한 '페리 아쿠오'는 희소식이었다. 기쁨의 소식이었다. 혈류증의 여인은 혈류병에서 자유를 얻고자하는 마음이 뜨거웠던 차에 예슈아의 대한 '페리'소식을 듣자마자 예슈아를 만나기만 하면 혈류증병을 치료받는다는 확실한 깨달음이 마음에 자리를 잡았고 예슈아의 옷에 손을 대므로 치료를 받았다(막 5:25-34). 믿음과 깨달음은 들음에서 난다(요 5:24-25, 롬 10:17-18, 고전 1:21).

아쿠오 동사 이브리어 역어는 솨마 שָׁמַע (8085, 솨마-듣다, 경청하다, 순종하다, 주의를 기울이다, 이해하다, 비판적으로 듣다)이다.

솨마 간략해설

하나님의 말씀을 어떻게 듣고 경청해야 그 말씀을 순종하게 되는지를 '솨마'에 담아 놓으셨다. 필수적인 생명진리의 말씀은 영이신 루바흐 엘로힘의 감동으로 되었으므로 영으로 받을 때 그 말씀에 '아만(아멘)' 하게 된다. '아만'으로 받은 그 말씀으로 사역(생활)하며 순종하여 올바른 길을 간다. 그러나 영으로 말씀을 '솨마'하지 아니하면 비판적으로 듣는다. 파리사이오이(바리새인들)들이 그랬다.

혈류증 여자는 예슈아의 소문을 듣자마자 그 '페리'의 말씀과 예슈아를 마음에 품었고 그는 응답(①영혼의 구원과 ②완성된 평안과 ③치유와 건강, 막5:34)을 받았다.

반드시 응답받는 아래 성경을 보라.

본문 : '너희가 내안에 거하고 내 말이 너희 안에 거하면 무엇이든 원하는 대로 구하라 그리하면 이루리라'(요15:7).

직역문장정리 : '만일 너희가 내 안에 머물고 그리고 너희 안에 나의 살아있는 이것들의 말씀들과 그곳에 머물러 살면서 이것이나 저것이든지 너희가 원하는 것을 너희는 구하라. 그러면 너희에게 그것을 행하여 줄 것이다.'
'너희가 내 안에 머물고 너희 안에 나의 살아있는 이것들의 말씀들과 그곳에 머물러 살면서'라는 말씀은 하나이다.

필수적인 생명진리의 말씀을 마음에 생명으로 잉태하여 있으면 확신(믿음)이 들고 그 확신(믿음)을 가지고 구하는 것을 '행하여 주시겠다.' '되게 하여 주겠다.' '만들어 주겠다.'는 말씀이다.

영이신 루바흐 엘로힘 아버지와 예슈아께 나아가 모든 문제를 해결 받고 치료받고 고침 받은 모든 사람들은 동일한 믿음을 가졌다.

1. 질병

(1) 호리

■ 호리 사전적 의미

חֳלִי (2483, 호리-병 sickness, 질병 disease)이다.

호리 간략해설

질병의 원인은 목자이신 예슈아께서 선지자, 사도, 교사, 목자들과 전도자들을 세우셔서 건강하게 살아가는 복음을 가르쳐 주실 때 받아들이지 아니하므로 자기의 생명을 지키고 죽음의 질병이 들어오지 못하도록 막아주는 보호의 울타리와 예하흐께서 붙잡고 계시는 손을 뿌리치고 지켜주시는 능력에서 벗어나므로 질병들을 자기 몸에 들어붙도록 불러들이는 것이 '호리'이다(신 28:59,61, 왕상 17:17, 왕하 1:2, 왕하 8:8,9, 왕하 13:14, 대하 16:12, 대하 21:15,19, 시 41:4, 전 6:2, 사 38:9).

(2) 하라

■ 하라 사전적 의미

חָלָה (2470, 하라-병들거나 혹은 병들게 되다, 약해지다, 병에 걸리다, 슬픔에 젖다, 슬프다)이다.

하라 간략해설

목자이신 예슈아께서 질병에 걸리지 아니하는 하나님 왕국복음을 가르쳐 주실 때 받아들이지 않는다. 자기의 생명을 지키고 죽음의 질병이 들어오지 못하도록 막아 주는 생명의 울타리, 보호의 울타리이신 예슈아를 떠난다. 그러므로 자기가 호흡하며 실존하는 생애를 병들게 하며 몸과 마음이 병들어 약해지며 슬픔과 고통 속에서 살아가게 된다는 것이 '하라'이다(대하 21:18, 전 5:17).

(3) 마하레

■ **마하레 사전적 의미**

מַחֲלֶה (4245, 마하레–질병 disease. 병 sickness)이다.

마하레 간략해설

자기를 지켜주고 복을 받는 필수적인 생명진리의 말씀을 지키지 아니하고 생명과 보호의 울타리의 경계선을 넘어가 버렸다. 목자이신 예슈아의 인도하심을 따르지 아니한다. 자기 몸에 질병을 불러들여 자기의 생명을 해하고 있다는 것이다. 질병의 박테리아, 세균들이 공기 중에 떠나니다가 달라붙도록 이 사람이 자기에게 불러들이고 있다는 것을 알려주신 것이 '마하레'이다(신 28:60, 렘 30:12-13, 렘 46:11, 겔 30:21). * 질병 4개 단어에서 빠지지 않는 알파벳이 헤트ח와 라메드ל이다. 질병에 걸리는 원인이 이 단어에 들어있다. 헤트는 생명의 울타리, 보호의 울타리, 유월절 어린양의 살과 피를 먹고 그 생명보호의 울타리 장소 안에 들어가 있는 곳이다. 라메드는 목자와 통치자, 막대기, 가르치다, 익히다. 의미이다. 목자이신 예슈아께서 너를 위하여 대리적 속죄의 희생물이 되신 것을 믿으라는 전도자들이 전하는 복음을 거부하는 자들에게 임하는 징계이다(눅 16:27-31, 고전1:18,21). ①영적인 질병이요. ②육체의 질병이다. 영적인 질병은 영멸지옥의 둘째사망이다(계 20:14-15, 계21:8).

(4) 마헤루이

■ 마헤루이 사전적 의미

מַחֲלִי (4251, 마헤루이-병 sickness)이다.

마헤루이 간략해설

자기의 건강을 지켜주고 복을 받는 필수적인 생명진리의 말씀을 불순종하는 자에게 임하는 저주 중에 하나가 질병이다. 생명과 보호의 울타리의 경계선을 넘어가 버린 자를 지켜줄 수가 없다. 목자이신 예슈아께서 복 받고 건강하라는 말씀을 순종하지 않는다. 에하흐 쥔 손의 능력으로 이 사람에게 들어가는 병균을 막아주지 아니하므로 생기는 병이 '마헤루이'이다(신 28:15-68, 호 5:13, 사 1:5, 렘 10:19).

2. 치료

(1) 라파

■ 라파 사전적 의미

라파 רָפָא (7495, 라파-치료하다heal, 건강하게 하다)이다.

질병이 있는 사람이 건강하기를 원한다면 이 방법으로 하라. 만능의 하나님의 입으로 나온 하나님의 말씀을 믿으라. 만왕의 왕이신 예슈아께서 나의 연약함과 질병을 짊어지셨다는 말씀을 믿으라. '이는 선지자 이사야를 통하여 하신 말씀에 우리의 연약한 것을 친히 담당하시고 병을 짊어지셨도다 함을 이루려 하심이더라'(마 8:17)고 하였다.

혈류증 여자처럼 이러한 말씀들을 마음에 담고 입을 열어 불쌍히 여겨 달라고 믿음으로 나아가라. 그 믿음을 보시고 만왕의 왕이신 예슈아께서 너희 ① '믿음대로 되라'(마 8:13, 마 9:28). ② '네 소원대로 되리라'(마 15:28). ③ '네 죄 사함을 받았느니라'(마 9:2, 눅 5:20, 눅 7:48). ④ '네 믿음이 너를 구원하였다'(마 9:22, 막 10:52, 눅 7:50). 명하여 주심으로 질병이 치료받는다(출 15:26, 사 38:9, 사 53:5).

토 카타 마르콘 유앙겔리온 Τὸ κατὰ Μᾶρκον Εὐαγγέλιον (막) 5:34 '예수께서 이르시되 딸아 네 믿음이 너를 구원하였으니 평안히 가라 네 병에서 놓여 건강할지어다'라고 하신다. 여기에서는 ③ 만 간략해설 한다.

'네 죄 사함을 받았느니라'(마 9:2, 눅 5:20, 눅 7:48, 약 5:14-16).

죄 ἁμαρτία(266, 하마르티아-잘못 mistake(실수, 잘못), 죄 sin(죄, 죄를 짓다, 죄악, 표적(과녁)을 벗어나는 것, 잘못, 실수, 목표를 이루지 못하는 것))을 '아리스토텔레스는 하마르티아를 연약, 사고(accident) 불완전한 지식 때문에 미덕(virtue)에 이르

지 못하는 것으로 정의하였다.'

'아리스토텔레스는 고대 그리스의 철학자. 학문 전반에 걸친 백과전서적 학자로서 과학 제 부문의 기초를 쌓고 논리학을 창건하기도 하였다. 트라키아의 스타게이로스에서 출생하여 플라톤의 학교에서 수학하고, 왕자 시절의 알렉산더 대왕의 교육을 담당하였다.'

아리스토텔레스도 죄를 연약, 사고, 미덕-선, 선행에 이르지 못하는 것이라고 정의하였다. 헬라어 이브리어 사전도 죄명이 무엇인지를 명확하게 밝히지 못하였다. 죄의 정의가 명확하지 않으면 죄사함을 받지 못할 수도 있다. 그래서 이브리어 단어별 합성어해설이 필요한 것이다.

명사 하마르티아 이브리어 역어는 하타 חָטָא (2398, 하타-놓치다, 빗나가다, 그릇(잘못) 행하다, 죄를 짓다, 상실하다, 속죄희생을 드리다, 정결케 하다, 정죄하다, 죄, 범죄 sin, 죄 있는, 죄 많은, 죄인(들))이다.

하타 간략해설

뱀(솨탄마귀)의 거짓말에 속아 생명(보호)의 울타리와 만능이신 하나님을 놓아버린 죄이다.

하타 합성어는 헤트+테트+알레프이다.

하타의 의미는 헤트-생명의 울타리, 보호의 울타리, 어린양의 피가 발라져 있는 장소이다. 테트-뱀(솨탄마귀, 계12:9), 선, 지혜이다. 뱀(솨탄마귀)는 마귀의 지혜는 선을 가장하여 사람을 시험하고 미혹하여 멸망시키는 지혜이다. 그러므로 솨탄마귀의 두 개의 혀의 말을 이기는 방법은 오직 로고스의 지혜의 말씀과 영이신 하나님의 속성인 선이다. 악(사탄마귀)에게 지지 말고 오직 선으로 악을 이기라고 하였다(롬 12:21).

◆ 원어 : 프로스 로마이우스 Πρὸς Ρωμαίους 그람마γράμμα(롬) 12:21

μὴ νικῶ ὑπὸ τοῦ κακοῦ, ἀλλὰ νίκα ἐν τῷ ἀγαθῷ τὸ κακόν.

본문 : 프로스 로마이우스 Πρὸς Ρωμαίους 그람마γράμμα(롬) 12:21 악에게 지지 말고 선으로 악을 이기라

직역 : ~아니다. 너는 항상 이기라. ~아래 저 악 또한 너는 항상 이기라. ~과 함께 그 선하고 탁월한 능력 저 악하고 무능력

문장정리 : 너는 저 악 아래 있는 것이 아니다. 항상 이기라. 또한 그 선하고 탁월한 능력으로 저 악하고 무능력한 것을 너는 항상 이기라.

◆ 헬라어 단어별 사전적 의미

μή (3361 메-아니 not, ~하지 않도록) μὴ 부사,

νικάω (3528 니카오-이기다) νικῶ 동명령 현재 수동 2인 단수,

ὑπό (5259 휘포-~에 의하여, ~아래) ὑπὸ 전치사 속격,

ὁ (3588 호–그, 이, 저) τοῦ **관사 속격 중성 단수,**

κακός (2556 카코스–나쁜 bad, 악한, 열등한, 무능력한) κακοῦ, **형용사(대) 속격 중성 단수,**

ἀλλά (235 알라–그러나, 또한, 도리어) ἀλλὰ **우위 접속사,**

νικάω (3528 니카오–이기다) νίκα **동명령 현재 능동 2인 단수,**

ἐν (1722 엔–~안에, ~에, 위에, ~와 함께) ἐν **전치사 여격,**

ὁ (3588 호–그, 이, 저) τῷ **관사 여격 중성 단수,**

ἀγαθός (18 아가도스–탁월한 능력, 선한, 구원) ἀγαθῷ **형용사(대) 여격 중성 단수,**

ὁ (3588 호–그, 이, 저) τὸ **관사 대격 중성 단수,**

κακός (2556 카코스–나쁜 bad, 악한, 열등한, 무능력한) κακόν. **형용사(대) 대격 중성 단수,**

악 κακός(2556, 카코스-나쁜 bad, 악한)형용사 카코스 이브리어 역어는 '라아'(악하다, 나쁘다, 박살 내다, 산산이 부수다, 깨뜨리다)이다. 악은 쇄탄마귀의 속성이다.

구원 σώζω(4982, 소조-구원하다, 해받지 않게 하다, 보존하다, 치료하다, 지킨다, 보호한다, 하나님이 심각한 위험에서 힘으로 구해내는 것, 이익을 주다, 안녕, 복지, 평화, 부요, 곡식이나 열매의 성장, 건강)이다.

동사 소조 이브리어 역어는 야솨 יָשַׁע (3467, 야솨-구원하다, 구출하다, 구조하다, 원인을 막다, 승리를 주다, 복수하다, 구원, 구출, 구조, 안전, 번영, 승리)이다. 야솨는 예슈아의 어근이다.

יְשׁוּעָה (3444, 예슈아-구원, 구출, 구조, 도움, 복리, 번영, 승리, 하나님에 의한 구원)이다.

(2) 레푸아

■ **레푸아 사전적 의미**

רְפֻאָה (7499, 레푸아-치료, 의약, remedy)이다.

레푸아 간략해설

치료와 관련된 4개의 단어에 모두 '라파'(레쉬+페+알레프)가 포함되어 있다. 만능의 하나님의 입으로 나온 하나님의 말씀을 믿고 만왕의 왕이신 예슈아를 마음에 잉태하여 품고 사랑하면 만능의 하나님께서 그 사람의 연약함을 아시고 그 사람이 호흡하며 살아가는 동안 만병의 의사이신 예슈아께서 직접치료하시고 치료하는 의사에게 처방을 잘하도록 의사의 생각을 사로잡아 주신다. 약의 효능이 100% 나타나게 하셔서 그 사람의 질병을 치료해 주셔서 강건함을 주시겠다는 말씀이다. 의사의 약처방과 수술로도 치료되지 아니하는 질병도 사람의 연약함을 짊어지신 예슈아께서 고쳐주신다(마 8:17, 마 9:12, 잠 3:8).

(3) 리프우트

■ 리프우트 사전적 의미

רְפֻאוֹת (7500, 리프우트-치유, 고침 healing)이다.

리프우트 간략해설

만왕의 왕이신 예슈아께서 4가지로 말씀하셨다. ① '믿음대로 되라'. ② '네 소원대로 되리라'. ③ '네 죄 사함을 받았느니라'. ④ '네 믿음이 너를 구원하였다'는 것은 그 사람들의 믿음의 따라 선포해 주셨다. 21세기에도 그들과 동일한 믿음을 가지고 도움을 요청할 때 만능들이신 하나님의 역사로 병을 일으키는 원인과 염증을 치료하여 살려주신다. 예슈아께서 저주의 십자가 위에서 인간의 모든 문제(죄, 질병, 가난, 구원)를 다 이루었다고 선언하셨다(사 38:1-9, 요 19:30, 행 9:36-42, 빌 2:27-30).

예슈아의 그 말씀과 십자가의 증거가 마음에 새겨지고 믿어질 때 역사가 일어난다. 질병을 치료받는 사람들의 한결같은 신앙 간증들은 믿음으로 치료받았다. 질병을 치료받는 것보다 더 귀하고 복 된 것은 영적인 질병을 치료받은 것이다. 죄 사함 받고 영생구원을 받는 것이 최상의 복이다. 히스기야 왕이 죽을병에서 치료 받고 15년 육신의 생명을 연장 받았지만 또 죽었다. 나사로가 죽은지 3일 만에 예슈아께서 살려주셨지만 다시 죽었다. 혈류병을 앓던 여자도 치료 받았다. 영혼 구원을 받고 완성된 평안의 복을 받았지만 그 여자도 죽었다.

여기에서 육체의 질병을 통하여 영혼이 병들어 있는 것을 발견하라는 것이다. 보이는 것을 통하여 보이지 아니하는 영적인 진리를 깨닫지 못하면 예슈아를 잘못 믿고 있다. 그러므로 가장 중요한 것은 네 죄(헬라어-하마르티아, '하마르티아' 역어는 이브리어 '하타'이다) 사함(용서)을 받았다. 네 믿음이 너를 구원(헬라어-소조, '소조' 이브리어 역어는 야솨이다. '야솨'는 '예슈아'의 어근이다)하였다는 선언이다(막 2:17, 마 9:22, 막 5:34, 나사로 동생 마리아도 하마르티아(하타))의 죄 용서와 소조(야솨, 예슈아)의 구원을 완전(에이레네, 솨람)하게 받았다(눅 7:37-39,48,50, 마 26:7, 막 14:3, 요 12:1-3, 요 11:2).

혈류증 여자는 질병과 함께 완전하고 완성된 영생구원의 복까지 받았다.

'예수께서 돌이켜 그를 보시며 이르시되 딸아 안심하라 네 믿음이 너를 구원(소조)하였다 하시니 여자가 그 즉시 구원(소조)을 받으니라'(마 9:22).

'예수께서 이르시되 딸아 네 믿음이 너를 구원(소조)하였으니 평안(에이레네)히 가라 네 병에서 놓여 건강할지어다'(막 5:34).

'예수께서 이르시되 딸아 네 믿음이 너를 구원(소조)하였으니 평안(에이레네)히 가라 하시더라'(눅 8:48)고 하였다.

그러므로 성도들은 최상의 복을 사모하는 믿음을 가지고 마음속에 하나님의 왕국을 유지보존하며 환경구원을 이루며 영생구원을 이루어 나가야 한다(눅 17:20-21, 눅 8:12-15, 고전 14:20, 갈 6:8, 엡 4:15, 빌 2:12, 빌 3:13-14, 살후 1:3, 히 4:1,11, 히 12:1, 벧전 2:2, 벧후 3:18).

(4) 마르페

■ 마르페 사전적 의미

마르페 מַרְפֵּא (4832, 마르페-치료 healing, 고치심, 건강 health)이다.

마르페 간략해설

필수적인 생명진리의 말씀으로 살기를 원하는 자는 만병의 의사이시고 만왕의 왕이신 예슈아께서 건강을 회복시켜 고쳐주신다. 만능의 하나님의 입으로부터 선포되어진 말씀을 의심하지 말고 믿어야한다(신 7:15(12-14), 렘 8:15, 렘 14:19. 잠 4:20-24).

항상 성경의 본질로 돌아가야 한다. 엘로힘 에하흐께서 정하여 놓으신 규칙과 법규의 생명의 경계선을 지키는 자가 에하흐를 경외하는 것이다. 그리고 항상 마음의 집안에 예슈아를 모시고 뱀-솨탄마귀의 거짓말과 욕심을 이기는 토브의 복을 받아 누려야한다.

다바림 דברים 세페르סֵפֶר(신) 6:24-25 '여호와(에하흐)께서 우리에게 이 모든 규례(호크-규칙, 의무, 법규, 관습)를 지키라 명령하셨으니 이는 우리가 우리 하나님 여호와(에하흐)를 경외하여 항상 복(토브)을 누리게 하기 위하심이며 또 여호와(에하흐)께서 우리를 오늘과 같이 살게 하려 하심이라 25 우리가 그 명령하신 대로 이 모든 명령을 우리 하나님 여호와 앞에서 삼가 지키면 그것이 곧 우리의 의로움이니라 할지니라'고 하였다.

에하흐께서 지키라고 명령하신 말씀을 행하는 자에게 ① 토브의 복을 받아 누리며, ② 체다카의 의로운 행위를 하게 된다.

■ **토브 사전적 의미**

טוֹב (**2896, 토브-좋은, 선한, 즐거운, 선, 이익, 번영, 복지**)이다.

토브 간략해설

토브의 복은 모든 좋은 것들, 모든 아름다운 것들, 모든 기뻐하고 즐거워하는 것이다.

토브 알파벳의 상징적 의미들 간략해설 : 이브리어 알파벳 22개중에 9번째가 테트 ט이다. 테트는 뱀(솨탄마귀, 계12:9)을 상징한다. 6번째가 바브 ו이다. 바브는 연결하는 사람 예슈아를 상징한다. 2번째가 베이트 ב이다. 베이트는 마음을 상징하는 내면의 집, 속사람을 상징한다.

마음에 연결되어 있는 뱀(솨탄마귀)를 몰아내야한다(마 15:22, 막 9:17-18,25-27, 눅 8:2,27, 눅 13:11-13,16, 엡 2:1-3). 어떻게 뱀을 몰아낼 수 있을까?

예슈아를 마음에 모셔 들여야 한다(요 1:12, 요 3:15-17). 생명의 빛이신 예슈아를 모셔 들여야 한다(요 1:4-5,9, 요 8:12, 요 9:5, 요 12:35,46, 마 4:16, 엡 5:14, 요일 1:5,7, 시 84:11).

생명의 빛이신 예슈아께서 마음의 왕으로 들어오시면 흑암과 혼돈과 공허와 죽음의 솨탄마귀가 쫓겨난다. 솨탄마귀는 악이다(요 8:44). 악을 이기는 방법은 선이다(롬 12:21, 벧전 3:9,11). 루바흐 엘로힘의 선하신 속성으로 충만해지면 이긴다. 선은 영이신 하나님의 본질이요 실체이다. 그러므로 영이신 하나님으로만 사악한 솨탄마귀를 이긴다는 말씀이다.

■ 체다카 사전적 의미

hq;d;x] (6666, 체다카-의로움, 공의, 의로운 행위)이다.

체다카 간략해설

사람이 의롭게 되는 것은 영이신 루바흐 엘로힘의 공의를 완성하신 예슈아의 복음전함을 듣고 마음에 받아들여 생명의 문이신 예슈아 안으로 들어가면 불가능에 가까운 죄 사함과 영생구원이 이루어진다. 소망을 가지고 엘로힘 예하흐의 말씀 순종하는 자에게 이루어지는 의롭다하심이다.

'아도나이' 해설 계속 이어서

쉬모트 שמות 세페르סֵפֶר(출) 20:7절 말씀이 '예하흐'라고 읽지 않고 '아도니아'로 읽는 원인구절이다.

원어에는 '망령'이라는 단어가 없다. 번역자가 솨베 שָׁוְא(7723. 솨베-그 공허, 그 헛됨, 그 허무, 그 거짓)를 망령으로 번역하였다.

예하흐의 이름을 공허하게 또는 헛되게 하지 말라는 것이며 예하흐의 이름을 팔아서 거짓을 행하지 말라는 것이다. 예컨대 긴 한숨 쉬면서 아버지~, 주여~, 하는 것이 '솨베'인 것이다. 이브리어 원어본문과 직역, 문장 정리한 것을 보면 더 확실하게 알게 될 것이다.

◆ 이브리어 원어, 본문, 직역, 문장 정리한 것을 보라.

원어 : 쉬모트 שמות 세페르ספר(출) 20:7

לֹא תִשָּׂא אֶת־ שֵׁם־ יְהוָה אֱלֹהֶיךָ לַשָּׁוְא כִּי לֹא יְנַקֶּה

יְהוָה אֵת אֲשֶׁר־ יִשָּׂא אֶת־ שְׁמוֹ לַשָּׁוְא׃

본문 : 쉬모트 שמות 세페르ספר(출) 20:7 너는 네 하나님 여호와의 이름을 망령되게 부르지 말라 여호와는 그의 이름을 망령되게 부르는 자를 죄 없다 하지 아니하리라.

직역 : 아니다. 네가 들어 올리며 본질을 이름 에하흐 너의 엘로힘 그 공허하고 헛되이 왜냐하면 아니다. 그가 무죄라고 하지 에하흐 본질을 ~하는 자 그를 들어 올리는 본질을 이름 그 공허하고 헛되게

문장정리 : 너는 너의 엘로힘 에하흐 이름의 본질을 네가 들어 올리며 그 공허하고 헛되게 하는 것이 아니다. 왜냐하면 에하흐 본질과 그를 들어 올려 그의 이름의 본질을 그 공허하고 헛되게 하는 자를 그가 무죄라고 하지 않는다.

◆ 이브리어 단어별 사전적 의미

לֹא (3808 로–아니, 아니다) לֹא 부사(부정어)

נָשָׂא (5375 나사–네가 들어 올리며, 가지고 가다) תִשָּׂא 칼 미완 2인 남성 단수

אֵת (853 에트–번역 불가능한 불변사, 본질, 실체, 진수, ~를, ~을) אֶת־ 대격표시

שֵׁם (8034 셈–이름) שֵׁם־ 명사 남성 단수 연계

יהוה (3068 에하흐) יְהוָה 고유명사

אֱלֹהִים (430 엘로힘-너의 모든 만능의 힘들이신 하나님, 신들) אֱלֹהֶיךָ 명사 남성 복수-2인 남성 단수

שָׁוְא (7723 쇠베-그 공허, 그 헛됨, 그 허무, 그 거짓) לַשָּׁוְא 전치사-관사-명사 남성 단수

■ 쇠베 사전적 의미

שָׁוְא (7723 쇠베-그 공허, 그 헛됨, 그 허무, 그 거짓)이다.

쇠베 간략해설

'쇠베'를 망령이라고 번역하였다.

'쇠베'의 사전적 의미는 '그 공허', '그 헛됨', '그 허무', '그 거짓'이다. 쇠베의 뜻이 왜 그 공허, 그 헛됨, 그 허무, 그 거짓인가? 에하흐의 이름을 부르는 자의 영적인 상태가 거짓되고 공허하며 헛되고 허무하다는 것이다. 에하흐의 이름을 믿음으로 진실하게 되새김질하면서 부르지 않았다는 의미이다. 예슈아의 생명과 연결되어 있지 아니하는 자의 상태를 말한다. 만능이신 하나님을 배우지 아니하는 자의 영적상태라는 것을 나타낸다.

공식적인 이름과 칭호인 에하흐 호칭의 뜻에 맞지 않는다. 에하흐를 매회 '아도나이'라고 읽고 부르는 그것이 '쇠베'와 같이 헛된 것이며 공허한 것이요 그것이 거짓을 행하는 죄를 짓고 있다는 것이다. 엘로힘과 루바흐, 아브(아버지)의 대하여 나의 주여, 나의 주님이라고 부를 수 있고, 가끔 칭할 수도 있지만 매회 마다 나의 주님, 나의 주여 라고 할 수는 없다.

쉬모트 שמות 세페르סֵפֶר(출) 20:7절은 '솨베'와 같은 자를 정죄한다는 말씀이다. 어떤 경우라도 성경의 본질을 벗어나 에하흐를 경외한답시고 사람의 계명의 교훈과 전통으로 하나님의 말씀을 폐하는 일을 하지 말라는 것이다(막 7:7-8, 사 1:12, 사 24:5, 사 29:13).

에하흐는 에하흐라고 해야 한다. 아도니아는 아도니아라고 칭해야 한다. 남성복수의 엘로힘 하나님과 남성단수의 엘 하나님을 구분하여 사용하는 것이 성경을 정통으로 믿는 것이다. 그러나 뚜렷한 구분 없이 엘로힘과 엘을 '하나님'으로 통칭(統稱)하는 것은 성경의 본질을 왜곡하고 변질시킨 것이다.

어느 학자, 어느 교파들의 견해와 주장으로 성경의 본질을 떠나 칭호를 사용하고 부르는 것들을 인용하여 무분별하게 사용하는 것은 엘로힘 에하흐의 뜻을 반역하며 거역하는 것이다. 이브리어, 헬라어 원어의 뜻 외에 더하거나 뺀 자에게 그 책임을 물으실 날이 온다(계 22:18-19). 그날이 오기 전에 회개, 회심하여 성경의 본질로 돌이켜 바로서야 한다.

07. 예슈아 יְשׁוּעָה (3444, 예슈아—구원, 구출, 구조, 복리, 번영, 도움, 승리, 하나님에 의한 구원, 78회) 예슈아(명여)어근은 야솨 יָשַׁע (3467: 구원하다, 해방시키다, 구원, 구출, 구조, 안전, 복리, 번영, 승리, 236회)이다.

예슈아를 믿으면 죄 사함을 받고 영생구원을 얻는다. 그런데 예슈아의 이름의 의미도 모르고 믿는다면 부끄러운 일이다. 아마도 대부분의 성도들이 예슈아의 이름의 뜻을 '그가 자기 백성을 그들의 죄에서 구원할 자이심이라'(마1:21)로 믿을 것이다. 필자도 그렇게 믿었다. 그러나 이브리어에 담아놓으신 예슈아의 이름의 의미를 듣거나 배우지 못하였다. 그래서 자세히 해설하는 것이다.

예슈아 이름의 뜻을 아십니까?

◆ 원어 : 토 카타 마타이온 유앙겔리온 Τὸ κατὰ Ματθαῖον Εὐαγγέλιον (마) 1:21

τέξεται δὲ υἱόν, καὶ καλέσεις τὸ ὄνομα αὐτοῦ Ἰησοῦν· αὐτὸς γὰρ σώσει τὸν λαὸν αὐτοῦ ἀπὸ τῶν ἁμαρτιῶν αὐτῶν.

본문 : **토 카타 마타이온 유앙겔리온** Τὸ κατὰ Ματθαῖον Εὐαγγέλιον **(마) 1:21 아들을 낳으리니 이름을 예수라 하라 이는 그가 자기 백성을 그들의 죄**

에서 구원할 자이심이라 하니라

직역 : 그가 낳으며 그리고 아들 그리고 너는 그를 부르라 그 이름 그의 예슈아 그는 참으로 그가 구원하시며 그 백성 그의 ~에서부터들 이것들 죄들 그들

문장정리 : 그리고 그가 아들을 낳으며 그의 이름, 그를 너는 예슈아라 부르라. 그는 참으로 그가 그의 백성을 그들의 죄(하마르티아)들의 이것들 에서부터들 구원하시며

◆ 헬라어 단어별 사전적 의미

τίκτω (5088 틱토–낳다, 해산하다, 산출하다) τέξεται **동직설 미래 중간디포 3인 단수**

δέ (1161 데–그러나, 그리고, 지금) δὲ **대등 접속사**

υἱός (5207 휘오스–아들 son) υἱόν, **명사 대격 남성 단수**

καί (2532 카이–그리고, ~와 and) καὶ **대등 접속사**

καλέω (2564 칼레오–부르다, 이름 짓다, 초대하다) καλέσεις **동직설 미래 능동 2인 단수ㅁ동명령 과거 능동 2인 단수**

ὁ (3588 호–그, 이것, 이 사람, 저것, 저 사람) τὸ **관사 대격 중성 단수**

ὄνομα (3686 오노마–이름 name) ὄνομα **명사 대격 중성 단수**

αὐτός (846 아우토스–그는, 그것, 자신, 바로 그) αὐτοῦ **인칭대명사 속격 3인 남성 단수,** (his)

Ἰησοῦς (2424 이에수스–예수 Jusus인) Ἰησοῦν· **명사 대격 남성 단수**

αὐτός (846 아우토스-그는, 그것, 자신, 바로 그) αὐτὸς **인칭대명사 주격 3인 남성 단수**

γάρ (1063 가르-참으로, 사실은, 왜냐하면, 그러면) γὰρ **종속 접속사**

σώζω (4982 소조-그가 구원하시며, 해 받지 않게 하다, 보존하다) σώσει **동직설 미래 능동 3인 단수**

ὁ (3588 호-그, 이것, 이 사람, 저것, 저 사람) τὸν **관사 대격 남성 단수**

λαός (2992 라오스-백성 people) λαὸν **명사대격 남성 단수**

αὐτός (846 아우토스-그는, 그것, 자신, 바로 그) αὐτοῦ **인칭대명사 속격 3인 남성 단수**

ἀπό (575 아포-~에서, ~에서부터) ἀπὸ **전치사 속격**

ὁ (3588 호-그들, 이것들, 이 사람, 저것, 저 사람) τῶν **관사 속격 여성 복수**

ἁμαρτία (266 하마르티아-잘못 mistake, 죄 sin) ἁμαρτιῶν **명사 속격 여성 복수**

αὐτός (846 아우토스-그는, 그것, 자신, 저희들의) αὐτῶν. **인칭대명사 속격 3인 남성 복수**

이에수스 간략해설

한글 '예수'의 헬라어 음역은 '이에수스'이고, 이브리어 음역은 '예슈아' יְשׁוּעָה (3444, 예슈아-구원하다, 구출하다, 구조하다)이다. 이브리어 헬라어음역은 '예수스'Ἰησοῦς(2424, 예수스-예수 Jusus(인)- 에하흐는 구원이시다, 에하흐는 도움이시다)이다.

한글 '그리스도'의 헬라어 음역은 '크리스토스' Χριστός(5547, 크리스토스-기름부음 받은 자)이고 이브리어 음역은 מָשִׁיחַ(4899, 마쇠아흐-기름부음 받은 자)이다.

한글 '예수 그리스도'는 이브리어 '예슈아'와 헬라어 '크리스토스'의 합성어이다. 그러므로 정확한 음역은 '예슈아 크리스토스'(예슈아 크리스토스, 이에수스 크리스토스, 예수 그리스도)이다.

헬라어 음역은 '이에수스' Ἰησοῦς 크리스토스 Χριστός이다. 이브리어 음역은 예슈아 יְשׁוּעָה 마쇠아흐 מָשִׁיחַ 이다. 헬라어 '크리스토스'와 이브리어 '마쇠아흐'는 사전적 의미가 동일하다.

예슈아 간략해설

'그는 참으로 그가 그의 백성을 그들의 죄(하마르티아)들의 이것들 에서부터들 구원하시며'라는 의미는 예슈아께서 육신을 입고 오셔서 당신의 백성들의 저주의 하마르티아의 죄를 짊어지시고 저주의 십자가에서 죽으심으로 솨탄과 죄들로부터 구원하신다는 의미이다.

이에수스-예슈아의 이름의 뜻이 '예하흐는 구원이시다', '예하흐는 도움이시다', '구원 하신다', '구출하신다', '구조하신다'는 의미이다.

프락세이스 아포스톨론 Πράξεις Αποστόλων 그람마γράμμα(행) 2:21 누구든지 주 κύριος(2962, 퀴리오스- 힘과 권위의 주님, 주인)의 이름(예슈아)을 부르는 자는 구원(소조)을 얻으리라 하였느니라.

구원 σώζω(4982, 소조-구원하다, 육체적, 내적 생명에 대한 위험으로부터 구원하다, 해받지 않게 하다, 보존하다, 치료하다, 생명을 지키는 것, 사면, 보호하는 것이나 궁핍으로부터 지키는 것이나 불로부터 지키는 것, 이익을 주다, 안녕, 복지, 평화, 부요, 성장, 건강 등)이다.

헬라어 소조 동사 역어 이브리어는 주로 '야솨' יָשַׁע(3467, 야솨- 구원하다, 구출하다, 구조하다, 구출, 구조, 안전, 복리, 번영, 승리)이고 '야솨'는 '예슈아' יְשׁוּעָה(3444, 예슈아- 구원, 구출, 구조, 복리, 번영, 도움, 하나님에 의한 구원, 승리, 78회)의 어근이며 뜻이 같다. 예슈아의 이름은 '구원, 구출, 구조, 복리, 번영, 도움, 승리, 하나님에 의한 구원'이라는 다양한 뜻이 있다.

예슈아를 믿는 자들이 잘되는 복을 받는 원인이다. 예슈아를 믿는 자들은 특별한 경우를 제외하고는 모두가 잘되는 형통의 복을 받아 누린다(요삼 1:2).

더 구체적인 것은 이브리어 예슈아 יְשׁוּעָה에 담아놓으셨다. 다섯 개의 알파벳으로 구성된 합성어를 하나씩 해설을 할 때 명확하게 예슈아의 이름의 뜻을 이해할 수 있다.

예슈아 이름의 뜻 상세해설

(1) 예슈아는 '요드'의 손으로 오셨다는 의미이다.

요드 י는 쥔 손, 하게하시는, 능력이다. 요드는 에하흐 손, 예슈아 손의 능력을 상징한다(요 10:28-30). 그리고 에하흐의 약자이다. 이브리어 22개 글자

중에 가장 작은 글자이다. 맛다이오스(마태)는 '요드' '를 일점이라고 하였다(마 5:18).

에하흐의 손은 곧 예슈아께서 저주의 십자가에서 못 박히실 손이다. 예슈아는 가장 강력한 능력이시지만 당신을 가장 작은 글자와 같이 낮은 자와 섬기는 자로 오셨다(마 20:28, 빌 2:6-8).

그리고 가장 약한 자처럼 인류를 죄에서 구원하시려고 저주의 십자가에서 대리적 속죄의 희생물로 못 박혀 죽으셨다(갈 3:13, 사 53:1-12). '요드'는 너무 작기에 주목받지 못하는 것 같고 알아주지 않았지만 만능들이신 하나님이시다. 그러므로 그 누구도 예슈아의 소유인 성도들을 에하흐 손에서 빼앗아 갈 자가 없는 가장 강력한 능력의 하나님이시다(요 10:28-30).

그리고 예슈아께서 하시고자 하시는 복음운동의 계획을 가로막거나 해체할 수도 없다. 그리고 예슈아 손의 능력을 겸손하게 받아들이는 자에게도 그 능력이 나타난다(마 9:18, 막 5:23, 막 6:5-5, 막 7:32-35, 막 8:25, 막 16:18, 눅 4:40, 눅 13:12-13, 행 8:1-3, 행 9:1-22).

예슈아의 손은 십자가에 못 박히신 죄 사함과 구원의 손이다(요 20:25-27, 시 22:16). 에하흐-예슈아 쥔 손의 하게하시는 능력으로 겨누어 이기게 하시며(이기게-'야솨'-삼하 8:6,14(1-14), 위대하게는 '가돌'이다(삼하 7:9(대상 29:10-12))복을 받아 번영하게 하여 영화롭게 하시는 능력이다(시 5:11-12, 시 18:1-2,34-46, 시 121:7-8, 시 140:7, 시 144:1-2, 잠 21:31, 롬 8:37, 고전 15:57, 요일 4:4, 요일 5:4-5, 계 12:11, 계 17:14, 계 21:6-7, 구원-'야솨'-민 10:9, 신 20:4, 신 3:29, 겔 36:29, 겔 37:23, 호 1:7, 합 1:2-13, 슥 9:16).

요드는 '에하흐께서 하게 하시는 능력의 쥔 손이다'. '에하흐'는 곧 '예슈아' 이시다. 그러므로 '예슈아'께서 오신후로는 '에하흐'께서 한 번도 나오지 않는다. 에하흐의 쥔 손은 능력의 손이며 저주의 십자가에 못 박히신 예슈아의 손이다. 이 손의 되게 하시는 능력이 임하므로 영생구원의 영적인복과 육신적으로 잘되는 형통의 복을 받게 되는 것이다.

(2) '쉰' שִׁ의 뜻은 예슈아는 영이신 하나님의 형상과 모양이시며 본체로 오셨다.

'쉰' שִׁ는 이빨-(되새김질), 형상, 모양, 올바름, 소멸하다, 파괴하다, 부지런히)의 뜻이다. 예슈아는 영이신 하나님의 형상과 모양이시며 본체이시다(창 1:1,26-28, 창 3:15, 사 9:6, 마 1:23, 사 7:14, 요 1:1,18, 요 5:18, 요 10:30, 요 14:9, 요 20:28, 고후 4:4, 빌 2:6, 골 1:15-16, 히 1:3-8).

예슈아는 아버지 하나님의 말씀을 순종하시기를 죄 없으신 자로써(고후 5:21, 히4:15, 요일3:5), 전능하신 하나님과 평강의 왕, 영존하시는 아버지로써(사 9:6), 저주의 십자가에서 대리적 속죄의 희생물로 죽는 것까지 복종하셨다(빌 2:8, 창 3:15, 사 53:1-12, 요 4:34, 요 8:29, 요 10:18, 요 12:27,49, 요 14:9,31, 요 15:10, 요 17:4, 시 22:16, 사 9:6, 사 50:5-6, 마 26:39, 눅 24:27,44, 갈 3:13, 히 5:8-9, 히 10:7-9, 히 12:2, 벧전 2:24, 벧전 3:18).

그리고 예슈아를 믿는 자들은 잃어버렸던 영이신 하나님의 형상과 모양을 회복한 자들이다. 이들은 생명진리의 말씀을 부지런히 되새김질을 한다. 하나님의 말씀이 생명이 되도록 되새김질을 하는 사람은 악과 사탄마귀의 미혹을 소멸시키며 올바른 길을 간다(창 12:4, 신 28:1-14, 수 1:8, 시 1:2,1,3, 욥 23:12, 시 40:8, 시 112:1, 시 19:11,35,47-48,72,92,97-99, 마 7:13-14, 요일 5:3).

영이신 하나님의 형상과 모양을 가진 자는 올바르게 살아가기를 힘쓰는 자이다. 올바르게 살아가는 자는 영이신 하나님의 말씀을 읽고 되새김질을 하므로 되어져간다. 이러한 사람에게 안녕과 번영과 복지와 승리의 복을 주셔서 누리게 하신다.

영이신 하나님은 볼 수가 없다. 그러므로 거룩한 영(하기오스 프뉴마) 하나님, 영이신 루바흐 엘로힘 하나님으로 잉태하신 예슈아께서 곧 보이지 아니하시는 하나님의 형상의 본체이시다(마 1:23, 요 1:1-3,18, 요 10:30, 요 17:5, 요 20:28, 고후 4:4, 빌 2:6, 골 1:15, 딤전 1:17, 히 13:8, 사 7:14, 사 9:6, 미 5:2).

예슈아의 본질과 실체가 영이신 하나님이시기에(마1:18-20, 눅1:35(34-38,39-45)) 예슈아를 믿고 소망하는 자들에게 영적인 영생구원을 주시는 능력의 하나님이시다. 육신의 만사형통의 복과 번영의 복과 승리의 복을 주시는 분도 예슈아이시다. 예슈아 이름 안에 들어있는 사전적 의미이다. יְשׁוּעָה (3444, 예슈아-구원, 구출, 구조, 구원하다, 해방시키다, 복리, 번영, 도움, 승리)이다.

예슈아의 본질과 실체가 영이신 하나님이시라는 증거들

'본래 하나님을 본 사람이 없으되 아버지 품속에 있는 독생하신 하나님이 나타내셨느니라'(요 1:18).

'예수께서 이르시되 빌립아 내가 이렇게 오래 너희와 함께 있으되 네가 나를 알지 못하느냐 나를 본 자는 아버지를 보았거늘 어찌하여 아버지를 보이라 하느냐'(요 14:9).

'그 중에 이 세상의 신이 믿지 아니하는 자들의 마음을 혼미하게 하여 그리스도의 영광의 복음의 광채가 비치지 못하게 함이니 그리스도는 하나님의 형상이니라'(고후 4:4).

'그는 보이지 아니하는 하나님의 형상이시요 모든 피조물보다 먼저 나신 이시니'(골 1:15).

이는 하나님의 영광의 광채시요 그 본체의 형상이시라(히 1:3)고 하였다.

예슈아는 창조주 하나님이시다(창 1:1,26, 시 33:6, 사 45:12,18, 요 1:1-3,10, 골 1:16-17, 히 1:2,10, 계 4:11).

그리고 하나님의 말씀을 생명이 되도록 되새김질을 하지 않는 사람은 비뚤어진 악인의 길을 가므로 엘로힘 에하흐의 심판을 받아 파괴되어 소멸한다(시 1:1,4-6, 시 37:20, 시 112:10, 잠 14:12, 잠 15:9, 사 17:13, 사 29:5, 마 3:12, 눅 13:1-5, 딤후 2:19, 살후 2:10, 히 12:29, 벧후 2:12-14).

하나님의 말씀을 되새김질 하는 사람은 십자가의 복음을 만나 영생구원을 얻게 된다(행 2:37-38, 롬 1:16, 고전 1:18,21-25, 고전 2:2, 고전 2:14, 고후 4:3, 갈 6:12-14).

(3) '바브' ו 는 연결하는 사람 예슈아를 상징한다. 예슈아는 아버지 하나님께로 가는 유일한 길이다(요 14:6).

바브의 사전적 의미는 갈고리, 못, 연결하는 사람 예슈아이시다. 예슈아의 십자가만이 아버지 하나님과 믿는 사람들을 연결하는 유일한 십자가 다리이다.

예슈아와 연결되지 않는 자는 아무것도 할 수가 없고 지옥 불에 던짐을 받는다(요 15:4-6). 예슈아의 영적생명과 연결된 자는 예슈아의 왕국과 예슈아의 의로움과 연결되어 있음으로 더 προστίθημι(4369, 프로스티데미-추가하다, 더하다)하여 주시는 복을 주신다(마 6:33). 이 약속은 반드시 실행되어지는 복이다.

예슈아께서 당신이 거주하실 집-성전을 만드시기 위하여 십자가에서 죽으시려고 오셔서 세상 죄를 짊어지시고 저주의 십자가에 못 박혀 죽으셨다(요 19:30).

'바브'는 갈고리, 못, 연결하는 사람 예슈아이다. '바브'는 일획이다(마 5:18). 예슈아 십자가의 길, 진리, 생명을 통하지 않고는 아버지 하나님께로 갈자가 없다(요 14:6).

갈고리와 못은 성막교회를 세우는데 필수적이다. 성막을 세우기 위하여 기둥과 짐승들의 가죽과 끈 등이 준비 되어있으나 갈고리와 못이 없이는 세워지지 않는다.

광야40년 동안 장소를 옮겨 다니면서 장막, 성막교회는 오늘날 성도들을 상징한다(고전 3:16-17, 고전 6:19-20). 영이신 하나님께서 사람으로 당신이 거주하시는 집을 삼으신다. 그럼으로 다뷔드가 건물의 집을 세우려고 할 때에 세우지 말라고 하신 것이다.

장막, 성막 מִשְׁכָּן (4908, 미쉬칸-거처, 장막, 성막, 약 140회) 미쉬칸(명남) 어근은 솨칸 שָׁכַן (7931, 솨칸-정착하다, 거주하다, 머무르다)이다(신 12:11, 신 14:23, 신 16:2, 신

16:6,11, 신 26:2, 민 16:24,27, 민 24:5, 렘 30:18, 사 54:2, 렘 51:30, 겔 25:4, 합 1:6, 욥 18:21, 욥 21:28, 욥 39:6, 아 1:8, 시 49:11).

말라킴 מלכים 알렢(왕상) 17:4 가서 내 종 다윗에게 말하기를 여호와의 말씀이 너는 나의 거할 집을 건축하지 말라. 5 내가 이스라엘을 애굽에서 올라오게 한 날부터 오늘까지 집에 있지 아니하고 오직 이 장막과 저 장막에 있으며 이 성막과 저 성막에 있었나니 라고 하셨다(대상17:1-15).

그러면서 말씀하시기를

말라킴 מלכים 알렢(왕상) 17:11-14 네 생명의 연한이 차서 네가 조상들에게로 돌아가면 내가 네 뒤에 네 씨 곧 네 아들 중 하나를 세우고 그 나라를 견고하게 하리니 12 그는 나를 위하여 집을 건축할 것이요 나는 그의 왕위를 영원히 견고하게 하리라 13 나는 그의 아버지가 되고 그는 나의 아들이 되리니 나의 인자를 그에게서 빼앗지 아니하기를 내가 네 전에 있던 자에게서 빼앗음과 같이 하지 아니할 것이며 14 내가 영원히 그를 내 집과 내 나라에 세우리니 그의 왕위가 영원히 견고하리라 하셨다 하라고 하셨다.

말라킴 מלכים 알렢(왕상) 17:11-14절의 말씀은 다뷔드의 아들 셸로몬이 아니다. 셸로몬의 타락과 에하흐 말씀을 거역한 자이다(왕상 11:1-11, 신 7:3-4, 신 17:14-20). 장차 아브라함과 다뷔드의 씨(창 13:16, 창 17:6, 창 15:4-5, 창 22:17-18, 마 1:1, 갈 3:16)로 오시는 외아들 예슈아이시다(시 2:6, 눅 1:31-33). 예슈아께서 저주의 십자가 위에서 대리적 속죄의 희생물로 완성을 하시고, 오순절 보혜사 거룩한 영의 강림으로 세워지는 영적 성전을 말씀하신 것이다(행 1:4-5,8, 행 2:4). * 영이신 하나님과 어린양 예슈아께서 성전(나오스)이시다(계 21:22).

예슈아께서 만왕의 왕으로 영원히 견고한 집-성도와 영이신 하나님의 왕국이 그들의 마음에 세워지므로 나는 그의 아버지가 되고 그는 나의 아들이 되는 것을 이루시겠다는 예언의 말씀을 하셨다(마 1:1,21,23, 요 1:29, 요 19:30, 요 14:16-17,23,26, 롬 8:9,11,14, 고후 13:5, 갈 4:6, 엡 2:22, 엡 3:17, 골 1:27, 딤후 1:14, 요일 2:27, 요일 3:24, 요일 4:4,12-13).

그러나 다뷔드는 유형 예배당을 건축하려는 열정으로 무형(영적)교회를 전혀 생각하지 못하였다. 영적교회는 예슈아의 십자가와 부활, 그리고 보혜사 거룩한 영께서 사람에게 임하심으로 세워진다. 다뷔드는 이 영적인 성전에 대한 진리를 깨닫지 못하였다. 루바흐 엘로힘께서 거하실 집(베이트-집 house)을 건축하지 말라(대상 17:4)는 엘로힘 에하흐의 말씀을 어기고 셸로몬을 세워서 건물을 건축하게 하였다.

셸로몬이 멋지고 화려하게 건물예배당을 세웠지만 얼마가지 않아서 셸로몬은 에하흐 엘로힘을 버리고 각종 우상을 세워 섬기는 죄를 범하였다(출 20:3-5, 왕상 11:1-11).

오늘날 그 폐해가 심각하다. 서로가 앞 다투어 세계적인 건물예배당을 성전이라고 성도들을 속이면서 연보를 강요하며 예배당건축의 경쟁을 벌이고 있다.

그러나 영이신 하나님께서는 거주하시는 집으로 건물예배당을 원하지 않으셨다. 예슈아께서 하신 말씀을 들어보라(마 24:1-2, 막 13:1-5, 눅 21:5-6). 그런데 수많은 사람들이 목숨 걸고 예배당을 건축하려고 한다. 예배당 짓는 일은 헛되고 헛되며 헛되고 헛되니 모든 것이 헛된 일이다(전 1:2). 예배당은 화려해서도 안된다. '또 이와 같이 여자들도 아담한 옷을 입으며 염치와 정절로 자기를 단장하고 땋은 머리와 금이나 진주나 값진 옷으로 하지 말고, 10 오직 선행으로 하기를 원하노라 이것이 하나님을 경외한다 하는 자들에게 마땅한 것이니라(딤전 2:9-10)고 하였다(잠 19:20, 렘 4:30, 마 11:8, 벧전 3:3-4).

예배당은 영이신 하나님께 예배를 드리는 장소이다. 그러므로 적당하게 그리고 깨끗하면 된다. 무엇을 보여주려고 장식하지 말아야한다. 예배당에는 부한 사람보다 가난한 사람이 더 많다는 것을 잊지말아야한다(약 2:1-1, 고후 8:9). 영이신 루바흐 엘로힘, 하기오스 프뉴마(거룩한 영)를 만나는 곳이라야 한다. * 이곳은 곧 어린양 예슈아이시다(계21:22, 계3:20-21, 요1:12-14).

집-'바이트' בַּיִת(1004, 바이트-집 house)를 성전이라고 오역한 곳

말라킴 מְלָכִים 알렢(왕상) 7~9장 중심으로(왕상 7:50,51, 왕상 8:6,10,11,13,16,17,18,19,20,27,29,31,33,38,42,43,44,48,63,64, 왕상 9:1,3,7,8,10,15 등). **성전이라고 번역하려면 '바이트 카다쉬' קָדַשׁ;**(6942, 카다쉬- 거룩하다, 성별하다, 봉헌하다)**라야 한다. 그러나 구약성경에 성전으로 번역한 이브리어 단어는 대부분은 '바이트'**(집)**이다. 이브리어 단어 '헤칼'은 하나님의 집과 성전이라는 사전적 의미가 있다. 헤칼 사전적 의미를 보라.** הֵיכָל(1964, 헤칼-궁전, 궁궐, 성전, 하나님의 궁전, 하나님의 집)**이다.**

'헤칼'에 대한 한글 번역들을 분류한 내용을 보라.

성소(왕상 6:3,5,5, 3회).

신당(대하 36:7, 1회).

외소(왕상 6:17, 왕상 6:33, 왕상 7:50, 느 6:11, 4회).

궁전(시 144:12, 사 13:22, 2회).

전과 외전(겔 41:4,15, 겔 41:21, 3회).

내전(대하 4:7, 대하 4:,22, 겔 41:23, 3회).

궁(왕하 20:18, 시 45:8,15, 잠 30:28, 사 39:7, 단 1:4, 6회).

신전(욜 3:5, 1회).

왕궁(왕상 21:1, 호 8:14, 암 8:3, 나 2:6, 4회).

전(삼상 1:9, 삼상 3:3, 대하 29:16, 느 6:10, 시 48:9, 시 68:29, 학 2:15, 슥 6:12,13,14,15, 11회).

성전(왕상 7:21, 왕하 18:16, 왕하 23:4, 왕하 24:13, 대하 3:17, 대하 26:16, 대하 27:2, 스 3:6,10, 스 4:1, 시 79:1, 사 44:28, 렘 7:4,4,4, 학 2:18, 슥 8:9, 17회).

영적성전(삼하 22:7, 시 5:7, 시 11:4, 시 18:6, 시 27:4, 시 29:9, 시 138:2, 사 6:1, 사 66:6, 렘 24:1, 렘 50:28, 렘 51:11, 겔 8:16, 겔 41:1,20,25, 겔 42:8, 욘 2:4,7, 미 1:2, 합 2:20, 말 3:1, 22회).

헤칼 80회중에 성전은 17회이고 영적성전으로 22회로 가장 많이 번역하였다. 이브리어 단어 '바이트' 사전적 의미는 성전이 아니라 모두 집, 가정 house, 즉 건물을 일컫는다.

생각해보라. 영이신 하나님이 거주하실 집을 사람이 어떻게 건축할 수 있겠는가?

사람이 살 집은 사람이 짓고 새가 살 집은 새가 짓듯이 영이신 하나님의 집도 영이신 하나님께서 짓는다(요14:1-3,20,23). 그리고 영이신 하나님께서 건물 안에 계시겠는가? 영이신 하나님과 어린양 예슈아께서 성전이시다.

아포칼륍시스 요안누 Ἀποκάλυψις Ἰωάννου 그람마γράμμα(계)에 예슈아께서 일곱 금 촛대ἐκκλησία(1577, 엑클레시아- 집회, 회중, 교회, 경건을 사모하는 자들의 모임의 장소) 사이μέσος(3319, 메소스- 중간의, 한가운데에)를 거니신다고 하셨다(계1:20-2:1).

아포칼륍시스 요안누 Ἀποκάλυψις Ἰωάννου 그람마γράμμα(계) 1:20-2:1절 중심으로 해설

이 말씀에 대하여 오해들이 많다. 헬라어 사전적 의미를 보라. 영이신 하나님께 예배(집회)를 드리기 위하여 모인 회중이 교회이다. 그리고 사이는 사람과 사람 사이, 혹은 중간을 말하기도 하지만 한가운데, 예배자의 마음 한가운데 행하신다고 하셨다.

'거니신다'는 헬라어는 '페리파테오'περιπατέω(4043, 페리파테오- 행하다 walk. 돌아다니다 go about, 걷다)이다. 사전적 의미가 3가지이다. 3가지 중에 어느 것을 선택하여 번역하느냐는 번역자의 권한이다. 그러나 모든 성경을 번역할 때에는 본문의 균형에 맞아야하며 성경전체의 균형에 맞아야한다, 일곱별은 일곱 교회의 사자 앙겔로스ἄγγελος(32, 앙겔로스-사자 messenger)는 영이신

하나님께 말씀을 받아 전하는 자들이다. 오늘날 목자와 감독(엡4:11, 행20:28)
이라고 할 수 있다.

그러므로 예슈아께서 일곱별의 사자(목자, 감독)들을 오른손에 붙들고 계셨다(계1:20). 예슈아께서 오른손에 붙들고 사용하시는 사자(목자, 감독)들의 집회 중에 아버지와 아들 예슈아께서 보내신 성령님으로 임하셔서 그 사자(목자, 감독) 입에서 증거 되는 말씀 사모하는 마음으로 받아들이는 자들에게 생명이 되도록 행하신다. 마음의 감동과 감화와 깨달음을 주시는 일을 행하셔서 열매 맺게 하신다는 말씀이 더 합당한 해설이다.

신약교회-나오스ναός(3485, 나오스- 성전, 성소) 역시 예슈아의 핏 값으로 세워진 교회 ἐκκλησία(1577, 엑클레시아- 집회, 회중, 성령님이 거하시는 몸)이다(고전 6:19-20, 고전 3:16-17, 계 21:22).

잘 박힌 못과 같이 예슈아의 생명과 연결되어있는 자에게 보너스의 복들이 따라온다(마 6:33, 요삼 1:2). 영이신 하나님의 복은 항상 영혼이 잘되는 것이 먼저이다. 영혼이 잘되는 것이 최상의 복이기 때문이다.

비록 세상에서 어렵게 산다 할지라도 그 생활은 일시적이다. 100세 시대이니까 그래봐야 100년이다. 2022년 인구통계(연령별 생존확률)를 보면 70세 8.6%, 75세5.4%, 80세 3.0%, 85세 1.5%, 90세 0.5%이라고 하였다. 90세가 되면 100명중 95명은 저세상으로 가고 5명만 생존한다는 통계이다.

그러나 영의 생명은 영원하다. 영의 생명은 불멸의 영이다. 그리고 예슈아를 믿는 자들에게는 어려움과 가난과 질병은 거의 없다. 예슈아를 믿는 사람들은 다 부지런하기 때문이다. 부지런한 자에게 엘로힘께서 영육간의 복을 주시기 때문이다(창 3:18-19, 잠 12:24, 잠 13:4, 잠 21:5, 요 6:27, 고전 15:58, 히 6:11-12). 그러므로 특별한 경우를 제외하고는 가난, 환난, 질병으로 시달리지 않는다. 세계 평균적으로도 예슈아를 믿는 자들이 많은 국가들이 잘되는 이유가 분명하다. 천지만물을 창조하신 전지전능하신 하나님을 믿고 섬기기 때문이다. 그러나 게으른 민족과 게으른 자는 가난과 부림을 당하게 된다(잠 6:6-11, 잠 19:15,24, 잠 20:4,13, 잠 21:25, 잠 24:30-34, 전 10:18, 살후 3:10-12).

(4) '아인' ע은 육신의 눈으로 볼 수 없는 영이신 하나님의 형상과 본체이신 예슈아께서 사람의 눈으로 볼 수 있게 오셨다는 의미이다.

그 예슈아께서는 아버지 하나님의 말씀에 죽기까지 아멘(아만)하셨다(빌 2:7-8, 마 26:36-46, 눅 22:41-44, 마 27:46).

아인 ע사전적 의미는 눈, 대답, 바라보다, 이해하다, 알다, 지식을 얻다, 증인이다. 영이신 하나님을 사람의 눈으로 볼 수가 없다(요 1:18, 딤전 6:15-16, 계 1:16-17, 출 33:20, 삿 13:17-23, 사 6:5).

'마노아'가 '에하흐'의 '마레아크'에게 이름을 물어보았다. 그때 기묘자라고 하였다(삿13:18). 그 기묘자가 예슈아이시다(사9:6). 눈으로 볼 수 없는 영이신 하나님께서 눈으로 볼 수 있게 오신 것이다(요 1:14,18, 요 12:45, 요 14:7-11,20, 히 1:3).

사도들이 예슈아를 눈으로 보고 들은 것을 기록한 말씀을 읽으며, 들으며, 믿으며, 지키라는 것이다(요일 1:1-4, 계 1:3). 하나님의 말씀을 지키는 사람에게는 반드시 '마카리오스' μακάριος(3107, 마카리오스- 복된, 행복한)의 복(계1:3)과 '에셰르' אֶשֶׁר(835, 에셰르- 똑바로 가다, 나아가다, 계속하다, (성공, 형통, 향상)하다, 축복하다, 복되다, 기쁨, 행복, 복, 지복)의 복을 주셔서 누리게 하신다(신 33:29, 시 41:2, 시 72:17, 잠 3:18, 말 3:12). 진리 안에서 행하는 사람을 기뻐하시고 사랑하시기 때문에 복을 주신다. 헬라어 형용사 '마카리오스' 역어는 이브리어 '에셰르'이다. 복을 말하지 않는 목회자는 원어성경과 예슈아를 믿지 않는 자이다.

세상에는 법이 있지만 옳고 그름의 기준이 평등하지 못하다. 검사, 판사, 경찰이 혈연, 지연, 학연, 정치적 영향을 받으면 편향(偏向-한쪽으로 기우려짐)된 판결을 하기 때문이다. 세상에서 오직 믿을 수 있는 분은 편향이 없이 공의로 재판하시는 영이신 하나님과 아버지 하나님의 형상과 모양의 본체이신 예슈아 밖에는 없다(요 8:13-18, 롬 2:1-3, 계 20:7-15, 눅 9:23-27, 눅 14:26-27, 요 13:15, 요 16:33, 행 14:22, 롬 8:29, 빌 2:5, 살전 3:3, 벧전 2:21, 요일 2:6, 요일 3:16, 계 12:11).

에피스톨레 이아코부 Ἐπιστολὴ Ἰακώβου 그람마γράμμα(약) 4:11-12 형제들아 서로 비방하지 말라 형제를 비방하는 자나 형제를 판단하는 자는 곧 율법을 비방하고 율법을 판단하는 것이라 네가 만일 율법을 판단하면 율법의 준행자가 아니요 재판관이로다. 12 입법자와 재판관은 오직 한 분이시니 능히 구원하기도 하시며 멸하기도 하시느니라. 너는 누구이기에 이웃을 판단하느냐라고 하였다. 법을 집행하는 판사는 두렵고 떨림으로 판결에 임해야 한다.

영이신 하나님의 말씀에 아멘하여 받아들이면 영혼을 구원하시는 구세주, 인류를 죄악에서 구원하시는 예슈아, 구주(救主-막아서서 건지고 구원하여 고치고 치료하시는 영혼의 주인) 예슈아에 대한 영의 눈이 열린다. 성경의 신령한 의미가 깨달아진다. 복음의 증인으로 살아진다.

(5) '헤이' ה는 예슈아는 생명이시다, 예슈아는 영원히 생명의 주인으로 실존하신다는 뜻이다.

헤이 ה사전적 의미는 숨(목)구멍, 호흡, 실존, 계시하다, 바라보다 이다. '헤이'는 사람의 호흡을 통하여 영원히 실존하는 생명의 주인이 있음을 알려주셨다(창2:7). 예슈아를 사모하여 바라보며 믿는 자에게 최상의 복인 영원히 실존하는 생명을 주신다(요 3:16-17, 요 5:24-25, 요 6:40,48-51,53-58,63, 요 14:6).

사람의 호흡은 그 사람의 것이 아니다(삼상 25:38, 욥 27:8, 눅 12:20(16-21)). 영이신 루바흐 엘로힘 하나님의 것이다. 영이신 루바흐 엘로힘께서 불어 넣어주시고 계시기 때문이다(창 1:26-28, 창 2:7, 전 12:7). 호흡은 영이신 하나님의 형상과 모양이요. 생명이요. 영이다.

테힐림 תהלים 미즈모르(시) 146:4절에 호흡이라고 번역한 단어가 영(루바흐)이다. 이르미야흐에이카 ירמיה איכה 세페르סֵפֶר(애) 4:20절에는 코에 있는 숨(루바흐)이라고 하였다. 이요브 איוב 세페르סֵפֶר(욥) 15:30절에 하나님의 입의 숨(루바흐)이라고 하였다. 이요브 איוב 세페르סֵפֶר(욥) 19:17절에서는 숨결(루바흐)이라고 하였다.

◆ 원어 : 베레쇠트 בראשית 세페르ספר(창) 2:7

וַיִּיצֶר יְהוָה אֱלֹהִים אֶת־ הָאָדָם עָפָר מִן־ הָאֲדָמָה וַיִּפַּח בְּאַפָּיו
נִשְׁמַתחַיִּים וַיְהִי הָאָדָם לְנֶפֶשׁ חַיָּה׃

본문 : **베레쇠트 בראשית 세페르ספר(창) 2:7 여호와 하나님이 땅의 흙으로 사람을 지으시고 생기를 그 코에 불어넣으시니 사람이 생령이 되니라.**

직역 : **그가 만들다 에하흐 엘로힘 ~본체를 그 아담 흙 ~로부터 그 흙 그가 숨을 불어 넣고 있으므로 그가 콧구멍들에 호흡 살아 있다들 그에게~일어나다 그 아담 숨 쉬는 존재가 생존하여 있는**

문장정리 : **에하흐 엘로힘께서 그 아담을 흙으로부터 그가 만들었다. 그가 그 흙 코들에 그가 숨을 계속불어 넣고 계시므로 호흡하는 생명들이 그에게 일어나며 그 아담이 숨 쉬는 존재(네페쉬, 숨쉬는 존재, 영혼, 생명)로 생존하게 되었다.**

'불어넣으시니' נָפַח(5301 나파흐- 숨쉬다, 불다) וַיִּפַּח(나위파흐)와우 계속법-칼 미완 3인 남성 단수이다.

'와우 계속법-칼 미완 3인 남성 단수'는 그가(에하흐 엘로힘) 중단 없이 호흡을 계속 불어넣어주시고 계신다는 의미이다. 그래서 사람이 실존한다. 불어넣어 주심이 중단 되면 죽는다. 사람의 호흡이 사람의 것이라면 그 사람은 죽지 않는다. 사람이 죽는 것은 병들어 죽는 것 같지만 실상은 숨을 쉬지 못해서 죽는다. 그 죽음의 원인은 죄이다(창 2:17, 창 3:19, 롬 6:23, 히 9:27).

모든 육체의 생명(호흡)은 루바흐 엘로힘 에하흐의 것이다(창 18:25, 민 16:22, 민 27:16, 욥 12:10, 욥 27:3, 욥 34:14-15, 시 104:29, 시 146:3-4, 단 5:23, 행 17:25,28).

영이신 루바흐 엘로힘께서 계속 불어넣어주지 않으시면 사람은 죽는다(창 2:7, 욥 34:14-15, 시 90:3, 시 104:24-30, 시 146:4, 행 17:25). 루바흐 엘로힘(성령하나님)께서 영생구원을 사모하는 자에게 복음계시를 열어주셔서 알게 하시고 믿게 하신다(마 11:27, 마 16:16-17, 요 15:26, 요 16:13-15, 고전 12:3, 요일 4:2).

영생구원을 받은 자는 예슈아와 연결되어 살아간다. '헤이ה는 '바브' ו 두 개와 '요드' י의 합성어이다. '바브'는 예슈아이시다, '요드'는 못 박히실 예슈아의 손과 생명을 실존케 하시는 능력의 손이다. 십자가에 못 박히신 예슈아를 믿는 자는 호흡하며 살아가는 동안 예슈아와 임마누엘하며 예슈아로 인하여 행복하고 평안하며 영화롭게 되는 복을 받아 누리게 된다(마 1:23, 요 14:27, 벧전 4:14, 시 100:3, 사 43:1,7,21).

토 카타 이요안넨 유앙겔리온 Tὸ κατὰ Ἰωάννην Εὐαγγέλιον (요) 14:13-14절에 '내 이름'은 '예슈아'(이에수스, 예수스, 예수)이시다(마 1:1,21). 결국 예슈아께서 가르쳐주신 기도의 응답은 에하흐의 도우심과 구원으로 이루어진다. 즉 환경 속에서 일어나는 모든 일들에서 구원을 받아야 죄 사함과 영생구원에 이르게 된다는 말씀이다(눅 8:12-15).

예슈아를 믿으면 구원받는 것이 맞다. 그러나 환경에서 구원을 이루어가는 자가 영생구원을 이룬다. 막연하게 예슈아를 믿으면 죽어서 천국 간다고 믿고 있으나 환경에서 구원을 이루는 자만 영이신 하나님의 왕국에 들어간다(마 7:14, 마 11:12, 눅 13:23-24, 요 6:27-29, 롬 2:7, 롬 13:11-14, 고전 9:24-27, 고전 15:58, 갈 6:7-9, 엡 6:5-9, 빌 1:27-29, 빌 2:12-16, 빌 3:13-14, 빌 4:1, 딤후 2:10, 히 4:1,11, 히 12:1-2,28-29, 벧전 2:11, 벧후 3:18).

참고

'선을 행하여 영광과 존귀와 썩지 아니함을 구하는 자에게는 영생으로 하시고'(롬 2:7)라고 하였다.

'그러므로 나의 사랑하는 자들아 너희가 나 있을 때뿐 아니라 더욱 지금 나 없을 때에도 항상 복종하여 두렵고 떨림으로 너희 구원을 이루라'(빌 2:12)고 하였다.

'좁은 문으로 들어가기를 힘쓰라 내가 너희에게 이르노니 들어가기를 구하여도 못하는 자가 많으리라'(눅 13:24)고 하였다.

'생명으로 인도하는 문은 좁고 길이 협착하여 찾는 자가 적음이라'(마 7:14)고 하였다.

베레쇠트 בראשית 세페르סֵפֶר(창) 2:4절에서부터 공식적으로 드러난 에하흐의 칭호는 약 6,000여회가 나온다. 그런데 신약에서는 1회도 나오지 않는다. 그리고 지은 것이, 즉 천지만물이 예슈아께서 지으셨다고 하셨는데(요 1:3, 잠 8:22-31) 창조에서 등장하시는 공식적인 영이신 하나님의 칭호들은 엘로힘(창 1:1), 루바흐 엘로힘(창1:2), 에하흐 엘로힘(창2:4) 뿐이다(창1:26-28).

그런데 어떻게 예슈아께서 천지만물을 지으셨다고 하실까(창 1:1, 요 1:1-3, 골 1:16(12-20), 히 1:2(1-3), 잠 8:22-31). 예슈아가 예하흐이시었다는 증거이다. 예슈아 이름의 뜻이 '예하흐는 도움이시다.', '예하흐는 구원이시다.'에서 그 사실을 증명해주고 있다(행 2:21, 롬 10:13, 욜 2:32, 슥 13:9).

아래성경을 보라.

'누구든지 여호와의 이름을 부르는 자는 구원을 얻으리니 이는 나 여호와의 말대로 시온 산과 예루살렘에서 피할 자가 있을 것임이요 남은 자 중에 나 여호와의 부름을 받을 자가 있을 것임이니라'(요엘 2:32)고 하였다.

'누구든지 주의 이름을 부르는 자는 구원을 받으리라'(롬 10:13)

'이르되 주 예수를 믿으라 그리하면 너와 네 집이 구원을 받으리라'(행 16:31)

토 카타 이요안넨 유앙겔리온 Τὸ κατὰ Ἰωάννην Εὐαγγέλιον (요) 1:12-13 영접하는 자 곧 그 이름을 믿는 자들에게는 하나님의 자녀가 되는 권세를 주셨으니 13 이는 혈통으로나 육정으로나 사람의 뜻으로 나지 아니하고 오직 하나님께로부터 난 자들이니라고 하였다.

토 카타 이요안넨 유앙겔리온 Τὸ κατὰ Ἰωάννην Εὐαγγέλιον (요) 3:16-17 하나님이 세상을 이처럼 사랑하사 독생자를 주셨으니 이는 그를 믿는 자마다 멸망하지 않고 영생을 얻게 하려 하심이라 17 하나님이 그 아들을 세상에 보내신 것은 세상을 심판하려 하심이 아니요 그로 말미암아 세상이 구원을 받게 하려 하심이라고 하였다.

토 카타 이요안넨 유앙겔리온 Τὸ κατὰ Ἰωάννην Εὐαγγέλιον (요) 14:6 예수께서 이르시되 내가 곧 길이요 진리요 생명이니 나로 말미암지 않고는 아버지께로 올 자가 없느니라고 하였다.

그리고 구약성경에 에하흐의 사자의 출현이 자자하다. 때로는 에하흐로, 때로는 천사, 사자로, 때로는 사람으로 현현하셨다. 베레쇠트 בראשית 세페르ספֶר(창) 18-19장에 뚜렷하게 나타난다.

베레쇠트 בראשית 세페르ספֶר(창) 18:1 에하흐 יְהוָה (3068, 예호와) 께서 아브라함 나타나 보여주셨다고 하였다.

베레쇠트 בראשית 세페르ספֶר(창) 18:1 '나타나시니라'는 '라아'이다. 라아는 '보다', '바라보다'이다. 에하흐께서 아브라함에게 당신을 보여주셨다. 아브라함의 눈에는 사람으로 보였다(창 18:2).

그런데 베레쇠트 בראשית 세페르ספֶר(창) 18:2절에는 세 사람 אֱנוֹשׁ(582, 에노쉬- 사람, 인간)이다. 그런데 세 사람이 아브라함의 접대의 음식을 먹는 중에 내년에 사라가 아들을 낳는다고 하니까 그 말을 장막 밖에서 들은 사라가 웃었다(창 18:3-12). 이에 음식을 먹던 세 사람 중에 중에서 '여호와(에하흐)께서 아브라함에게 이르시되 사라가 왜 웃으며 이르기를 내가 늙었거늘 어떻게 아들을 낳으리요 하느냐 14 여호와(에하흐)께 능하지 못한 일이 있겠느냐. 기한이 이를 때에 내가 네게로 돌아오리니 사라에게 아들이 있으리라. 15 사라가 두려워서 부인하여 이르되 내가 웃지 아니하였나이다. 이르시되 아니라 네가 웃었느니라고 하였다(창 1813-15). 한사람이 에하흐이셨다(창18:13-

15,14,17,20,22,33). 그리고 세 사람 중에 두 사람이 일어나 소돔으로 갔다(창 18:16,22).

그런데 베레쇠트 בראשית 세페르ספר(창) 19:1,15절에 소돔으로 간 그 사람들을 두 천사 מַלְאָךְ(4397, 마레아크- 사자, 사신)라고 하였다. 그런데 롯의 눈에는 사람으로 보였기에 접대를 하였고 소돔의 동성애자들의 눈에도 사람으로 보였다(창 19:1-5). 창세기 19:10,12,16,17절에 그 두 '마레아크'를 사람 אֱנוֹשׁ(582, 에노쉬)이라고 하였다.

이 말씀들에서 분명하게 알려주시는 복음은 예하흐는 장차 영이신 하나님의 형상과 모양으로 오실 예슈아의 모형과 그림자이셨다는 것을 알 수가 있다(요 1:14,18, 요 10:30, 요 11:27, 요 20:31, 요 17:5, 사 9:6, 고전 1:30, 빌 2:6-8, 히 1:3, 요일 5:20, 계 1:8. 계 21:6. 계 22:13, 마 16:16, 창 3:15, 갈 4:4, 대 상29:11, 시 2:7, 사 25:9, 욜 2:32, 시 50:15, 렘 31:7). 그러므로 신약에서 예슈아의 칭호만 나오고 예하흐의 칭호가 나오지 않는 것이다.

아래성경을 보라.

'이는 하나님의 영광의 광채시요 그 본체의 형상이시라 그의 능력의 말씀으로 만물을 붙드시며 죄를 정결하게 하는 일을 하시고 높은 곳에 계신 지극히 크신 이의 우편에 앉으셨느니라'(히 1:3)고 하였다.

'그는 근본 하나님의 본체시나 하나님과 동등 됨을 취할 것으로 여기지 아니하시고'(빌 2:6).

'태초에 말씀이 계시니라 이 말씀이 하나님과 함께 계셨으니 이 말씀은 곧 하나님이시니라'(요 1:1).

'본래 하나님을 본 사람이 없으되 아버지 품 속에 있는 독생하신 하나님이 나타내셨느니라'(요 1:18).

'나와 아버지는 하나이니라'(요 10:30).

'예수께서 이르시되 빌립아 내가 이렇게 오래 너희와 함께 있으되 네가 나를 알지 못하느냐 나를 본 자는 아버지를 보았거늘 어찌하여 아버지를 보이라 하느냐'(요 14:9).

'도마가 대답하여 이르되 나의 주님이시요 나의 하나님이시니이다'(요 20:28).

'그 중에 이 세상의 신이 믿지 아니하는 자들의 마음을 혼미하게 하여 그리스도의 영광의 복음의 광채가 비치지 못하게 함이니 그리스도는 하나님의 형상이니라'(고후 4:4).

'그는 보이지 아니하는 하나님의 형상이시요 모든 피조물보다 먼저 나신 이시니'(골 1:15)라고 하였다.

사람의 미혹을 주의하라(마 24:4)고 하였다. 성경번역을 할 때 사견(私見-자기 개인의 생각이나 의견)이나 개인의 학문(고정관념과 선지식)으로 번역하는 자가 있다면 큰일 날 일이다. 한자와 영어가 아니라 이브리어, 헬라어의 뜻과 성경의 원리원칙에 맞게 번역해야한다. 한글성경번역에서 가장 마음 아픈 번역들 중에 하나는 이브리어 '제바흐'(희생, 희생물)을 제사(祭祀)와 번제(祭), 속죄제(祭) 제(祭)사장(코헨-주요공직자, 우두머리, 통치자)등을 제사제(祭)자로 번역한 것이다. 유교와 무속샤머니즘신앙에서 유래한 제사(祭祀-신령이나 죽은 넋에게 음식을 바쳐 정성을 나타냄)라는 단어가 성경번역에 도입(導入-끌여 들임)되었다는 것은 슬픈 일이다. 제사 제(祭)의 도입을 철회(撤回)하고 희생(제바흐)이나 희생물(제바흐)이라고 해야 한다. '제바흐'는 זֶבַח (2077, 제바흐-희생, 희생물)이다.

대표적인 가축희생물의 종류들

(1) 번제(燔祭)는 오라 עֹלָה (5930,오라–불살라 전소하여 올려드리는 희생물, 레 1:3–17)**라고 번역해야한다.**

(2) 화제(火祭)는 이솨 אִשֶּׁה (801,이솨–불살라 드리는 것, '오라'와 같다. 레4:10–12)**라고 번역해야한다.**

(3) 속죄제(贖罪祭)는 하타아 희생물 חַטָּאָה (2403,하타아–지은 죄로 인하여 드리는 희생물, 레4:13–35)**이라고 번역해야한다.**

(4) 속건제(贖愆祭)는 아솸 אָשָׁם (817,아솸–부지중에 알지 못하고 지은 죄이지만 올바른 생명진리의 말씀을 배워 알고 있는 대로 죄사함을 위하여 드려지는 희생물, 레5:1–19)**이라고 번역해야한다.**

(5) 화목제(和睦祭)는 셰렘 שֶׁלֶם (8002,셰렘–화목희생물을 '이솨'로 올려드림, 감사희생물, 레3:1–17)**라고 번역해야한다.**

(6) 요제(搖祭)는 테누파 תְּנוּפָה (8573,테누파–흔듦, '아솸'의 희생물을 드릴 때 들어 올려 흔들어 올려드림, 레14:12, 21)**라고 번역해야 한다.**

곡식단의 '테누파'(흔듦, 요제, 레23:15). 구운 빵(레헴) 두 개로 '테누파'(흔듦, 레23:17). 레위인 아하론과 아들들을 정결케 하는 하타아 희생물로 드려지는 '테누파'(흔듦)는 회막에서 에하흐 엘로힘을 섬기는 עֲבֹדָה (5656, 아보다-일, 봉사, 섬김) 영적전쟁 צָבָא (6633, 차바-전쟁을 수행하다)의 '테누파'(흔듦, 민8:1-16)이다. 출애굽기 35:22절에는 예물이라고 하였으므로 '흔들어 드리는 예물'이(출38:29) 라고 번역해야한다. 레위의 아들들은 영적전쟁을 하는 군대로 분리하여 구별하였다. 영적전쟁의 필수조건은 '타헤르' טָהֵר(2891, 타헤르-깨끗하다, 정결하다, 순결하다)이다. * '레헴'은 빵이다. 떡이 아니다. 토속적 번역을 배제해야한다.

타헤르 간략해설

뱀(솨탄마귀)의 거짓된 죄의 미혹과의 전쟁에서 싸워 이기는 일에 군대로 분리 구별된 사람은 레위인의 아들들뿐만 아니라 모든 크리스토스의 사람들은 만인 코헨들이다(딤후 2:2-3, 벧전 2:9). 영원히 실존하는 만왕이신 예슈아의 피로 정결하고 깨끗하게 되는 사람이 솨탄마귀의 거짓된 죄의 미혹을 이기는 군대가 된다.

아래 민수기 8:24절 직역문장정리를 보라.

브미다바르 במדבר 세페르ספֶר(레) 8:24절 직역문장정리 : 레위인은 이십들 다섯 해 이상으로 오헬 천막에 그 정한 때에 들어가서 전쟁을 수행하여 군대로 섬기는 이것을 하는 자이다.' 라는 것이다. 코헨들은 이스라엘 백성들의 희생물만 대신 드려주는 직무만을 수행하는 것이 아니다. 코헨의 직무에서 가장 중요한 것은 희생물을 드리면서 영적전쟁을 수행하는 군사로 섬기고 있다는 것이다(창 3:15, 사 27:1, 막 1:24, 롬 16:20, 골 2:15, 히 2:14-17, 히 9:11-28, 요일 3:8, 계 12:9, 계 20:2-3,10).

이 희생물들은 장차 예슈아께서 저주의 십자가에서 대리적 속죄의 희생물로 죽으신다는 예표이기 때문에 가축의 희생물을 올려드림에 있어서 흠과 티가 없이 드려져야 했다(요 1:29, 요 19:31). 죽느냐! 사느냐의 영적전쟁의 수행이었다. 오늘날 목회자들이 이 영적전쟁을 실행하며 성도들을 정병(精兵-우수하고 강한 군사)으로 무장시켜야한다. 희생물을 드리는 자, 곧 성도들은 오직 예슈아의 십자가 복음의 무기로만 솨탄마귀의 머리를 깨뜨리는 승리를 거둔다(창 3:15, 마 27:46, 요 19:28-30, 눅 23:46, 요일 4:5, 요일 5:4-6, 고후 13:5, 고전 1:18, 빌 4:13, 계 7:13-17).

머리를 깨뜨린다는 것은 솨탄의 사상, 욕심, 더러움, 죄, 미혹을 예슈아처럼 이긴다는 것이다(마 4:1-11, 요 16:33, 롬 8:33-39, 히 2:18, 요일 41:4, 요일 5:4, 계 12:9-11, 계 17:14).

'그들이 어린 양과 더불어 싸우려니와 어린 양은 만주의 주시요 만왕의 왕이시므로 그들을 이기실 터이요 또 그와 함께 있는 자들 곧 부르심을 받고 택하심을 받은 진실한 자들도 이기리로다'(계 17:14)라고 하였다.

'또 우리 형제들이 어린 양의 피와 자기들이 증언하는 말씀으로써 그를 이겼으니 그들은 죽기까지 자기들의 생명을 아끼지 아니하였도다'(계 12:11)라고 하였다. 자기생명을 포기하고 생명을 내어놓는 자가 이긴다(마 16:24-25, 막 8:35, 요 12:25, 고전 15:55-57, 고후 4:11, 에 4:16).

곡물감사 종류

(1) 곡식을 드리는 소제(素祭)는 민하 מִנְחָה (4503, 민하-선물, 공물, 예물, 레 2:1-16, 레 6:14-23)라고 번역해야한다.

민하(명여)어근은 마나흐(מָנַח 마나흐-빌려주다, 선물을 주다)이다.

(2) 술을 부어 드리는 전제(奠祭)는 네세크 נֶסֶךְ (5262, 네세크-안식일 성회로 모일 때 '오라 희생물'과 '민하 예물'과 '이솨'와 함께 불태워 드려지는 포도주, 레 23:12-13,18,31, 매일 아침저녁에 단위에 어린양과 함께 드려지는 포도주 사분의 일 힌, 출29:38-42)**라고 번역해야한다. '민하'와 '네세크' 해설은 목회자들에게 맡기면 된다. 제사 제(祭)자를 성경에서 퇴출(退出-물리쳐 내보내야함)시켜야한다.**

영이신 루바흐 엘로힘께 드려지는 모든 희생물들은 죄 사함과 화목과 감사, 거룩과 성결을 위하여, 루바흐 엘로힘께서 기뻐하시는 향내가 되도록 올려드리는 것이다. 그러므로 중국유교에서 유래한 제사(祭祀) 제(祭)자를 이제는 더 이상 사용하지 않도록 해야한다. 토속적 민족문화용어인 제사의 용어는 성경번역에 활용되어서는 안된다(고전 10:18—23, 고후 6:14-18, 왕상 18:21).

루바흐 엘로힘께 드려지는 희생물들과 우상과 조상제사와는 그 내용의 본질이 전적으로 다르다. 아래내용을 보고 판단해보라.

(1) 한국민족문화 대백과사전

유교 의식행사 祭祀

'신령에게 음식을 바치며 기원을 드리거나 죽은 이를 추모하는 의식을 지칭하는 용어. 추모의식."제사(祭祀)는 신령에게 음식을 바치며 기원을 드리거나 죽은 이를 추모하는 의식을 지칭하는 용어이다. 원시·고대인들은 자연 그 자체를 대상으로, 혹은 외경심·신비감의 근원인 초월자나 절대자를 상정하고, 삶의 안식과 안락을 기원하거나 감사의 표현으로 제를 드렸다. 이후 인간의 사후 영혼을 신앙하여 조상신에 대해서도 숭배와 복을 비는 제사가 이루어졌다. 문화가 발달하면서 제의는 일정한 격식을 갖추어 제도로 정착하였다. 우리나라는 조선시대에 들어 유교의 가르침에 따라 제도화가 크게 진전되었는데, 국가·왕가·일반사가의 제사는 모두 주희의 『가례』를 기본으로 삼았다.'

(2) 행정안전부 국가기록원 제공

'제사의 기원은 샤머니즘을 바탕으로 한 자연숭배와 연관이 깊다. 고대의 사람들이 신의 가호로 재앙을 피하기 위해 천지신명께 정성을 올린 것이 제사의 시작이다. 우리의 제사는 조상의 넋을 기리고 그 은혜에 보답하고자 후손들이 마음을 다해 예를 올리는 전통문화이다. 고려시대 중국의 주자학이 전래되면서 조상제사 의식도 함께 유입되었는데, 당시는 불교가 국교였기에 제사를 지내지 않았다. 그러다가 고려 말부터 제사를 지내기 시작했고, 조선시대에 민간에 널리 장려되었다. 처음에 제사는 조정 중신과 일부 양반들 사이에만 행해지다가 조선 중기 이후 평민에게도 일반화됐다. 제사가 많은 폐단을 겪으면서도 지금까지 행해지는 것은, 죽은 조상신이 후손을 지켜주고 복을 준다는 기복사상(祈福思想)에 기인한 것이라 볼 수 있다. 천주교가 처음 우리나라에 들어왔을 때에는 조상제사를 우상숭배로 여겨 금지하였으나, 교황 비오 12세가 1939년 「중국 의식(儀式)에 관한 훈령」을 통해 유교의 조상제사는 종교의식이 아니요, 시민의식이라며 조상제사를 허락하였다. 개신교는 제사를 우상숭배로 여기기 때문에 제사를 지내지 않는다. 대신, 성경에 부모를 공경하라고 되어 있어 살아계신 부모님께 효도해야 한다는 주장이다.' 라고 하였다.

조상제사와 샤머니즘에서 비롯된 한자의 제사(祭祀)를 예슈아의 희생을 대신하는 단어로 번역한 것은 의도가 있는 악한오역이다. 죄 없으신 예슈아께서 저주받은 사람들을 죄에서 구원하시려고 저주의 십자가에서 대리적 속죄의 희생물로 죽으셨다. 이 희생으로 예슈아를 믿는 자에게 죄사함과 영생구원의 복을 주신다. 그런데 성경번역을 이브리어(제바흐-희생, 희생물, 160회)와 헬라어(뒤시아-희생, 28회)의 사전적 의미에 따라서 번역하지 아니하고 유교사상에 근원을 두고 있는 제사(祭祀)로 번역한 것은 기독교신앙의 반하는 번역이다. 예슈아의 희생의 죽음을 모독(冒瀆)하는 번역이다. 예슈아의 저주의 십자가에서 당하신 대리적 속죄의 희생의 죽음을 유교적 제사사상으로 평가절하 시키는 번역이다. 개신교는 조상제사(祭祀)를 우상숭배라고 하여 추도(追悼), 추모(追慕)예배도 드리지 아니한다. 도덕과 윤리적으로도 모순이다. 각 나라의 토속문화에 따라서 성경을 번역한다면 그 책은 성경이라고 할 수가 없다. 하나님의 말씀이라고 할 수가 없다. 그래서 원문의 말씀에 더하거나 가감하지 말라고 하셨다(신 4:2, 신 12:32, 수 1:7, 잠 30:6, 전 12:13, 마 5:18, 갈 3:15, 벧후 1:19-21, 계 22:18-19).

한국교회 각 교단은 더 이상 성경에 제사(祭祀)와 제사제(祭)자의 번역을 금지시키는 결의문을 채택하여 범 교단명의로 대한성서공회에 공식요청을 해야한다. 이것은 미룰 일이 아니다. 신속하게 수행해야할 영적전쟁을 하는 목회자들의 직무와 소명이다.

아래성경을 보라.

'사무엘이 가로되 여호와께서 燔祭와 다른 祭祀를 그 목소리 順從하는 것을 좋아하심 같이 좋아하시겠나이까 ? 順從이 祭祀보다 낫고 듣는 것이 수羊의 기름보다 나으니'(삼상 15:22)라고 하였다(시 51:16, 사 66:3).

'나는 仁愛를 願하고 祭祀를 願치 아니하며 燔祭보다 하나님을 아는 것을 願하노라'(호 6:6)고 하였다.

'너희는 가서 내가 矜恤을 願하고 祭祀를 願치 아니하노라 하신 뜻이 무엇인지 배우라 내가 義人을 부르러 온 것이 아니요 罪人을 부르러 왔노라 하시니라'(마 9:13)고 하였다(마 12:7, 히 10:8,11,12).

'나는 慈悲를 願하고 祭祀를 願치 아니하노라 하신 뜻을 너희가 알았더면 無罪한 者를 罪로 定치 아니하였으리라'(마 12:7)고 하였다.

이러므로 제사장(祭司長)이라고 하지 말고 '코헨'(주요공직자)이나 '희생물을 드려주는 자' 라고 번역하고 성경에서 제사(祭祀) 제(祭)자를 모두 제거해야한다.

아담의 타락이후에 모든 사람은 영혼이 죽었고(영이신 하나님과의 단절) 육신이 목숨(호흡, 영이신 하나님이 떠남)이 중단 될 자들이다. 죽고(모트 מוֹת) 또 죽을(타무트 :תָּמוּת) 자들이다(창 2:17, 전 12:7, 마 25:34,41, 눅 16:22-24, 히 9:27).

모트, 타무트 사전적 의미와 간략해설

מוּת (4191 무트-죽다, 죽이다, 살해하다) מוֹת (모트) 칼 부정사 절대이다.

모트는 '칼 부정사 절대'이니까 에하흐의 말씀을 불순종하여 어기면 반드시 죽는다는 것이다. 두 말이 필요치 않다. 에하흐 하나님께서 말씀하신대로 저주의 버림을 받는 죽음을 당한다는 것이다. 죽음은 에하흐 엘로힘께서 명하신 말씀을 불순종해서이다(창 2:17). 명하신 말씀을 불순종하는 것은 뱀(솨탄)의 미혹을 마음에 받아들여서이다(창 3:4-6). 솨탄의 미혹을 마음에 받아들이면 분별력을 잃어버린다. 이것이 곧 영혼의 죽음이다. 솨탄과 죽음, 솨탄과 죄는 하나이다(요 8:44). 죄는 에하흐 엘로힘의 말씀을 불순종하는 것이다.

מוֹת (4191 무트-네가 죽으며, 네가 죽임을 당하며, 네가 살해당하며) תָּמוּת׃ (타무트) 칼 미완 2인 남성 단수이다.

'타무트'는 죽음의 반복이다.

개역개정판, 한글성경에서는 첫째 '모트'를 '반드시'라고 하였다. 번역자는 누구를 위한 번역인가를 생각하고 심판하시는 영이신 루바흐 엘로힘을 두려워해야한다.

이브리어원어는 '모트 타무트'이다. 직역문장정리는 '죽고 네가 죽으며'이다. 두 번의 죽음을 강조하는 말씀이다. '모트'는 육신의 죽음을, '타무트'는 영혼의 둘째사망으로 에하흐께 영원히 버림받아 영멸한다는 말씀이다(계 21:8).

모트, 타무트 간략해설

너의 영혼이 먼저죽고 그 다음에 육체가 죽는다는 의미이다. 필수적인 생명진리의 말씀과 연결되어 있지 않고 불순종하여 놓아버린 자는 이것으로 끝나는 것이 아니다. 예슈아를 마음에 영접하여 자신을 대신하여 대리적 속죄의 희생양이 되어주신 것을 믿지 아니하는 사람은 불과 유황으로 타는 못에 던져지는 둘째 사망의 해를 받는다(요 1:12-13, 요 3:3,5,6, 고전 12:3, 벧전 1:23, 계 21:8).

● 타무트 합성어와 사전적 의미

타무트 합성어는 타브+멤+바브+타브이다.

타브**는 십자가, 죽음, 목표, 사인이다. 십자가는 예슈아의 상징이다. 예슈아께서 저주의 십자가에서 대리적 속죄의 희생물이 되셨다는 마음의 사인이 없는 자는 영혼이 죽었다는 증거이다.**

멤은 물, 진리, 사역, 생활화이다.

물은 육체의 생명에 필수적인 것이다. 진리는 영혼의 필수적인 것이다. 그러므로 필수적인 생명진리로 생활화, 말씀을 근거하여 살아가지 아니하는 자는 죽은 자라는 것이다.

바브는 못, 갈고리, 연결하는 사람이다. 연결하는 사람은 예슈아이시다. 친히 십자가에 못 박히셔서 영이신 하나님과의 단절된 하타 죄를 범한 사람과의 연결을 하셨다. 이것을 거부하는 자는 죽은 자라는 것이다.

타브는 예슈아 십자가의 증거가 마음에 없는 자는 죽었다는 증거이다. ① 영혼이 죽고 ② 육체의 죽음과 동시에 영멸지옥으로 떨어진다.

영이신 루바흐 엘로힘께서 죽음의 그 원인을 '모트', '타무트'에 담아 놓으셨다. 필수적인 생명진리의 말씀으로 사역하지 아니하고 예슈아 십자가의 복음을 생명으로 마음에 받아들이지 아니하며 예슈아 생명의 빛을 받아들이지 아니하여 영육간에 죽음에 이른다(마 5:14-16, 요 12:36, 엡 5:8-9, 빌 2:15-16, 살전 5:5-10, 창 3:1-6).

예슈아를 믿지 않는 자는 영이신 루바흐 엘로힘과 단절되어 영혼이 영이신 하나님을 의식하지 못한다. 이 상태를 영혼이 죽어있다고 하는 것이다. 아담과 하부바(하와)는 하타 죄를 범하기 전과 후에도 즉시 영이신 하나님을 의식하여 두려워하여 숨고 벌거벗은 수치를 알게 되었다(창 3:7-10).

최초의 살인자 카인(가인)은 에하흐 엘로힘께서 자신이 드린 예물을 받지 아니하시므로 얼굴이 붉게 달아오르면서 분노하였다. 예하흐 엘로힘께 반항한 최초의 사건이다. 카인이 동생 헤벨(아벨)을 살해할 것을 미리 아시고 하타아 죄를 다스리라는 말씀을 하셨다. 카인은 예하흐 엘로힘을 의식하였지만 그 분노와 하타아 죄를 다스리지 못하고 동생 헤벨을 살해하였다(창 4:1-15).

이때부터 사람의 영과 마음의 감각이 점점 둔해지기 시작하여 화인 맞아 감각을 잃어버리고 무정하며 사나워졌다(딤전 4:2,1, 딤후 3:1-9). 그러므로 영이신 하나님과 단절된 죽은 영혼이 살아나려면 예슈아의 생명을 받아야 한다. 이 생명은 영원히 실존하는 생명이다. 이 생명을 주시려고 예슈아께서 오셔서 다 이루셨다(요 19:30, 빌 2:6-8).

예슈아께서 다시불어 넣어주시는 거룩한 영의 생명을 받아야한다. 예슈아께서 숨을 내시며 거룩한 영(하기오스 프뉴마)을 받으라고 하셨다(창 2:7, 요 20:22, 요 5:24-25, 요 15:4-6, 롬 11:17-24). '숨을 내쉬며' ἐμφυσάω(1720, 엠퓌사오-숨을 내쉬다, 불어 넣다)동사 엠퓌사오 이브리어 역어는 나파흐 נָפַח(5301, 나파흐-하나님의 숨을 불어 넣는 것, 숨쉬다, 불다)이다. 헬라어 '엠퓌사오'와 이브리어 '나파흐'의 의미가 같다. 영이신 하나님의 숨은 곧 생명이신 당신을 불어넣는 것이다. 이것은 곧 거룩한 생명의 영으로 그 사람에게 들어가신다는 것이다.

요엘 יוֹאֵל 세페르סֵפֶר(욜) 2:32 누구든지 여호와의 이름을 부르는 자는 구원을 얻으리니 이는 나 여호와의 말대로 시온산과 예루살렘에서 피할 자가 있을 것임이요 남은 자 중에 나 여호와의 부름을 받을 자가 있을 것임이니라 고 하였다.

요엘 יואל 세페르סֵפֶר(욜) 2:32절의 '구원'은 '마라트' מָלַט(4422, 마라트-피하다, 도망하다, 구출(구원)하다, 회반죽, 양회, 96회)이다.

■ 마라트 사전적 의미

מָלַט(4422, 마라트-피하다, 도망하다, 구출(구원)하다, 회반죽, 양회)이다.

마라트 간략해설

뱀(솨탄마귀, 계 12:9)로부터 구출과 구원을 해주신다. 솨탄마귀는 거짓말과 욕심으로 사람을 미혹하여 시험에 빠뜨려 회반죽처럼 뒤죽박죽 되어있는 자에게 영혼의 목자이신 예슈아께서 전도자, 목자, 선지자, 사도, 교사들을 보내셔서 생명진리의 말씀을 들을 수 있는 기회를 주신다. 그 복음을 받아들이는 자를 '마라트'해 주신다는 것이다(막 6:4-6, 막 16:15-16, 마 28:19-20, 눅 10:1-11, 눅 16:29,31, 요 3:15-21, 요 5:24-25, 행 1:8, 행 16:30-34, 롬 8:1-2,30, 롬 10:8-17, 고전 1:18-21).

종말(환난) 때에 구원하며 구출해주신다는 의미이다(마 24:21-22,31, 막 13:20, 요 13:18, 롬 11:25-28, 고전 10:13, 딤후 2:10, 창 19:17-21, 삿 3:26, 삼상 19:11, 삼상 22:1, 삼상 23:13, 욥 29:12, 시 50:15, 시 107:20(1-43 보라), 사 6:13, 슥 13:8, 슥 14:2).

토 카타 마타이온 유앙겔리온 Τὸ κατὰ Ματθαῖον Εὐαγγέλιον (마) 1:21절의 헬라어 '하마르티아' 이브리어 역어는 '하타'이다. '하마르티아'의 사전적 의미는 잘못 mistake과 죄sin라고 하였다. 그러나 헬라어나 영어에도 죄명이 무엇인지 알 수가 없다. 살인인지 강도인지, 사기인지에 대한 내용이 없다. 이브리어 사전적 의미에도 어떤 죄명인지가 명확하지 않다. 그러나 이브리어 단어별 합성어해설을 하면 무슨 죄명인지 명백해진다.

■ 하타 사전적 의미

חָטָא (2398, 하타-놓치다, 빗나가다, 그릇 행하다, 잘못 행하다, 죄를 짓다, 상실하다, 속죄 희생물을 드리다, 정결케 하다, 정죄하다, 죄, 범죄, 죄 있는, 죄 많은, 죄인, 죄인들)이다.

하타 간략해설

솨탄의 거짓말에 속아 생명의 울타리와 힘이신 하나님을 놓아버린 죄이다. 이것이 원죄이다. 하타 죄에서 우리를 자유하게 하시려고 예슈아께서 오셔서 대리적 속죄의 희생양으로 저주의 십자가위에서 죽으신 것이다(막 10:45, 요 1:29, 36, 갈 3:13, 빌 2:6-8, 출 12:3-11, 마 27:27-37).

■ 하타아 사전적 의미

חַטָּאָה (2403, 핫타아- 죄, 속죄희생, 죄악, 유죄, 죄의 형벌, 속죄 희생물)이다.

하타아 간략해설

솨탄의 거짓말에 속아 생명의 울타리이신 예슈아와 힘이신 하나님을 놓아버림으로 영원히 실존하는 생명을 잃어버리고 영멸지옥으로 가는 죄이다.

'하타아' 어근은 '하타'이다.

하타아 죄에서 우리를 자유하게 하시려고 예슈아께서 오셔서 대리적 속죄의 희생양으로 저주의 십자가위에서 죽으시고 보혜사 거룩한 영을 보내어 주시고 완성된 예슈아 마쉬아흐의 복음을 믿는 자를 영멸지옥에서 구원하셔서 영원히 실존하는 생명을 회복시켜주신다(막 10:45, 갈 3:13, 빌 2:6-8, 요 1:12, 요 3:16, 요 5:24-25, 롬 8:1-2, 고전 1:18-21).

08. 아버지, 아브

■ 아브 사전적 의미

아브 אָב(1, 아브- 아버지 father)이다.

'그가 아버지(아브)의 마음을 자녀에게로 돌이키게 하고 자녀들의 마음을 그들의 아버지(아브)에게로 돌이키게 하리라 돌이키지 아니하면 두렵건대 내가 와서 저주로 그 땅을 칠까 하노라 하시니라'(말 4:6)고 하였다(출 4:22, 삼하 7:14, 시 103:13, 호 11:1).

에하흐께서 이스라엘백성에게 또는 개인에게 비유로 아버지라고 알려주셨다. ① 에하흐께서 모세와 미츠라임(애굽)의 파르오(바로)왕에게(출4:22-23), ② 나단 선지자가 에하흐의 보내심을 받고 다뷔드에게(삼하7:14), ③ 에하흐께서 호세아를 이스라엘 백성들에게 보내셔서 우상섬기는 죄에서 돌아오라고 하시며(호 11;1(9:1-11:12)), ④ 비유적인 말씀으로 에하흐의 사랑을 나타내시며(시103:13), ⑤ 마레아키이 선지자(말 4:6)와 여러 선지자들에게(시 68:5 시 89:26, 사 9:6, 사 22:23, 사 63:16, 사 64:8, 렘 3:419 등등). 예슈아께서 영이신 하나님(하기오스 프뉴마, 루바흐 엘로힘)을 향하여 아버지라고 부르셨고 제자들에게 가르쳐 주셨고 제자들이 증언하였다(마 5:16, 마 6:8,9, 마 11:27, 눅 10:22, 요 1:14,18, 요 3:35, 요 5:19-23, 요 6:37,57, 요 8:19, 요 10:15,29,30,36,38, 요 12:26, 요 14:2, 6,8,9-13,16,20,21,23,24,26,28,31, 요 15:9,15,26, 요 16:3,27, 요 17:1-14,17-18, 21,23-26, 엡 4:6, 살후

2:16, 요일 1:2, 요일 2:1, 요일 4:14, 계 3:21).

'이같이 너희 빛이 사람 앞에 비치게 하여 그들로 너희 착한 행실을 보고 하늘에 계신 너희 아버지께 영광을 돌리게 하라'(마 5:16)고 하였다.

성경에서 알려주신 아버지는 '영이신 하나님'이시다(요 4:24). 더 명백하게 이브리어에서는 루바흐 엘로힘이시다(창 1:2). 헬라어에서는 하기오스 프뉴마(거룩한 영)이시다(마 1:18,20, 마 3:11) 마리아가 하기오스 프뉴마께서 임하심으로 예슈아를 잉태하였다(마 1:18,20, 눅 1:34-38,39-45). 그러므로 하기오스 프뉴마(루바흐 엘로힘)께서 예슈아의 아버지이시다.

영이신 루바흐 엘로힘을 아버지라고 가르쳐 주심은 생명을 주신 분이라는 것을 알려주신 것이다. 그 생명은 루바흐 엘로힘의 숨(영)이다(창 2:7). 사람들이 아버지의 성이 '김'이면 그 성을 따라서 김ㅇㅇ이라고 한다. 아버지의 생명을 받았다는 증거이다. 예슈아께서도 루바흐 엘로힘의 생명을 받아 성탄 하셨기 때문에 예슈아의 아버지는 루바흐 엘로힘이시다. 거듭난 자들도 아버지라고 부른다(롬 8:15-17, 갈 4:6). 성도의 거듭남은 거룩한 영과 말씀이다(눅 8:11, 요 3:5-5, 약 1:18, 벧전 1:23). 그러므로 루바흐 엘로힘께서 그의 선지자들은 끊임없이 세계만국에 보내신다(대하 36:15-16, 렘 7:24-26, 렘 11:7-10, 렘 13:10-11, 렘 17:23, 렘25:3-4, 렘 26:5, 렘 29:19, 렘 35:14-15, 렘 44:4-5, 슥 7:11-12, 행 7:51-52, 히 12:25).

복음 전도자들의 말씀을 듣고 예슈아 크리스토스를 믿지 아니하는 자는 죽은 자가 살아나서 하나님의 왕국과 영멸지옥이 있다하여도 믿지 않는다

(눅 16:29-31, 고전 1:21).

사람이 영이신 루바흐 엘로힘을 아버지라고 부르고 있다면(창 1:2, 요 4:24, 롬 8:15-17, 갈 4:6, 요 14:16, 요 15:26, 마 6:6, 렘 4:3,19). 그 사람은 영이신 하나님의 아들과 딸이다(요 1:12, 롬 8:14, 고후 6:17-18, 갈 3:26, 갈 4:4-7, 요일 3:1, 호 1:10).

영이신 하나님의 아들과 딸이라면 이제부터는 걱정하지 않아도 된다.

영이신 루바흐 엘로힘 하나님 아버지께서 아들과 딸들에게 필요한 모든 것을 다 알고 계신다(마 6:8,32).

토 카타 마타이온 유앙겔리온 Τὸ κατὰ Ματθαῖον Εὐαγγέλιον (마) 6:8절 직역문장정리 '그 아버지, 그는 너희가 구하기 전에 너희가 가져야 할 그 필요성을 참으로 그는 그것을 알고 있다'고 하셨다.

아버지께서 아들과 딸이 무엇을 구하기 전에 다 알고 계신다는 것은 필요에 따라서 다 채워주신다는 약속이 담겨있는 말씀이다.

그러나 기도하여 구하지 말라는 말씀이 아니다. 사람은 만능의 엘로힘 예하흐의 도움 없이 살아갈 수가 없다. 그러므로 구하고 찾고 문을 두드리는 기도를 쉬지 말고 해야 한다(마 6:9-13, 마 7:7-9, 마 21:22, 막 11:24, 눅 11:5-9,13, 눅 18:1-8, 눅 21:36, 요 4:10, 요 5:7, 요 14:13-14, 요 15:16, 요 16:23-24, 롬 2:7, 롬 12:12, 엡 6:18, 빌 4:6, 골 4:2,12, 살전 5:17, 히 11:6, 약 1:5, 약 5:15, 요일 3:22, 요일 5:14-15, 삼상 12:23, 왕상 3:5, 시 10:17, 시 27:8, 시 50:15, 시 55:16-17, 시 65:2, 시 69:32, 시 70:4, 시 86:3-5, 시 102:17, 시 105:3, 시 142:5-7, 시 145:18-19, 잠 8:17, 사 55:6, 렘 29:12-13, 렘 33:3, 겔 36:36-37, 암 5:4, 욘 2:7 등).

성도들이 구할 것은 정하여져있다. '하나님 왕국'과 '하나님이 완성하신 의로움'과 예슈아께서 가르쳐주신 기도로 구하라고 정하여 놓으셨다(마 6:9-13,33). 이것을 구하면 그 구하는 사람에게 모든 것의 이것저것을 더하여 주신다고 하셨다. 이 약속의 말씀은 하늘과 땅이 없어지기 전까지 계속 이루어진다. 그의 나라는 데오스 바실레이아(하나님의 왕국)이다. 그의(데오스-하나님) 나라(바실레이아-왕국)는 하나님의 왕국이다. 그의 의는 아우토스 디카이오쉬네(그 자신의 의로움)이다. 그 자신의 의로움은 오직 하나님께만 있다. 그(하나님)의 의로움은 예슈아 십자가로 이루어 놓으셨다.

이것이 믿어지는 자는 가장 먼저 ① 만능의 '데오스 하나님' '바실레이아 왕국'과 ② '디카이오쉬네'(의의 말씀, 의로움)의 그 분, 즉 말씀이신 하나님의 본질과 실체가(요1:1). 자기에게 임하기를 ③ '제테오'(찾고, 구하라)하라고 하셨다(마 6:33). 이런 사람에게 ④ '파스'(온갖, 모든)을 '프로스티데미'(더하다, 추가하다, 소유하고 있는 것들에 더하여)하여준다고 하셨다. '제테오'가 찾고 구하는 기도이다.

■ 이브리어 '구하라' 다라소 사전적 의미

דָּרַשׁ (1875, 다라소-자주 가다(드나들다), 찾다, 탐구하다, 탐사(조사)하다, 구하다, 요구하다, 문의하다, (~하려고)노력하다, 시도하다, 조심하여 구하다)이다.

다라소 간략해설

열면 닫을 사람이 없고 닫으면 열 사람이 없게 하시는 만왕의 왕이신 예슈아(**예하흐 엘로힘**)께서 원하시는 열매를 맺히기 위해 영이신 루바흐 엘로힘의 말씀을 되새김질하며 은밀한 골방기도처를 자주가고 드나들어야한다. 산기도 특별기도에 힘써야 한다. 기도에 핵심은 항상 말씀을 되새김질을 하면서 영이신 하나님 아버지의 뜻을 구하고 문의하며 그의 뜻을 이루려고 노력해야한다. 기도는 조심하여 구하고 찾는다. 기도는 응답받을 때까지 해야한다(렘 29:7, 딤전 2:1-2).

'알고 계신다'(마6:32)

아버지하나님께서 '보고 알고 계신다' εἴδω(1492, 에이도-보다, 알다, 경험하다, 이해하다, 체험하다, 본다, 지각한다, 느끼다, 감지하다, 인지하다)이다.

'확실하게'(마6:32) γάρ(1063, 가르-참으로, 확실히, 진실로, 사실은, 왜냐하면, 그러면)이다.

헬라어 단어 '에이도 가르'는 영이신 하나님 아버지께서 '확실하게 보고 알고 있다.'는 것이다. 보고 알고 계신다는 것은 그 필요를 채워주신다는 말씀이다. 사람은 불가능하지만 하나님께서 되게 하시면 다 이루어진다. 그러므로 하나님께서 주신말씀을 순종하면서 믿음으로 구해야한다.

헬라어 에이도(동사) 이브리어 역어가 없어서 몇 개의 이브리어 중에 '라아'가 가장 적절하여 채택하였다.

■ **라아 사전적 의미**

רָאָה (7200, 라아-보다, 바라보다, 조사하다, 주목하다, 지각하다, 느끼다, 이해하다, ~에 관심을 가지다, 맹금, 매, 보는, 바라보는, 선지자의 이상, 선견자)이다(창 7:1, 출 2:25, 출 3:7-10, 민 23:21, 시 138:6, 잠 3:9-10, 잠 10:22, 사 38:5).

엑클레시아(경건의 모임으로 불러낸 자들의 회중, 성도, 집회, 교회, 고전3:16-17, 고전6:19-20)의 머리와 만왕의 왕이시고 통치자이신 예슈아께서는 당신의 양들의 형편들을 다 알고 계신다. 꼴이 필요한지, 물이 필요한지, 건강이 필요한지, 직장, 사업, 당신의 자녀문제를 조사할 것도 없이 더 잘 알고 있다는 의미이다.

알고만 계시는 것이 아니라 만능의 하나님께서 당신 아들들과 딸들의 온갖, 모든 필요를 다 채워주시는 아버지이시다(창 24:1, 창 26:12-14, 왕상 3:5-14, 대상 29:11,12,28, 시 84:11-12, 말 3:10-12, 롬 8:32, 엡 3:20-21, 빌 4:19). 부족함이 없도록 그들에게 복을 주신다(마 6:33(25-34), 시 23:1, 시 34:9-10, 시 84:11).

그리고 당신의 아들들과 딸들의 생명을 보호하시고 지켜주시며 그들의 실존을 책임지시는 아버지이시다(창 12:2-3, 레 25:20-21, 신 28:1-14, 왕상 3:13, 시 1:3, 시 34:9-10, 시 37:18,19,25, 시 84:11-12, 잠 3:9-10, 렘 29:11, 학 2:18-19, 벧후 1:11, 요삼 1:2).

영이신 하나님의 아들들과 딸들의 마음의 집안에 아버지 하나님께서 생명의 영으로 거주 하신다(창 2:7, 고전 3:1-17, 고전 6:19-20, 골 1:27, 고후 13:5, 요 14:17).

그리고 복음을 듣고 마음에 받아들인 자들을(고전 1:21, 눅 16:29,31, 막 15:16, 마 28:19-20, 막 1:15, 요 3:12-13,15-19,36, 요 5:24-25, 요 6:40, 요 1:12-13, 요 20:31, 행 2:38, 행 10:43, 롬 10:9-14, 요일 5:10-11)말씀으로 낳았다. 물과 성령으로 낳았다는 말

씀은 영이신 하나님으로부터 다시 태어났다. 하나님의 자녀가 되었다는 것이다. 말씀이 예슈아이시고 영이신 하나님이시고 성령님이 곧 거룩한 영이신 하나님이시다(약 1:18, 벧전 1:23, 요 1:13, 고전 4:15, 요일 3:9, 요 1:1,14, 계 19:13, 창 1:3, 요 4:24, 창 1:2).

참고로 한글 '라아'의 단어가 또 있다. 스트롱코드(7489)가 있다. 스트롱코드(7489) 라아는 악과 나쁜 것의 대표적인 단어이다. 라아 רָעַע (7489, 라아-악하다, 나쁘다, 박살내다, 산산이 부수다, 파괴하다, 깨뜨리다) 라아(동사)어근은 라 רַע (7451, 라-나쁜, 악한, 악, 악한 것, 외침, 부르짖음, 친구, 동료, 타인, 의사, 목적, 생각, 나쁨, 악, 불행)이다. 라아와 라는 자기인생과 친구와 가족까지 파괴하고 산산이 박살내는 교만한 죄이다(에 3:5, 에 6:6, 에 7:10, 잠 11:2, 잠 16:18, 잠 18:12, 잠 29:23, 사 2:11-12, 단 4:30-37, 단 5:18-30, 마 26:33, 롬 11:20, 딤전 3:6 등).

헬라어 '가르'의 이브리어 역어가 없어서 몇 개의 이브리어 중에 '우드남'이 가장 적절하여 채택하였다.

■ **우드남 사전적 의미**

우드남 אָמְנָם **(552, 우므남-참으로, 진실로, 확실히) 우므남(부사)어근은 아만 אָמַן 539 (아만-신실(성), 성실(성), 충실함, 확고함, 확실함, 진리, 진실)**이다.

우드남 간략해설

만능이신 하나님만 참이시고 진실이시다. 필수적인 생명진리의 말씀만이 확실한 진리이다. 영이신 루바흐 엘로힘께서 정하여 놓으신 생명의 경계선이 진실한 진리의 선이다. 확실한 참과 진실은 영이신 루바흐 엘로힘께 속한 것들이다. 그러므로 성도들의 아버지 하나님과의 관계 유지는 자녀들에게 달려있다(마 6:33-34).

그 관계유지는 예슈아께서 가르쳐주신 기도를 하면서 이 기도처럼 사역하며 살아가라는 것이다. 예슈아께서 가르쳐주신 기도를 주문을 외우듯 하고 그쳐서는 안된다. 되새김질하면서 실제로 살아져야 한다.

예슈아께서 가르쳐 주신 기도 직역문장정리

그러므로 너희는 이런 일정한 형식으로 기도하라.

너희는 하늘들 그 위에 우리 아버지,

당신의 그 이름처럼, 당신으로 거룩하게 하시고,

당신의 그 왕국과 그 뜻대로 그가 오셨고,

그리고 당신의 하늘 위에서와 같이 땅 위에서 그것을 행하시고,

오늘 우리에게 그 매일의 그 양식을 우리에게 당신은 주시고,

그리고 우리가 우리끼리 저들의 빚들을 우리가 용서한 것과 같이

당신은 우리와 저들의 빚진 자들을 용서하여 주시고,

그리고 당신은 우리 속 안으로 시험의 유혹을 데리고 들어가지 않도록

당신은 그 사악함에서 또한 당신은 우리를 구하여 내실 자는 당신입니다.

그들 안에 이 왕국과 이 능력과 이 영광이 영원하다들 아멘(마 6: 9~13).

아브 אָב 간략해설

영이신 루바흐 엘로힘 아버지는 만능들의 힘이시다.

아브 상세해설

(1) 알레프 א는 '바브'와 '요드' 두 개의 합성어이다.

숫자 값은 1이다. 최고의 1이다. 알레프를 분해하면(바브 ו 요드 י 요드 י)이다. 숫자 값은 바브6+요드10+요드10=26이다. 예하흐 יְהוָה의 숫자도 26이다. 요드10+헤이5+바브6+헤이5=26이다. 유대인들에게 26의 숫자는 하나님을 가리키는 숫자이다. 알레프 안에는 십자가의 복음이 들어있다.

'바브' ו는 기독교로 개종한 유대랍비들은 '바브'를 연결하는 사람 예슈아라고 일컫는다. 영이신 하나님 아버지께로 가는 유일한 길이요 진리요 생명이신 예슈아이시다(요 14:6).

'요드' י는 예슈아를 붙잡고 계시는 예하흐의 능력의 두 손이다. 동시에 십자가에 못 박히신 두 손이다. 그리고 하늘의 하나님 아버지와 땅의 사람을 연결하는 손이다(요 10:28-29).

그래서 숫자 1은 죄사함을 받는 길도 예슈아이시다. 영생구원을 받아 아버지 하나님께로 가는 길도 예슈아이시다. 하나님의 자녀가 되는 것도 유일하게 '하기오스 프뉴마'(거룩한 영)로 태어난 단 하나의 아들 예슈아를 믿는 자에게 주어진다(마 1:21, 마 28:19-20, 막 16:15-16, 요 1:12, 요 3:36, 행 4:12, 행 10:43, 행

16:31, 딤전 2:5-6, 요일 5:11-12, 계 7:9-10).

아버지가 만능들이시므로 그 아들 예슈아께서도 만능들이시다. 사복음서에 잘 나타나있다.

(2) 베이트 ב는 '바브' ו 세 개의 합성어이다.

숫자 값은 2이다. 베이트를 분해하면 18이다. 바브6+바브6+바브6=18이다. 유대인들은 18의 숫자를 생명으로 여긴다. 기독교로 개종한 유대 랍비들은 '바브'를 연결하는 사람 예슈아를 상징한다고 가르친다. 이런 의미에서 '베이트'는 내면의 집, 속사람을 비유하는 집이다. 예슈아께서 십자가와 부활로 하기오스 프뉴마(거룩한 영)께서 거주하시는 성전으로 만드신 생명의 집이다(요 14:17, 롬 8:11, 고전 3:16-17, 고전 6:19-20, 엡 2:22, 딤후 1:14, 겔 36:27). 예슈아 안에 영이신 루바흐 엘로힘께서 생명으로 거하신다. 이런 의미에서 예슈아를 하나님의 아들이라고 하는 것이다.

'아브'의 숫자는 1이다. 그러니까 '아브'는 강력한 힘과 생명의 아버지라는 뜻이다. 그리고 아버지는 강력한 만능들의 능력으로 생명을 아들 집에 넣어주시므로 아들이 태어난다. 강의는 좀 더 쉬운데 글로 표현하기에는 한계가 있다.

이브리어의 첫 단어가 '아브'이다. '아브'는 아버지이다. 이스라엘 사람(유대인)은 세계 약 2%정도이지만 세계 메이저를 지배하고 있는 이유가 여기에서 시작한다고 여겨진다. 만능들이신 하나님 아버지를 가장 먼저 배우기 때문이다. 이브리어 알파벳 첫 자는 '알레프'이다. '알레프' 한 자 속에는 만능들이신 하나님의 희생과 예슈아 십자가 복음이 담겨있다.

유대인들은 알파벳 글을 배우기 시작하면서부터 만능들의 힘이신 하나님께서 자기들의 아버지라는 것과 친히 예슈아로 오셔서 저주의 십자가에서 대리적 희생물이 되신다는 복음을 만난다. 그리고 단어를 배우면서는 강력한 힘들과 만능들이신 아버지 하나님(루바흐 엘로힘)을 만난다.

대한민국에서는 자음 ㄱ과 모음 ㅏ를 배운다. 첫 단어는 '가'이다. 이스라엘 민족은 '알레프'를 통해 실존하시는 영이신 루바흐 엘로힘, 즉 모든 힘들과 만능들과 모든 권세들의 주권자가 자기들의 아버지라는 것을 배운다. 그러나 한국 사람은 글을 읽기 위한 '가 나 다 라'를 배우는 것과는 차원이 다르다. 대한민국의 경제가 세계 7-10위의 성장배후에는 기독교의 영향력이라는 것을 부인하지 못한다. 1천만이 넘는 사람들이 만능들이신 하나님을 아버지라고 부르고 믿고 섬기며 성경말씀을 지키는 그 영향력이라는 것을 북한과 비교할 때 더 분명해진다. 대한민국보다 북한이 더 잘 살았다. 지금은 경제차이가 대한민국이 북한보다 58배를 앞서고 있다. 북한은 기독교인을 사형시킨다. 김일성, 김정일, 김정은이 하나님(교주)들로 군림하고 있다.

'아브라함'과 '이츠하크(이삭)'와 '이스라엘(야아코프, 야곱)'의 신앙 계대를 이어받아 루바흐 엘로힘, 에하흐 엘로힘의 말씀을 따라 살려는 사람들이며 이스라엘 나라와 국민을 사랑하는 마음들을 가지고 살아간다.

예슈아를 믿는 사람들은 모두가 다 아브라함의 믿음의 자손들이다(갈 3:6-

9,13). 아버지 하나님은 세상(세계)을 질서 있는 나라들로 세우시려고 예슈아를 보내주셨다(요 3:16).

세상κόσμος(2889, 코스모스- 질서 order, 꾸밈, 장식 adornment, 세계(세상) world, 건설이나 설립, 확립) 코스모스는 도시 국가의 시민 사회의 삶의 규정, 제도라는 보통 정치적 용어이다.

아버지 하나님(루바흐 엘로힘)께서 예슈아를 세상에 보내신 것도 죄악으로 무질서한 나라들과 국가들을 질서 있게 장식하며 꾸미기 위함이다. 각 나라와 세계 속에 살아가는 사람들 마음에 하나님의 왕국이 확장되어지므로 죄악이 물러간다. 불의가 사라진다. 그리고 믿음으로 말씀을 순종하므로 솨탄 마귀의 시험과 유혹의 사악함을 이기게 된다(마 7:13-14, 엡 6:13, 계 7:10, 계 12:11, 계 15-1-4, 계 20:4, 시 1:2,1,3,6, 시 112:1, 시 119:1-2).

대한민국의 경우를 보라. 미개한 나라, 초 빈국의 나라가 세계경제 7-10위권에 올라가게 된 것은 선교사들이 미개한 나라 조선 땅에 예슈아 십자가의 복음을 들고 들어와 순교의 피가 뿌려지고 선교사들로 인해 미국의 옥수수가루, 밀가루, 구제품들의 원조를 받았다. 그 선교사들이 선교비를 지원받아 병원과 학교와 교회가 세워지면서 양반 상놈이 사라지고 법치국가가 세워졌다. 자유민주주의와 자유시장경제와 한미동맹으로 오늘에 부강한 나라를 이루게 되었다.

21세기 대한민국의 교회는 서구의 좌익화 된 자유주의 신학자, 민중 신학자에게 교육을 받은 자들이 교회강단에 서면서부터 죄와 회개의 복음이 사라졌다. 사회가 혼란해지는 원인이 되었다. 교회강단에서 하나님의 말씀을 올바르게 전하며 순종할 때 그 영광을 유지보존된다.

아래성경을 보라.

'이것이 민간에 더 퍼지지 못하게 그들을 위협하여 이 후에는 이 이름으로 아무에게도 말하지 말게 하자 하고 18 그들을 불러 경고하여 도무지 예수의 이름으로 말하지도 말고 가르치지도 말라 하니 19 베드로와 요한이 대답하여 이르되 하나님 앞에서 너희의 말을 듣는 것이 하나님의 말씀을 듣는 것보다 옳은가 판단하라'(행전 4:17-19)고 하였다(행 5:26-31, 고전 1:18-31, 고후 10:4-6, 고후11:2-3, 갈 6:12-14, 살전 1:5, 딤후 4:5-8).

'그리스도의 은혜로 너희를 부르신 이를 이같이 속히 떠나 다른 복음을 따르는 것을 내가 이상하게 여기노라 7 다른 복음은 없나니 다만 어떤 사람들이 너희를 교란하여 그리스도의 복음을 변하게 하려 함이라 8 그러나 우리나 혹은 하늘로부터 온 천사라도 우리가 너희에게 전한 복음 외에 다른 복음을 전하면 저주를 받을지어다 9 우리가 전에 말하였거니와 내가 지금 다시 말하노니 만일 누구든지 너희가 받은 것 외에 다른 복음을 전하면 저주를 받을지어다 10 이제 내가 사람들에게 좋게 하랴 하나님께 좋게 하랴 사람들에게 기쁨을 구하랴 내가 지금까지 사람들의 기쁨을 구하였다면 그리스도의 종이 아니니라'(갈 1:6-10)고 하였다.

오늘날 이런 심정으로 생명 내놓고 강단에서 복음의 본질을 전하는 목회자들이 절실하다. 이브리어원어성경의 본질로 돌아가는 개혁운동이 불같이 일어나야한다. 본서의 출간 목적도 여기에 있다. 한국교회와 세계교회에 개혁의 불씨가 되기를 간절히 바라는 마음이다.

인간의 아버지는 자식들을 양육하고 돌보고 지키는 것도 한계가 있다. 유명한 명의사라고 자기의 병과 자식들과 부모의 모든 병을 고쳐줄 수가 없다. 대통령이라고 자식들의 인생의 문제를 다 해결해 줄 수가 없다. 인간의 아버지는 하지 못하는 일들이 너무 많다.

그리고 자식들에게 죄 사함의 은총을 베풀 수가 없고 영생구원을 줄 수도 없다. 자기의 죄의 문제를 해결해야 할 죄인이기 때문이다. 자기도 영생구원을 받아야한다. 이런 면으로 보면 육체의 아버지는 전적으로 무능하다.

그러나 영이신 하나님 아버지는 영존하신다. 영원한 만능이시다. 당신의 아들들과 딸들을 책임지고 보호하신다. 그리고 아들들과 딸들의 필요를 다 알고 계시므로 아버지의 왕국 임하기를 사모하며, 아버지의 의를 추구하여(마6:33) '미츠바'명령의 계명을 지키는 자(잠7:1-3)를 책임져주신다.

09. 성경에 기록된 하나님의 복합 칭호들

(1) 라아 엘

사람의 형편과 처지를 바라보시는 엘(남성단수, 힘, 능력, 강함, 바라보시는 하나님)이시다.

베레쉬트 בראשית 세페르סֵפֶר(창) 16:13 하갈이 자기에게 이르신 여호와(에하흐)의 이름을 나를 살피시는 하나님(엘)이라 하였으니 이는 내가 어떻게 여기서 나를 살피시는 하나님(엘)을 뵈었는고 함이라고 하였다.

베레쉬트 בראשית 세페르סֵפֶר(창) 16:13절 직역문장정리 : 그녀를 불러 말씀하신 그 에하흐 이름을 당신은 보시는 그 엘(하나님)이시라 여기서 나를 확실히 보셨다. 후에도 다시 나를 보신다고 그녀가 말하였다.

나를 보시는 하나님(라아 엘)

■ 라아 엘 사전적 의미

라아 רָאָה (7200 라아-보다, 바라보다, 조사하다, 맹금, 매, 보는, 바라보는, 주목하다, 지각하다, 느끼다, 이해하다, 1.300여회)이다.

엘 אֵל (410 엘(남성단수)-힘과 능력과 강함이신 하나님)이다.

힘과 능력과 모든 왕, 모든 머리이신 예슈아 하나님께서 항상 실존하신다는 의미이다. '라아 엘'(바라보시는 하나님)께서 사람에게 자기를 나타내시며 사람을 바라보고 있는 만능이신 하나님이라는 것을 가르쳐주시고 그 사람이 행할 길을 말씀하여주시고 장래의 일을 알려주신다(창 16:1-13). 미츠라임(이집트)여자 하가르(하갈)는 자기를 바라보고 계시다는 것을 깨달고 '라아 엘'이라고 하였다. '라아'는 창세기 1:4절에 처음 나온다. 맹금류가 하늘을 날면서 먹을 놓치지 아니한다. 혹 맹금류는 먹이를 놓친다 할지라도 라아 엘 하나님께서는 그 무엇도 놓치지 아니하시고 다 살펴보고 계시면서 어떤 사람에게는 도움과 피할 길과 복을 주신다(출 3:7,9,16, 고전 10:13, 창 12:1-3). 어떤 사람에게는 유기하시고 또한 심판도 하신다(욥 26:6, 욥 34:22, 시 11:4, 시 44:21, 시 94:1-11, 시 139:1-12, 렘 23:23, 단 2:22).

'내가 혹시 말하기를 흑암(호셰크)이 반드시 나를 덮고 나를 두른 빛은 밤(라일)이 되리라 할지라도 12 주에게서는 흑암(하셰크)이 숨기지 못하며 밤(라일)이 낮(오르)과 같이 비추이나니 주에게는 흑암(하셰카)과 빛(오르)이 같음이니이다'(시 139:11-12)라고 하셨다.
그렇다. 에하흐 엘로힘께서는 흑암의 영향을 받지 아니하시고 밤과 낮이 관계없이 시공간을 초월하여 살펴보신다는 것은 영이신 하나님이시기 때문이다(시 11:4-5, 시 33:13, 시 139:7-12, 잠 15:3, 렘 17:10, 암 9:2-4).

하가르(하갈)가 아브라함으로부터 임신하여 여주인 솨라이(사래)를 멸시하여 하찮은 여자, 보잘 것 없는 여자로 여기며 여주인행세를 하려다가 솨라이가 학대하자 솨라이를 피해 광야로 도망갔다가 슈르(술, 팔레스틴 남부의 광야, 애굽과 가나안의 경계 지역) 길옆 샘물 곁에서 에하흐 마레아크(사자)가 하라르를 만나 ① 네 여주인에게 돌아가 그 수하에 복종하라. ② 네 씨를 크게 번성하게 해주겠다. ③ 임신한 아들의 이름을 이스마엘이라고 하라. ④ 에하흐께서 네 고통을 들으셨다. ⑤ 이스마엘 그가 모든 형제와 대항해서 살리라는 에하흐 마레아크의 말씀을 듣고 에하흐의 이름을 '라아 엘'이라고 칭(稱)하였다(창 16:1-13).

하가르(하갈)는 자기의 신분을 망각하였다. 자기의 생명의 여주인으로 섬기던 솨라이(사라, 왕비, 여지배자)에게 '바에카르 게비레타흐'하였다. '바에카르 게비레타흐'는 하가르(하갈)가 자신이 임신한 것을 깨달고 여주인 솨라이(사라, 왕비, 여지배자)가 아이를 낳지 못하는 하찮은 여자, 보잘 것 없는 여자로 보여 가볍게 여겼다는 의미이다.

그 결과 솨라이(사라)에게 압박의 괴롭힘을 당해도 아브라함이 도와주지 않으니까 견디지 못하고 도망하였다. 오고 갈데없는 하가르(하갈)가 광야 쉬르 길 옆 샘물 곁에 있을 때 에하흐 마레아크(사자)가 찾아와 여주인 솨라이(사라, 왕비, 여지배자)에게 돌아가 그 손아래 종사하라고 지시하였다(창 16:7-9).

'라아 엘'(하나님)은 '하가르'(하갈)뿐만 아니라 모든 사람들을 힘과 능력이신 하나님께서 바라보시고 그들이 당면한 문제들을 해결책을 지시해주신다. 오늘날의 에하흐 마레아크(사자)는 목자들과 전도인과 보혜사 거룩한 영 하나님(파라 클레토스 하기오스 프뉴마 데오스)의 감동하심이다(눅 16:29,31, 요 14:26, 요 16:7-12). 따르는 자에게는 복이 임하고 거절하는 자에게는 어려움을 당하게 된다.

테힐림 תהלים 미즈모르(시) 139:1-5 여호와여 주께서 나를 살펴보셨으므로 나를 아시나이다. 2 주께서 내가 앉고 일어섬을 아시고 멀리서도 나의 생각을 밝히 아시 오며 3 나의 모든 길과 내가 눕는 것을 살펴보셨으므로 나의 모든 행위를 익히 아시오니. 4 여호와여 내 혀의 말을 알지 못하시는 것이 하나도 없으시니이다. 5 주께서 나의 앞뒤를 둘러싸시고 내게 안수하셨나이다라고 하였다(왕상 8:39, 대상 28:9, 시 11:4, 렘 17:10, 히 4:13, 계 2:23).

같은 '라아'의 단어이지만 본문의 말씀에 따라서 해설이 달라진다.

◆ **테힐림 תהלים 미즈모르(시) 50:23절을 중심으로**

본문 : **감사로 제사를 드리는 자가 나를 영화롭게 하나니 그의 행위를 옳게 하는 자에게 내가 하나님의 구원을 보이리라고 하였다.**

직역 : **희생물로 도살된 자 감사 그것이 나를 영화롭게 하여 그 정하였다. 길 나의 그가 바라보시며 구원을 엘로힘**

문장정리 : **감사의 희생물로 도살된 자가 그 길을 정하였다. 그것이 나를 영화롭게 하므로, 나의 엘로힘 그가 구원을 보이시며**

רָאָה (7200 라아-보다, 바라보다, 조사하다) אַרְאֶנּוּ **히필 미완 1인 공성 단수-3인 남성 단수,**

라아 간략해설

엘(남성복수, 만능이신 하나님)께서 '감사의 희생물로 도살된 자가 그 길을 정하여' 나가는 자를 바라보고 계시다가 그 사람이 어려움을 당할 때 '예솨'(구원)하시기 위해서이다. 모든 권세와 왕들의 머리이신 예슈아는 만왕의 왕이시다. 만주의 주이시다. 힘이신 하나님께서 호흡하는 연약한 인간들을 영 육간에 '예솨(구원)'하시려고 바라보고 계신다(욥 5:19, 시 34:22, 시 41:2, 시 91:9-10, 시 97:10, 시 121:1-8, 시 124:1-8, 시 127:1, 시 139:1-5(1-24), 시 145:20, 잠 12:21, 마 6:13, 롬 8:28,35-39, 딤후 4:18).

(2) 엘 솨다이 : 전능이신 엘(남성단수, 힘, 강함, 전능하신 하나님)이시다.

베레쇠트 בְּרֵאשִׁית 세페르סֵפֶר(창) 17:1 아브람이 구십구 세 때에 여호와께서 아브람에게 나타나서 그에게 이르시되 나는 전능한 하나님이라 너는 내 앞에서 행하여 완전하라.

■ 엘 솨다이 사전적 의미

אֵל (410 엘(남성단수)-힘이신 하나님) אֵל 명사 남성 단수

שַׁדַּי (7706 솨다이-전능자) שַׁדַּי 고유명사

엘 솨다이 간략해설

솨다이(명남)는 하나님의 칭호이며, '전능자'를 의미한다.

아브라함의 아내 솨라이(솨라, 사라)가 이츠하크(이삭)를 낳기 1년 전에 아브라함에게 찾아오신 루바흐(영) 엘로힘(남성복수, 모든 만능들이신 하나님)께서 찾

아오셔서 당신이 '솨다이'라고 알려주신 것이다. 아브라함에게 이츠하크를 낳게 된다는 것을 믿으라는 것이다.

엘(남성단수, 하나님)을 전능자라고 하는 것은 능치 못할 일이 없다는 것을 말한다. 90세 솨라이(솨라)의 생리가 끝났다. 생리가 끝났다는 것은 아이를 가질 수 없는 여자가 되었다는 증거이다(창 17:15-22, 창 18:1-15). 그럼에도 솨라이(솨라)는 이츠하크(이삭)을 낳았다.

■ 솨라이, 솨라 사전적 의미

솨라이 שָׂרָי (8297, 솨라이(사라Sarah(인))–왕비, 여지배자, 창 21:2)이다.

솨라 שָׂרָה (8283, 사라(인명)–다투다, 싸우다, 노력하다, 힘을 가지다, 능력을 가지다, 왕비, 왕후, 귀부인, 풀어주다, 해방시키다, 벽, 담, 팔찌, 창 21:3)이다.

솨라이, 솨라 합성어와 간략해설

솨라이는 쉰+레쉬+요드이다. 솨라는 쉰+레쉬+헤이이다. 이브리어의 통일성이 없는 것이 아니다. 바벨론 포로 이후 이방 여인과 이혼한 바니 자손의 한 사람이 '솨라이' שָׁרָי (8298, 솨라이, 사래 Shara(인), 스 10:40)이다. 두 단어 모두 한글번역을 '사라'로 오역하였다. '사라이(사래)'는 '솨라이'로, '사라'는 '솨라'로 번역하는 것이 올바른 번역이다. 솨라이, 솨라 사전적 의미를 다시 보라.

아브라함과 솨라이의 노력으로 아이를 가지지 못하였으나 이제 엘로힘(남성복수, 모든 만능들이신 하나님) 에하흐의 생명과 능력이 임하여 이츠하크(이삭)

를 낳게 해주시겠다고 하셨다. 아브라함도 웃었고 쏴라이(사래)도 웃었지만 솨다이 '여호와께 능하지 못한 일이 있겠느냐 기한이 이를 때에 내가 네게로 돌아오리니 사라에게 아들이 있으리라'(창 18:14)고 하신 말씀을 아브라함과 쏴라이(사라)에게 이행하셨다(창 21:1-7).

전능하신 능력은 예하흐의 손에서 나온다. 솨다이 엘(남성단수, 하나님)께 종속된 자에게 솨다이의 전능하심이 나타난다(창 17:1, 창 28:3, 창 35:11, 창 43:14, 창 48:3, 창 49:2,5, 출 6:3, 겔 10:5).

(3) 엘욘 엘 : 지극히 높으신 엘(남성단수, 힘, 능력, 강함, 지극히 높으신 하나님)이시다.

베레쉬트 בראשית 세페르סֵפֶר(창) 14:18-20 살렘 왕 멜기세덱이 떡과 포도주를 가지고 나왔으니 그는 지극히 높으신 하나님의 제사장이었더라 19 그가 아브람에게 축복하여 이르되 천지의 주재이시요 지극히 높으신 하나님이여 아브람에게 복을 주옵소서 20 너희 대적을 네 손에 붙이신 지극히 높으신 하나님을 찬송할지로다 라고 하였다.

■ **엘욘 엘 사전적 의미**

אֵל (**410 엘(남성단수)-힘, 능력, 강함이신 하나님**)이다.

עֶלְיוֹן (**5945 엘욘-높은, 위쪽의, 상부의, 지극히 높은 자, 하나님의 이름**)이다.

엘욘 엘 간략해설

모든 눈들이 지극히 높으신 엘(하나님)은 능력의 손으로 예슈아께서 정하여 놓으신 일을 행하신다. 진리의 복음을 가르쳐주시는 목자와 통치자로 믿고 바라보며 섬기게 된다는 의미이다(마 28:18, 롬 14:11, 빌 2:9-11, 히 1:6, 계 5:13-14, 계 4:10).

'엘온(지극히 높으신) 엘'(남성단수, 하나님)은 모든 만물들에 속하지 아니하시고 만물들 위에 계시는 지극히 높으신(엘온) 하나님(엘)께서 아브라함에게 만능으로 함께 해주심으로 시날 왕 아므라벨과 엘라살 왕 아리옥과 엘람 왕 그돌라오멜과 고임 왕 디달에게 그의 조카가 사로잡혔음을 듣고 집에서 길리고 훈련된 자 삼백십팔 명을 거느리고 단까지 쫓아가서 그와 그의 가신들이 나뉘어 밤에 그들을 쳐부수고 다메섹 왼편 호바까지 쫓아가 모든 빼앗겼던 재물과 자기의 조카 롯과 그의 재물과 또 부녀와 친척을 다 찾아왔다고 하였다. 이것은 아브라함의 힘과 능력으로 연합군들을 무찌르고 승리한 것이 아니라 만물을 통치하시는 엘온 엘로 말미암은 것이다(창 14:1-16, 출 6:6, 신 7:8, 신 15:15, 시 8:6, 시 78:35, 사 44:6, 고전 15:27, 엡 1:22, 골 2:10, 히 2:8).

아래성경을 보라.

'주의 손으로 만드신 것을 다스리게 하시고 만물을 그의 발 아래 두셨으니'(시편 8:6)라고 하셨다(창 1:1,26-28, 시 18:42, 마 28:18. 히 2:8, 벧전 3:22, 계 17:14).

승리하고 돌아오는 아브람(아브라함)을 맞이하려고 '살렘 왕 멜기세덱'이 빵과 포도즙을 가지고 나가서 아브람(아브라함)을 축복하였다(창 14:17-18). '살렘 왕 멜기세덱'은 지극히 높으신 엘(하나님)의 제사장이라고 하였다. '살렘 왕 멜기세덱'은 예슈아(예수) 마쉬아흐(크리스토스)이시다(히 7:1-3,10-22).

그러므로 언제나 성도들을 이기게 하시는 분은 지극히 높으신 예슈아(예수) 크리스토스(그리스도)이시다(롬 8:37, 고전 15:57, 요일 4:4, 요일 5:4-5, 계 7:10, 계

12:11, 계 17:14, 계 21:7). 아브라함의 승리는 오직 예슈아(구원, 구출, 구조, 복리, 번영, 도움, 하나님에 의한 구원, 승리) 마쉬아흐(기름부음 받은 자)로 말미암은 것이다. 전쟁은 에하흐께 속한 것이다(삼상 17:46-47).

(4) 하이 엘 : 살아계신, 영원히 생존하시는 엘(남성단수, 힘, 능력, 강함, 살아계신 하나님)이시다.

엘(하나님)은 생명이시다(요 1:4, 요 5:26, 요 14:6,19, 요 17:2-3, 행 17:25, 고전 15:45, 골 3:4, 요일 1:1-3, 시 36:9, 시 90:2). 그에게만 죽음이 없다(하이 엘, 렘 10:10, 시 41:2, 자오데오스, 살전 1:9, 히 9:14).

테힐림 תהלים 미즈모르(시) 42:2 내 영혼이 하나님 곧 살아 계시는(하이) 하나님(엘)을 갈망하나니 내가 어느 때에 나아가서 하나님의 얼굴을 뵈올까' 라고 하였다.

■ 하이 엘 사전적 의미

חַי (2416, 하이-살아있는, 생존하여 있는, 살다, 생명을 가지다, 영원히 살다)이다.

אֵל (410, 엘-하나님 God, 신 god, 강한 자 mighty one, 힘, 능력, 강함)이다.

하이 엘 간략해설

힘과 강하신 하나님은 유월절 어린양의 생명의 피를 흘려 양 문설주와 문 인방에 바르게 하여 그 어린양의 피가 발라져 있는 집, 정하여 놓으신 장소에 있는 사람에게 에하흐 권 손의 하게하시는 능력으로 영원히 사는 생명을 주신다. 이 집은 곧 성도들이며 생명의 문이신 예슈아를 통하여 들어가는 생명의 집이다. 예슈아께서 흘리신 보혈의 피로 얻어진 의의 옷이다(히 9:14, 히 13:12, 벧전 1:18-19, 요일 1:7, 계 1:5-6, 계 7:14, 계 21:22, 출 12:13).

엘(하나님)께서 이 복음의 진리를 모세와 선지자들, 사도들, 전도자들, 교사들, 목자들을 보내어 전파하여 가르쳐 주실 때 마음에 받아들이는 자에게 주시는 생명의 회복, 거듭남이다(마 28:19-20, 막 16:15-16, 눅 13:34, 눅 16:29,31, 행 26:20-21, 고전 1:18-21, 엡 4:11, 왕하 17:13, 대하 36:15-21, 렘 7:13,25-26, 렘 17:20-23, 23년 동안 꾸준히 일렀으나 듣지 아니하는 자는 버림받는다(렘 25:3-4), 렘 26:5,13, 렘 29:19, 렘 32:33-34, 렘 35:15-17, 렘 44:4, 겔 18:30-32, 호 14:1-4, 슥 1:3-4).

그러므로 그 생명을 받은 모든 사람들이 다 영존한다. 그리고 모든 사람이 죽음과 동시에 성도는 즉시 만왕의 왕 예슈아가 계시는 하나님의 왕국으로 간다. 불신자는 즉시 솨탄마귀와 거짓선자들의 처소인 영생멸망지옥으로 간다.

토 카타 마타이온 유앙겔리온 Τὸ κατὰ Ματθαῖον Εὐαγγέλιον (마) 25장에 열 처녀 비유(지혜로운 다섯 처녀, 영의 사람, 미련한 다섯 처녀, 육신의 사람, 롬8:5-9), 달란트 비유(다섯 달란트, 두 달란트, 한 달란트), 오른편(양)과 왼편(염소)의 비유를 보라(마 7:13-14, 요 1:11-12, 요 3:15-18, 요 5:24-25, 고전 1:18-21, 행 14:22, 행 16:31, 갈 3:27, 갈 6:14, 딛 2:11-13, 계 7:9-17, 계 12:11, 마 3:8-12, 마 7:21-23, 마 13:40,42,50, 막 9:43-48, 살후 1:8-9 , 히 6:8, 요일 3:10, 계 12:7-9, 계 14:10, 계 20:10-15, 계 21:8, 계 22:15, 시 139:19, 렘 17:5).

(5) 레파 엘 : 하나님이 고치시고 치료하시는 엘(남성단수, 힘, 강함, 능력, 치료하시는 하나님)**이시다.**

디브리 하야밈 דברי הימים (대상) 26:7 '스마야의 아들들은 오드니와 르바(레파)엘과 오벳과 엘사밧(자바드)이며 엘사밧의 형제 엘리후와 스마갸는 능력이 있는 자이니' 라고 하였다.

■ **레파엘 사전적 의미**

רְפָאֵל (7501, 레파엘-르바엘 Rephael(인)-하나님이 고치셨다)이다.

레파엘 간략해설

레파엘은 고라자손이다(대상26:1).

아마도 레파엘의 부모는 레파엘이 질병으로 생사를 오가는 가운데 있었거나 어떤 질병으로 연약에 쌓여있는 아들을 보면서 지은 이름이라 생각된다. 필자도 허약해서 죽을까봐 호적에 이름을 2년 늦게 올렸다고 한다. 그래서인가 집에서 부르는 이름이 '광철'(光哲)이었다.

그렇다. 인간은 연약하다 그 연약함에서 구원하시고 치료하시는 분은 엘(하나님) 뿐이시다. 인명을 통하여 보이지 아니하시는 만능이신 엘(하나님)이 실존하신다는 것을 나타내셨다. 만왕의 왕이신 엘 하나님의 입에서 나오는 말씀 한마디 하시면 치료가 일어난다는 증거가 '레파'이다(신 8:3, 마 4:4).

אֶלְזָבָד (443, 엘자바드-엘사밧 Elzabad(인)-하나님께서 주셨다) 엘자바드(명남)는 엘

(אֵל 410, 엘(남성단수)-하나님)과 자바드(זָבַד 2064, 자바드-수여하다, 부여하다, 주다, 기증, 선물, 그가(엘) 주셨다)의 합성어이다.

엘자바드 간략해설

그렇다. 무엇이든지 만능이신 엘께서 선물로 주지 아니하시면 그 무엇을 가지거나 누리지 못한다. 자식, 건강, 복과 인간을 행복하게 하는 모든 것들, 기쁘게 하는 모든 것들, 아름답게 하는 모든 것들이 모두 엘하나님의 부여(附與-붙도록 돕고 베푸는 것)해주시는 선물이다. 이것을 알고 감사하며 살아가는 자가 성도이며 모르는 자는 어린신자이거나 불신자이다.

자바드의 영적인 뜻은 모든 사람의 마음 안에 생명의 문이신 예슈아께서 거하시며 성령의 검, 곧 하나님의 말씀이 거하는 집으로 지으셨다. 영이신 하나님께서 거하시는 집으로 지으셨다. 이 선물이 가장 큰 선물이다(엡 2:1-8). 이 선물을 받은 자는 죄에서 벗어난다. 하나님의 자녀로써 권세-엑수시아를 누리게 된다. 하나님의 왕국에 들어갈 자이다.

(6) 아솨 엘로힘 : 문명의 해택을 엘로힘(남성복수, 모든 힘들, 능력들, 강함들, 문명들을 만드신 하나님)께서 만들어 놓으셨다.

보이는 모든 세계와 보이지 아니하는 모든 세계를 만능들이신 엘로힘(하나님)께서 창조의 일하심으로 천하 만민이 누리고 있다.

예솨에야후 יְשַׁעְיָה (사) 64:4 주 외에는 자기를 앙망하는 자를 위하여 이런 일을 행한(아솨) 신(엘로힘, 남성복수)을 옛부터 들은 자도 없고 귀로 들은 자도 없고 눈으로 본 자도 없었나이다라 고 하였다.

■ 아솨 엘로힘 사전적 의미

עָשָׂה (6213, 아솨-그가 일하시므로, 그가 행하시므로, 그가 만들다, ~형성하다, 그것이 이루어지며)이다.

אֱלֹהִים (430, 엘로힘(남성복수)-모든 만능들, 모든 권능들, 모든 강함들, 모든 권세들, 모든 지혜들이신 하나님)이다.

아솨 엘로힘 간략해설

만능들이신 하나님께서 인간을 위하여 일하심은 일반은총과 특별은총이며 섬기심은 아버지 하나님의 공의와 사랑을 만족시키는 저주의 십자가에서 죽으시고 부활하셔서 승천하시고 보혜사 거룩한 영을 보내 주시는 일을 통하여 믿는 자를 구원하신다는 의미이다.

부모 없이 자녀가 탄생하지 못하는 것처럼 모든 만능들이신 엘로힘께서 일하심으로 눈에 보이는 것과 보이지 아니하는 만물이 생성(生成-정하여 진대로 이루어진다)되어지고 실존한다(창 1:7,11,12,18,25,26,31, 창 2:2,4,18, 수 24:17, 시 86:9, 시 95:5, 시 98:1, 사 25:1).

'또 무엇이 부족한 것처럼 사람의 손으로 섬김을 받으시는 것이 아니니 이는 만민에게 생명과 호흡과 만물을 친히 주시는 이심이라'(행 17:25)고 하였다

(시 50:15, 대하 16:9, 막 10:45).

'여호와께서 집을 세우지 아니하시면 세우는 자의 수고가 헛되며 여호와께서 성을 지키지 아니하시면 파수꾼의 깨어 있음이 헛되도다. 2 너희가 일찍이 일어나고 늦게 누우며 수고의 떡을 먹음이 헛되도다 그러므로 여호와께서 그의 사랑하시는 자에게는 잠을 주시는도다 3 보라 자식들은 여호와의 기업이요 태의 열매는 그의 상급이로다'(시 127:1-3)라고 하였다.

그렇다. 사람이 집을 세우는 일, 국가가 나라를 지키는 일, 돈 버는 일, 잠을 자는 것, 자식을 낳는 일들이 모두 에하흐 능력으로 되게 해주셔야 이루어지는 '아솨'들이다.

'항상 복종하여 두렵고 떨림으로 너희 구원을 이루라 너희 안에서 일하시는(헬-에네르게오, 이-아솨) 이는 하나님이시니 자기의 기쁘신 뜻을 위하여 너희에게 소원을 두고 일(헬-에네르게오, 이-아솨)하게 하시나니'(빌 2:12-13)라고 하였다.

'나는 심었고 아볼로는 물을 주었으되 오직 하나님께서 자라나게 하셨나니' (고전 3:6-7)라고 하였다(벧전 4:11, 대하 16:9, 사 43:13,19-21).

(7) 올람 엘로힘 에하흐 : 모든 만능들이신 하나님과 생명으로 영원히 실존하시는 엘로힘 에하흐이시다.

예솨에야흐 ישעיה 세페르ספר(사) 40:28 너는 알지 못하였느냐 듣지 못하였느냐 영원하신(올람) 하나님(모든 만능들이신 엘로힘) 여호와(에하흐), 땅 끝까지 창조하신 이는 피곤하지 않으시며 곤비하지 않으시며 명철이 한이 없으시며 라고하였다.

■ 올람 엘로힘 에하흐 사전적 의미

올람 עוֹלָם (5769 올람-영원, 긴 기간, 고대, 옛날, 미래)이다.

엘로힘 אֱלֹהִים (430 엘로힘(남성복수)-모든 힘들, 모든 만능들, 모든 강함들이신 하나님)이다.

에하흐 יְהוָה (3068 에하흐(이브리어음역)-생명과 능력으로, 생명이신 예슈아로 실존하시는 하나님)이다.

올람 엘로힘 에하흐 간략해설

영원히 모든 힘들과 능력들과 강함들이신 하나님과 권 손의 능력과 생명의 예슈아로 실존하시는 에하흐이시다(사 40:28, 요 10:30, 요 17:5,21-26).

영원하신 엘로힘(하나님) 에하흐(여호와)께서 사람의 눈으로는 분별이 되지 않는다. 볼 수도 없다(딤전 1:17, 딤전 6:16). 그러나 모든 만능들이신 엘로힘과 모든 생명이신 에하흐로 영원히 실존하신다(창 1:1-2:4,7, 민 16:22, 민 27:16, 욥 12:10, 욥 27:3, 욥 33:4, 사 42:5, 행 17:25). 그러므로 이 모든 것들이 믿음과 영적으로만 분별되어진다(고전 2:13-14).

프로스 코린티우스 알파 Πρὸς Κορινθίους α΄그람마γράμμα(고전) 2:13-14 우리가 이것을 말하거니와 사람의 지혜가 가르친 말로 아니하고 오직 성령께서 가르치신 것으로 하니 영적인 일은 영적인 것으로 분별하느니라 14 육에 속한 사람은 하나님의 성령의 일들을 받지 아니하나니 이는 그것들이 그에게는 어리석게 보임이요, 또 그는 그것들을 알 수도 없나니 그러한 일은 영적으로 분별되기 때문이라고 하였다.

사람의 눈에 보이지 않는다고 모든 만능들이신 엘로힘 에하흐(여호와)의 실존을 부인 할 수가 없다. 만물에 그의 신성이 나타나있기 때문이다(롬 1:20). 사람의 눈에 보이지 않는다고 영원한 것이 실존하지 않는다고 할 수가 없다. 사람의 마음과 생각, 그리고 공기가 눈에 보이지 않는다고 없다고 할 수가 없다. 과학적으로 증명되지 않는 것들이 무수하다는 것을 다 인정하면서 시작과 끝, 항상 현재이시고, 영원히 만능이신 엘로힘(모든 만능들이신 하나님), 생명으로 실존하시는 에하흐(여호와)와 내세(천국과 지옥)를 부인한다고 없는 것이 아니라 실존한다.

보이지 아니하시는 하나님의 형상과 모양과 본체로 예슈아께서 사람의 형체를 입으시고 오셨다(요 1:1,2,18, 요 8:58, 요 10:30,38, 요 14:9, 요 17:5, 요 20:28, 고후 4:4, 빌 2:6-8, 골 1:15-16, 딤전 1:17, 딤전 3:16, 히 1:3,8, 히 13:8, 계 1:17-18, 사 9:6, 렘 23:6).

그리고 그 예슈아께서 저주의 십자가 위에서 대리적 속죄를 완성을 하셨으나(요 19:30) 아담 창조 전부터 계셨다(창 1:26-28, 잠 8:22-31, 요 1:1-3, 요 10:30, 요 17:5, 골 1:15-17, 벧전 1:20, 요일 1:2).

에피스톨레 페트루 알파 Ἐπιστολή Πέτρου α΄그람마γράμμα(벧전) 1:25 오직 주의 말씀은 세세토록 있도다 하였으니 너희에게 전한 복음이 곧 이 말씀이니라고 하였다.

영원한 복음이요(사 51:6). 영원토록 동일한 예슈아이시다(히 1:11-12, 히 13:8, 시 102:26). 구속의 복음을 가르쳐주시는 것도 변함없이 영원불변하다(마 5:18). 필수적인 생명진리의 말씀도 영원불변의 진리이다(민 23:19, 시 89:34, 사 40:8, 마 24:35). 말씀하신대로 영원히 실존하시는 엘로힘(모든 만능들이신 하나님) 에하흐(여호와)께서 육신의 모양으로 오셔서 구속을 완성하시고 영원한 보좌로 돌아가셔서 보혜사 거룩한 영을 오순절 날 보내어 주심으로 영원히 임마누엘 하신다(마 1:23, 요 1:14, 요 19:30, 행 2:1-4, 히 8:1, 히 12:2, 계 7:15-17, 사 7:14, 사 8:8).

(8) 나카 에하흐 : 치고 때리시며 죽이시는 에하흐이시다.

에헤즈케엘 יחזקאל 세페르סֵפֶר(겔) 7:9 내가 너를 불쌍히 여기지 아니하며 긍휼히 여기지도 아니하고 네 행위대로 너를 벌하여 너의 가증한 일이 너희 중에 나타나게 하리니 나 여호와가 때리는 이임을 네가 알리라.

■ **나카 에하흐 사전적 의미**

에하흐 יהוה(**3068 에하흐-능력과 생명으로 실존하시고 예슈아의 생명을 실존하게하시 는 에하흐)**이다.

나카 נָכָה(**5221 나카-치다, 때리다, 죽이다)**이다.

에하흐는 쥔 손의 능력과 생명으로 실존하시고 예슈아의 생명을 실존하게 하시는 능력이시지만 공의의 에하흐이시기에 벌하시고 죽이기까지 하신다는 의미이다(겔 7:9).

사람이 징계를 받는 이유를 '나카'에 담아 놓으셨다.

영이신 루바흐(영)엘로힘(남성복수)께서(창1:2) 정하여 놓으신 생명의 경계선을 넘어간 자는 죄사함과 영생구원을 받으라는 전도자의 복음전함을 받아들이지 아니하므로 징계를 받는다(고전 1:21,18, 눅 16:29-31). 이때 하나님의 택한 자와 불신자가 구별이 된다. 루바흐 엘로힘의 징계라는 것을 깨달고 이러다가 죽겠구나 하고 회개(회심)하여 루바흐 엘로힘에게로 돌아오는 자는 영이신 하나님의 자녀이다(눅 15:11-32). 징계를 받을 때 '슈브'שׁוּב (7725, 슈브-되돌아가다, 회복하다, 회개, 회심, 약 1,000회 이상)하여 루바흐 엘로힘에게로 돌아오지 아니하고 점을 치거나 무당을 찾아가거나 굿을 하여 모면하려고 하는 자는 버림받은 자이며 솨탄마귀의 자녀라는 증거이다.(대상 10:13-14, 대하 16:9,12, 대하 28:22-27, 렘 8:21-22, 렘 17:5).

그렇다. 공의와 사랑이신 하나님께서 항상 '나카'(징계)를 하시 전에 먼저 말씀하셔서 징계를 받지 말라는 경고를 하신다 '나카(징계)'로 죽지 않고 복을 받아 누리라는 복음을 가르쳐 주실 때 받아들이는 자는 징계를 받지 아니한다(민 16:23-27(1-50). 민 26:9-11, 대하 33:10-13, 욥 36:8-10, 시 32:4-5, 시 116:3-6, 눅 15:11-21, 요일 1:9). 받아들이지 않은 자는 이미 영이신 하나님께서(요4:24) 정하여 놓으신 생명의 경계선을 벗어난 것이다. 사람이 호흡하며 실존하는 동안 징계를 받는다. 징계를 받다가 죽는 자가 나오기도 한다. 국가가 적국에게 넘기기도 하시며 기근의 재앙과 질병의 재앙으로 치시기도 하신다. 루바흐 엘로힘의 대표적인 징계(심판)는 첫째 전쟁, 둘째 기근(흉년), 셋째 질병이다(신 28:25-28(15-68)). 물고기가 물을 떠나면 곧 죽는 것처럼 영이신 하나님께서 정하여 놓으신 생명의 경계선을 벗어나면 죽는다. 최고의 징계는 둘째사망 곧 지옥멸망이다(마 3:12, 마 7:20-23, 마 13:40,42,50, 마 25:41,46, 살후 1:8-9, 히 6:8, 벧후 2:4, 계 14:10-11, 계 20:10-15, 계 21:8, 렘 17:5).

'나카'(징계)의 본문이 다를 때 해설도 다르다는 것을 보라.

쉬모트 שמות 세페르סֵפֶר(출) 21:12절 중심으로

쉬모트 שמות 세페르סֵפֶר(출) 21:12 사람(이쉬)을 쳐(나카) 죽인 자는(바메트) 반드시(모트-죽이고) 죽일 것이나(우마트-그를 죽일 것이며)

■ 나카 사전적 의미

נָכָה (5221 나카-치다, 때리다, 죽이다) מַכֵּה 히필 분사 남성 단수 연계이다.

나카 간략해설

살인을 금지하셨다. 살인은 영이신 하나님께서 정하여 놓으신 경계선을 넘어가지 말라는 말씀을 받아들이지 않는 자이다. '나카'하여 사람의 목숨을 끊어버린 살인자를 '죽이고 그를 죽이며'라고 하셨다. '죽이고 그를 죽이며'라는 것은 사람에게 두 가지의 죽음과 죽음이후에 영원히 고통 받은 지옥멸망의 죽음이 있다는 것을 알려주신 것이다.

① 영이 먼저죽고 후에 ② 호흡을 더 이상하지 못하는 죽음이다. 그리고 ③ 육체의 생명이 끝난 후에는 영생 멸망하여 지옥으로 떨어져 영원한 죽음의 받게 된다(마 25:41,46, 계 14:10-11, 계 20:10-15, 계 21:8, 계 22:15).

쉬모트 שמות 세페르ספֶר(출) 21:15절 중심으로

쉬모트 שמות 세페르ספֶר(출) 21:15 자기 아버지(아비브-그의 아버지)나 어머니(베이모-그의 어머니)를 치는 자는(나카-때리는 자) 반드시(모트-죽이고) 죽일지니라(우마트-그를 죽이며)

■ **나카 사전적 의미**

נָכָה (5221 나카-치다, 때리다, 죽이다) וּמַכֵּה 접속사-히필 분사 남성 단수 연계이다.

나카 간략해설

자기를 낳아준 부모를 때리는 것을 금하신 정도가 아니라 그를 죽이고 죽이라고 하셨다. 세상법의 기준보다 더 무섭다. 부모를 때리는 것은 엘로힘 에하흐께서 정하여 놓으신 생명의 경계선을 넘어선 것이다(신 21:18-21, 잠 30:11,17, 딤전 1:8-11). 말씀을 받아들이지 않았음으로 다른 사람이 자기생명을 쳐서 죽이는 사형집행을 당하게 하셨다.

죽이고 죽이라는 말씀은 강조점도 있지만 엘로힘 에하흐께서 정하여 놓으신 계명을 어긴 자는 육체의 죽음으로 끝나는 것이 아니라 영멸지옥의 죽음, 둘째사망이 있다는 것을 명백하게 알려주신 것이다.

영이신 루바흐 엘로힘께서는 처음부터 두 가지 죽음을 분명하게 말씀하셨다.

'선악을 알게 하는 나무의 열매는 먹지 말라 네가 먹는 날에는 반드시(모트-죽는다) 죽으리라'(타무트-너는 죽으며)(창 2:17).

한글성경번역에는 '반드시 죽이라'고 하였다. 죽는다에 대한 강조는 되겠지만 두 번 죽는다는 이브리어 원어의 말씀을 따라 번역하지 아니하였다. '모트'는 '반드시'로 번역 할 수가 없으나 '반드시'라고 오역하였다.

성경번역은 원어의 사전적 의미와 루바흐 엘로힘의 뜻에 합당하게 하게 해야 한다. 하나님은 육체의 죽음과 영의 죽음을 명백하게 말씀하셨다. 성경 번역자는 루바흐 엘로힘의 뜻을 저버리고 주관적 번역을 하였고 영적인 죽음인지 육적인 죽음인지를 명확하게 하지 아니하였다. 그리고 인신매매자를 죽이고(모트) 죽이며(타무트, 영멸지옥)라고 하셨다(출21:16).

■ 카나브 마카르 사전적 의미

גָּנַב (1589, 가나브-훔치다, 도둑질하다)이다.

מָכַר (4376, 마카르-팔다 sell)이다.

아버지 어머니를 저주하는 자가 아니라 아버지 어머니를 하찮게 여기는 자, 시시하게 여기는 다, 보잘 것 없이 여기는 자를 죽이고(모트) 죽이며(타무트, 영멸지옥)라고 하셨다(출21:17). 부모를 하찮고 가볍게 여기므로 죽고 죽는 영멸의 저주를 받지 말고 공경(恭敬-조심하여 예의바르게 섬김)하여 땅에서 잘 되고 장수하는 복을 받으라는 것이다(엡 6:1-3).

■ '저주'라고 번역한 카랄 사전적 의미

קָלַל (7043, 칼랄-하찮다, 시시하다, 보잘 것 없다, 가볍다, 빠르다)이다.

그 소모성 질환(죽음의 병), 그 발열병, 그 염증, 그 열사병, 그 칼(전쟁), 그 마르는 병, 그 깜부기병 신명기 28:22절 중심으로

다바림 דברים 세페르סֵפֶר(신) 28:22 여호와께서 폐병(소모성질환)과 열병과 염증과 학질과 한재와 풍재와 썩는 재앙으로 너를 치시리니 이 재앙들이 너를 따라서 너를 진멸하게 할 것이라고 하였다. * 소모성 질환(솨헤페트)은 죽음의 병이다.

직역문장정리 : 에하흐께서 그 소모성 질환(죽음의 병), 그 발열병, 그 염증, 그 열사병, 그 칼(전쟁), 그 마르는 병, 그 깜부기병으로 그가 너를 치시며 네가 멸망하기까지 그것들이 너를 뒤따라간다.

■ 나카 사전적 의미

נָכָה (5221 나카-그가 너를 치며, 그가 너를 때리며, 그가 너를 죽이며) יַכְּכָה 히필 미완 3인 남성 단수-2인 남성 단수이다.

나카 간략해설

에하흐 그가 그 소모성 질환(죽음의 병), 그 발열병, 그 염증, 그 열사병, 그 칼(전쟁), 그 마르는 병, 그 깜부기병의 그것으로 너를 때리고 치시며 멸망하기까지 뒤따라간다면 그 누구라도 이겨낼 사람이 없다는 것이다. 에하흐께서 생명을 지키라고 정하여 놓으신 생명의 경계선에 대한 말씀을 받아들이지 아니하는 자는 죽은 목숨이라는 말씀이다.

나카를 알파벳별로 상세해설

(1) 눈 נ은 물고기, 규정, 규칙이다. 루바흐 엘로힘께서 물고기에게 정하여 놓은 규칙과 규정의 생명의 경계선은 물이다. 물고기가 물의 경계선을 을 벗어나면 죽는다. 물고기는 사람을 상징하기도 한다. 사람에게 물은 곧 생명수인 예슈아의 말씀이다. 그리고 하기오스 프뉴마(거룩한 영)이시다(요 3:5, 요 4:10,13-14,25-26, 요 7:37-39).

(2) 카프 כ는 편 손, 받아들이고 거부하는 손, 예, 아니요 이다. 손의 적용 여부에 따라서 생명과 복, 죽음과 저주로 갈라진다(신 11:26-29, 신 30:15-20).

(3) 헤이 ה는 목숨, 호흡, 실존이다. 사람이 실존하는 원인은 영이신 엘로힘께서 계속 숨을 불어넣어주기 때문이다(창 2:7). 호흡을 불어넣어 주지 아니하면 바로 죽는다. 이것이 곧 루바흐 엘로힘 하나님의 모든 능력들이다.

예솨에야흐 ישעיה 세페르ספר(사) 2:22 너희는 인생을 의지하지 말라.

그의 호흡은 코에 있나니 셈할 가치가 어디 있느냐(창 7:22, 시 62:9, 시 144:4, 시 146:3, 렘 17:5).

'나의 호흡이 아직 내 속에 완전히 있고 하나님의 숨결이 아직도 내 코에 있느니라'(욥 27:3).

'또 무엇이 부족한 것처럼 사람의 손으로 섬김을 받으시는 것이 아니니 이는 만민에게 생명과 호흡과 만물을 친히 주시는 이심이라'(행 17:25).

'주께서 낯을 숨기신즉 그들이 떨고 주께서 그들의 호흡을 거두신즉 그들은 죽어 먼지로 돌아가나이다'(시편 104:29(24-29)).

다바림 דברים 세페르ספר(신) 28:27절 중심으로

다바림 דברים 세페르ספר(신) 28:27 여호와께서 애굽의 종기와 치질과 괴혈병과 피부병으로 너를 치시리니 네가 치유 받지 못할 것이며,

직역문장정리 : 에하흐께서 미츠라임의 종기와 그 종양들과 그 옴 피부병과 그 가려움증이라 하는 그 것이 너를 치시리니 네가 치료 받거나 이기지 못하며,

■ 나카 사전적 의미

נָכָה (5221 나카-그가 너를 치며, 그가 너를 때리며, 그가 너를 죽이며) יַכְּכָה 히필 미완 3인 남성 단수-2인 남성 단수이다.

나카 간략해설

목숨이 있는 사람이라면 어느 누가 자기 몸이 병드는 것을 받아들이겠는가. 건강한 몸의 면역선체계의 경계선이 무너지게 하셔서 질병이 들게 하신다는 것이다. 에하흐께서 미츠라임(애굽, 이집트)의 파르오를 치셨던 그 재앙들인 종기와 그 종양들과 그 옴 피부병과 그 가려움증을 이기거나 치료받지 못한다고 하였다. 적군을 피해 도망 다니는 것도 힘든데 거기에다 치료받을 수 없는 질병들까지 에하흐께서 보내셨다. 자 이것을 역으로 생각해보면 에하흐께서는 못 고치실 질병이 하나도 없다는 결론이 나온다. 예슈아께서 모든 병든 자들과 모든 약한 자들과 귀신들린 자들과 죽은 자들을 살려내시고 고치시므로 하나님의 왕국복음을 선포하셨다(마 4:23-24, 막 5: 35-43, 요 11:39-44).

미카 מיכה 세페르סֵפֶר(미) 5:1절 중심으로

미카 מיכה 세페르סֵפֶר(미) 5:1 딸 군대여 너는 떼를 모을지어다. 그들이 우리를 에워쌌으니 막대기로 이스라엘 재판자의 뺨을 치리로다(나카) 라고 하였다.

■ **나카 사전적 의미**

נָכָה (5221 나카–저희를 치며, 저희를 때리며, 저희를 죽이며) יַכּוּ 히필 미완 3인 남성 복수이다.

나카 간략해설

'나카'의 재앙을 당할 저희가 영이신 에하흐께서 정하여 놓으신 생명의 경계선을 넘어가지 말라는 말씀을 받아들이지 아니하고 목구멍만을 위하여 실존하는 저희의 딸을 적에게 넘겨주었다. 딸을 군대의 무리로 부르심을 받았으나 자기 생활에 얽매이므로 적들에게 포위를 당하여 그들이 그 딸의 얼굴들을 치신다. 적들이 이스라엘 재판자의 얼굴들을 때리게 하심으로 치욕을 당한다. 이스라엘 딸(영적전쟁의 군대)을 다스리며 통치하는 자들이 적들에게 치욕적인 죽임을 당하게 한다는 것이다(삼상 31:1-6, 왕상 22:30,34-38, 왕하 9:30-37).

군인에게는 자율이 허용되지 않는다(딤후 2:4). 물고기가 자율로 물에서 탈영하면 죽는다. 성도는 적을 대적하며 대항하여 싸워 이기는 자가 자기 생명을 지킨다. 치욕을 당하지 않는다.

프로스 에페시우스 Πρὸς Ἐφεσίους 그람마γράμμα(엡) 4:27 마귀에게 틈을 주지 말라고 하였다. 적극적으로 싸우는 자는 마귀가 마음으로 들어오는 것을 막을 수 있다(눅 8:12,15, 벧전 5:7-9, 약 4:7). '틈'τόπος(5117 토포스- 장소, 곳 place) '토포스'는 마귀에게 마음의 장소를 제공하지 말라는 것이다. 솨탄 마귀가 그 틈을 노리고 있다가 마음의 틈이 생기면 그 틈으로 들어가 그 사람의 영과 인생을 통채로 삼켜 버린다. 그러므로 영의 처소인 마음을 지켜야한다(잠 4:23). 입의 문을 지켜야한다(잠 18:20-21, 민 14:28). 덮은 우물 봉한 샘 잠근 동산을 만들어 지켜야한다(아 4:12, 고전 3:17, 고전 4:6, 고후 13:5, 롬 8:5-9).

에하흐(능력과 생명으로 실존하시는 하나님)의 전에 들어가는 것도 영적싸움이다(대하 30:8, 히 10:25).

환난 때 엘로힘(남성복수, 모든 만능들이신 하나님) 에하흐께 도움을 요청하는 기도가 영적싸움이다(대하 33:12).

환난 속에서 믿음을 지키는 것이 영적싸움이다(욥 1:21).

적극적으로 회개하는 것도 큰 영적싸움이다(시 32:3-5).

예슈아께 솨탄마귀를 이기는 진리를 배우라(마 4:3-11, 엡 4:2,7, 엡 6:11-12(창 3:1), 계 12:9-11, 계 22:11).

(9) 에호바 니씨 : 능력과 생명이신 예슈아로 실존하시는 에호바는 나의 깃발이시다.

쉬모트 שמות 세페르סֵפֶר(출) 17:15-16 모세가 제단을 쌓고 그 이름을 여호와 닛시라 하고 16 이르되 여호와께서 맹세하시기를 여호와가 아말렉과 더불어 대대로 싸우리라 하셨다 하였더라.

■ 에호바 니씨 사전적 의미

יְהוָה נִסִּי(**3071 에호바 니씨- 능력으로 생명의 예슈아로 실존하시는 에호바는 나의 깃발이시다)**이다.

권 손의 능력과 생명의 예슈아로 실존하시는 에호바께서 나를 승리의 깃발(군기)을 들게 하신다.

에호바 니씨 간략해설

모음을 무시하고 '에하흐'라고 하고 싶지만 그래도 모음에 따라 '에호바'라고 번역하였다. 이브리어의 특징 중에 하나는 자음이 같으면 의미도 같다는 것을 알아야한다. 그리고 다른 단어도 아니고 볼 수 없으신(골1:15, 딤전6:16). 영이신 루바흐 엘로힘 하나님은 어떤 분이신지를 알려주는 칭호(출3:13-15)에 대하여 이브리어원어에도 통일성이 없다는 것은 하나이신 하나님을 믿는 기독교의 우월성에 대한 비난거리를 제공하는 마소라 학자들이 되었다. 70권(시편을 5권으로)성경에 돌이킬 수 없는 가장 큰 실수를 하였다. * 한분이신 에하흐의 성호를 통일성이 없이 모음을 붙였다.

아래 내용을 보라.
성경이 이래도 되는지, 마음이 찢어진다. 이브리어 한글번역 사전적 의미를 이래서 모두 믿을 수 없다. 필자가 생소한 이브리어 모음어 쓰는 분명한 이유이다. 모음어가 명확한 음역이다. 그러므로 한글번역을 '여호와'가 아니라 에하흐로 통일하여야한다.

에하흐 יְהוָה (3068 예호와, 모음어는 에하흐이다. 약 6.000회), 에호비יֱהֹוִה (3069, 예호와, 모음어는 에호비이다. 260회), 에호바יְהֹוָה (3070, 예호와, 모음어는 에호바이다. 5회) 스트롱코드 3068과 3069와 3070의 모음이 다르다. 그럼에도 한글번역은 동일하게 여호와로 오역하였다.

이것은 마소라 학자들의 가장 큰 실수였다. '에하흐'로 통일시키지 아니하고 변형시켰기 때문이다. 한글번역은 '여호와'로 통일하였으나 이브리어 모음어가 아니다. 그러므로 '에하흐'로 통일하는 것이 성경적이다. 명확한 번역이다. 모음은 음역을 위한 것이지 다른 의미가 전혀 없다.

이브리어 단어에서 공식적인 '에호바' 단어는 5개가 있다.

① יְהוָה יִרְאֶה(3070, 에호바 이르에, 에호바께서 준비하시다)**이다.**

② יְהוָה נִסִּי(3071, 에호바 니씨, 에호바는 나의 깃발이시다)**이다.**

③ יְהוָה צִדְקֵנוּ(3072, 에호바 치드케누, 에호바는 우리의 의이다)**이다.**

④ יְהוָה שָׁלוֹם(3073, 에호바 쇄롬, 에호바는 평화이시다)**이다.**

⑤ יְהוָה שָׁמָּה(3074, 에호바 쇄마, 에호바께서 거기 계신다)**이다.**

에호바 손의 하게 하시는 능력의 역사는 당신으로 버팀대를 삼고 영이신 하나님께서 정하여 놓으신 생명의 경계선을 넘어가지 않는 자에게 승리를 얻도록 도와주신다는 말씀이다(요 16:33, 롬 8:37, 고전 15:57, 요일 4:4, 요일 5:4-5, 계 12:11, 계 17:14, 계 21:7).

(10) 에호바 쇄롬(이브리어모음 음역)**, 에호바는 나의 평화이시다.**

쇄파팀 שֹׁפְטִים 세페르 סֵפֶר(삿) 6:24 기드온이 여호와(에하흐)를 위하여 거기서 제단을 쌓고 그것을 여호와(에호바) 쇄롬이라 하였더라 그것이 오늘까지 아비에셀 사람에게 속한 오브라에 있더라. *한 구절 안에 에하흐와 에호바이다. 잘못된 모음 조합이 분명하다.

■ 에호바 쇄롬 사전적 의미

יְהוָה שָׁלוֹם (3073 에호바 쇄롬(이브리어모음 음역), 에호바는 나의 평화이시다, 1회) 이다.

에호바라고 한 것은 모음어이다. '바브'아래 카메츠(ㅏ)와 위 홀렘(ㅗ)이기 때문이다. 모음은 읽기 위한 것뿐이다. 그 이상의 뜻이 없다. 모음이 달라도 자음이 같으면 그 의미는 같다. 영이신 하나님, 에하흐의 칭호에 대하여 통일성이 없이 모음을 조합한 마소라 학자들의 책임이 크다.

'에하흐', '에호바', '에호비'는 자음이 같다. 이브리어 사전적 의미와 한글성경을 번역할 때 통일성을 가지고 신중하게 하지 않은 그 책임을 피할 수 없다. 지금이라도 이브리어 자음에 모음을 잘못 붙였다는 것을 인정하고 고쳐야한다. 마소라 학자들과 성경번역자에게 책임을 물으실 것이다. 개인적으로는 '에하흐'라고 하고 싶지만 모음을 붙여 놓았기 때문에 모음에 맞게 이브리어음역으로 '에호바'라고 하였으나 필자는 '에하흐'라고 확신한다.

먼저 솨롬의 사전적 의미들을 먼저보라. 아마도 처음 보며 들을 수도 있을 것이다. 그리고 스트롱코드번호를 찾아서 성경을 다 찾아보라.

■ 솨롬 사전적 의미

① שָׁלוֹם (**7965 솨롬(이브리어모음어 음역)(명남)**–평화, 복지, 번영, 행복, 건강, 완전, 안전, 250회)이다.

② שִׁלּוּם (**7966 쉬룸(명남)**–보답, 보상, 보수, 3회)이다.

③ שַׁלֻּם (**7967 솨룸(명남)** Shallum(인)–보상, 평화, 28회)이다.

'솨롬', '쉬룸', '솨룸' 모두 (명남)이다. 다른 것이 있다면 모음만 다를 뿐이다. 사전적 의미는 모두 같다. 솨롬의 어근은 솨람 שָׁלַם이다.

● 솨롬 합성어해설

솨롬–쇤+라메드+바브+멤이다.

○ 솨롬 사전적 의미

쇤–**이빨, 모양, 형상, 되새김질, 묵상이다.**

라메드–**목자와 통치자의 막대기, 가르치다, 익히다, 알아가다.**

바브–**못, 갈고리, 연결하는 사람 예슈아이다.**

멤–**물, 진리, 사역이다.**

솨롬은 영생구원을 받은 자들에게 주시는 완전한 영육간의 복과 생활의 복이다(요 14:27, 요삼 1:2).

솨롬의 복은 어떤 환경에도 좌우로 치우치지 않고 생각과 마음에 평강을 완전하고 온전하게 누리게 하시는 영생구원의 보상이다. 내일 사형당해도 베드로처럼 평안한 잠을 잘 수 있는 복이다(행 12:1-6). 솨롬의 복을 누린 자들을 종합해 놓은 곳이 히브리서 11장이다.

그리고 영이신 루바흐 엘로힘, 에하흐 엘로힘 하나님 아버지의 영적인 형상과 모양을 이루려면 그분을 알아야 닮아갈 수 있다. 목자와 통치자이신 예슈아께서 필수적인 생명진리의 말씀을 가르쳐 주실 때 마음에 받아들여 배우고 익혀서 생활 속에서 '하가'(묵상 되새김질)한다. 이런 사람은 아버지 하나님께로 가는 유일한 길이신 예슈아 십자가의 복음을 믿음으로 죄 사함과 영생구원을 받는다(마 1:21, 요 1:12-13, 요 3:16-17, 요 14:6, 행 2:38-39).

예슈아께서 저주의 십자가에서 완성하신 하나님 아버지의 공의와 사랑, 대리적 속죄의 희생양을 믿고, 자기 안에 거룩한 영이 임하여 계심을 믿는 자가 누리는 완전한 쇠롬의 번영이요. 쇠롬의 건강이요. 쇠롬의 행복이요. 쇠롬의 평화이다. 한 마디로 영적인 하나님의 왕국이 임한 것이다.

그리고 한 가지 더한다면 이브리어 단어별 합성어해설 설교를 들어야 루바흐 엘로힘, 에하흐 엘로힘의 뜻을 명확하게 알 수 있으며 따를 수 있다. 이브리어 단어별 합성어해설은 21세기에 마지막 대안이다. 아마 이단들에게 이브리어 단어별 합성어해설의 진리가 주어졌다면 봉인된 인을 떼는 자라는 등등으로 수많은 영혼들을 영멸지옥으로 빠뜨렸을 것이다. 영이신 하나님께서 이단들에게 이 복음의 진리를 주시지 않겠지만 이단들이 사용하기 전에 성경 70권(시편을 5권으로)신앙과 행위에 유일무의한 하나님의 말씀으로 믿고 웨스터민스터신앙고백서 위에 서 있는 필자에게 열어주셔서 감사할 뿐이다.

쇠롬의 어근과 사전적 의미들

① שָׁלַם (7999 솨람(동사) 기본 어근—완전하다, 완성하다, 온전하다, 회복, 약속 등, 이행, 보상, 배상, 화해, 평화조약 체결, 110회)이다.

② שְׁלַם (8000 셰람(동사, 아람어)—완성하다, 끝마치다, 건전하다, 완전하다, 3회)이다.

③ שְׁלָם (8001 셰람(명남, 아람어)—평안, 안녕, 번영, 형통, 4회)이다.

④ שֶׁלֶם (8002 셰렘(명남)–화목제, 감사제, 87회)이다.

⑤ שָׁלֵם (8003 솨렘(형용사)–완전한, 완성한, 안전한, 평화한, 28회)이다.

⑥ שָׁלֵם (8004 솨렘(고유 명사)–살렘 Salem(지), 평화로운, 2회)이다.

⑦ שִׁלֵּם (8005 쇠렘(명남)–보답, 보수, 1회)이다.

⑧ שִׁלֵּם (8006 쇠렘(명남)–실렘 Shillem(인), 보수, 보상, 3회)이다.

솨람 간략해설

영이신 루바흐(영) 엘로힘(모든 만능들, 모든 권세들, 모든 강함들이신 하나님, 창1:2)의 뜻을 완전하게 이루려면 영적인 하나님의 형상과 모양이 이루어져야하며 생명진리의 말씀을 묵상과 되새김질을 통하여 루바흐 엘로힘을 알아가면서 예슈아께서 저주의 십자가에서 이루어놓으신 완전하며 온전하고 완성된 평화가 자기 마음과 생활 속에 이루어져가는 것을 느끼며 체험하고 누리게 된다(눅 1:79, 요 14:1,27, 요 16:33, 요 19:30, 요 20:19,21,26, 롬 8:6, 롬 15:13, 빌 4:6-7, 골 3:15, 살후 1:2, 살후 3:16, 히 7:2, 히 13:20-21, 민 6:26, 시 29:11, 사 9:6, 사 57:19).

솨람의 뜻을 보라.

동사 '완전하다 완성하다. 온전하다'이다. 명남 '평안, 안녕, 번영, 형통, 화목희생, 감사예물, 보답, 보수, 보상'이다. 형용사 '완전한, 완성한, 안전한, 평화한'이다. 지명 솨렘은 '평화로운'이다. 인명 쇠렘은 '보수와 보상'을 뜻하고 있다.

솨람의 정의

솨람은 죄 사함 받고 영생구원을 받은 자들에게 주시는 완전하고 온전하며 완성된 복이 마음 안에 임하는 평안의 복과 생활의 복이다. 우리는 지금까지 대부분의 성도들은 '솨롬'하면 떠오르는 것은 대부분 평화, 평안일 것이다.

그러나 솨롬의 기본어근은 '완전하다', '완성하다', '온전하다'이다. 기본어근이 단어별 합성어해설의 원뜻이다. '솨롬'이 이루어질 때 비로소 진정한 평안과 안녕 그리고 번영과 형통의 누림 등이 완전하다는 것이며 온전히 완성된 평강의 복이다. 평안의 복은 루바흐 엘로힘의 왕국의 본질이다(계 7:17, 계 21:3, 마 13:42,50, 마 25:41, 계 20:10,14). 루바흐 엘로힘께서 주시는 모든 것, 모든 복은 완전하고 완성된 복이다.

완전이란? 루바흐 엘로힘의 속성이다. 그러므로 예슈아께서 죄가 없으시다고 하였다. 죄가 없으시다는 것은 흠과 티가 완전하게 없으시다는 증거이다. '완성하다. 완전하다. 온전하다'는 단어는 영이신 하나님의 속성이라는 것을 꼭 기억하라. 사람에게 어느 정도는 있지만 미완성이요. 불완전하다. 오직 영이신 루바흐 엘로힘 하나님만 완전하시다.

그런데 에하흐(능력과 생명으로 실존하시는 하나님) 솨타이(전능) 엘(남성단수, 만능의 힘과 강함이신 하나님)께서는 아브람(아브라함)에게 당신 얼굴 앞에서 '완전하게 행하라'고 하셨다. 에하흐 엘로힘께서 너를 보고 있으니 너는 내 얼굴 앞에서 나를 의식하여 흠 잡히지 말고 완전하게 살아가라고 하셨다. 에하흐 솨타이 엘을 의식하면 완전하게 행하게 된다는 말씀이다. 아브라함의 의는 에하흐 엘로힘의 말씀을 믿고 따라 행한 것이다(창 15:1-6, 롬 4:13). 사람의 완전의 근거는 루바흐 엘로힘의 그 부르심과 그 말씀을 순종하는 것이다.

베레쇠트 בראשית 세페르סֵפֶר(창) 17:1 아브람이 구십구 세 때에 여호와께서 아브람에게 나타나서 그에게 이르시되 나는 전능한 하나님이라 너는 내 앞에서 행하여 완전하라고 하셨다(레 19:2, 레 20:26, 신 18:13, 욥 1:1, 욥 2:3, 골 1:28, 골 4:12, 약 1:4, 벧전 1:15-16, 요일 3:3).

예슈아께서도 우라노스 οὐράνιος(스카이 하늘이아니라 하나님 계시는 곳, 하나님의 왕국의 다른 표현)에 계신 하나님처럼 완전하라고 하셨다(마 5:48).

토 카타 마타이온 유앙겔리온 Τὸ κατὰ Ματθαῖον Εὐαγγέλιον (마) 5:48 그러므로 하늘에 계신 너희 아버지의 온전τέλειος(5046, 텔레이오스-완성한 complete, 완전한 perfect)하심과 같이 너희도 온전하라고 하였다.

텔레이오스(형용사) 이브리어 역어는 '쇄람'과 '타밈'이다.

■ 쇄람과 타밈의 사전적 의미

쇄람 שָׁלַם (7999 쇄람(샬람), 피엘 완료 2인 남성 복수(동사)은 기본 어근-완전하다, 완성하다, 온전하다, 회복, (약속 등) 이행, 보상, 배상, 화해, 평화조약 체결, 110회, 완성하다, 끝마치다, 건전하다, 완전하다 3회, 평안, 안녕, 번영, 형통, 4회, 화목희생(제), 감사희생(제), 87회, 완전한, 완성된, 안전한, 평안한, 평화한, 28회, 평화로운, 2회, 보답, 보수, 1회, 보수, 보상, 2회, 창44:4, 출21:36, 출22:3, 신20:12, 욥22:21 등등 110회)이다.

타밈 תָּמִים (8549, 타밈(형용사)-완전한, 흠없는, 90회, (명사)건전한, 완전, 무결, 성실, 4회, 창 6:9, 창 17:1, 출 12:5, 출 29:1, 레 1:3, 신 18:13, 신 32:4, 수 24:14, 삼하 22:26, 삼하 22:33, 시 119:1, 시 101:6, 암 5:10)이다.

솨람 간략해설

솨람의 모음을 달리하여(7999-8006) 마소라 학자들이 8개로 분류해 놓았으나 자음이 같으면 모음과 관계없이 그 의미와 뜻이 동일하다. 솨람은 기본어근은 '완전하다, 완성하다, 온전하다, 회복, (약속 등) 이행, 보상, 배상, 화해, 평화조약 체결'이다. 솨람은 평화, 평안의 그 이상의 뜻이 있다. 완전한 평화, 완성된 평화, 온전한 평화를 회복하는 일을 영이신 루바흐 엘로힘의 형상과 모양을 가지신 예슈아께서 선한 목자로써의 죄사함과 영생구원의 약속을 생명진리의 기록된 말씀에 따라서 그 사역을 흠 없이 완전하게 이행하셨다. 예슈아의 이 사역으로 영이신 루바흐 엘로힘과 단절되어버린 관계를 화해하는 평화조약을 체결하셨다. 예슈아의 이 사실을 믿는 자들에게 그 보상과 배상은 아버지 루바흐 엘로힘께로 가는 길을 열어주신다(요 14:6,27). 예슈아 없는 평화와 평안은 없다. 예슈아께서 주시는 평안은 완성되고 완전하고 안전한 평안이다. 그러므로 불완전한 세상의 평안과는 차별된다.

타밈 간략해설은 다음과 같다.

1. 예슈아 십자가의 복음을 믿는 표시, 사인, 증거가 있는 자들이다.

■ **인치다. 스프라기조와 하탐 사전적 의미**

σφραγίζω(**4972, 스프라기조-인치다, 인을 찍다, 인으로 표하다, 날인하다, 봉인하다, 밀봉하다, 밀폐하다, 입증하다, 증명하다, 인정하다, 요 12:26, 롬 6:22, 계 7:3-4, 계 9:4, 계 14:1, 계 20:4, 계 22:4)**이다.

חָתַם (**2856, 하탐-인을 찍다, 봉인하다, 왕상 21:8, 에 3:12, 에 8:8,10)**이다.

2. 필수적인 생명진리의 말씀으로 살아가는 자들이다.
3. 에하흐 쥔 손의 능력으로 함께해 주시는 자들이다.
4. 완전하고 흠 없는 자들의 표준은 언제나 진리의 말씀이다.

예슈아께서는 한 가지 목적을 가지고 육신을 가지신 사람의 몸으로 오셨다. 곧 아버지 루바흐 엘로힘 하나님의 공의와 사랑을 만족시키기 위하여 오셨다(마 1:18-23, 눅 1:25-38, 마 20:17-19,28, 마 27:27-37, 막 10:32-34, 눅 12:50, 요 19:30, 갈 3:13). 하나님의 공의는 죄(하타)를 영육간의 죽음으로써 심판하신다(창 2:17, 창 3:19). 그러나 사랑이시기에 죽음의 영멸심판을 받을 자들에게 죄사함과 영생구원을 완성하실 자로 예슈아를 세우셨다(엡 2:14-22, 골 2:14-15, 히 9:9-10, 히 10:8-9).

그리고 오셔서 저주의 십자가에서 대리적 속죄의 희생물로 아버지 하나님의 공의를 만족시키시려고 죽으셨다(마 20:28, 빌 2:6-8). 그러므로 영생구원을 받은 자도 분명한 목표를 가지고 생명 걸고 끝까지 필수적인 생명진리의 말씀을 굳게 붙잡고 나아 갈 때 에하흐(여호와)의 하게하시는 그 능력을 생명진리의 말씀을 통하여 그를 온전하고 완전하게 세우셔서 완전무결하고 성실한 생활을 하게 하신다는 말씀이다(딤후 3:16-17).

그러나 생명진리의 말씀이신 예슈아에게서 끊어지면 저주의 죽음의 고통을 받는다(창 3:17-19, 사 5:1-7, 말 4:1 마 3:10, 마 7:19, 마 25:41, 눅 13:7-9, 요 15:5-6, 히 6:4-8, 히 12:17, 계 20:15, 겔 18:4, 21-24, 겔 33:11-16).

루바흐 엘로힘 하나님의 왕국에는 완전한 자만 들어간다. 하나님의 왕국에 들어갈 자는 예슈아를 믿는 자이다(요 1:12, 요 3:15-18, 요 14:6).

예슈아를 믿는 자가 완전한 자요. 의로운 자이다(롬 3:21-30, 롬 5:8-9, 롬 8:30-34, 고전 6:11, 고후 5:21, 갈 2:16,20, 갈 3:9,11).

더럽고 불결한 쓰레기 같은 사람의 의로는 죄사함과 의롭게 될 수가 없다(시 51:5, 사 6:5, 사 40:6-8, 사 64:6, 시 1:4, 롬 7:24, 엡 2:1-2, 딛 3:3, 계 3:17).

파울로스(바울) 사도처럼 크리스토스(그리스도) 이에수스(예수스, 예슈아, 예수)를 붙잡고 크리스토스 이에수스안에서 하나님이 위에서 부르신 부름의 상을 위하여 푯대를 정하고 달려간다면 하나님께서 그것을 보시고 완전하다고 하신다.

프로스 필립페시우스 Πρὸς Φιλιππησίους 그람마γράμμα(빌) 3:12-14 내가 이미 얻었다 함도 아니요 온전히 이루었다 함도 아니라 오직 내가 그리스도 예수께 잡힌 바 된 그것을 잡으려고 달려가노라 13 형제들아 나는 아직 내가 잡은 줄로 여기지 아니하고 오직 한 일 즉 뒤에 있는 것은 잊어버리고 앞에 있는 것을 잡으려고 14 푯대를 향하여 그리스도 예수 안에서 하나님이 위에서 부르신 부름의 상을 위하여 달려가노라고 하였다.

그리고 솨람은 오직 예슈아 마쉬아흐(이에수스 크리스토스, 예수스 크리스토스, 예수 그리스도)를 믿음으로 완성되어진다. 솨람은 마음에 임하는 하나님왕국으로 완성되어진다. 불완전한 사람이지만 예슈아 마쉬아흐를 믿는 자에게 의롭다는 인을 치신다. 그 의롭다하심으로 인하여 불완전한 사람들의 죄를 기억하지 아니하신다.

예솨에아흐 ישעיה 세페르ספר(사) 43:25 나 곧 나는 나를 위하여 네 허물(페솨-안목의 정욕으로 하나님의 입으로부터 나오는 말씀의 올바름을 버리고 반역하는 죄)을 도말(마하-씻다, 닦아내다)하는 자니 네 죄(하타아-뱀-솨탄마귀의 거짓말을 받아들여 힘이신 하나님과 생명의 울타리를 놓아버리므로 영원히 실존하는 생명을 잃어버린 죄)를 기억하지(자카르-예슈아의 보배로운 피로 씻어버렸음으로(마하) 생각하거나 기억하지 아니함) 아니하리라고 하였다(민 23:8,20,21,23, 시 103:12, 사 1:18, 렘 31:34, 렘 50:20, 미 7:18-19, 행 3:19, 히 8:12, 히 10:17).

이생에서 누리다가 영혼이 육체를 떠나는 날 완성되어진다.

루바흐 엘로힘의 솨롬의 보상은 형통과 번영이다. 그리고 하나님의 평안을 완전하고 완성된 것으로 주신다. 주시는 모든 것들을 흠결이 없는 온전한 것이다. 이것을 믿는 자들이 그에 대한 보답으로 감사하며 루바흐 엘로힘과 화목하기를 힘쓴다. 루바흐 엘로힘과 타락한 인간과의 화목은 화목의 희생물이 되신 예슈아로부터 주어진다.

마소라 학자들이 모음을 붙여 8개로 분류하였다. 인명이나 지명은 고유명사이므로 분류하고 여섯 개는 하나로 묶어도 된다. 필자는 영이신 루바흐 엘로힘의 감동하심을 따라서 하나로 묶는 일을 하고 있다. 빠른 시일 안에 이브리어 단어별 합성어해설집을 완성하려고 집필하고 있다.

지금까지 '솨람', '솨롬'을 '평안, 평화, 평강, 화평'정도로 알고 있으나 그 평안을 어떻게 얻는지는 잘 알려져 있지 않았다. 다양한 솨람의 뜻을 요약하면 완전하고 온전한 번영과 안녕을 보상으로 주신다는 의미이다. 이것이 완성된 평안이다. 유대인탈무드에서는 가난을 죄와 저주로 가르치고 있다. 성경에도 특별한 경우만 제외하고 아브라함, 이츠하크(이삭), 야아코프(야곱), 요세프(요셉)등등 모든 믿음의 사람들이 다 부유와 번영을 누렸다는 것을 성경에 기록하여 남겨 놓았다. 그러므로 예슈아יְשׁוּעָה 이름의 뜻 안에 구원, 구출, 구조만 있는 것이 아니라 '복리, 번영, 안전, 도움, 승리'의 의미가 포함되어 있는 것이다.

어떤 사람에게 솨람, 솨롬의 복을 주시는가?

영이신 루바흐 엘로힘의 형상과 모양을 회복하고 선한목자이신 예슈아께서 가르쳐주시는 생명과 진리의 말씀을 받아들여 실행하여 따르는 자에게 주어지는 완성된 번영과 형통과 승리와 평안의 복이다.

많은 사람들이 선 이행과 후 복을 생각하지 않고 복을 주시면 무엇을 하겠다고 한다. 그러나 심지 않으면 거둘 것이 없다는 것을 모르고 있다. 이것이 곧 창조의 법칙이다. 그러므로 무엇을 거두려고 한다면 심어야한다(마 19:29, 눅 16:25, 요 4:36, 요 6:27, 롬 6:13,22, 롬 8:5-7,13, 고후 9:5-11, 갈 6:7-8, 약 1:22-25, 약 3:18, 계 22:11, 욥 4:8, 시 126:5-6, 잠 1:31, 잠 11:18, 잠 18:20-21, 잠 22:8, 전 11:6, 사 32:20, 호 10:12-13, 말 3:8-10).

◆ 프로스 코린티우스 베타 9:6절 본문, 직역문장정리

본문 : **프로스 코린티우스 베타 Πρὸς Κορινθίους β´(고후) 9:6 이것이 곧 적게 심는 자는 적게 거두고 많이 심는 자는 많이 거둔다 하는 말이로다.**

직역문장정리 : **프로스 코린티우스 베타 Πρὸς Κορινθίους β´(고후) 9:6절 그리고 이것을 아껴 뿌린 그 사람은 인색하게 그것을 거두게 된다. 그리고 위에 복들을 뿌린 그 사람은 복들을 가까이에서 그것을 거둔다.**

농부가 굶주려도 종자씨앗은 먹지 않는다. 심기 위해서이다. 이처럼 심지 않으면 거둘 것도 없다.

프로스 갈라타스 Πρὸς Γαλάτας 그람마γράμμα(갈) 6:7-9 스스로 속이지 말라 하나님은 업신여김을 받지 아니하시나니 사람이 무엇으로 심든지 그대로 거두리라 8 자기의 육체를 위하여 심는 자는 육체로부터 썩어질 것을 거두고 성령을 위하여 심는 자는 성령으로부터 영생을 거두리라 9 우리가 선을 행하되 낙심하지 말지니 포기하지 아니하면 때가 이르매 거두리라고 하였다.

그리고 뱀-나하쉬(솨탄)과의 관계를 끝내는 것이 선행 되어져야 한다. 영이신 루바흐 엘로힘과의 화평과 평화조약 체결로 인하여 주어지는 복이 참된 복이다. 그렇지 않으면 저주요 영멸이다(출 24:5, 레 3:1-17, 레 22:29, 대하 31:2, 겔 45:15-17, 요 1:29, 요 19:30, 엡 2:13-22, 예루살렘의 평강을 구함-시 122:6(슥14:11-12, 슥13:1, 슥9:9), 사 32:17, 사 54:13, 사 57:19-21, 에하흐 궁전을 세우심-슥 6:13, 요 20:31, 행10:36, 롬 3:22-28, 롬 5:8-11, 롬 6:6, 롬 14:17, 롬 15:13,33, 고후 5:18-20, 갈 2:16-20, 골 1:20-22, 골 3:15).

그렇다. 에하흐 예슈아께서 주시는 평화는 완전한 것이며 완성된 복이다. 영적인 하나님의 형상과 모양의 회복이 가장먼저 이루어져야한다. 생명과 진리이신 예슈아께서 대리적 속죄의 사역으로 이루셨다. 이제 이 복음의 가르침을 받아들이는 자들에게 임하는 '솨롬'과 '솨람'의 복이다.

솨람의 또 다른 해설을 보라.

쉬모트 שמות 세페르סֵפֶר(출) 22:14-15절 중심으로 해설

쉬모트 שמות 세페르סֵפֶר(출) 22:14-15 만일 이웃에게 빌려온 것이 그 임자가 함께 있지 아니할 때에 상하거나 죽으면 반드시(솨람) 배상(솨람)하려니와 15 그 임자가 그것과 함께 있었으면 배상(솨람)하지 아니할지니라 만일 세낸 것이면 세로 족하니라.

반드시 שָׁלַם (7999 솨람-완전하다, 완성하다, 온전하다, 회복, 약속 등, 이행, 보상, 배상, 화해, 평화조약 체결) שַׁלֵּם(솨렘) 피엘 부정사 절대,

배상 שָׁלַם (7999 솨람-완전하다, 완성하다, 온전하다, 회복, (약속 등) 이행, 보상, 배상,

화해, 평화조약 체결) :יְשַׁלֵּם (에솨렘) 피엘 미완 3인 남성 단수

'반드시'(솨렘) '배상하라'(에솨렘)는 '솨렘 에솨렘'이다. 필자가 사전적 의미를 중심으로 해설하는 이유가 이브리어 원어 본질에 합당하게 번역하려는 것이다. 사전적 의미가 100% 다 맞는 것은 아니다. 그래도 95%이상은 맞는 것이 사전적 의미이다. 사전적 의미에서 샬람이라고 하였으나 이브리어 모음어는 '솨람'이고 문장은 '솨렘'과 '에솨렘'이다. 이제는 이런 차이점을 성도들에게 바르게 가르쳐야 할 책임이 목자와 감독들에게 있다(엡 4:11, 행 20:28).

'반드시 배상하라'는 직역문장정리는 '완전하게 배상하라.'고 번역해야 한다.

◆ 세무엘 알렙 25:6절 본문, 직역문장정리

본문 : **세무엘 알렙 שמואל א(삼상) 25:6 그 부하게 사는 자에게 이르기를 너는 평강하라(솨롬) 네 집도 평강하라(솨롬) 네 소유의 모든 것도 평강하라(솨롬)**

직역문장정리 : **그들에게 이렇게 말하라. 너의 그 살아있는 자에게 평화와 번영을, 너의 집에도 평화와 번영을, 너의 모든 것이라 하는 것에게 평화와 번영을~,**

다뷔드(다윗)가 용사들을 나발에게 보내어 도움을 요청하면서 나발에게 속한 모든 것, 사람, 주택, 소유물들에게 솨롬으로 완전한 평화와 번영의 축복을 한 것은 이스라엘인들의 보통하는 인사이다.

'샬롬'의 이브리어 모음어는 '솨롬'이다. שָׁלוֹם(7965 솨롬) `שָׁלוֹם(솨롬) 명사 남성 단수,

이브리어 모음어와 맞지 않게 번역된 곳이 많다. 영이신 하나님의 말씀인 성경번역을 이렇게 하는 곳들이 있다는 것이 정말 마음이 아프다.

그리고 창세기1:1절에 하나님은 '엘로힘'이다. '엘로힘'은 남성 복수이므로 모든 능력들, 모든 권세들, 모든 강함들, 모든 힘들과 모든 지혜들이신 하나님이다. 그런데 사전적 의미는 '하나님, 신들'이라고 하였다. 사전적 의미도 100% 신뢰할 수 없다.

아마도 성경번역자는 하나이신 하나님을 하나님들이라고 하면 다신론이 되기에 고민이 많았을 것이다. 그리고 '엘로힘'이 이방 신들, 우상 신들을 칭할 때도 쓰였기 때문일 것이다. 문제는 학자와 목자가 이브리어 단어별 합성어해설을 알지 못하기 때문에 엘로힘(남성복수)에 대하여 바르게 가르치지 못하고 있다. 본서는 영이신 하나님과 솨탄마귀를 쉽게 알아가는 교과서가 될 것이다.

(11) 에호바 솨마 – 에호바가 거기 계신다.

에헤즈케엘 יחזקאל 세페르סֵפֶר(겔) 48:35 그 사방의 합계는 만 팔천 척이라 그 날 후로는 그 성읍의 이름을 여호와삼마 하리라.

■ 에호바 솨마 사전적 의미

יְהוָה שָׁמָּה(3074 에호바솨마– 에호바께서 거기 계신다)이다.

에호바 솨마는 (יהוה 3068: 에호바와 솸(שָׁם 8033: 거기, ~에)의 합성어이다.

솨마 간략해설

영이신 하나님의 형상과 모양은 보이지 않지만 필수적인 생명진리의 말씀으로 실존하신다는 의미이다. 에호바께서는 온 천하에 충만하신 분이시다. '솸'의 사전적 의미가 '거기에', '~에'라는 것은 에호바께서는 계시지 않는 곳이 없다는 것을 알려주는 단어이다. 그리고 이 사전적 의미는 에호바께서 영이시라는 것을 알려주고 있다. 에호바의 이름은 영이신 루바흐 엘로힘에 대한 한 부분만 알려주는 칭호이다. 마소라 학자들이 모음을 달리하였으나 자음이 같으므로 '에하흐'로 통일하는 것이 성경의 균형을 유지 보존한다.

에하흐(에호바)는 생명으로 실존하신다는 의미이다(요 1:4, 요 11:25, 요 14:6, 출 3:13-15). 출애굽기 3:13-15절의 말씀은 에하흐께서는 생명으로 실존하시고 예슈아 생명으로 실존하며 영원히 살아 실존하시는 루바흐 엘로힘이시라는 증명이다.

'에하흐 솨마'를 통하여 영이신 하나님의 본질을 알려주신 것이다.

쉬모트 שמות 세페르סֵפֶר(출) 3:13-15 직역문장정리

13 모세가 그 엘로힘께 그가 말하였다. 자! 내가 이스라엘 아들들에게 가서 말하기를 그들에게 너희의 아버지 된 자들의 엘로힘, 그가 나를 너희에게 보내셨다고 할 때에 이들이 나에게 말하기를 그의 이름이 무엇이냐고 하면 그들에게 내가 무엇이라고 말 할까요?

14 엘로힘께서 모세에게 그가 계속 말씀하시기를 나는 항상 있었으며 나는 항상 있다 하는 자이다. 그가 말씀하시기를 너는 이렇게 이스라엘 아들들에게 내가 항상 있다는 것을 말하라고 그가 나를 너희에게 보내셨다.

15 엘로힘께서 모세에게 그가 말씀하시기를 너는 말하라. 이스라엘 아들들에게 엘로힘 에하흐 너희 아버지들, 아브라함의 엘로힘, 이츠하크(이삭)의 엘로힘, 야아코프(야곱)의 엘로힘 그가 나를 너희에게 보내셨다. 이것은 나를 생각하게 하는 세대와 세대에서 이것은 영원한 나의 이름이다.

■ 솸 사전적 의미

솸 שָׁם (8033 솸: 거기, ~에) שָׁמָּה:(부사-방향표시, 833회)은 '부사 방향표시'이다 (창2:8, 창11:7-9, 창12:7-8, 창13:4,18, 창18:22,28,29,30,31,32 등등).

솸 간략해설

내가 서있는 '거기에' 내가 행하는 '그곳에' 에하흐께서 계신다. '에하흐 솸'을 의식하는 자에게 주어지는 유익은 첫째 든든해진다. 둘째 두려움이 사라진다. 셋째 성별된 생활을 하게 된다.

'나와 함께 계시는 임메카 엘로힘' עִמְּךָ אֱלֹהִים과 '나를 감찰하시는 라아'יִרְאֶה 하고 계시는데 모르고 있을 뿐이다. 이것이 인식되어져야 믿는 일도 잘 된다.

(12) 에호바 치드케누 – 에호바는 우리의 의이시다.

이르메야흐 יִרְמְיָה 세페르סֵפֶר(렘) 23:6 그의 날에 유다는 구원을 받겠고 이스라엘은 평안히 살 것이며 그의 이름은 여호와 우리의 공의라 일컬음을 받으리라.

◆ 에호바 치드케누 사전적 의미

יְהוָה צִדְקֵנוּ(3072, 에호바 치드케누–에호바 우리의 의라)이다.

צֶדֶק(6664 체데크–올바르다, 공의롭다, 의롭다, 올바름, 공의, 공정, 의로움, 160회) :צִדְקֵנוּ(치드케누, 명사 남성 단수–1인 공성 복수)이다.

에호바 치드케누는 에하흐(יהוה 3068: 에하흐)와 체데크 (צֶדֶק 6664: 체데크–올바름, 공의, 공정, 의로움)의 합성어이다.

체데크 간략해설

우리(성도)의 의로움은 불가능에 가깝다. 하나님의 공의로운 심판으로 영멸지옥으로 갈 자가 죄사함과 영생구원을 사모할 때 예슈아로 인하여 죄사함 받고 의롭게 된다는 복음의 말씀이다(갈 2:15-21).

프로스 갈라타스 Πρὸς Γαλάτας 그람마γράμμα(갈) 2:15-16 우리는 본래 유대인이요 이방 죄인이 아니로되 16 사람이 의롭게 되는 것은 율법의 행위로 말미암음이 아니요 오직 예수 그리스도를 믿음으로 말미암는 줄 알므로 우리도 그리스도 예수를 믿나니 이는 우리가 율법의 행위로써가 아니고 그리스도를 믿음으로써 의롭다 함을 얻으려 함이라 율법의 행위로써는 의롭다 함을 얻을 육체가 없느니라고 하였다(롬 3:21-26, 27-30, 롬 4:2,5,6,13, 롬 8:30-34, 고전 6:11, 고후 5:21, 갈 3:10-12, 갈 5:4, 빌 3:9, 벧전 1:18-19, 벧전 2:24, 요일 1:7, 요일 2:1-2, 계 7:14).

치드케누 예호바는 우리의 의는 장차 예슈아께서 오셔서 아버지하나님의 공의를 저주의 십자가에서 죽으심으로 만족시키는 의-'치드케누'다. 예슈아께서 저주의 십자가에서 죽지 아니하시면 하나님의 공의의 의가 완성되어지지 아니한다. 아무사람이나 저주의 십자가에서 죽는다고 해서 하나님의 공의의 의가 이루어지지 아니한다. 그 희생물이 예슈아 하나님이라야 한다. 왜 아무나 하나님의 공의의 의를 만족시키지 못하는가는 모든 사람이 죄인이기 때문이다(롬 3:9-18, 갈 3:10-13,22,19-21).

'흠 없는 어린양'은 장차 오실 예슈아의 상징적 모형이었다. 죄 없는 어린양이 죄 지은 사람을 대신하여 죽음으로 그 사람이 지은 죄를 용서 받은 것처럼 죄 없으신 예슈아께서 자신의 몸을 한 번의 대리적 속죄의 죽으심으로 더 이상 가축이 죽지 않아도 된다(히 4:15, 히 9:11-15,26, 히 10:14(1-20), 요일 3:5, 고후 5:21, 사 53:4-5).

쉬모트 שמות 세페르סֵפֶר(출) 12:5 너희 어린 양은 흠 없고 일 년 된 수컷으로 하되 양이나 염소 중에서 취하고 라고 하였다.

에피스톨레 페트루 알파 Ἐπιστολή Πέτρου α´(벧전) 1:18-19 너희가 알거니와 너희 조상이 물려 준 헛된 행실에서 대속함을 받은 것은 은이나 금 같이 없어질 것으로 된 것이 아니요. 19 오직 흠 없고 점 없는 어린 양 같은 그리스도의 보배로운 피로 된 것이니라고 하였다.

'이것은 죄 사함을 얻게 하려고 많은 사람을 위하여 흘리는 바 나의 피 곧 언약의 피니라'(마 26:28)고 하였다(요 1:29,36, 벧전 2:24, 벧전 3:18, 사 53:1-12, 행 8:32-33).

'우리는 그리스도 안에서 그의 은혜의 풍성함을 따라 그의 피로 말미암아 속량 곧 죄 사함을 받았느니라'(엡 1:7)고 하였다.

'염소와 송아지의 피로 하지 아니하고 오직 자기의 피로 영원한 속죄를 이루사 단번에 성소에 들어가셨느니라'(히 9:12)고 하였다.

'그는 우리 죄를 위한 화목 제물이니 우리만 위할 뿐 아니요 온 세상의 죄를 위하심이라'(요일 2:2)고 하였다.

'내가 말하기를 내 주여 당신이 아시나이다 하니 그가 나에게 이르되 이는 큰 환난에서 나오는 자들인데 어린 양의 피에 그 옷을 씻어 희게 하였느니라'(계 7:14)고 하였다.

(13) 에하흐 라파–치료하시는 에하흐이시다.

쉬모트 שמות 세페르סֵפֶר(출) 15:26 이르시되 너희가 너희 하나님 나 여호와의 말을 들어 순종하고 내가 보기에 의를 행하며 내 계명에 귀를 기울이며 내 모든 규례를 지키면 내가 애굽 사람에게 내린 모든 질병 중 하나도 너희에게 내리지 아니하리니 나는 너희를 치료하는 여호와임이라고 하였다.

■ 라파 에하흐 사전적 의미

רָפָא(7495, 라파-고치다, 치료하다, 건강하게 하다)와 에하흐 יְהוָה(3068, 에하흐-능력과 생명으로 실존하시는 에하흐이시다)의 합성어이다.

능력으로 생명의 예슈아로 실존하시는 에하흐이시므로 치료하시고 고치시고 건강하게 하신다(출 15:26).

라파 간략해설

'에하흐 라파'는 공식적인 이브리어단어로 합성되어 있지 않은 단어이지만 많이 사용되고 있어서 '에하흐'(고유명사)와 '라파'(동사)를 합성시킨 것이다.

호흡을 가지고 80~100년을 살아가면서 질병은 사람을 힘들게 하며 고통스럽다. 본인과 가족과 또는 사회와 국가에도 손해를 주게 된다. 전염병은 많은 사람을 죽음으로 몰아넣기도 한다. 질병이 없는 민족이나 국가는 없다.

2019년 12월 중국 후베이성 우한(武漢)에서 발원한 것으로 여기는 코로나19 전염병이 전 세계로 번져 공포의 도가니로 몰아넣었다. 3년이 지났다. 이제 독감처럼 토착질병으로 분류되었다.

그러나 우리가 분명히 알아야 하는 것은 사람이 질병으로 죽는 것이 아니다. 어떤 암에 걸려도 숨을 쉰다면 죽지 않는다. 숨을 쉬지 못해서 죽는다. 그리고 죽음의 직접적인 원인은 죄이다(창 2:17, 창 3:19, 롬 6:23). 사람의 호흡(목숨)을 실존케 하는 능력이 예하흐께 달려있다(신 30:19-20, 신 32:39, 삼삼 2:6, 왕하 5:7, 욥 5:18, 시 68:19-21, 호 6:1-2, 고후 1:9-10, 계 1:18).

'라파'의 뜻은 '고치고 치료하고 건강하게 해주신다'는 것이다. '라파'를 어근으로 하고 있는 (7499 레프아- 치료, 약), (7500 리프우트- 고침, 치유), (7501 레파엘- 하나님이 고치셨다)는 의미이다. '레프아'는 치료와 약이라고 한 외에는 모두가 고치는 것을 중심으로 하고 있다. 루바흐 엘로힘, 예슈아께서는 약과 의사의 수술로도 치료하신다. 병명이 없고 치료의 약이 없을 경우에는 치료하시는 분은 오직 예슈아이시다.

● '라파' 합성어 해설

'라파'는 '레소'와 '페'와 '알레프'의 합성어이다.

무엇을 고치고 치료해 주신다는 것인가?

라파 상세해설

① 알레프 א는 힘이신 하나님을 마음에 두기를 싫어하는 것이 병이다(롬 1:28-32). 가장 큰 질병이다. 이 질병은 영적인 질병이다. 영멸지옥으로 가는 무서운 영적인 병이다.

마음에 하나님 두기를 싫어한다는 것은 곧 그 마음을 지배하고 통치하는 자가 솨탄마귀라는 증거이다. 초대 이스라엘과 사울에게 임하여 있던 영이신 루바흐 엘로힘, 예하흐 엘로힘께서 그를 떠난 즉시 예하흐 엘로힘께서 부리시는 악한(라아) 영(루바흐)이 사울을 지배하였다(삼상 16:14, 삼상 18:10-12, 삼상 19:9-10).

아담 타락이후 모든 사람이 거듭나기 전까지는 공중의 권세 잡은 솨탄마귀귀신의 영을 따라 행한다(엡 2:2-3). 우상숭배, 거짓말, 기복신앙, 샤머니즘, 조상 숭배 등이 모두 공중의 권세를 잡은 악한 솨탄마귀귀신을 왕으로 섬기고 있다는 확실한 증거이다(마 12:43, 눅 22:31, 요 8:44, 고전 10:19-21, 고후 4:4, 약 1:15, 계 9:20, 계 13:14, 계 20:2, 계 21:8, 계 22:15, 창 3:4-5, 출 20:3-7, 신 32:17, 레 17:7, 신 32:16-17, 대하 11:15, 시 106:37-39 악귀는 마귀-שֵׁד (7700, 셰드-악마, 마귀)).

이 질병은 만능이신 하나님의 입에서 나오는 생명의 말씀을 먹지 않고 읽지 않고 되새김질(묵상)하지 않는 병이다. 그러므로 사람의 파멸하는 원인이기도 하다. 암 병보다 더 무서운 병이 마음에 영이신 루바흐 엘로힘, 예하흐 엘로힘께서 계시지 않는 것이다.

마음의 병은 약이 없다(고후 7:10, 잠 12:25, 잠 15:13, 잠 17:22, 잠 18:14). '심령의 근심은 뼈를 마르게 한다'(잠17:22)고 하였다. '심령' 이브리어단어는 루바흐(영)이다. '근심' 이브리어단어는 나카(치다, 때리다, 맞은, 상처 받은, 괴로워하는, 고통 받는)이다. 그러므로 '심령의 근심'은 '고통이 영을 때려 상처를 받다'와 '괴로움이 영을 치다'로 인하여 뼈가 마르는 병이된다는 의미이다. 그러므로 마음을 고쳐야 병을 이긴다(잠 4:23). 약을 먹어서 그 마음에 영이신 루바흐 엘로힘, 에하흐 엘로힘을 모셔 들이는 것이 아니기 때문이다. 물론 하나님의 말씀인 구약과 신약의 약을 꾸준히 먹는다면 달라질 수도 있다.

사람이 병들면 의사를 찾는다. 그러나 영적질병을 치료받는 것은 약에 있지 않고 루바흐 엘로힘, 에하흐 엘로힘께 있다. 질병과 전염병은 영이신 하나님의 심판의 도구 중에 하나이다(민 16:41-50, 민 25:9, 신 28:15-68, 대상 21:14).

아래성경을 보라.

토 카타 마타이온 유앙겔리온 Τὸ κατὰ Ματθαῖον Εὐαγγέλιον (마) 9:12 예수께서 들으시고 이르시되 건강한 자에게는 의사가 쓸 데 없고 병든 자에게라야 쓸 데 있느니라고 하였다(마 4:23-24, 벧전 2:24, 사 53:3-5, 렘 8:18-22).

'에하흐께서 이와 같이 말씀하시니라 네 상처는 고칠 수 없고 네 부상은 중하도다 13 네 송사를 처리할 재판관이 없고 네 상처에는 약도 없고 처방도 없도다'(렘 30:12-13)라고 하였다(렘 30:12-17).

이르메야흐 יִרְמְיָה 세페르סֵפֶר(렘) 46:11 처녀 딸 애굽이여 길르앗으로 올라가서 유향을 취하라 네가 치료를 많이 받아도 효력이 없어 낫지 못하리라고 하였다(렘 51:8-9).

그러나 에하흐께서는 당신이 사랑하시는 자에게 선을 베푸신다. 고쳐주시며 치료하여 주신다.

'여호와께서 그를 병상에서 붙드시고 그가 누워 있을 때마다 그의 병(호리)을 고쳐 주시나이다 4 내가 말하기를 여호와여 내게 은혜를 베푸소서 내가 주께 범죄(하타 죄)하였사오니 나를 고치소서 하였나이다'(시편 41:3-4)라고 하였다.

'그가 네 모든 죄악(아온 죄)을 사하시며 네 모든 병(타하루이)을 고치시며 4 네 생명을 파멸에서 속량하시고 인자와 긍휼로 관을 씌우시며 5 좋은 것으로 네 소원을 만족하게 하사 네 청춘을 독수리 같이 새롭게 하시는도다'(시편 103:3-5)라고 하였다.

'상심한 자들을 고치시며 그들의 상처를 싸매시는도다'(시편 147:3)라고 하였다.

그러나 보라 내가 이 성읍을 치료하며 고쳐 낫게 하고 평안과 진실이 풍성함을 그들에게 나타낼 것이며 7 내가 유다의 포로와 이스라엘의 포로를 돌아오게 하여 그들을 처음과 같이 세울 것이며 8 내가 그들을 내게 범한(하타 죄) 그 모든 죄악(아온 죄)에서 정하게 하며 그들이 내게 범하며(하타 죄) 행한 모든 죄악(아온 죄)을 사할 것이라(렘 33:6-8)고 하였다.

호쉐아 הושע 세페르סֵפֶר(호) 6:1 오라 우리가 여호와께로 돌아가자 여호와께서 우리를 찢으셨으나 도로 낫게 하실 것이요 우리를 치셨으나 싸매어 주실 것임이라고 하셨다(사38:1-22).* 육신은 병들고 신분이 나빠도 영적인 병을 치료받은 사람은 하나님의 왕국으로 가서 하나님의 품에 안겨 영원안식을 누린다(눅16:19-25). 파울로스(바울)솨탄의 가시와 같은 질병을 앓았다. 얼마나 고통스런 병인지 이해가 간다(고후 12:7-10). 엘리솨(엘리사)는 호리 חֳלִי의 죽을병이 들어 약했다(왕하13:14). 호리 질병을 앓은 왕들(사 38:9, 대하 16:12, 대하 21:15,18-19).

본문 : **이요브 אִיּוֹב 세페르סֵפֶר(욥) 5:18 하나님(후)은 아프게 하시다가 싸매시며 상하게 하시다가 그의 손으로 고치시나니(욥5:7-26).**

직역문장정리 : **마치 그가 저를 아프게 하시며, 저를 붕대로 감아주시며, 저를 심하게 상처를 입히시며, 그의 두 손으로 그것들을 고쳐 건강하게 하시며,**

■ 후 사전적 의미

הוּא (1931 후-그, 그 여자, 그것) הוּא 인칭대명사 3인 남성 단수이다.

후 간략해설

'후'는 '인칭대명사 3인 남성 단수'이다. '그가'이다. 그런데 하나님이라고 번역을 하였다. 이요브 אִיּוֹב 세페르סֵפֶר(욥) 5장에만 이렇게 번역한 곳이 4곳이다. 번역을 할 때 원어를 무시하고 사견(견해)으로 이렇게 번역하는 무서운 죄를 범하는지 이해하기 어렵다.

물론 문맥을 따라서 '그가'를 하나님, 또는 에하흐라고 할 수도 있겠으나 '그가'라고 하여도 독자는 하나님, 또는 에하흐라고 알고 읽고 받아들인다. 그러므로 원어에 맞게 충실하게 번역해야 한다.

이요브 אִיּוֹב 세페르סֵפֶר(욥) 5:9절에 '아사'를 '하나님'이라고 하였다.

'하나님(0000)은 헤아릴 수 없이 큰 일을 행하시며(아사) 기이한 일을 셀 수 없이 행하시나니' * 하나님(0000) 괄호(0000)은 스트롱코드라고 한다. 스트롱이라는 학자가 모든 단어에 숫자를 붙여 찾아보기 쉽게 하였다. (0000)은 없는 숫자이므로 하나님이 아니라는 표시이다. 원어에는 아사(6213: 일하다, 행하다, 만들다, 형성하다, 이루다)이다.

■ 아사 사전적 의미

עָשָׂה (6213 아사-일하다, 행하다, 만들다, 형성하다, 이루다) עֹשֶׂה 칼 분사 남성 단수이다.

아사의 사전적 의미를 보라. 물론 전체문맥을 따라서(욥 5:8절에 엘 하나님과 엘로힘 하나님) 일하시는 하나님, 행하시는 하나님, 창조하여 만드시는 하나님, 이루시는 하나님이라고 할 수 있을지 모르겠으나 없는 엘 하나님이나 엘로힘 하나님을 넣는다고 쉽게 이해되는 것이 아니다. 번역자가 원어의 사전적 의미에 충실해야 함은 두말할 필요가 없다. 하나님의 말씀이라는 성경을 이렇게 번역해서는 안된다. 일반서적도 원저자의 허락을 받아서 번역한다. 하기오스 프뉴마(거룩한 영)께 허락을 받았는지 묻고 싶다.

'하나님'이라고 번역한 3곳 모두 스트롱코드가 (0000)이다. 스트롱코드가 없다는 것은 곧 하나님(엘, 남성단수 힘, 강함, 능력이신 하나님, 엘로힘, 남성복수 힘들, 강함들, 능력들이신 하나님)의 단어가 없다는 것을 증명한다.

이요브 איוב 세페르ספֶר(욥) 5:12절에 '파라르'를 하나님으로 번역하였다.

'하나님(파라르)은 교활한 자의 계교를 꺾으사 그들의 손이 성공하지 못하게 하시며'

■ 파라르 사전적 의미

פָּרַר (6565 파라르-깨뜨리다, 쳐부수다, 헛되게 하다, 실패시키다) מֵפֵר 히필 분사 남성 단수이다.

파라르의 사전적 의미를 보라.

'깨뜨리다, 쳐부수다, 헛되게 하다, 실패시키다'이다.

이요브 איוב 세페르סֵפֶר(욥) 5:15절에 '야솨'를 하나님으로 번역하였다.

'하나님(0000)은 가난한 자를 강한 자의 칼과 그 입에서, 또한 그들의 손에서 구출(야솨)하여 주시나니'

본문에서 야솨는 '와우 계속법-히필 미완 3인 남성 단수'이니까 '그가 구원하시며, 그가 구출하시며, 그가 구조하시며'이다.

■ 야솨 사전적 의미

יָשַׁע (3467 야솨 -그가 구원하시며, 그가 구출하시며, 그가 구조하시며) וַיֹּשַׁע 와우 계속법-히필 미완 3인 남성 단수이다.

'야솨'는 '예슈아'의 어근이라 할지라도 '그가'라고 해도 엘 하나님과 또는 엘로힘 하나님께서 구원하여 주신다는 것을 다 안다. '3인 남성 단수'를 '주'와 '주님'이라고 번역한 곳도 여러 곳이다. 하나님의 말씀이라고 하는 성경을 개인의 사견(견해)이나 어느 특정단체의 뜻대로 번역하면 안된다.

에하흐 라파의 치료가 일어나지 아니하는 자는 마음에 에하흐 엘로힘를 받아들이지 아니한다. 그러므로 그분의 인도와 주권을 받아들이지 않는다. 그리고 힘이신 하나님을 배우려면 생명의 말씀을 먹고 되새김질해야 하는데 그 필요성을 못 느끼기 때문에 영적인 영멸지옥으로 가는 최악의 병이다.

목자(엡4:11)와 감독(행2:28)이 성경을 읽지 않고 말씀되새김질과 골방기도를 하지 않으면서 설교를 한다면 영혼을 깨우고 살리며 치유하는 말씀이 될 수 없다. 예화집이나 설교꺼리의 서적을 더 많이 읽는다면 심각하다. 설교는 매끄러울 수는 있겠지만 영이신 하나님께서는 그 설교를 인정하지 않는다. 그런 설교는 자신을 속이고 성도들을 속이는 행위이다.

성도들도 마찬가지다. 성경을 물어보면 너무들 모르고 있다. 정말 구원받았을까 하는 의심이 들 정도이다. 필자의 경우에는 성경다독 하는 것과 기도하는 것, 전도하는 것이 곧 신앙생활이라고 여기고 매일 성경을 30장 이상을 읽고 암송하지 않고는 살아갈 수가 없었다. 그래서 오늘의 이 영광(이브리어 단어별 합성어해설)을 누리고 있다.

거듭난 생명의 본질이 말씀과 기도와 거룩한 영(하기오스 프뉴마)이라는 것을 다 알면서도 성경을 가까이 하지 않는 것은 영적으로 중한 병에 걸렸다는 증거이다. 성경을 읽지 않고 어떻게 사는지 필자는 이해가 되지 않는다. 성경이 이해가 되어서 읽는 것이 아니다 읽지 않으면 못살겠으니까 읽었다. 이렇게 사모하여 읽고 암송하고 되새김질을 하는 것을 보시고 이브리어 단어별 합성어해설이라는 눈을 열어주셨다. 야흐하랄(할렐루야)!!!~, 야흐(에하흐)를 찬양하라(하랄). 에하흐(야흐)의 빛을 발하라(하랄)(시 150:1,6).

② 페이 פ는 병든 입이다.

하나님의 입으로부터 나오는 말씀으로 사는 줄 알지 못하는 사람은 입이 병든 사람이 있다. 예전에 비해 요즘 사람들은 욕설과 비정상적인 언어들을 많이 쓴다. 루바흐 엘로힘, 에하흐 엘로힘를 불신하고 믿지 않는데서 나오는 부정적인 언어이다. 이와 같은 언어들은 생각과 마음이 병들었다는 확실한 증거이다(약 3:6-9, 마 12:35-37, 잠 10:31, 잠 12:13, 잠 18:6,20-21, 전 10:12-14). 에하흐 엘로힘께서 이들의 말대로 광야의 메뚜기로 살다가 죽게 하셨다(민 14:28-35, 민 26:65, 민 32:11, 고전 10:5, 히 3:17).

사람의 말은 씨앗과 같아서 심은 대로 거두는 것이다. 긍정적이고 도움이 되는 말이 아니라면 입을 개방하지 않아야한다. 그래서 듣기는 속히 하고 말하기는 더디 하라고 알려주셨다(약 1:19-26).

말로 인하여 긍정과 부정한 일이 일어난다(롬 7:15-24, 고전 9:27, 고전 15:31, 갈 5:24, 약 3:1-11,20, 시 34:13, 잠 13:3, 잠 18:6-8,20-21, 전 7:20-22, 마 8:5-13, 마 7:27-31, 마 10:32-33, 막 7:24-29, 막 9:23(17-29), 요 4:43-53, 롬 10:9-10, 계 22:11, 전 9:7).

토 카타 마타이온 유앙겔리온 Τὸ κατὰ Ματθαῖον Εὐαγγέλιον (마) 10:9-10 네가 만일 네 입으로 예수를 주로 시인하며 또 하나님께서 그를 죽은 자 가운데서 살리신 것을 네 마음에 믿으면 구원을 받으리라 10 사람이 마음으로 믿어 의에 이르고 입으로 시인하여 구원에 이르느니라고 하였다.

마솰레이 משׁלי 세페르סֵפֶר(잠) 18:20-21 사람은 입에서 나오는 열매로 말미암아 배부르게 되나니 곧 그의 입술에서 나는 것으로 말미암아 만족하게 되느니라 21 죽고 사는 것이 혀의 힘에 달렸나니 혀를 쓰기 좋아하는 자는 혀의 열매를 먹으리라고 하였다.

말, 말, 말, 말도 많고 탈도 많은 것이 말이다. 그러나 긍정의 말은 그 사람과 그 인생, 더 나아가 세계인들에게 많은 영향력을 미친다.

라파 רָפָא의 첫째 알파벳은 레소이지만 순서를 바꿔 세 번째로 해설한다.

③ 레소 ר 는 전적타락과 전적 무능한 인간이 왕이신 하나님의 자리에 올라간 교만으로 인하여 머리(생각, 마음)가 병들었다는 것이다.

예슈아 마쉬아흐(예수스 크리스토스, 이에수스 크리스토스, 예수 그리스도)으로 머리를 삼지 않고 그분을 생명으로 마음에 품지 않은 자는 교만의 영적질병에 걸렸다는 증거이다(벧전 5:5, 행 12:21-23, 잠 16:18, 겔 28:2-9, 단 4:30-33). 머리는 육체의 모든 것을 지시하고 통제를 한다(골 2:17-19).

사람의 모든 병은 영(마음)으로부터 시작한다. 죽음의 병의 시작도 영(마음)이다. 영의 질병은 영이신 하나님과의 관계가 단절 되면서부터 시작된다. 영이신 하나님과의 단절은 빠라크의 복을 받아 누리라는 말씀(창1:26-28, 창2:17)을 어기면서부터이다(창3:1-24). 그러므로 '라파'의 복을 받으려면 영이신 하나님 아버지와의 관계 회복이 우선이다. 하나님 아버지와의 관계회복은 만왕의 왕이신 예슈아를 구세주로 믿고 회개(悔改)와 회심(回心)하는 '슈브שׁוּב로부터 이루어진다.

'슈브'는 만능이신 아버지 하나님께로 돌아가는 회심과 회개이다. 그리고 영이신 하나님의 입에서 나오는 말씀으로 살아져야한다(마 4:4, 신 8:3). 만왕의 왕이신 예슈아를 모든 머리와 왕으로 마음에 생명으로 잉태하여 품고 살아가는 자에게 치료가 일어난다. 죽어도 살아나는 치유가 임한다(요 11:25-26, 요 3:15-18, 요 5:24-25, 요 6:54-58, 롬 8:6,13, 요일 5:10-12).

(14) 에호바 이르에 : 에호바께서 보고 계셨다. 필요한 것을 준비해 놓으셨다.

베레쇠트 בראשית 세페르סֵפֶר(창) 22:13-14 아브라함이 눈을 들어 살펴본즉 한 숫양이 뒤에 있는데 뿔이 수풀에 걸려 있는지라 아브라함이 가서 그 숫양을 가져다가 아들을 대신하여 번제로 드렸더라 14 아브라함이 그 땅 이름을 여호와 이레(에호바이르에)라 하였으므로 오늘날까지 사람들이 이르기를 여호와의 산에서 준비되리라 하더라.

■ 에호바 이르에 사전적 의미

יְהוָה יִרְאֶה(3070 에호바 이르에 : 에호바께서 보고 계신다, 에호바께서 준비(미리 마련해 갖춤)하시다, 에호바께서 그것을 준비하신다)이다.

'에호바 이르에'는 에호바(יְהוָה3070)와 라아(רָאָה 7200: 보다, 바라보다, 조사하다)의 합성어이다.

이르에(이레) 간략해설

힘이신 하나님은 모든 것들의 머리와 모든 왕으로 실존하신다. 당신의 뜻을 사람을 세워 이루어 가시는 일들을 살피시며 바라보고 계시면서 필요한 것을 미리 마련해 놓으셔서 계획하신 뜻을 이루어 가신다. 이 뜻을 사람으로 하게하시는 에하흐의 능력의 손이다(빌 2:13).

아브라함은 에하흐의 뜻에 이의를 달지 아니하고 즉시 믿음으로 실행하였다. 그 마음의 고백이 베레쉬트 בראשית 세페르סֵפֶר(창) 22장 8절에 나타난다. 아들 이츠하크(이삭)가 아버지 아브라함에게 '불과 나무는 있거니와 번제할 어린 양은 어디 있나이까'(창22:7) 라고 물었을 때 아브라함은 즉시 이츠하크에게 '친히 준비하시리라'(창22:8)고 하였다. '친히 준비하시리라'는 단어도 '이르에'이다.

'그 아버지 아브라함에게 말하여 이르되 내 아버지여 하니 그가 이르되 내 아들아 내가 여기 있노라 이삭이 이르되 불과 나무는 있거니와 번제할 어린 양은 어디 있나이까 8 아브라함이 이르되 내 아들아 번제할 어린 양은 하나님이 자기를 위하여 친히 준비하시리라'(창 22:7-8)고 하였다.

에하흐 하나님께서 아브라함이 이츠하크(이삭)를 '오라' עֹלָה(5930 오라-번희생물(번제의 '번'은 희생물을 완전히 불태워 올려드림))의 희생물로 드리는 것을 보고 계시다가 중지시키신다(창 22:9-12).

이에 아브라함이 둘러보니 숫양의 뿔이 수풀에 걸려 있는 것을 보고 가서 잡아와서 이츠하크(이삭)를 대신하여 드리고 한 말이 '에호바 이르에'라고 하였다(창 22:8,13,14).

이츠하크(이삭)와 숫양은 때가 차면 오셔서 저주의 십자가에서 대리적 속죄의 희생물이 되실 예슈아를 상징한다(요 1:29, 요 19:30, 마 20:28, 갈 3:13,14 갈 4:4,5).

모든 사람은 영이신 하나님의 부르심이 있다. 그 부르심은 당신의 뜻을 이루시기 위함이다. 신자나 불신자나 동일하다. 악한 자도 악한 날에 적당하게 지으셨다고 하셨다(롬 9:22, 롬 11:36, 빌 2:13-14, 계 4:11, 욥 21:30, 잠 16:4, 사 43:7,21).

프로스 필립페시우스 Πρὸς Φιλιππησίους 그람마γράμμα(빌) 2:13-14 너희 안에서 행하시는 이는 하나님이시니 자기의 기쁘신 뜻을 위하여 너희에게 소원을 두고 행하게 하시나니 14 모든 일을 원망과 시비가 없이 하라고 하였다(창 6:6,9,13-22, 창 12:1-3(갈3:6-9,14,29), 대하 30:12, 스 1:1,5, 스 7:27,28, 잠 21:1, 행 11:21, 롬 9:16, 엡 1:11, 딤후 1:9, 히 13:21, 약 1:17).

마솰레이 מִשְׁלֵי 세페르סֵפֶר(잠) 16:4 여호와께서 온갖 것을 그 쓰임에 적당하게 지으셨나니 악인도 악한 날에 적당하게 하셨느니라고 하였다.

사람이 태어날 때 어느 아버지나 어머니를 만나느냐에 따라서 그 인생의 미래가 결정 되어 지기도 한다(시 27:10, 사 49:15, 마 10:21). 영이신 하나님을 만난 부모, 적극적이고 성품이 좋은 부모를 만나 태어나는 자는 일단 복 받은 자이다.

그 부모의 영향력인 DNA가 흐르기 때문에 성공할 확률이 높기 때문이다. 불신자인데 성품까지 나쁘고 게으른 자를 만나 태어나면 그 부모의 영향력인 DNA가 흐르기 때문에 실패할 확률이 많기 때문에 불행하다.

사람이 살아가면서 영적인 절대능력자라고 여겨지는 어떤 하나님을 만나 믿음을 가지는 것은 영육간에 영향을 미친다. 영이신 하나님 아버지를 만나는 자는 복 받은 자이다. 예슈아를 구주 로 믿는 자, 즉 거룩한 영과 말씀으로 거듭난 자는 하나님의 자녀이다. 복을 받아 누릴 자이다(출 4:22, 신 28:1-14, 창 12:3, 창 22:18, 갈 3:6-9,14,29, 신 32:6, 사 9:6, 사 63:16, 사 64:8, 렘 3:4,19, 마 6:8-9, 요 1:12, 롬 8:15, 갈 4:6-7, 엡 1:13, 엡 2:18, 엡 4:30).

뱀-솨탄마귀의 아비를 만나는 자는 불행한 자이다. 이들은 거짓말을 잘한다. 욕심, 탐심으로 멸망의 자식이다(요 8:44, 창 3:1-6,7-19,24, 계 12:9, 렘 2:27).

(15) 야카흐 엘로바흐 : 징계하시는 하나님이시다.

본문 : **이요브 אִיּוֹב 세페르סֵפֶר(욥) 5:17 볼지어다 하나님(엘로아흐)께 징계 받는 자에게는 복이 있나니 그런즉 너는 전능자의 징계를 업신여기지 말지니라.**

직역문장정리 : **보라. 엘로바흐(하나님) 그가 꾸짖어 징계하는 그 사람은 행복한 자들이다. 너는 전능자의 훈계와 교훈을 거절하거나 멸시하는 것이 아니다.**

■ 야카흐 엘로바흐 사전적 의미

אֱלוֹהַּ(**433 엘로바흐(명사남성단수)**-하나님 God, 신 god, 60회), יָכַח(**3198 야카흐-결정하다, 판단하다, 심판하다, 입증하다, 꾸짖다, 징계하다**)이다. '엘로바흐'하나님은 처음 들어본 사람도 있을 것이다. 엘로바흐는 엘(אֵל **410, 엘-하나님, 신 God, god**)의 연장형이며, '하나님, 신'을 의미한다.

야카흐 엘로바흐 간략해설

야카흐는 엘로바흐(하나님)께서 정하여 놓으신 생명의 울타리를 벗어난 자를 찾아 가셔서 엘로바흐의 편 손으로 안아주시려는 손길을 거절하는 자에게 엘로바흐께서 쥔 손에 막대기를 드시고 능력으로 꾸짖고 징계하신다는 의미이다.

엘로바흐 간략해설

'엘로바흐'(하나님)을 이브리어 단어별 합성어해설을 하지 않는 교회에서는 목회자와 성도들이 처음 들어 볼 수도 있다. 엘로바흐는 힘이신 하나님께서 선한목자 예슈아로 오셔서 저주의 십자가에서 대리적 속죄의 희생물이 되신다는 십자가의 복음이다. 영혼의 목자장이신 예슈아께서 가르쳐 주실 때 겸손하게 받아들여 믿는 자에게 영원히 실존하는 생명을 주시는 하나님이시라는 의미이다. 그러나 십자가의 복음을 따라 살아가지 않는 자에게는 징계의 막대기를 드신다. 징계의 판단과 결정은 입증되어진 사실을 가지고 언제나 심판 주이신 엘로바흐(하나님)께서 하신다.

* '우츠'지방에서 엘로힘이 엘로바흐로 토속방언화(化) 된듯하다.

엘로바흐(하나님)은 이요브세페르(욥기)에 38회로 집중되었다.

아래 분류를 보라.

엘로바흐(하나님) : 신 32:15,17,(2회), 느 9:17(1회), 욥 3:4,23, 욥 4:9,17, 욥 5:17, 욥 6:4,8,9, 욥 10:2, 욥 11:5,6,7, 욥 12:4,6, 욥 15:8, 욥 16:20,21, 욥 19:6, 욥 21:9,19, 욥 22:12,26, 욥 24:12, 욥 27:3,8,10, 욥 29:2,4, 욥 31:2,6, 욥 33:12,26, 욥 35:10, 욥 36:2, 욥 37:15, 욥 37:22, 욥 39:17, 욥 40:2(38회), 시 50:22, 시 114:7, 시 139:19(3회), 잠 30:5,5(2회), 합 3:3(1회), 총 47회 나온다.

엘로바흐(이방 신) : 대하 32:15(1회), 시 18:31(1회), 사 44:8,8(1회), 단 11:37,38,38,39(4회), 합 1:11(1회), 총8회는 이방신 우상을 엘로바흐(하나님)이라고 하였다.

이요브 איוב 세페르סֵפֶר(욥) 5:17절 본문의 징계는 '엘로바흐'하나님께 돌아와 '에셰르'אֶשֶׁר(835 에셰르- 행복, 복, 지복)의 복을 받으라는 말씀이다. 그러므로 전능하신 엘로바흐의 징계를 '마아스'מָאַס(3988 마아스-거절하다, 멸시하다, 흐르다) '거절하거나' '멸시하지 말라'고 하셨다. 징계는 영이신 하나님의 사랑을 받고 있다는 증거이다(히 12:5-12). 영이신 하나님의 자녀라는 확실한 증거이다. 죄를 범한 자를 징계하여 올바르게 세우시기 위함이다. 죄를 범하여도 징계가 없는 자는 영이신 하나님의 자녀가 아니라는 증거이다(히 12:1-13절을 보라).

엘로바흐의 징계의 목적이 분명하다. 아래성경을 보라.

프로스 히브라이우스 Πρὸς Ἑβραίους 그람마γράμμα(히) 12:11-13 무릇 징계가 당시에는 즐거워 보이지 않고 슬퍼 보이나 후에 그로 말미암아 연단 받은 자들은 의와 평강의 열매를 맺느니라 12 그러므로 피곤한 손과 연약한 무릎을 일으켜 세우고 13 너희 발을 위하여 곧은길을 만들어 저는 다리로 하여금 어그러지지 않고 고침을 받게 하라고 하였다(신 32:39, 삼상 2:6-10, 욥 5:17-27, 시 40:5, 사 55:6-9, 렘 3:22, 렘 29:11-14, 렘 30:11-17, 렘 50:4-5, 애 3:32-33,40-43, 겔 18:32, 겔 33:11, 호 5:12-15, 호 6:1-3,6, 호 13:7-9, 호 14:1-4, 미 6:6-8, 마 9:13, 막 2:17, 눅 15:7(3-10), 눅 19:10, 딤후 2:25-26, 벧후 3:9).

(16) 에하흐 라아 : 에하흐는 목자이시다.

테힐림 תהלים 미즈모르(시) 23:1 여호와는 나의 목자시니 내게 부족함이 없으리로다.

■ 에하흐 라아 사전적 의미

יְהוָה (3068, 에하흐- 하나님을 나타내는 고유명사) רָעָה(7462, 라아- 풀을 뜯기다, 먹이다, 사귀다, 교제하다, 친구가 되다)이다.

라아 간략해설

에하흐 라아는 최상의 인도자이시고 생명이신 에하흐이시라는 의미이다. 목자는 양들에게 풀을 뜯기며 먹이는 최상의 친구이시다(마 12:50, 눅 12:4, 요 10:1-18, 요 15:12-15, 벧전 2:25, 시편 23:1-6, 아 5:1, 사 41:8, 겔 34:12).

'그는 목자 같이 양 떼를 먹이시며 어린양을 그 팔로 모아 품에 안으시며 젖먹이는 암컷들을 온순히 인도하시리로다'(사 40:11)라고 하였다.

에하흐 목자는 양들을 위하여 목숨을 저주의 십자가에 내어주신 선한목자 예슈아이시다(막 10:45, 요 10:11,14-18, 엡 5:2, 딛 2:14, 히 13:20, 벧전 2:24-25, 사 53:6).

'인자가 온 것은 섬김을 받으려 함이 아니라 도리어 섬기려 하고 자기 목숨을 많은 사람의 대속물로 주려 함이니라'(막 10:45)고 하였다.

'나는 선한 목자라 선한 목자는 양들을 위하여 목숨을 버리거니와'(요 10:11) 라고 하였다.

그러므로 '라아'는 영혼의 목자로 오시는 예슈아이시다(벧전 2:25). 예슈아는 당신의 양들과 사귀며 교제하기를 원하신다. 예슈아와 교제하며 사귀는 유일한 방법은 그의 계명대로 순종하고 사랑하며 준행하는 것이다(요 13:34, 요 14:21,23-24, 롬 5:8, 엡 5:2, 살전 4:9, 요일 3:16,23, 요일 4:9-10,21, 벧전 1:22, 벧전 4:8).

다바림 דברים 세페르סֵפֶר(신) 10:12-13 이스라엘아 네 하나님 여호와께서 네게 요구하시는 것이 무엇이냐 곧 네 하나님 여호와를 경외하여 그의 모든 도를 행하고 그를 사랑하며 마음을 다하고 뜻을 다하여 네 하나님 여호와를 섬기고 13 내가 오늘 네 행복을 위하여 네게 명하는 여호와의 명령과 규례를 지킬 것이 아니냐라고 하였다.

'나의 계명을 지키는 자라야 나를 사랑하는 자니 나를 사랑하는 자는 내 아버지께 사랑을 받을 것이요 나도 그를 사랑하여 그에게 나를 나타내리라'(요 14:21)고 하였다.

토 카타 이요안넨 유앙겔리온 Τὸ κατὰ Ἰωάννην Εὐαγγέλιον (요) 15:12-15 내 계명은 곧 내가 너희를 사랑한 것 같이 너희도 서로 사랑하라 하는 이것이니라 13 사람이 친구를 위하여 자기 목숨을 버리면 이보다 더 큰 사랑이 없나니 14 너희는 내가 명하는 대로 행하면 곧 나의 친구라 15 이제부터는 너희를 종이라 하지 아니하리니 종은 주인이 하는 것을 알지 못함이라 너희를 친구라 하였노니 내가 내 아버지께 들은 것을 다 너희에게 알게 하였음이라고 하였다.

예슈아 '라아'(목자) 이후에 예슈아 목자를 대행하는 '라아'(목자)들이 있다(포이멘, 목자와 엡 4:11, 에피스코포스, 감독이 있다. 행 20:28, 빌 1:1, 딤전 3:2, 딛 1:7). 하나님의 생명의 말씀을 전하는 자들이다.

프로스 에페시우스 Πρὸς Ἐφεσίους 그람마γράμμα(엡) 4:11-12 그가 어떤 사람은 ①사도(아포스톨로스)로, 어떤 사람은 ②선지자(프로페테스)로, 어떤 사람은 ③복음 전하는 자(유앙겔리스테스)로, 어떤 사람은 ④목사(ποιμήν포이멘-목자shepherd)와 ⑤교사(디다스칼로스)로 삼으셨으니 12 이는 성도를 온전하게 하여 봉사의 일을 하게 하며 그리스도의 몸을 세우려 하심이라고 하였다.
그리고 ⑥에피스코포스(감독직분)이 있다. ἐπίσκοπος(1985, 에피스코포스-감독자, 감독, 감시인, 보호자, 후원자, 5회, 행 20:28, 빌 1:1, 딤전 3:2, 딛 1:7, 벧전 2:25)이다.

성경에 '목사'라는 직분은 없다. 왜 없는 직분(목사)을 쓰면서 이단들에게 비난을 받는지 이해가 되지 않는다. 잘못된 것을 바르게 잡는 것이 개혁이다. 성경이 신앙과 행위의 표준이라고 전하면서 왜들 이러는지 심히 염려가 된다. 성경 번역자들의 그 책임이 막중하다. 성경번역이 잘못 되었으면 신학교에서 교수가 바로 잡아주어야 하는데 잠잠하다. 이제부터라도 '목자shepherd'와 감독overseer이라고 해야한다. 영어권에서 목사pastor라고하면 성경원어와 상관없이 사용하여도 되는 것이 아니다. 성경에 있는 본질을 버리고 비본질의 직분을 사용하는 것은 온당하지 못하다. 성경의 본질로 돌아가야 한다.

영이신 루바흐 엘로힘(창1:2)께서 이르메야(예레미야)를 보내셔서 21세기에 공의와 정의를 신실하게 행하는 자를 찾고 계신다(렘 5:1). 생명진리가 다 무너져 내렸다.

본문 : 이르메야흐 יִרְמְיָה 세페르סֵפֶר(렘) 5:1 너희는 예루살렘 거리로 빨리 다니며 그 넓은 거리에서 찾아보고 알라 너희가 만일 정의를 행하며 진리를 구하는 자를 한 사람이라도 찾으면 내가 이 성읍을 용서하리라.

직역 : 너희는 여기저기 돌아다녀라. 외부들 예루살라임(예루살렘) 조사하라들. 바라건대 너희는 알라. 너희는 찾으라. 이 넓은 곳들 만일 너희가 찾아 얻으면 존재 행하는 자 공의 찾고 신실하게 내가 용서하며 이것...으로부터

문장정리 : 너희는 예루살라임 외부들을 너희는 여기저기 돌아다녀라. 너희는 조사하라. 이 넓은 곳들에서 너희는 찾으라. 너희는 알라. 바라건대 공의를 찾고 신실하게 행하는 자(에무나)의 존재를 만일 너희가 찾아 얻으면 내가 이것으로부터 용서하며.

■ 에무나와 아만의 사전적 의미**(이르메야흐세페르(렘) 5:1절 중심으로)**

אֱמוּנָה **(530 에무나-견고함, 확고부동, 신실한 자, 충실, 성실)**이다.

'에무나'의 어근은 '아만'אָמַן **(539, 아만(동사 기본어근)-확실하게 하다, 지지하다, 충실하다, 믿다, 신실하다, 성실하다, 믿다, 신뢰하다)**이다.

에하흐께서 공의(미쉬파트)를 찾고 신실하게 행하는 자를 찾고 계신다. 공의를 찾고 신실하게 행하는 자는 에하흐의 말씀을 따라 행하는 자이다. 에하흐의 심판을 두려워하는 자이다. 에하흐의 말씀에 대하여 확고부동한 믿음을 가진 자이다. 신실하고 충실하다는 것은 에하흐의 말씀을 따라 준행하며 흔들림이 없는 심지가 견고한 자이다(사 26:3).

만능이신 하나님의 생명진리의 말씀을 따라 사역하며 생활하는 자이다. 예슈아를 믿고 견고한 믿음으로 하나님께서 정하여 놓으신 생명의 경계선을 넘어가지 아니한다. 자기의 실존의 여부가 만능이신 하나님께 있음을 믿고 호흡을 주관하시는 하나님 앞에서 확고부동한 믿음을 가지고 충실하고 신실하게, 그리고 성실하게 살아가는 자를 '바카쉬'(בָּקַשׁ 찾으신다, 요구하신다, 원하신다)하신다.

혹자는 '이르메야'나 많은 선지자와 '코헨'(고위공직자, 제사장)이 있지 않느냐라고 할 수 있겠으나 에하흐께서 찾으시는 자는 사역자가 아니라 사역자들의 말씀을 듣고 공의롭고 성실하며 충실한 자를 찾으신다는 것을 잊지말아야한다. 이브리어 원어에는 한(에하드) 사람이라는 단어가 없고 성 무너진 곳을 막아서서 에하흐로 하여금 예루살라임을 멸하지 못하게 할 사람이 없다고 하셨다.(필자가 이브리어원어를 몰랐을 때는 에하흐의 재앙을 막아서는 한 사람을 강조하였었다. 단어별해설의 필요성).

예루살라임(예루살렘) 성읍 안에는 없으니까 예루살라임 외부에 있는 넓은 거리로 나가서 '미쉬파트'(공의를 행하는 자)와 '에무나'(확고부동한 자, 신실한 자) 하는 자를 찾아보라고 하셨다. 예루살라임 내부와 외부에도 없어서 멸망하였다. 어느 시대나 루바흐 엘로힘 앞에서 공의를 행하는 자와 루바흐 엘로힘의 말씀에 확고 부동한 자, 신실한 자를 찾아보기 힘들다는 것이 성경의 가르침이다(창 18:17-32, 겔 22:30-31).

'이 땅을 위하여 성을 쌓으며 성 무너진 데를 막아서서 나로 하여금 멸하지 못하게 할 사람을 내가 그 가운데에서 찾다가 찾지 못하였으므로 31 내가 내 분노를 그들 위에 쏟으며 내 진노의 불로 멸하여 그들 행위대로 그들 머리에 보응하였느니라 주 여호와의 말씀이니라'(겔 22:30-31)고 하였다.

목회자의 책임이 막중하다는 것을 깨닫게 된다. 성경의 본질을 가르쳐서 성도를 올바르게 세워야한다. 영이신 루바흐 엘로힘, 에하흐 엘로힘께서 죄를 심판하신다는 말씀을 자주증거 해야한다. 하나님을 두려워하도록 해야한다. 죄를 말하지 아니하고 하나님의 사랑만을 증거 하게 되면 하나님에 대한 두려움이 없다. 죄론에서 구체적으로 해설한다. 하나님의 사랑과 죄에 대한 심판을 적절하게 증언하는 책임을 다 해야한다.

무너진 성벽은 교회와 성도들에 대한 영적상태를 말씀하신 것이다. 죽이고 멸망시키는 솨탄마귀가 들랑거리는 예레미야시대나 지금이나 다를 바가 없다. 오히려 더 타락하고 무너졌다고 보아야한다.

죄와 솨탄마귀귀신이 들락거리는 무너져버린 자신을 지켜내고 예배당을 지켜내는, 영적인 성벽을 쌓아올리고, 무너진 곳으로 더 이상 솨탄마귀귀신들이 들락거리지 못하도록 진리의 방벽을 세우며, 솨탄마귀귀신들과 맞서 싸우는 진리의 영적군사들로 세우기 위해서는 기도와 말씀으로 무장시켜서 사회생활을 하도록 말씀을 전해야한다(창 3:1-6, 아 2:13,14, 마 10:16, 엡 6:10-18, 벧후 2:1-3, 약 4:7, 벧전 5:8-9, 요일 2:15-17, 계 2:2,7,11,17,26-28, 계 3:5,12,21-22).

'우리를 위하여 여우 곧 포도원을 허는 작은 여우를 잡으라 우리의 포도원에 꽃이 피었음이라'(아가서 2:15).

작은 여우는 사람을 가리킨다(눅 13:32). 거짓선지자들이다 (마 7:15-16, 마 24:4-5,23-24, 갈 1:6-9, 요일 2:18, 요일 4:1-6, 렘 5:31 렘 29:8-9, 겔 13:4-16). 가만히 들어온 이단들이다(벧후 2:1-3, 요이 1:10-11). 이 여우들을 때려잡는 것이 성벽을 쌓는 것이며 무너진 성벽을 막아서는 것이다. 이 여우들을 때려잡는 말씀이 강단에서 선포되어야한다. 거짓선지자들의 대한 아래해설을 보라.

거짓שקר(셰케르) 선지자נביא(나비)에 대한 성경적 해설

거짓선지자와 이단사이비들도 성경을 인용하여 억지해석과 거짓말을 하여 자기에게로 사람을 이끈다. 그러나 참 복음의 진리를 전하는 목자와 감독(엡4:11, 행20:28)은 성경의 균형을 세워가며 예슈아 마쉬아흐(예수스 크리스토스, 이에수스 크리스토스, 예수 그리스도)와 루바흐 엘로힘과 에하흐 엘로힘 하나님께로 사람들을 인도한다. 교단을 초월하여 많은 목자와 감독(엡4:11, 행20:28)들 중에는 종교다원주의(Religious pluralism)자들이 있다.

종교 다원주의란? 구원계시와 말씀이 기독교에만 있는 것이 아니라 타 종교에도 있다고 믿으며, 기독교에만 죄 사함과 영생구원, 즉 예슈아 크리스토스를 믿음으로만 구원이 아니라 타 종교에도 구원의 길이 있다고 가르친다. 종교다원주의자들은 세계교회협의회(WCC: World Council of Churches)에 가입되어 있으며 오직예수, 오직성경이라고하지 말라는 것이다. 이것이 현실이다.

WCC란 무엇인가?

WCC는 가톨릭, 개신교, 불교, 이슬람, 증산도, 기타 등등 모든 종교의 통합을 주장하는 WCC의 다신론 사상이다. 로마 가톨릭 교황(敎皇-교령의 황제, 교황의 말은 곧 성경과 동등한 명령)들이 앞장서서 해왔고, 현재 프란치스코(본명은 호르헤 마리오 베르고글리오), 제266대 교황(재위: 2013년 3월 13일~)가 앞장서서 종교통합 운동을 하고 있다.

WCC 현황 :

현재 7대륙에 걸쳐 110여 개국, 349개 교단, 5억 8천만명의 신자. 아프리카 28%, 유럽 23%, 아시아 21%순. 장로교 28%, 루터교 16%, 감리교 11%, 오순절 9% 순이다.

주요교단 :

동방정교회, 성공회, 동양정교회, 루터교회세계연맹, 개혁교회세계연맹, 감리교회, 침례교회, 독립교회연합교회 등이다.

한국 :

한국기독교교회협의회(NCCK) 가입교단들, 즉 대한예수교장로회(통합), 한국기독교장로회(기장), 기독교대한감리회(기감), 기독교대한하나님의성회(순복음), 기독교대한복음교회, 구세군대한본영, 대한성공회, 정교회한국대교구 등 8개 교단 중 6개 교단이 가입하였다. 대형교회 알만한 목사 등을 비롯하여 549명이 가입하여 활동하면서 성도들의 영혼을 멸망으로 이끌어가고 있다.

(1) 거짓-셰케르

■ 셰케르 사전적 의미

שֶׁקֶר(셰케르 : 명남 거짓말, 속임, 사기, 실망, 허위, 동사 거짓으로 행하다, 거짓으로 대하다(행동하다)이다.

● 셰케르는 쉰+코프+레소의 합성어이다.

쉰 ש**은 이빨(되새김질), 형상, 모양, 올바름이다.**

코프 ק**는 바늘구멍(불가능의 가까운 것), 소망, 거룩이다.**

레소 ר**는 모든 권세의 머리와 왕, 엑클레시아의 머리, 잉태(생명)이다.**

목회자들이 거짓말을 하는가? 목회자라도 모든 사람과 동일하게 타락한 본성을 가지고 태어나고 예슈아를 믿어 거듭나도 그 타락한 본성까지 변화를 받아 완전히 소멸된 것이 아니다. 다메섹도상에서 부활하신 예슈아를 만난 바울은 타락한 본성 때문에 탄식하며 그 본성과의 싸움을 하였다(롬 6:6, 롬 7:22-25(1-25), 롬 8:5-13, 롬 13:14, 고전 9:24-27, 고전 15:31, 갈 5:16-18,24-25, 갈 6:14, 벧전 2:11, 벧전 5:8-9, 약 4:7).

그리고 믿음의 선한싸움에서 승리한 후에 이렇게 고백한다(딤후 4:6-8). 그러므로 상대방을 속이고 거짓말을 하지 않고 산다는 것이 불가능하다. 사람이 죽기 전까지는 타락한 본성을 때려잡는 영적싸움을 계속해야한다(행 20:24, 빌 3:13-14, 딤전 6:12, 히 12:1-4). 그리고 영이신 하나님의 형상과 모양을 가진 사람이 올바르게 살아가지 못하도록 솨탄마귀가 미혹하여 하나님(왕) 노릇하라는 생각을 넣어준다(창 3:5).

그렇다면 어떻게 해야 자신과 교인들을 속이는 가면을 벗고 거짓말을 하지 않을까? 모든 권세의 머리와 왕이신 예슈아를 마음 안에 생명으로 품고, 소망을 가지고 불가능에 가까운 영생구원을 받은 자로써 생명의 말씀을 되새김질을 하며 그 말씀을 붙잡고 거짓을 버리고 거룩(구별-성별)을 유지하며 올바른 길을 가려고 힘써야 한다. 다른 말로 하면 말씀 충만이다. 말씀 충만은 곧 성령 충만이다(요 16:13, 행 2:4, 롬 8:1-2,6).

목회자와 성도들이 불신자들을 실망시키는 원인이 여러 가지가 있겠지만 사람을 속이기 때문이다. 영이신 루바흐 엘로힘으로부터 받은 계시의 말씀들을 말하는 목회자가가 사람을 속이는 거짓말을 하는 것은 그 목회자의 마음을 지배하고 거주하는 자가 솨탄마귀라는 증거이다(요 8:44, 창 3:4). 이런 목회자가 거짓선지자이다.

영이신 루바흐 엘로힘께서 그 목회자 마음 안에 거주하시면 진실을 말한다. 거짓말을 하지 못한다. 그러므로 은근슬쩍 넘어가는 법이 없다. 뱀(솨탄 마귀, 계12:9)의 속성이기 때문이다. 어느 시대나 거짓선지자가 진짜 같고 진짜는 가짜 같다. 가짜는 숫자적으로 많고 진짜는 숫자적으로 적다(왕상 22:5-28, 마 7:13-23).

치트키야צִדְקִיָּהוּ (6667, 치드키야-시드기야 zedekiah(인))와 400여명의 거짓선지자와 미카예후מִיכָיְהוּ (4321, 미카예후-미가야 Micaiah(인)) 한 사람, 400대1이다(왕상 22:1-38). 거짓 선지자 치트키야(시드기야)와 400여명은 예하흐께서 길르앗 라못을 아합왕에게 넘겨준다고 거짓의 영에 충동되어 거짓예언을 한다(왕상 22:6,10-12,24). 그러나 참 선지자 미카예후(미가야) 한 사람은 아합 왕이 죽는다고 영이신 하나님의 말씀을 전한다(왕상 22:17-23,27,34-37).

엘리아흐אֵלִיָּה (452, 엘리아흐-엘리야 Elijah (인))한 사람과 바알 선지자 450명, 아세라 선지자 400명, 850대1이다(왕상 18:19-22). 그리고 선지자(목자, 감독)는 어느 시대나 핍박을 받고 어려움을 당하였다(왕상 19:2, 왕상 18:13, 왕상 19:2,10, 왕상 22:8,26-27, 대하 16:10, 대하 36:16, 느 9:26, 렘 2:30, 렘 26:8, 마 5:12, 마 10:21, 마 10:38, 마 16:24, 막 9:47, 막 10:24-25, 요 16:2, 요 16:33, 행 14:22, 딤후 1:8, 딤후 3:12, 벧전 4:12-16, 벧전 5:10, 계 2:10, 계 7:14).

사이비, 이단, 교주의 범죄행위가 드러나 구속이 되어 감옥에 들어가면 예슈아께서도 환난과 핍박을 받았다고 하면서 자기를 추종하는 무리들을 또 한 번 속이고 단결시킨다. 추종하는 무리들은 미혹을 받았기 때문에 더 열광한다.

프로스 티모테온 알파 Πρὸς Τιμόθεον α’ 그람마γράμμα(딤전) 4:1-2 그러나 성령이 밝히 말씀하시기를 후일에 어떤 사람들이 믿음에서 떠나 미혹하는 영과 귀신의 가르침을 따르리라 하셨으니 2 자기 양심이 화인을 맞아서 외식함으로 거짓말하는 자들이라고 하였다(창 3:3-5, 왕상 22:22-23, 고후 11:13, 살후 2:9-12, 딤후 3:13, 딤후 4:3,4, 벧후 2:1, 계 20:10).

양심에 화인을 맞았다는 것은 참과 거짓의 분별력 상실을 말한다. 거짓말을 하면서도 양심의 찔림이 없다는 증거이다.

한국과 해외에서 행복한 가정을 파괴하고 있는 이단이 있다. 포교된 60%가 2030 청년들을 사냥하고 있는 악질 이단 교주는 육체가 죽지 아니하고 영생한다고 거짓말을 하는데 2024년 93세이다. 과연 육체 영생을 하는지 지켜볼 일이다(롬 3:10,23, 롬 6:23, 히 9:27). 2017년 5월 18일 광주 서구 S병원에서 신천지예수교증거장막성전(신천지)에서 ‘육체영생(肉體永生) 신인합일(神人合一)의 1호 대상자’라고 떠받드는 교주 이만희씨가 척추관협착증으로 (두 번째) 수술하고 입원한 곳이다. 2010년 이곳에서 척추관협착증으로 수술 받은 곳이기도 하다.’ _출처 목회와진리수호 | 기사입력 2017/07/26 [21:11]

(2) 선지자–나비

■ 나비 사전적 의미

נָבִיא (나비– 대변인, 말하는 자, 선지자(예언자), 영이신 하나님으로부터 받은 계시들을 말하는 것, 하나님의 말씀을 받아들이고 그 다음 그것을 선포하는 것)이다.

● 나비는 눈, 베이트, 요드, 알레프의 합성어이다.

눈 נ은 **물고기, 규정, 규칙**(영이신 하나님께서 정하여 놓으신 창조의 경계선, 창 1:21–22)**이다.**

베이트 ב는 **집, ~안, 내면의 집, 속사람**(영이신 하나님께서 거주하시는 집, 요 14:17,20, 고전3:16–17, 고전6:19–20, 쇠탄마귀가 거주하는 집, 마12:43–45, 요13:27, 행5:3, 엡2:2, 살후2:9–12, 삼상 16:13– 14,23, 삼상18:10, 삼상19:9)**이다.**

요드 י는 **쥔 손, 하게함, 능력**(에하흐 손의 하게하시는 능력, 요10:28–30)**이다.**

알레프 א는 **소, 희생, 배우다, 섬기다**(힘이신 하나님(예슈아)께서 장차 오셔서 희생과 섬김, 마 20:28, 막10:45)**이다.**

목회자는 영이신 하나님의 말씀을 받아 전하는 자이다. 사람이 받아들이는 여부와 관계없이 선포κηρύσσω(2784 케뤼소- 고지하다, 알리다, (크게 소리로) 선포하다)하는 자이다.

그러므로 참 목회자는 사람의 눈치를 보지 않고 영이신 하나님께서 주시는 말씀을 전한다. 그러나 거짓선지자(목자, 감독)는 사람의 눈치를 본다. 그래서 죄를 지적하지 못하고 회개하라! 를 외치지 못한다. 사람이 듣기 좋고 편안한 이야기만 한다. 종말론으로 공포심을 조장한다. 사회와 단절시킨다.

그러나 '나비'의 사전적 의미를 새겨보라. 그리고 '케뤼소' 사전적 의미를 새겨보라. 목회자는 자의적인 설교를 하는 자가 아니라는 말씀이다(출 4:11-12, 렘 1:6-9, 겔 3:11(1-11), 눅 12:11-12, 눅 21:15, 행 2:4, 행 4:8-21, 행 6:8-10(행7:1-60), 행 20:26-27, 고전

1:17, 고전 2:1-5,13, 고전 4:20, 엡 6:18, 살전 1:5, 벧전 1:12, 벧후 1:16,21).

그래서 매일 성경을 읽으며 깊이 되새김질하고 기도를 통하여 영이신 루바흐 엘로힘께서 전하라고 주시는 말씀을 '케뤼소'해야 한다. 사람의 눈치를 보는 자는 영이신 하나님의 종이 아니라 사람의 종이다. 영이신 루바흐 엘로힘을 두려워하지 않고 사람을 두려워하는 자는 거짓선지자이다.

르우벤 아처 토레이(Reuben Archer Torrey) 박사는 '성경 자체만큼 유용한 주석은 없다. 나는 본서가 나를 어떤 주석보다 더욱 하나님이 뜻하는 참된 지식에 이르게 할 수 있다는 것을 알았다. 이 책은 알기 어려운 부분들을 비추어 알게 할 뿐만 아니라 많은 증거들을 통해 진리를 강조한다. 이 성경은 연구자에게 말씀을 이해하는 능력뿐만 아니라 말씀을 먹는 능력을 준다'고 하였다. 웨스터민스터 신앙고백서 제 1장 8항~10항을 보라.

그렇다. 목자는 성경을 통달해야 한다. 필자는 이브리어와 헬라어를 전공하지도 않았고 관심도 없었다. 나는 1981년 7월 삼각산 독수리봉에서 거룩한 영의 불을 받은 이후 지금까지 성경에 매달려 살면서 기도하며 이브리어 단어별 합성어해설에 집중하고 있다(시 119:18, 시 51:10, 사 29:10-12, 호 8:12, 마 13:13, 마 16:15-17, 요 9:39, 고후 3:14-18, 고후 4:4, 엡 1:17, 계 3:18).

그러던 어느 날부터 영이신 루바흐 엘로힘께서 임하셔서 이브리어 단어별 합성어해설을 하도록 눈을 열어주셨다. 그래서 두렵고 떨림으로 받들고 있다. 본서도 순전히 영이신 하나님의 감동으로 집필을 하고 있다.

이브리어 단어별 합성어해설 번역을 하게 하시더니 이브리어 성경을 직역 번역, 문장정리를 하게 하셨다. 약 1년이 지나면서부터는 헬라어 성경까지 직역 번역하며 문장정리하는 복을 주셨다. 이것은 순전히 영이신 루바흐 엘로힘께서 당신을 사랑하고 사모하는 자에게 주시는 복이다(렘 29:12-13, 마 7:7-8, 고후 6:2).

그래서 나는 두렵고 떨린다(시 2:11, 시 119:120, 사 66:2-4).

프로스 필맆페시우스 Πρὸς Φιλιππησίους 그람마γράμμα(빌) 2:12-13 그러므로 나의 사랑하는 자들아 너희가 나 있을 때뿐 아니라 더욱 지금 나 없을 때에도 항상 복종하여 두렵고 떨림으로 너희 구원을 이루라 13 너희 안에서 행하시는 이는 하나님이시니 자기의 기쁘신 뜻을 위하여 너희에게 소원을 두고 행하게 하시나니라고 하였다(빌 2:12-16, 빌 3:12-14).

국제정치학교수인 이춘근 박사는 '1980년대에 미국으로 유학해서 오하이오 주립대학교 대학원에서 역사학 박사 과정을 수료했고, 1988년 8월 텍사스 대학교 오스틴 대학원에서 정치외교학 박사 학위를 취득하였다.' 텍사스 대학교 오스틴 대학원 (정치외교학과) 지도교수가 텍사스 대학 도서관 약800만권(2024년 약 1,000만권)(연세대는 30만권)의 도서보다 한 권만 알면 다 알 수 있다고 하였는데 성경이라고 가르쳐 주었다고한다. 정치외교학 박사취득을 하려는 학생에게 한권의 책 성경만 알면 다 알 수 있다고 하였다면 목회자가 성경에 전문가가 되어야 할 분명한 이유이다. 목자와 감독이 세상초등학문에 치우친다면 심각한 문제이다.

책이야기와 누가 이렇게 말하였다가 아니라 거룩한 영이 가라사대! 에하흐께서 이르시기를! 엘로힘께서 말씀하시기를! 예수스 크리스토스(예슈아 마쉬아흐)께서 말씀하셨습니다라고 선포해야 한다. 70권(시편을 5권으로)의 성경을 올바르게 전하여 성도들이 영이신 하나님만 사모하며 바라보게 해야 한다. 선지자(목자, 감독)가 성도들에게는 인기를 얻으려고 해서는 안된다.

영이신 하나님의 종은 에하흐 엘로힘만을 자랑하고 나타내야 한다. 말로만 십자가 뒤에 감추어 달라고 하지 말고 세상과 나는 간 곳 없고 구속한 주만 보이게 하는 자로 부르셨음을 잊지 않아야 한다. 그래야 버림받지 않는다(마 7:20-23). '케뤼소'(고지하는 자, 알리는 자, 크게, 소리로 선포하는 자, 복음을 제시하는 자, 죄를 금하라고 외치는 자, 성경말씀으로 지시, 명령하는 자)해야 참 선지자요 목회자이다(롬 1:16, 고전 1:18,21-25, 고전 2:2.14, 고전 3:19, 고전 15:2, 고후 4:3, 고후 10:4, 갈 6:14. 살전 1:5. 히 4:12. 10:4. 갈 6:14. 살전 1:5. 히 4:12).

말라킴 מלכים 알렢(왕상) 13장에 주의 일 하다가 버림당한 젊은 선지자가 나온다. 에하흐 엘로힘의 말씀을 지키지 아니하면 주의 일을 하여도 영생구원을 받지 못한다는 경고의 말씀이다.

음식과 물을 먹지 말라는 말씀을 지키지 못하여 에하흐 엘로힘의 말씀대로 사자에게 찢겨 죽임을 당하였다(왕상 13:21~22,26, (11~32), 눅 8:12~14, 요일 2:16~17, 마 4:4, 신 8:3, 민 11:4,33).

그렇다. 목자와 감독(엡 4:11, 행 20:28)노릇 하다가 영멸지옥 갈 것인가?(마 7:15~28), 아니면 목자와 감독, 선지자를 감당하기 위하여 영생구원의 좁은 길을 갈 것인가(마 7:13~14). 목회자에게 좁은 길, 협착한 길, 부르심의 말씀순종은 필수이다(창 2:17). 타협은 없다.

(3) 거짓 선지자를 정확하게 알 수 있는 성경적 근거

코로나19 백신이 처음 나왔을 때 백신을 맞으면 666표를 받는다는 극단적 종말론 사이비들이 있었다. 백신 속에 미세한 베레칩이 들어있다는 등 DNA가 변형된다는 등 극단적 종말론주의자들과 사이비들이 자의적인 그릇된 사상들을 퍼뜨렸었다(살후 2:9-11, 딤전 4:1-2, 벧후 2:1-3, 계 16:13-14). '세 더러운 영이 용의 입과 짐승의 입과 거짓 선지자의 입에서 나오니 그들은 귀신의 영이라'이라(계 16:13-14)고 하였다.

코로나19 당시 극단적사이비 종말론 자들의 황당한 말들을 보라. 백신으로 666표를 받는다니 정말 정상이 아니다. 진실로, 절대로, 참으로 코로나 백신주사는 육백육십육의 표를 받는 것이 아니다.

그리고 이들은 코로나19 백신을 맞은 65세이상 노인들이 7일 이내에 1.500명이 죽었다는 sbs 2020.10.24일 뉴스보도를 인용하여 코로나19백신을 불신하고 있다. 질병통계청에서는 독감백신주사를 맞아도 매년 3.000여명이 죽는다고 하였다.

목자들이여! 정신을 차리고 진리를 명명백백하게 가르치라고 권한다.

성경의 666은 육,육,육이 아니라 육백육십육이다(계 13:17~18). 육,육,육(6,6,6)과 육백육십육(666)은 같은 것 같지만 같은 숫자가 아니다.

그들은 성구를 인용하여 말하는데 분명하게 알아야 할 것은 성경을 자의적으로 인용한다고 다 하나님의 말씀이 아니다.

솨탄마귀도 성경을 인용하여 예슈아를 시험하였다(마 4:1-11). 악한 영들도 하나님이 한 분인 줄 믿고 전율하여 공포에 사로잡힌다고 하였다(약 2:19).

성경을 너무 모르고 귀동냥이나 해서 설교를 하는 목자를 만나면 둘 다 소경이 되어 구덩이에 빠진다. WCC(세계교회협의회)에 가입되어 있는 자들의 설교집들이 서점가에 깔려있다. 미혹의 영을 받아서 귀가 멀고 눈 먼 거짓 목자가 얼마나 많은가?

◆ 맛디아오스유앙겔리온(마태복음) 24:24절을 직역문장정리하면

본문 : **거짓 그리스도들과 거짓 선지자들이 일어나 큰 표적과 기사를 보여 할 수만 있으면 택하신 자들도 미혹하게 하리라고 하였다.**

직역 : **저들이 일어난다. 참으로 거짓 크리스토스들 ~과 거짓선지자들 그리고 저들이 보여주며 표적들 위대한 것들 ~과 놀라운 기적들 그러므로 미혹하여 길을 잃게 한다 할 수 있는 ~과 저들 선택된 자들**

문장정리 : **참으로 거짓 크리스토스들과 거짓선지자들, 저들이 일어난다. 그리고 위대한 것들과 표적들을 저들이 보여주며 할 수 있는 놀라운 기적들로 저희가 선택된 자들을 미혹하여 길을 잃게 한다. 그러므로~,**

거짓선지자(שקר세케르 נביא나비) 거짓 크리스토스(5580 프쉰도크리스토스)를 정확하게 알 수 있는 성경적 근거를 9가지로 정리하였다.

1) 위대한 것들과 표적과 놀라운 기적들을 보여주며 미혹한다(마 24:24, 마 7:22-23, 막 13:22, 행 8:9-11, 살후 2:9-12, 딤후 3:8, 요일 4:1, 계 11:5, 계 13:11-15, 계 16:14, 계 19:20, 신 13:1-3).

2) 열매로 알 수 있다(마 7:15-20, 벧후 2:1-16, 유 1:3-16). 반드시 얼마 지나지 않아 드러난다.

3) 생명을 살리는 복음전파보다 짐승의 표, 그 이름의 수, 사람의 수, 짐승의 수(육백육십육, 140.000명, 7년대 환난, 3년반 등등), 숫자 등에 더 집중하는 설교자는 거짓선지자(거짓목자)일 가능성이 매우 높다(마 1:21, 요 1:29, 요 3:16, 행 2:38, 행 4:12, 행 16:31, 고전 1:18, 고전 2:1-2, 살후 2:1-2, 계 7:4, 계 14:1-3, 계 13:17-18).

'그 이름의 수, 사람의 수, 짐승의 수'는 육백육십육이다. 전 세계의 사람들을 모든 행동을 통제Control할 때 인치는 그때에는 사람이지만 인간의 긍휼과 감정이 전혀 없는 무자비한 짐승의 통제가 시작된다. 그러나 칠 수에는 미치지 못하므로 그때에는 영이신 하나님의 만능으로 택하신 자들에게 피할 길을 주시고 감하여 주신다(막 13:20(12-20), 고전 10:13). 순교로 믿음을 지키게 해주신다(계 7:14, 계 12:11).

2024년 1월 현재 4기가 AI채봇 로봇의 사람 IQ로 계산하면 160이라고 한다. 2년 후에는 IQ 1.600짜리가 나온다고 한다. 사람의 평균 IQ가 90~120이다. 10년 후에는 상상할 수 없는 AI채봇 로봇이 등장할 것이라고 한다. 심히 무서운 미래가 눈앞에 다가와 있다.

이들은 하나같이 자의적(개인의 견해)으로 성경해설을 한다. 직접계시를 받았다고 하면서 미혹한다. 그래서 교인들이 미혹 받아 속는다. 사이비이단들을 보라. 닮은 점이 많이 있다. 분명히 알아야할 것은 원어성경은 확실한 예언서이다. 원어성경보다 더 영적인 것은 없다. 원어성경은 영이신 루바흐 엘로힘의 말씀이기 때문이다. 성경은 예슈아를 증거 한다. 예슈아를 믿어야만 죄사함과 영생구원을 받는다(요 1:12, 요 3:15-18, 마 1:21). 다른 그 누구를 믿어서는 죄사함도 영생구원도 없다(행 4:12). 그러나 사이비이단들은 자기들에게로 성경을 해설한다.

이들의 특징은 ① 거짓말을 하며 가르친다. ② 돈을 갈취한다. ③ 가정을 파괴한다. ④ 성적으로 문란하다. ⑤ 자유를 억압한다. ⑥ 집단적, 은둔생활들을 한다. ⑦ 교주가 자기가 구원자 예수라고 한다. 대한민국에만 가짜 예수가 40여명이라고 한다. 혹은 보혜사, 약속의 목자, 이기는 자, 창조주 참하나님, 성령, 또는 하나님이라고 한다.

아래성경을 보라.

이 말씀들만 믿어도 거짓선지자와 사이비와 이단들에게 넘어가지 않는다.

'다른 이로써는 구원을 받을 수 없나니 천하사람 중에 구원을 받을 만한 다른 이름을 우리에게 주신 일이 없음이라 하였더라'(행 4:12)고 하였다.

'아들을 낳으리니 이름을 예수라 하라 이는 그가 자기 백성을 그들의 죄에서 구원할 자이심이라 하니라'(마 1:21)고 하였다.

'그들을 데리고 나가 이르되 선생들이여 내가 어떻게 하여야 구원을 받으리이까 하거늘 31 이르되 주 예수를 믿으라 그리하면 너와 네 집이 구원을 받으리라'(행 16:30-31)고 하였다.

'하나님이 세상을 이처럼 사랑하사 독생자를 주셨으니 이는 그를 믿는 자마다 멸망하지 않고 영생을 얻게 하려 하심이라'(요 3:16)고하였고

'오직 이것을 기록함은 너희로 예수께서 하나님의 아들 그리스도이심을 믿게 하려 함이요 또 너희로 믿고 그 이름을 힘입어 생명을 얻게 하려 함이니라'(요 20:31)고 하였다.

이단과 거짓선지자는 성경해설의 균형을 잃어버리고 한쪽으로만 기울어져 있다. 그들의 말이 99%가 맞아도 아니 0.00001%의 왜곡으로도 영멸지옥으로 영혼을 파멸시킨다(요 10:10). 진실은 거짓이 0.00001%도 없다. 그래서 영이신 루바흐 엘로힘, 에하흐 엘로힘, 예슈아 마쉬아흐(예수스 크리스토스, 이에수스 크리스토스, 예수 그리스도)는 거짓말을 0.00001%도 못하신다(딛 1:2, 히 6:18, 히 13:8, 약 1:17, 계 1:8,17-18, 요 8:56-58, 롬 3:4, 요일 5:10, 민 23:19, 삼상 15:29, 시 102:27-28, 사 44:6, 말 3:6). 성경은 거짓이 0.00001%도 없다.

4) 하나님의 말씀을 혼잡하게 하고 교묘하게 짜깁기하고 억지해석을 하며 공포를 조장한다(고후 2:17, 고후 4:2, 벧후 3:16-17, 민 12:1-12, 민 16:1-35, 말 3:8-9, 행 5:1-11). 자기교회에만 진리가 있고, 자기교회를 떠나면 구원이 없다고 강조한다. 자기 말을 듣지 않으면 죽는다고 한다. 자기를 비방하면 멸망한다고

겁을 준다. 이런 사람들은 100% 가짜이다. 거짓선지자들이다.

5) 자기 생명에 위협과 환경의 어려움이 닥치면 양들을 버리고 도망간다. 삯꾼목자, 거짓선지자들의 전형적인 방법이다(요 10:3,11-13, 사 56:10-12, 겔 34:2-6, 슥 11:17, 마 10:16, 행 20:29, 딤후 4:10).

6) 예슈아와 성경말씀에게로 이끌지 아니하고 자기에게로 이끌고, 억압, 폭행, 유린(蹂躪)한다(행 20:29-30, 고후 11:2-4, 계 2:2, 사 59:3, 마 23:15, 마 26:21-25, 행 5:36-37, 고전 1:12-15, 딤전 1:19-20, 딤전 6:3-5, 딤후 2:17-18, 딤후 4:3-4, 벧후 2:1-2,18, 요일 2:19). 한국에 가장 많은 이단과 사이비들과 거짓선지자들이 있다고 한다.

7) 성경말씀에 더하거나 빼는 자이다(계 22:18-19, 렘 14:11-17, 잠 30:5-6, 고전 4:6, 신 4:2, 신 12:32, 마 15:6-9, 계 19:20, 계 20:10). 이들은 멸망할 자들이다.

신천지 12지파 교적부가 생명책이라고 한다. 이 교적부에 이름이 없는 자는 육체영생하는 신천지 장막에 들어가지 못한다는 거짓말에 고등교육을 받은 청년들 약420.000만명(70만의 60%)이 미혹되어 영멸의 길을 걷고 있다(요 12:40, 롬 1:28, 살후 2:10-12, 딤전 4:1-2). 2023년도 신천지 수료생108.084명중에 6천여명의 목사들이 신천지로 개종하였다고 한다. 통탄할 일이지만 통탄할 것도 없다. 그 영혼들이 불쌍할 뿐이다. 이단들과 거짓선지자들에게 미혹당하는 그 원인이 명백하다. ① 진리를 사랑하지 않는 자들이다. ② 불의를 기뻐하고 좋게 생각하며 즐기는 자들이다(살후 2:9-12절을 보라)라고 하였다.

거짓말, 거짓 예언하는 자들은 모두가 다 솨탄마귀의 종이다(사 9:15, 사 30:10-11, 렘 23:14-32, 렘 27:9-15, 렘 28:15 렘 29:8-9,31 애 2:14 겔 13:6-7, 겔 21:29, 미 3:11, 슥 13:3, 요 8:44(창3:4-6,19,24), 살후 2:9-11, 딤전 4:2).

그리고 한국교회가 혼합종교가 되어있다는 증거가 있다. 기도가 그것을 증명한다. 기도가 지극히 기복적이고 샤머니즘적이다. '비나이다' 라고 할 수 있다. 사술을 베풀고 점쟁이 같은 거짓예언을 하는 거짓목회자들이 많다. 거짓말쟁이(요8:44, 창3:4), 솨탄마귀의 거짓선지자와 이단에게 속지 말아야 한다. 예언은 70권(시편을 5권으로)의 성경말씀이다.

젊은 선지자와 늙은 선지자는 어느 시대나 있다. 주의 일 잘하고 버림당한 젊은 선지자를 통하여 꼭 배워야 할 영적인 교훈은 자기를 부르시고 주신 말씀을 온전히 지키라는 것이다. 예하흐의 말씀을 본향으로 돌아갈 때까지 지키지 아니하고 가는 도중에 불순종하면 영생구원을 받지 못한다는 진리의 말씀이다(왕상 13:21~22,26(11~32)).

젊은 선지자는 늙은 선지자가 나도 그대와 같은 선지자라는 말에 속았다. 그리고 영이신 하나님께서 말씀하신 비밀을 말해버렸다. 그래서 가던 길로 가지 말고 다른 길로 가라고 하신 것은 아는 사람과의 접촉을 하지 말라는 것이었다.

예하흐 엘로힘의 말씀을 지키려면 먹고 마시는 것을 초월해야 한다. 초월하지 못하면 영멸한다(눅 8:12~14, 요일 2:16~17, 마 4:4, 롬 14:17, 고전 8:8, 골 2:16, 히

13:9, 신 8:3, 민 11:4,33). 그리고 목회자들은 깨달아야 한다. 영이신 하나님께서 나에게 말씀하셨으면 계속 나에게 직접 말씀하신다는 것이다(왕상 13:14-24).

8) 다른 복음을 전하다 저주를 받을 자들이다(갈 1:6-9, 엡 6:10-17, 요일 4:1-6, 살후 2:2-4, 마 25:41, 고전 16:22, 갈 3:10, 딛 3:10).

진짜복음은 '예슈아를 믿으라'이다. 예슈아를 믿는 자에게 죄 사함과 영생 구원을 주신다고 전하는 것이 성경의 진리요 진짜복음이다. 구원받을 이름은 오직 예슈아이시고 다른 이름을 주신 적이 없다고 하셨다(행 4:12, 마 1:21, 행 16:31, 행 2:38). 그러나 홍길동을 믿으라 그리하면 너와 내 집이 구원을 얻고 천국을 간다고 하는 것이 다른복음이며 사이비들, 이단들, 거짓선지자들의 저주의 복음이다(갈 1:8-9).

9) 영생복음, 생명의 말씀을 영생멸망지옥의 말로 어느 순간에 뒤집어 버린다(창 2:17, 창 3:4). 거짓말은 뱀-솨탄마귀의 본질과 실체이다. 죽이고 멸망시키는 최고의 무기이다(요 8:44, 요 10:10, 계 12:9, 계 21:8, 계 22:15).

이것은 정확하게 알려면 이브리어 알파벳 헤트와 테트의 의미를 알아야 한다.

이브리어 알파벳 헤트ח는 생명의 울타리, 보호의 울타리, 유월절 어린 양의 피가 발라져있는 장소, 즉 죽음의 재앙이 넘어가는 장소이다(출 12:12-13,23, 히 11:28).

헤트ח는 예슈아십자가 복음의 상징이다. 헤트ח는 이브리어 자인ז과 바브ו

의 합성어이다. 유대랍비들은 헤트에 왕관을 씌워 놓고 설명한다. 중요하기 때문이다.

자인ז은 검, 도구, 무기, 수행의 의미이다. 영(프뉴마)의 검 곧 하나님의 말씀을 상징한다(엡 3:17).

바브ו는 갈고리, 못, 연결하는 사람을 의미한다. 죄인을 십자가로 아버지 하나님에게로 연결하는 사람 예슈아를 상징한다(요 14:6, 요 20:31, 요 1:12, 요 3:16, 요 10:28-30, 롬 5:8-10, 엡 2:16-22, 히 9:12-15, 벧전 3:18, 요일 2:23, 계 5:9).

그런데 테트ט는 뱀, 사탄마귀라는 의미이다(계12:9). 왜일까? 헤트ח(생명-영생-예슈아)를 뒤집어 놓은 테트ט는 영멸지옥의 구덩이이다. 테트ט도 자인과 바브의 합성어이다. 즉 생명을 죽음으로 뒤집어 버렸다. 생명의 복음을 저주의 복음으로 뒤집어 버렸다(갈 1:7-9).

그래서 사탄마귀는 처음부터 살인자(아담과 하와을 죽임, 창319), 거짓말쟁이, 욕심쟁이, 진리(복음, 예슈아, 생명)가 그 속에 없는 자(요8:44, 약2:19). 그리고 죽이고 멸망시키는 자이다(요 10:10, 막 1:24, 눅 4:34). *이들은 죄를 회개하지 않는다.

목자들이여!
감독들이여!
성도들이여!

거짓선지자(거짓목자, 감독, 교황)들에게 속지 않으려면 성경을 꾸준히 읽고 예슈아יֵשׁוּעָה 마쉬아흐מָשִׁיחַ-이에수스 크리스토스(예수 그리스도)를 믿어 죄 사함 받고 영생구원을 얻는 것 외에는 성경을 균형적으로 생각하며 교단을 벗어나 초교파적으로 영적분별을 해야 한다.

누구라도 교파적 색깔에 매이면 성경전체의 균형을 잃어버린다. 생명의 말씀으로 무장하지 못하면 누구라도 예외 없이 거짓선지자, 목자에게 미혹을 받아 넘어가는 자들은 불의를 좋아하며 심판을 받아 멸망할 자이다(신 8:3, 마 4:4, 시 119:1-176, 시 19:1-4,7-11, 엡 6:10-18, 살후 2:9-12, 히 4:12-13).

'악한 자의 나타남은 사탄의 활동을 따라 모든 능력과 표적과 거짓 기적과 10 불의의 모든 속임으로 멸망하는 자들에게 있으리니 이는 그들이 진리의 사랑을 받지 아니하여 구원함을 받지 못함이라 11 이러므로 하나님이 미혹의 역사를 그들에게 보내사 거짓 것을 믿게 하심은 12 진리를 믿지 않고 불의를 좋아하는 모든 자들로 하여금 심판을 받게 하려 하심이라'(살후 2:9-12)고 하였다. 이단들의 뻔한 거짓말에 속아 넘어가는 이유에 대한 명백한 말씀이다. 이단들과 사이비들, 거짓선지자들에게 속아 넘어가는 원인은 ① 진리의 말씀을 믿지 아니하는 자들이다. ② 불의를 좋아하는 자들이라고 하였다.

20~30대 엘리트들, 약 420.000만명이 약 2~8개월 신천지교육을 받은 후에 '우리는 신천지입니다' 라고 밝혀도 빠져나오지 못한다고 한다.

분명하게 알라. 육백육십육은 육육육(666)이 아니다. 육백육십육, 사람의 수, 짐승의 수, 세계인구들의 행동을 통제Control하는 짐승의 표를 주는 적크리스토스는 아직 일어나지 않았다.

짐승은 누구일까?

θηρίον(2342 데리온- 야생동물, 들짐승 wild animal, 짐승 beast) 헬라어 '데리온'은 은유적으로 짐승과 같은 사람, 즉 동물, 괴물과 같은 자, 로마 황제 네로와 같은 자라고 할 수 있다. 네로황제는 기독교 박해자의 상징이다. 헬라어 '데리온'의 이브리어 역어는 '하이'이다(하이 חי- 살아있는 사람이나 동식물, 생존하여 있는 사람이나 동식물의 의미이다).

이브리어로는 네론 카사르이다. 네론 카사르는 이브리어 숫자 값이 육백육십육이다.

네론 카사르 נרון קסר

ר레쉬(200)+ס싸메크(60)+ק코프(100)+ן눈(50)+ו바브(6)+ר레쉬(200)+נ눈(50)=육백육십육이다.

그러나 네로황제가 전 세계 위에 군림하여 성전에 앉아 하나님이라고 하지 않았다. 로마에서 자신을 황제 숭배(신격화)하라고 하였을 뿐이다. 그리고 육백육십육의 표를 주지도 않았고 세계정치, 종교, 경제, 교육, 미디어, 예술, 국방 등을 지배하며 통제하지도 않았다. 집권하면서 한때 기독교를 박해한 자 일 뿐이다. 이렇게 따지면 네로황제는 유대인들을 약 600백만 명을 죽인 히틀러와 비교도 안된다.

B.C. 40년에 이두매의 안티파테르(Antipater)의 아들 헤로데스(헤롯)가 유대의 왕으로 재직 중이던 어느 날 왕복을 입고 백성들에게 연설할 때에 백성

들이 환호하며 하나님의 소리라고 하였다. 이 환호하는 소리를 듣고 하나님께 영광을 돌리지 아니하므로 퀴리오스(주) 앙겔로스(사자)가 치니 벌레에게 먹혀 죽었다(행 12:21-22). 누구라도 하나님 위치에 올라가면 죽고 영멸한다는 말씀이다(마 25:41, 계 14:9-11, 계 19:20, 계 20:10,14).

성도들이 육백육십육의 짐승의 표 받는 것을 경계는 해야 하지만 지나치게 억지로 해석하게 되면 극단적 종말론주의자와 사이비와 이단이 되고 만다는 것을 잊지 않았으면 한다.

그리고 지금까지 간헐적으로 기독교인들을 탄압과 박해하고 죽이는 자들이 일어났지만 세계적으로 신앙과 경제를 지배하는 자, 짐승(솨탄마귀)과 같은 속성을 가진 적 크리스토스 즉 자기를 경배하는 자에게만 주는 육백육십육의 표를 주는 자는 일어나지 않았다. 코로나 백신과 여권과 백신증명서도 아니다. 깨어있어 균형적인 성경진리로 경계의 경계를 해야 한다.

처음 크레디트 카드(credit card)가 나올 때 경제수단으로 쓰였기 때문에 육백육십육(666)의 표를 받는 것이라고 떠들썩하였다.

그리고 베레칩의 등장으로 사이비, 이단들은 또 한 번 떠들썩하였고 지금도 진행 중이다. 그리고 이제는 코로나백신 주사액속에 미세한 베레칩이 들어있어 조종을 받게 될 것이라는 황당한 유언비어를 만들어내는 등 코로나 백신 확인증이 없이는 해외여행이나 사고파는 것을 할 수가 없다고 하면서 미치광이들이 날뛰고 있다.

분명한 것은 이것이다. 이러한 것들을 마지막 때에 등장한 적크리스토스가 이용할 수는 있다. 그러나 현재는 아니다. 이유는 불법의 사람 곧 멸망의 아들이 나타나지 않았고, 성전에 앉아 자기를 하나님이라고 하는 자가 이용하는 것이 아니기 때문이다. 자기를 하나님이라 하는 자는 많아도 세계화는 되지 못하였고 경제의 문제를 지배, 통제Control 하지 못하고 있기 때문이다.

프로스 테살로니케이스 베타 Πρὸς Θεσσαλονικεῖς β' 그람마γράμμα(살후) 2:3-4 '누가 어떻게 하여도 너희가 미혹되지 말라 먼저 배교하는 일이 있고 저 불법의 사람 곧 멸망의 아들이 나타나기 전에는 이르지 아니하리니 4 저는 대적하는 자라 범사에 일컫는 하나님이나 숭배함을 받는 자 위에 뛰어나 자존하여 하나님 성전에 앉아 자기를 보여 하나님이라 하느니라'고 하였다.

각 족속과 백성과 방언과 나라를 다스리는 권세를 받아서 자기에게 경배(신앙을 강조)하는 자들에게만 주는 표가 아니기 때문이다.

아포칼륍시스 요안누 Ἀποκάλυψις Ἰωάννου 그람마γράμμα(계) 13장 중심으로

아포칼륍시스 요안누 Ἀποκάλυψις Ἰωάννου 그람마γράμμα(계) 13:4-8 용이 짐승에게 권세를 주므로 용에게 경배하며 짐승에게 경배하여 가로되 누가 이 짐승과 같으뇨 누가 능히 이로 더불어 싸우리요 하더라 5 또 짐승이 큰 말과 참람된 말 하는 입을 받고 또 마흔 두달 일할 권세를 받으니라 6 짐승이 입을 벌려 하나님을 향하여 훼방하되 그의 이름과 그의 장막 곧 하늘에 거하는 자들을 훼방하더라 7 또 권세를 받아 성도들과 싸워 이기게 되고 각 족속과 백성과 방언과 나라를 다스리는 권세를 받으니 8 죽임을 당한 어

린 양의 생명책에 창세 이후로 녹명되지 못하고 이 땅에 사는 자들은 다 짐승에게 경배하리라고 하였고

아포칼륍시스 요안누 Ἀποκάλυψις Ἰωάννου 그람마γράμμα(계) 13:15-18 저가 권세를 받아 그 짐승의 우상에게 생기를 주어 그 짐승의 우상으로 말하게 하고 또 짐승의 우상에게 경배하지 아니하는 자는 몇이든지 다 죽이게 하더라 16 저가 모든 자 곧 작은 자나 큰 자나 부자나 빈궁한 자나 자유한 자나 종들로 그 오른손에나 이마에 표를 받게 하고 17 누구든지 이 표를 가진 자 외에는 매매를 못하게 하니 이 표는 곧 짐승의 이름이나 그 이름의 수라 18 지혜가 여기 있으니 총명 있는 자는 그 짐승의 수를 세어 보라 그 수는 사람의 수니 육백 육십 륙이니라고 하였다.

짐승과 우상에게 경배하지 않으면 다 죽인다. 이런 짐승과 같은 자가 등장하지 않았다. 이때는 순교하든지 아니면 주께서 피할 길과 감해 주시든지 그 외에는 다른 방법이 없다. 산으로 도망가서 숨어 살든지 해야한다(마 24:15-22, 고전 10:13). 이에수스 크리스토스를 믿는 자들은 이 짐승에게 경배하지도 않으며 육백육십육의 표를 받지 않는다.

아포칼륍시스 요안누 Ἀποκάλυψις Ἰωάννου 그람마γράμμα(계) 13:8-10 죽임을 당한 어린 양의 생명책에 창세 이후로 이름이 기록되지 못하고 이 땅에 사는 자들은 다 그 짐승에게 경배하리라 9 누구든지 귀가 있거든 들을지어다 10 사로잡힐 자는 사로잡혀 갈 것이요 칼에 죽을 자는 마땅히 칼에 죽을 것이니 성도들의 인내와 믿음이 여기 있느니라고 하였다.

아포칼륍시스 요안누 Ἀποκάλυψις Ἰωάννου 그람마γράμμα(계) 14:9-13 또 다른 천사 곧 셋째가 그 뒤를 따라 큰 음성으로 이르되 만일 누구든지 짐승과 그의 우상에게 경배하고 이마에나 손에 표를 받으면 10 그도 하나님의 진노의 포도주를 마시리니 그 진노의 잔에 섞인 것이 없이 부은 포도주라 거룩한 천사들 앞과 어린 양 앞에서 불과 유황으로 고난을 받으리니 11 그 고난의 연기가 세세토록 올라가리로다 짐승과 그의 우상에게 경배하고 그의 이름 표를 받는 자는 누구든지 밤낮 쉼을 얻지 못하리라 하더라 12 성도들의 인내가 여기 있나니 그들은 하나님의 계명과 예수에 대한 믿음을 지키는 자니라(눅8:15) 13 또 내가 들으니 하늘에서 음성이 나서 이르되 기록하라 지금 이후로 주 안에서 죽는 자들은 복이 있도다 하시매 성령이 이르시되 그러하다 그들이 수고를 그치고 쉬리니 이는 그들의 행한 일이 따름이라 하시더라고 하였다.

성도들이 사느냐 죽느냐는 삶 속에서 결정된다. 살려면 피 흘리기까지(생명 걸고, 히12:4, 계12:10) 싸워서 이기는 자는 영생구원을 받고 죄(쏴탄마귀, 욕심, 거짓말)에게 지면 영생지옥 멸망한다(롬 8:5-9).

아포칼륍시스 요안누 Ἀποκάλυψις Ἰωάννου 그람마γράμμα(계) 12:10 우리 형제들이 어린 양의 피와 자기들이 증언하는 말씀으로써 그(짐승, 쏴탄, 사람, 육백육십육, 거짓말, 욕심)를 이겼으니 그들은 죽기까지 자기들의 생명을 아끼지 아니하였도다라고 하였다(히 12:4-5, 롬 8:37-39, 고전 15:57, 고후 2:14, 요일 4:4, 요일 5:4-5, 계 3:8,10, 계 13:10, 계 7:9-12, 계 12:10-11, 계 17:14, 계 21:6-8).

예슈아께서 세 종류의 목자가 있다고 하셨다(요 10:8,11,14,12-13).

첫째 절도와 강도의 목자가 있다(요 10:8).

둘째 선한목자가 있다(요 10:11,14).

셋째 삯군의 목자가 있다(요 10:12-13).

필자는 선한목자이신 예슈아를 본받아 위에서 부르신 부름의 상을 향하여 오늘도 달음박질을 하고 있다(빌 3:12-14, 시 119:18, 시 51:10, 시 84:2, 히 13:21, 빌 2:12-14).

거짓선지자들과 이단들을 집안에 들이지도 말고 인사도 하지 말고 한두 번 훈계(경계, 교훈)한 후에 멀리(거절)하라고 하였다(딛 3:10, 요이 1:10-11).

이단에 빠진 자들을 인격적으로 대하지 말고 무시하며 사람취급하지 말라는 것이다. 거짓선지자들과 이단들은 저주받은 자들이다(갈 1:7-9, 계 13:16-18, 계 19:20, 계 20:10, 계 21:8, 계 22:15,18,19), 그래서 건져내려고 하지만, 하지 말라고 하셨다.

거짓선지자들과 이단들은 안된다는 것이다. 도리어 자기영혼이 사냥 당하므로 금하신 것이다. 거짓선지자들과 이단들은 사람의 탈을 쓴 솨탄마귀들이다. 영혼의 사냥꾼들이다(계 16:13,14, 요 8:44, 벧후 2:1-3, 요일 2:20-22, 요일 4:1-3, 요이 1:7, 계 18:4, 고전 5:11, 엡 5:11, 딤후 3:6, 딤전 4:1-2, 살후 2:8-12, 대하 20:35-36).

■ '교제' 하바르 사전적 의미

חָבַר(2266-하바르-연합하다, 결합되다, 마법을 걸다, 마법으로 묶다)이다(대하 20:35-36).

신앙의 노선이 같지 아니한 자와 함께 교재하지 말아야할 것을 알려주는 단어이다. 연합과 결합은 둘이 하나 여럿이 하나가 되는 것이다. 마법(魔法-마귀의 본질의 법은 거짓)은 100% 눈속임이다. 곧 거짓을 진짜처럼 속이는 것이다. 거짓선지자들과 이단들과 교재하고 그들을 집으로 받아들이고 인사를 하면 그들의 거짓말에 묶이고 걸려들게 되어 그들이 받을 저주형벌에 참여하는 자가 된다고 하였다(엡 5:11, 살후 2:8, 계 18:4). 사악한 자와 성도, 성찬과 악한 영의 잔이 함께 할 수 없는 것과 같다(고후 6:14-18, 시 1:1).

(17) 에하흐 카도소 : 에하흐는 거룩하시다.

쉬모트 שמות 세페르סֵפֶר(출) 31:13 너는 이스라엘 자손에게 말하여 이르기를 너희는 나의 안식일을 지키라 이는 나와 너희 사이에 너희 대대의 표징이니 나는 너희를 거룩하게 하는 여호와인 줄 너희가 알게 함이라.

바이크라 ויקרא 세페르סֵפֶר(레) 11:45 나는 너희의 하나님이 되려고 너희를 애굽 땅에서 인도하여 낸 여호와라 내가 거룩하니 너희도 거룩할지어다.

■ 에하흐 카도소 사전적 의미(쉬모트세페르(출) 31:13절 중심으로)

יְהוָה(3068, 에하흐), קָדַשׁ(6942 카도소(동사) – 거룩하다, 거룩하게 하다, 성별하다, 봉헌하다, 성화(성결)하게 하다), מְקַדִּשְׁכֶם׃(메카디셰켐) 피엘 분사 2인 남성 복수이다. * 에하흐께서 거룩하시다는 것은 죄가 없으시다는 의미이다(히4:15, 히7:26, 요일3:5).

■ 카도소 하야 사전적 의미(바이크라세페르(레) 11:45절 중심으로)

'거룩' 카도소 קָדוֹשׁ (6918, 카도소-거룩한, 신성한, 분리, 구별)이다.

'할지어다' 하야 הָיָה (1961, 하야-~이 일어나다, ~이 되다, ~이다)이다.

◆ 카도소 하야 직역문장정리

거룩함으로 너희는 일어나라. 너희는 거룩하게 되라. 거룩은 너희이다. 신성하게 너희는 일어나라. 너희는 신성하게 되라. 신성은 너희이다. 구별로 너희는 일어나라. 너희는 구별되게 하라. 구별은 너희이다.

카도소 간략해설

너희를 거룩하게 하라, 내가 거룩하니 너희도 거룩하게 일어나라고 하셨다. 거룩한 구별의 생활을 하려면 불가능에 가까운 죄 사함과 영생구원을 소망하면서 영이신 하나님의 본성인 형상과 모양이 예슈아의 십자가 복음으로 다시 태어나 회복되어 예슈아의 생명에 종속(접붙임, 롬11:17-19,23-24)되어, 예슈아 말씀을 받아서 지키고 따라가며 열매를 맺혀나가라는 것이다. 예하흐께서 거룩하시다. 그러므로 예슈아를 믿는 자들에게 거룩하라고 하신 것은 당연한 것이고 성도들은 당연히 거룩함으로 신성함으로 일어나야한다(벧전 1:15, 벧후 3:11-13). 예하흐는 거룩하심으로 그를 믿는 자들도 거룩하라고 명령하셨다. 거룩함은 곧 성별이다. 비 진리와 죄악으로부터 구별이며 분리이다. 그러므로 '카도소'는 영이신 하나님의 속성이다. 예슈아를 믿는 자는 모두가 영이신 하나님의 거룩함의 속성이 회복된 자이다. 죄사함을 받았다. 그러므로 죄와 비 진리에서 분리 되었다. 영이신 하나님의 본질이 거룩이시다. 그러므로 영이신 하나님께서 그의 자녀들에게 죄를 짓지 않는 자가 되라고 하셨다.

아담 이후 예슈아를 믿는 모든 사람에게도 타락의 본성들이 남아있다.

아래 성경을 보라.

프로스 로마이우스 Πρὸς Ρωμαίους 그람마γράμμα(롬) 7:15-25 내가 행하는 것을 내가 알지 못하노니 곧 내가 원하는 것은 행하지 아니하고 도리어 미워하는 것을 행함이라 16 만일 내가 원하지 아니하는 그것을 행하면 내가 이로써 율법이 선한 것을 시인하노니 17 이제는 그것을 행하는 자가 내가 아니요 내 속에 거하는 죄니라 18 내 속 곧 내 육신에 선한 것이 거하지 아니하는 줄을 아노니 원함은 내게 있으나 선을 행하는 것은 없노라 19 내가 원하는 바 선은 행하지 아니하고 도리어 원하지 아니하는 바 악을 행하는도다 20 만일 내가 원하지 아니하는 그것을 하면 이를 행하는 자는 내가 아니요 내 속에 거하는 죄니라 21 그러므로 내가 한 법을 깨달았노니 곧 선을 행하기 원하는 나에게 악이 함께 있는 것이로다 22 내 속사람으로는 하나님의 법을 즐거워하되 23 내 지체 속에서 한 다른 법이 내 마음의 법과 싸워 내 지체 속에 있는 죄의 법으로 나를 사로잡는 것을 보는도다 24 오호라 나는 곤고한 사람이로다 이 사망의 몸에서 누가 나를 건져내랴 25 우리 주 예수 그리스도로 말미암아 하나님께 감사하리로다 그런즉 내 자신이 마음으로는 하나님의 법을 육신으로는 죄의 법을 섬기노라고 하였다.

사도 파울로스(바울)의 영적싸움의 탄식이다.

‘육체의 소욕은 성령을 거스르고 성령은 육체를 거스르나니 이 둘이 서로 대적함으로 너희가 원하는 것을 하지 못하게 하려 함이니라’(갈 5:17).

영과 육의 강한 쪽으로 기울게 된다(롬 8:5-6).

‘오직 너 하나님의 사람아 이것들을 피하고 의와 경건과 믿음과 사랑과 인내와 온유를 따르며 12 믿음의 선한 싸움을 싸우라 영생을 취하라 이를 위하여 네가 부르심을 받았고 많은 증인 앞에서 선한 증언을 하였도다’(딤전 6:11-12)라고 하였다.

믿음의 선한 싸움을 하는 길밖에는 다른 방법이 없다.

그러므로 정욕을 십자가에 못 박고 거룩한 영으로 행하는 것을 계속해야 한다(요일 2:16-17, 갈 5:24-25).

‘너희 중에 싸움이 어디로부터 다툼이 어디로부터 나느냐 너희 지체 중에서 싸우는 정욕으로부터 나는 것이 아니냐’(약 4:1)라고 하였다.

‘선을 행하고 전혀 죄를 범하지 아니하는 의인은 세상에 없기 때문이로다’(전 7:20)라고 하였다.

그렇다고 포기하면 안된다. 죄와 솨탄마귀와의 영적싸움은 생명을 걸고 죽을 때까지 한다(히 12:3-5, 계 2:13, 계 6:9-11, 계 12:11, 계 18:24).

프로스 로마이우스 Πρὸς Ρωμαίους 그람1마γράμμα(롬) 8:5-14 육신을 따르는 자는 육신의 일을, 영을 따르는 자는 영의 일을 생각하나니 6 육신의 생각은 사망이요 영의 생각은 생명과 평안이니라 7 육신의 생각은 하나님과 원수가 되나니 이는 하나님의 법에 굴복하지 아니할 뿐 아니라 할 수도 없음이라 8 육신에 있는 자들은 하나님을 기쁘시게 할 수 없느니라 9 만일 너희 속에 하나님의 영이 거하시면 너희가 육신에 있지 아니하고 영에 있나니 누구든지 그리스도의 영이 없으면 그리스도의 사람이 아니라 10 또 그리스도께서 너희 안에 계시면 몸은 죄로 말미암아 죽은 것이나 영은 의로 말미암아 살아 있는 것이니라 11 예수를 죽은 자 가운데서 살리신 이의 영이 너희 안에 거하시면 그리스도 예수를 죽은 자 가운데서 살리신 이가 너희 안에 거하시는 그의 영으로 말미암아 너희 죽을 몸도 살리시리라 12 그러므로 형제들아 우리가 빚진 자로되 육신에게 져서 육신대로 살 것이 아니니라 13 너희가 육신대로 살면 반드시 죽을 것이로되 영으로써 몸의 행실을 죽이면 살리니 14 무릇 하나님의 영으로 인도함을 받는 사람은 곧 하나님의 아들이라고 하였다.

그렇다. 성도라 할지라도 영이신 하나님의 거룩하심처럼 그 거룩함은 불가능하다. 사람은 죄와의 완전분리가 불가능하기 때문이다. 오직 영으로써 몸의 행실을 죽이고 살수는 있으나 지속할 수는 없다. 그러므로 영이신 하나님의 인도함 받기를 사모하며 말씀으로 무장하여 솨탄마귀를 적극적으로 대적하며 예슈아께서 가르쳐 주신 기도가 이루어지기를 기도하는 것이다(마 6:8-13). 예슈아께서 가르쳐 주신 기도가 이루어질 때 거룩하게 된다. 타락한 본성을 가지고 살아가는 성도에게 필수적인 내용이다.

오직 거룩한 영으로, 엘로힘 하나님의 만능으로, 예슈아께서 완성하신 십자가복음의 능력으로만 거룩함을 유지할 수가 있다. 그러므로 항상 생각(요

13:2)과 마음의 속사람(잠4:23)이 정신을 차리고 깨어 기도하며 영(프뉴마)의 검 곧 하나님의 말씀으로 무장하여 영적싸움에서 승리를 해야한다(벧전 5:8-9, 엡 6:17-18(10-18), 히 4:12).

(18) 에하흐 차바 : 여군들, 크리스토스의 정병들의 에하흐이시다.

테힐림 תהלים 미즈모르(시) 24:10 영광의 왕이 누구시냐 만군의 여호와께서 곧 영광의 왕이시로다(셀라).

한문성경 : **榮光의 王이 뉘시뇨 萬軍의 여호와께서 곧 榮光의 王이시로다 셀라**

이브리어 직역문장정리 : **그 영광의 왕이 그 누구시냐 여군들의 에하흐이시다. 그 영광을 그 왕께 올려라(셀라).**

■ 에하흐 차바 사전적 의미

יְהוָה(3068, 에하흐) צָבָא (6635 차바-전쟁하는 여성들, 여성들의 군대, 여성들의 무리, 크리스토스의 정병들, 딤후2:3-4) צְבָאוֹת (체바보트) 명사 여성복수이다.

차바 간략해설

마음의 집안에 예슈아 마쉬아흐(예수 그리스도, 이에수스 크리스토스, 예수스 크리스토스)의 십자가 복음을 받아들여 믿음을 지키며 영적전쟁을 하는 자들(여성들, 성도들, 딤후2:3-4)에게 힘과 능력과 강함과 거룩함으로 책임지시고 지켜주신다.

סֶלָה (5542, 셀라-올리다, 높이다)이다.

전쟁의 통치자는 영존하시는 에하흐이시다. 그러므로 여군들이 버팀대로 삼을 분은 오직 에하흐이시다. 여군(성도)들이 해야 할 일은 에하흐와께 그 영광을 높이 올려드리는 것이다. 크리스토스 정병들이 해야 할 일이다. 전쟁에서 승리는 에하흐께 있기 때문이다(삼상 14:6, 삼상 17:47, 대하 20:15, 시 24:8, 시 33:16-17, 시 44:6-7, 시 46:11, 잠 21:31, 사 42:13, 호 1:7, 슥 4:6, 롬 8:31,37, 고후 10:4-5, 엡 6:12, 계19:17-21).

'영광의 왕이 누구시냐 강하고 능한 여호와시요 전쟁에 능한 여호와시로다'(시 24:8). '나는 내 활을 의지하지 아니할 것이라 내 칼이 나를 구원하지 못하리이다'(시 44:6). '싸울 날을 위하여 마병을 예비하거니와 이김은 여호와께 있느니라'(잠 21:31). '그러나 내가 유다 족속을 긍휼히 여겨 그들의 하나님 여호와로 구원하겠고 활과 칼이나 전쟁이나 말과 마병으로 구원하지 아니하리라 하시니라'(호 1:7)고 하였다.

에하흐 하나님은 천하 만민에게 일반은총을 베푸시지만 당신의 칭호를 그들에게는 감추시고 당신의 자녀들인 성도들, 즉 '명사 여성 복수'이므로 여군들(성도들)에게 알려주시고 나타내신다. 신랑 되신 예슈아와의 혼인 잔치 때에는 모든 남녀성도들이 신부가 된다. 영적인 생명의 결합을 말하는 것이다. 영원히 결별이나 헤어짐이 없다는 것을 말한다. 영적인 생명의 결합은 곧 예슈아를 마음에 영접하므로 이루어진다(요1:11-13). 영적세계에는 시집가고 장가가는 것이 없다(막 12:25). 하기오스 프뉴마(거룩한 영)이신 아버지와 예슈아와 같이 하나가 된다(요 17:11,16,19,21-26, 전 12:7, 슥 14:9).

사람들의 싸움이 혈과 육의 관련되어 있지만 실상은 공중에 권세를 잡은 악한 영들과의 싸움이다(마 12:43-45, 눅 11:21-26, 눅 22:3,31-32, 요 8:44, 요 13:2,27, 요 16:11, 행 5:3, 롬 12:1-2, 갈 1:4, 엡 2:2-3, 엡 6:12, 딤후 4:10, 약 4:4, 벧전 4:3, 벧후 2:14, 요일 2:15-17, 요일 3:8, 요일 4:4, 요일 5:19, 계 12:9, 계 13:8,14, 계 20:2-3, 사 57:4).

사람의 눈에 보이지 않는 악령인 쇠탄마귀귀신들과의 싸움에서 질 수 밖에 없다. 그러므로 예하흐를 믿고 의지하는 자들에게 말씀의 무기를 들려주시며 승리하도록 그들의 생명을 보호하시며 지켜주신다(욥 1:7, 욥 2:2, 엡 6:11-12, 히 4:12, 벧전 5:8, 계 12:9, 대상 21:1). 이 세상 임금은 쇠탄마귀이다(요 12:31, 요 14:30, 눅 4:5-7). 이 세상의 신은 쇠탄마귀이다(마 4:8-9. 고후 4:4, 골 1:13).

할 수만 있으면 많은 성경구절을 올리는 것은 구절마다 스토리가 다르기 때문에 깊이 있는 말씀을 접할 수 있기 때문이다. 성경구절보다 더 좋은 주석과 해설은 없다. 성경읽기를 좋아하지 아니하는 사람은 영이신 하나님을 사랑하는 자가 아니다. 이유는 말씀이 곧 하나님이시기 때문이다(창 1:1, 요 1:1,14, 요 10:30, 요 17:5, 요일 1:1-2, 요일 5:20, 계 1:1, 계 19:13)

'차바 예하흐'는 예슈아를 믿는 자들을 대신하여 싸워주시는 예하흐 하나님이시라는 것을 알려주셨다(출 14:13-14, 신 1:29-32, 신 20:1-5, 신 31:6-8, 수 11:6-

15, 삼상 17:45-51, 대하 20:15-17(1-30), 대하 32:7-8, 잠 21:30-31, 시 3:3,8, 시 20:7, 시 33:17-19, 시 68:20, 시 147:10, 전 9:11, 사 31:1, 사 41:10-20, 사 43:1-3).

예슈아 크리스토스의 정병들이 에하흐 하나님의 말씀을 믿고 순종을 하면 승리는 보장되어 있다(막 16:18, 눅 10:17-20, 눅 21:17-18, 요 16:33, 행 28:4-5, 롬 8:35-37, 롬 16:20, 고전 15:57, 히 13:5-6, 요일 2:13-17, 요일 3:8-9, 요일 4:4, 요일 5:4-5, 계 11:5, 계 12:11, 시 91:8-16). 성경말씀의 맛을 알려면 테힐림(미즈모르, 시) 119:1-175절을 먹어보라고 권한다. 필자가 이브리어 단어별 합성어해설의 영의 눈을 열어준 구절이 18절이다.

이 한 구절을 30여년 되새김질하며 간구한 결과이다.

직역문장정리 : '나의 두 눈의 덮개를 벗겨서 당신의 토라를 가르쳐 주셔서 기이하고 놀라운 것들을 내가 보게 하시며'(시 119:18).

이 말씀을 되새김질 기도을 하여 응답을 받았다.

그렇다. 솨탄마귀귀신을 싸워 이기는 것은 내가 아니라 십자가 복음을 믿는 자에게 솨탄마귀귀신을 이기도록 책임을 져주신다. 에하흐 권 손의 하게 하시는 능력으로 도와주시기 때문에 이기는 것이다.

(19) 에하흐 엘 께무로트-에하흐는 보복하시는 하나님이시다.

예레미야 51:56 곧 멸망시키는 자가 바벨론에 이르렀음이라 그 용사들이 사로잡히고 그들의 활이 꺾이도다 여호와는 보복의 하나님이시니 반드시 보응하시리로다.

■ 에하흐 엘 께무로트 사전적 의미

יְהוָה(3068, 에하흐- 생명과 능력으로 실존하심) אֵל(410 엘- 힘, 능력, 강함이신 하나님) גְמֻלוֹת(1578 께무로트- 보상, 보수, 태도)이다.

께무로트 간략해설

복음을 믿는 않는 자는 생명진리이신 예슈아와 분리되어있다. 목자이신 에하흐의 인도를 거부하는 자의 생명을 보상으로 심판하여 멸하신다는 의미이다.

이르메야흐 ירמיה 세페르סֵפֶר(렘) 51:53-58절은 에하흐 엘 께무로트 하나님께서 바벨론을 파멸하여 멸망시키신다는 말씀이다. 바벨론을 파멸의 '보상들'로 멸망시키겠다는 것이다. 에하흐 엘 께무로트 하나님께서 이스라엘을 징계하시는 때 바벨론을 불러다 불의의 무기로 사용하셨으나 이제 공의로운 에하흐 엘 께무로트 하나님께서 바벨론을 멸망으로 보상(심판)을 하신다고 하셨다.

불의 무기로 사용된 후에는 반드시 그에 대한 보상(심판)들을 받게 된다는 것이다. 그러므로 목자들과 성도들은 의의 무기로 복되게 쓰임 받아야한다(롬 6:12-14).

프로스 로마이우스 Πρὸς Ρωμαίους 그람마γράμμα(롬) 6:12-14 그러므로 너희는 죄가 너희 죽을 몸을 지배하지 못하게 하여 몸의 사욕에 순종하지 말고 13 또한 너희 지체를 불의ἀδικία(93 아디키아- 불의, 부정한 행위부정, 불공정한 행위, 위반, 범죄, 절도, 사기, 근친상간)의 무기ὅπλον(3696 호플론- 무기 weapon, 기구, 도구 instrument) 로 죄에게 내주지 말고 오직 너희 자신을 죽은 자 가운데서 다시 살아난 자 같이 하나님께 드리며 너희 지체를 의의δικαιοσύνη(1343 디카이오쉬네- 의로움, 의, 공정함) 무기ὅπλον(3696 호플론- 무기, 기구, 도구)로 하나님께 드리라 14 죄가 너희를 주장하지 못하리니 이는 너희가 법 아래에 있지 아니하고 은혜 아래에 있음이라고 하였다(요 5:24-25, 롬 2:8-9, 롬 6:11,19, 롬 7:23-24, 롬 12:1, 고전 6:15, 고후 5:15, 고후 10:4, 빌 1:20, 골 3:5, 살후 2:12, 약 3:6, 벧전 2:24, 사 3:10-11, 사 55:7, 겔 18:4).

프로스 로마이우스 Πρὸς Ῥωμαίους 그람마γράμμα(롬) 6:19 너희 육신이 연약하므로 내가 사람의 예대로 말하노니 전에 너희가 너희 지체를 부정과 불법에 내주어 불법에 이른 것 같이 이제는 너희 지체를 의에게 종으로 내주어 거룩함에 이르라고 하였다.

아포칼륍시스 요안누 Ἀποκάλυψις Ἰωάννου 그람마γράμμα(계) 22:11 불의를 행하는 자는 그대로 불의를 행하고 더러운 자는 그대로 더럽고 의로운 자는 그대로 의를 행하고 거룩한 자는 그대로 거룩하게 하라고 하였다. 우리는 매순간 선택을 하고 행한다. 무엇을 선택하는 것은 당신의 몫이다.

10. 루이스 벌코프 조직신학에서 말하는 하나님의 속성들 해설

루이스 벌코프(Louis Berkhof)의 조직신학에서는 영이신 하나님의 속성을 12개로 분류하였다.

1. 비공유적속성 : (1)자존성, (2)완전성, (3)영원성, (4)단일성
2. 공유적속성 : (1)지식, (2)지혜, (3)진실, (4)선, (5)사랑, (6)거룩, (7)의, (8)주권

당시에는 루이스 벌코프의 깨달음은 대단하다고 할 수 있다. 그러나 이제는 루이스 벌코프의 12속성을 초월하여 영이신 하나님에 대한 신론을 다시 써야할 것이다. 너무 많기 때문이다. 그래도 영이신 하나님의 속성이므로 간략해설을 한다.

1. 비공유적속성

(1) '자존성'이다.

자존성 이브리어 단어는 ① '하야'와 ② '리숀'과 ③ '아하론'이 있다.

① 하야 הָיָה이다.

'하야'는 나는 항상 생명으로 있고 나는 항상 생명의 능력으로 영존하고 있다하는 자(自-스스로 계시는 자)에하흐 하나님이시다.

본문 : 쉬모트 שמות 세페르ספר(출) 3:14 하나님이 모세에게 이르시되 나는 스스로 있는 자이니라 또 이르시되 너는 이스라엘 자손에게 이같이 이르기를 스스로 있는 자가 나를 너희에게 보내셨다 하라.

직역 : 그가 계속 말씀하시기를 엘로힘 ~에게 모셰 나는 항상 생명으로 있고 나는 항상 생명의 능력으로 실존하고 있다하는 자 그가 말씀하시기를 이렇게 너는 말하라 아들들 이스라엘 내가 항상 있다 그가 나를 보내셨다 너희에게

문장정리 : 엘로힘께서 모셰에게 그가 계속 말씀하시기를 나는 항상 생명으로 있고 나는 항상 생명의 능력으로 실존하고 있다하는 자, 그가 말씀하시기를 너는 이렇게 이스라엘 아들들에게 내가 항상 있다는 것을 말하라고 그가 나를 너희에게 보내셨다.

하야 간략해설

영이신 하나님의 자존성에 쓰인 단어가 '하야הָיָה (1961 하야-내가~이 일어나다, 내가~이 되다, 내가~이다) אֶהְיֶה(에헤에) (칼 미완 1인 공성 단수)이다.

'하야'는 '칼 미완 1인 공성 단수'이다. '나는 항상 생명으로 있고, '나는 항상 생명의 능력으로 영존하고 있다하는 자.' 라는 의미이다.

자존하시는 영이신 엘로힘 하나님은 창조주 하나님이시다(창 1:1,2, 창 2:4, 요 1:1-3). 모든 만물과 타락한 쇠탄마귀들도 피조물이지만 자존하시는 엘로

힘 에하흐 엘로힘 하나님은 피조물이 아니라는 것이다. 그러므로 '나는 항상 생명으로 있고 나는 항상 생명의 능력으로 영존하고 있다고' 알려주신 것이다.

'하야의 엘로힘'하나님은 처음과 마지막이시다. 알레프 א와 타브 ת의 하나님, 알파A와 오메가Ω이시다(계 1:8,27). 그러므로 만물이 다 엘로힘 하나님께서 만드셨으므로 엘로힘 하나님의 것이다. 만물위에 계시는 분이시다(창 1:1-2:25, 출 19:5, 신 10:14, 욥 41:11, 시 24:1-2, 시 50:9-12, 시 104:1-31, 시 115:15, 시 145:15-16, 고전 10:26, 마 28:18, 요 3:31, 요 8:23, 행 10:36, 롬 9:5).

영이신 루바흐 엘로힘, 에하흐 엘로힘의 자존성

② 리숀 רִאשׁוֹן과 ③ 아하론 אַחֲרוֹן이다.

רִאשׁוֹן(7223 리숀- 첫째의, 최초의, 이전의)이다.

אַחֲרוֹן((314 아하론- 뒤의, 후의, 후에, 마지막에)이다.

리숀의 사전적 의미는 처음의, 최초의, 첫째의 이다. 아하론의 사전적 의미는 마지막에, 나중에, 후에 이다. '리숀'과 '아하론'은 '시작과 끝까지 자존하시는 루바흐 엘로힘, 에하흐 엘로힘 하나님이시다'라는 의미이다.

아포칼립시스 요안누 Ἀποκάλυψις Ἰωάννου 그람마γράμμα(계) 1:8 주 하나님이 이르시되 나는 알파와 오메가라 이제도 있고 전에도 있었고 장차 올 자요 전능한 자라 하시더라고 하였다(계 1:17, 계 2:8, 계 4:8, 계 11:17, 계 21:6, 계 22:13).

예솨에아흐 ישעיה 세페르סֵפֶר(사) 41:4 이 일을 누가 행하였느냐 누가 이루었느냐 누가 처음부터 만대를 불러내었느냐 나 여호와라 처음에도 나요 나중 있을 자에게도 내가 곧 그니라고 하였다(사 43:10, 사 44:6, 사 48:12).

영이신 하나님(요 4:24)의 자존성은 '나는 항상 있고 나는 항상 있다 하는 자(自)'라는 것은 시작(라숀)도 끝(아하론)도 없으신 항상 현재이신 하나님이라고 하셨다(히 7:3, 히 13:8).

'예수 그리스도는 어제나 오늘이나 영원토록 동일하시니라'(히 13:8)고 하였다. 영이신 하나님은 과거와 미래가 없고 항상 현재하라는 말씀이다. 그래서 '어제나 오늘이나 영원토록 동일하시다'라고 하셨다. 유한한 사람에게는 과거와 현재와 미래가 있지만 영이신 루바흐 엘로힘은 영이시기 때문에 항상 현재이시다. 사람은 시간에 매여 살지만 영이신 루바흐 엘로힘은 시공간을 초월하여 영존하신다.

(2) 완전성이다.

다바림 דברים 세페르סֵפֶר(신) 32:4 그는 반석이시니 그가 하신 일이 완전하고 그의 모든 길이 정의롭고 진실하고 거짓이 없으신 하나님(엘-남성단수)이시니 공의로우시고 바르시도다.

완전성이란? 영이신 루바흐 엘로힘, 에하흐 엘로힘은 누구(מִי)와도 비교할 수 없는 완전(תָּמִים)하신 분이시다(창 17:1, 출 12:5, 출 29:1, 레 1:3, 레 3:1, 레 4:23 신 18:13, 신 32:4, 삼하 22:31, 시 19:7, 벧전 1:19).

■ 미, 타밈 사전적 의미

מִי (4310 미- 누구 who?, 420회)이다.

תָּמִים (8549 타밈- 완전한, 흠 없는, 온전한, 90회)이다.

타밈 간략해설

엘(엘-남성단수 하나님)의 완전성은 흠잡을 데가 없다는 것이다. 흠이 없다는 것은 죄가 없다는 의미이다. 사람이 부족한 이유는 죄를 짓기 때문이다. 그러나 엘로힘 하나님은 죄가 없으시기에 공의로 사람들을 심판하신다.

영이신 하나님 에하흐로 계셨던 예슈아께서 사람으로 직접 오셨으나(빌 2:7-8) 죄 없으시다는 것을 증명하셨다(요 8:46, 요 19:6, 고후 5:21, 히 7:26, 히 9:14, 벧전 1:19, 벧전 2:22, 요일 3:5).

에피스톨레 페트루 알파 Ἐπιστολή Πέτρου α´그람마γράμμα(벧전) 1:19 오직 흠 없고 점 없는 어린 양 같은 그리스도의 보배로운 피로 된 것이니라 고 하였다. 그 증명이 '타밈'이다. 그래서 '타밈'을 구체적 해설한다.

타밈의 상세해설

① 타브 ת의 사전적 의미는 십자가, 죽음, 끝, 목표, 영이신 하나님의 사인의 증표이다.

예슈아께서 저주의 십자가에서 대리적 속죄의 희생물로 죽으셨다. 세례요한은 '보라. 세상을 죄를 지고 가시는 하나님의 어린양'이라고 하였다(요 1:29). 구약시대에 희생물들을 영이신 하나님께 드릴 때 항상 따라 나오는 단어가 하나가 있다.

가축들 중에 흠 없는 것으로 드리라고 하셨다. 흠 없는 그 희생물은 곧 예슈아의 상징물이었다. 그러므로 예슈아께서 흠 없는 희생물로 세상 죄를 다 뒤집어쓰시고 영이신 하나님 아버지의 공의의 심판대에서 처참한 저주의 십자가에서 대리적 속죄의 죽임을 당하셔서 흠 있는 사람을 흠 없고 완전하게 하시는 '타밈'의 완성이다. 그러므로 예슈아를 믿는 자를 흠 없고 완전한 자로 인정받는다 이것이 예슈아의 십자가복음이다. '타브'속에 가장 중요한 죄 사함과 영생구원의 확실한 예슈아의 십자가복음을 담아놓으셨다.

② 멤 מ의 사전적 의미는 물, 진리, 사역, 생활화, 필수적인 생명진리의 말씀, 열린 자궁, 열린 계시, 닫힌 계시, 닫힌 자궁이다.

사람에게 물은 필수이다. 영혼의 양식은 성경진리가 필수이다. 사람에게 영육간에 가장 중요한 예슈아의 십자가복음을 '타브'속에 담아놓으셨고 '멤' 속에 담아 놓으셨다. 예슈아께서 진리의 길이시며 생명의 길이시다(요 14:6). 예슈아를 믿지 아니하면 영이신 하나님 아버지 계시는 하나님왕국에 들어갈 수가 없다. 예슈아 크리스토스만이 아버지 하나님께로 가는 유일한 진리이고 생명이며 길이시다.

생명진리이신 예슈아를 믿는 자에게 예슈아께서 자유가 무엇인지를 알게 해주신다(요 8:32). 십자가의 복음의 진리가 아무에나 열려있지만 또한 아무나 믿어지거나 깨달아지는 것이 아니다(딤전 2:4, 벧후 3:9, 계 14:6, 사 45:22, 겔 18:23,32, 겔 33:11, 합 2:14).

프로스 로마이우스 Πρὸς Ρωμαίους 그람마γράμμα(롬) 10:14,18 그런즉 그들이 믿지 아니하는 이를 어찌 부르리요 듣지도 못한 이를 어찌 믿으리요 전파하는 자가 없이 어찌 들으리요 18 그러나 내가 말하노니 그들이 듣지 아니하였느냐 그렇지 아니하니 그 소리가 온 땅에 퍼졌고 그 말씀이 땅 끝까지 이르렀도다 하였느니라고 하였다.

에피스톨레 페트루 알파 Ἐπιστολή Πέτρου α´그람마γράμμα(벧전) 1:12 이 섬긴 바가 자기를 위한 것이 아니요 너희를 위한 것임이 계시로 알게 되었으니 이것은 하늘로부터 보내신 성령을 힘입어 복음을 전하는 자들로 이제 너희에게 알린 것이요 천사들도 살펴 보기를 원하는 것이니라.

이르메야흐 ירמיה 세페르סֵפֶר(렘) 25:3-4 유다의 왕 아몬의 아들 요시야 왕 열셋째 해부터 오늘까지 이십삼 년 동안 여호와의 말씀이 내게 임하기로 내가 너희에게 꾸준히 일렀으나 너희가 순종하지 아니하였느니라 4 그러므로 여호와께서 그의 모든 종 선지자를 너희에게 끊임없이 보내셨으나 너희가 순종하지 아니하였으며 귀를 기울여 듣지도 아니하였도다라고 하였다(대하 36:15-16, 렘 7:25-26, 렘 11:7, 렘 22:21, 렘 25:3-6, 렘 26:5, 렘 29:19, 렘 32:33, 렘 35:14-15, 렘 44:4-5, 슥 7:-12, 행 7:51-52).

그래서 전도는 영이신 하나님의 가장 공평하고 공의로운 방법이요 사랑의 방법이다.

'하나님의 지혜에 있어서는 이 세상이 자기 지혜로 하나님을 알지 못하므로 하나님께서 전도의 미련한(모리아) 것으로 믿는 자들을 구원하시기를 기뻐하셨도다'(고전 1:21)라고 하셨다. '미련한' μωρία(3472, 모리아-우둔한, 둔감한, 어리석은)이다. 헬라어 '모리아' 이브리어 역어는 없다. 이브리어 '사칼'이 가장 적절하여 채택하였다.

프로스 코린티우스 알파 Πρὸς Κορινθίους α΄그람마γράμμα(고전) 1:18 십자가의 도가 멸망하는 자들에게는 미련한(모리아) 것이요 구원을 받는 우리에게는 하나님의 능력이라고 하였다.

저주의 십자가에서 죽은 예슈아를 믿으면 죄사함을 받고 영생구원을 얻는다는 것이 멸망하는 자들에게는 어리석게 보인다는 것이다. 그래서 과학과 수학적 공식과 방법으로 예슈아를 연구해서 믿을 수 있는 것이 아니라 하나님의 능력으로만 예슈아 십자가의 복음을 믿을 수 있다는 말씀이다.

■ **사칼 사전적 의미**

סָכַל **(5528, 사칼(동사) 기본어근-어리석다, 바보다, 어리석게 행(동)하다, 어리석게 하다, 어리석음으로 변화 시키다, 바보짓을 하다, (명남)어리석음, 어리석은 짓, 우둔함, 어리석은 자, 바보)**이다.

사칼 간략해설

목자가 가르쳐주고 알려주는 말을 받아들여 익히지 아니하는 소, 양은 어리석게 울타리를 떠나고 제 멋대로 행동하다가 악한 짐승에게 잡아먹히거나 해를 당하게 되는 것처럼 어리석게 보이는 십자가복음을 믿지 아니하는 자는 영멸지옥으로 가게 된다는 의미이다.

그러나 죄를 측정하는 말씀과 버팀대 되시는 예슈아를 믿는 자가 바보 같이 보이고 어리석은 자처럼 여겨지지만 예슈아를 믿는 자는 죄사함과 영생구원을 받아들여 영생복락을 누리게 된다.

지금 이 시간에도 세계방방곡곡에서 십자가의 복음이 멸망하는 자들에게는 어리석게 보이는 전도의 방법으로 전해지고 있다. 이 방법은 만능이시고 최고의 지혜이신 하나님의 방법이다(마 28:18-20, 막 16:15-17, 눅 8:1, 눅 10:1, 눅 16:29,31, 요 20:21, 행 9:15, 행 10:36, 행 13:26, 행 22:21, 롬 10:8-21, 고전 1:18,21(18-24), 엡 2:17, 엡 3:8-10, 엡 4:11-12, 벧전 1:12, 사 40:9, 사 52:7, 사 61:1, 나 1:15, 사 40:9).

토 카타 루칸 유앙겔리온 Τὸ κατὰ Λουκᾶν Εὐαγγέλιον (눅)16:28-31 내 형제 다섯이 있으니 그들에게 증언하게 하여 그들로 이 고통 받는 곳에 오지 않게 하소서 29 아브라함이 이르되 그들에게 모세와 선지자들이 있으니 그들에게 들을지니라 30 이르되 그렇지 아니하니이다 아버지 아브라함이여 만일 죽은 자에게서 그들에게 가는 자가 있으면 회개하리이다 31 이르되 모세와 선지자들에게 듣지 아니하면 비록 죽은 자 가운데서 살아나는 자가 있을지라도 권함을 받지 아니하리라 하였다 하시니라고 하였다.

자! 부자의 말처럼 거지나사로가 살아나서 부자형제들에게 하나님의 왕국과 불타는 지옥이 있다는 것을 말하고 당신들의 형이 유황불 못에서 고통하고 있다라고 말하면 다섯 형제들이 회개할 것이라고 하였다. 아브라함은 아니다라고 단호하게 '모세와 선지자들에게 듣지 아니하면 비록 죽은 자 가운데서 살아나는 자가 있을지라도 권함을 받지 아니하리라'고 말하였다. 만약에 거지나사로가 살아서 위 사실을 말하면 받아들일까요? 잘 사는 그들이 뭐라고 할까요? 아마도 미친놈이라고 내쳤을 것이다.

그렇다. 하나님의 말씀은 일점일획의 모든 말씀이 다 이루어지는 말씀이므로 완전하다(마 5:17-18).

토 카타 마타이온 유앙겔리온(마) 5:17-18 내가 율법이나 선지자를 폐하러 온 줄로 생각하지 말라 폐하러 온 것이 아니요 완전πληρόω(4137 플레로오- 채우다, 충만하다, 완성하다, 완전하게 하다, 이행하다(지시, 약속), 성취하다)하게 하려 함이라 18 진실로 너희에게 이르노니 천지가 없어지기 전에는 율법의 일점 일획도 결코 없어지지 아니하고 다 이루리라γίνομαι(1096 기노마이- 생겨나다, 일어나다, 되다, 만들어지다, 행해지다)고 하였다.

③ 요드 '의 사전적 의미는 쥔 손, 하게함, 능력, 에하흐 쥔 손의 하게하시는 능력, 에하흐 약자이다.

에하흐의 손은 능력 면에서 완전한 능력의 손이시다. 이 손은 장차 예슈아께서 십자가에서 못 박히실 손이다. 예슈아의 손은 죄와 솨탄마귀에게서 완전하게 구원하시는 손이다.

■ 야드 사전적 의미

יָד(3027 야드-손 hand, 1,617회)이다.

야드 간략해설

에하흐 손의 능력으로 하게하심이 임할 때 모든 문들을 통과할 수 있으나 그 손의 권능으로 막으시면 모든 것이 헛일이 된다. 에하흐 손의 능력이 미치지 않은 곳이 없다. 천지에 있는 모든 것이 다 영이신 하나님의 것이다(욥 12:8-10, 대상 29:11-12, 시 127:1-2).

이요브 איוב 세페르סֵפֶר(욥) 12:7-10 이제 모든 짐승에게 물어 보라 그것들이 네게 가르치리라 공중의 새에게 물어 보라 그것들이 또한 네게 말하리라 8 땅에게 말하라 네게 가르치리라 바다의 고기도 네게 설명하리라 9 이것들 중에 어느 것이 여호와(에하흐)의 손(야드)이 이를 행하신 줄을 알지 못하랴 10 모든 생물의 생명과 모든 사람의 육신의 목숨이 다 그의 손(야드)에 있느니라고 하였다.

디브리 하야밈 דברי הימים 알렙 (대상) 29:11-12 여호와(에하흐)여 위대하심과 권능과 영광과 승리와 위엄이 다 주께 속하였사오니 천지에 있는 것이 다 주의 것이로소이다 여호와여 주권도 주께 속하였사오니 주는 높으사 만물의 머리이심이니이다. 12 부와 귀가 주께로 말미암고 또 주는 만물의 주재가 되사 손(야드)에 권세와 능력이 있사오니 모든 사람을 크게 하심과 강하게 하심이 주의 손(야드)에 있나이다라고 하였다.

에하흐 손יָד **(3027, 야드-손 hand)과 관련된 성경말씀을 보라.**

바로가 너희의 말을 듣지 아니할 터인즉 내가 내 손(야드)을 애굽에 뻗쳐 여러 큰 심판을 내리고 내 군대, 내 백성 이스라엘 자손을 그 땅에서 인도하여 낼지라(출 7:4)고 하였다(출 9:3, 출 13:16).

'이는 땅의 모든 백성에게 여호와의 손(야드)이 강하신 것을 알게 하며 너희가 너희의 하나님 여호와를 항상 경외하게 하려 하심이라 하라'(수 4:24)고 하였다.

'이에 블레셋 사람들이 굴복하여 다시는 이스라엘 지역 안에 들어오지 못하였으며 여호와의 손(야드)이 사무엘이 사는 날 동안에 블레셋 사람을 막으시매'(삼상 7:13)라고 하였다(욥 5:18, 시 89:13,21, 시 139:10, 사 49:16).

'그는 넘어지나 아주 엎드러지지 아니함은 여호와께서 그의 손(야드)으로 붙드심이로다'(시 37:24)라고 하였다.

'내가 너를 내 손(야드)바닥에 새겼고 너의 성벽이 항상내 앞에 있나니'(사 49:16)라고 하였다.

'여호와가 북쪽을 향하여 손(야드)을 펴서 앗수르를 멸하며 니느웨를 황폐하게 하여 사막 같이 메마르게 하리니'(스 2:13)라고 하였다.

에하흐의 손이 하시고자 하는 모든 흥망성쇠(興亡盛衰)를 완전하게 이루신다.

④ 멤 ם사전적 의미-물, 진리, 사역, 생활화, 필수적인 생명진리의 말씀, 닫힌 자궁, 닫힌 계시, 열린 계시, 열린 자궁이다.

아포칼륍시스 요안누 Ἀποκάλυψις Ἰωάννου 그람마γράμμα(계) 3:7-8 빌

라델비아 교회의 사자에게 편지하라 거룩하고 진실하사 다윗의 열쇠를 가지신 이 곧 열면 닫을 사람이 없고 닫으면 열 사람이 없는 그가 이르시되 8 볼지어다 내가 네 앞에 열린 문을 두었으되 능히 닫을 사람이 없으리라 내가 네 행위를 아노니 네가 작은 능력을 가지고서도 내 말을 지키며 내 이름을 배반하지 아니하였도다라고 말씀하셨다.

토 카타 루칸 유앙겔리온 Τὸ κατὰ Λουκᾶν Εὐαγγέλιον (눅) 10:21-24 그때에 예수께서 성령으로 기뻐하시며 이르시되 천지의 주재이신 아버지여 이것을 지혜롭고 슬기 있는 자들에게는 숨기시고 어린 아이들에게는 나타내심을 감사하나이다 옳소이다 이렇게 된 것이 아버지의 뜻이니이다 22 내 아버지께서 모든 것을 내게 주셨으니 아버지 외에는 아들이 누구인지 아는 자가 없고 아들과 또 아들의 소원대로 계시를 받는 자 외에는 아버지가 누구인지 아는 자가 없나이다. 23 제자들을 돌아 보시며 조용히 이르시되 너희가 보는 것을 보는 눈은 복이 있도다 24 내가 너희에게 말하노니 많은 선지자와 임금이 너희가 보는 바를 보고자 하였으되 보지 못하였으며 너희가 듣는 바를 듣고자 하였으되 듣지 못하였느니라고 하였다(요 1:18, 요 14:9-10, 행 26:18, 고전 10:20, 고후 4:4-6, 골 1:27, 벧후 1:19, 계 20:2-3, 왕상 22:22, 시 50:2, 사 6:10, 사 60:1-2).

에하흐께서 무엇이나 사람의 마음대로 되지 않는다는 말씀이다. 연구한다고 성공하는 것이 아니다. 계시를 닫아버리면 아무리 연구를 해도 알 수가 없고 성공할 수가 없다.

그리고 자궁을 닫아버리면 불임이 되어 아이를 낳을 수가 없다(창 30:1-2, 삼상 1:2,5-6,19~20).

베레쉬트 בראשית 세페르סֵפֶר(창) 30:1-2 라헬이 자기가 야곱에게서 아들을 낳지 못함을 보고 그의 언니를 시기하여 야곱에게 이르되 내게 자식을 낳게 하라 그렇지 아니하면 내가 죽겠노라 2 야곱이 라헬에게 성을 내어 이르되 그대를 임신하지 못하게 하시는 이는 하나님이시니 내가 하나님을 대신하겠느냐고 하였다(창 16:1, 창 18:10-15, 창 21:1-2, 창 25:21, 창 29:31, 창 30:22-23).

그러나 예슈아께서 복의 문, 형통의 문, 성공의 문, 건강의 문, 잘되는 문을 열면 닫을 사람이 없다(창 12:2-3, 신 8:17-18, 계 3:7-8). 그러므로 에하흐께서 하시고자 하시는 모든 일들은 완전하시다. 전능하시다(눅 1:37(26-56), 창 17:17, 창 18:14(9-15), 창 21:6-7(1-7)).

예슈아께서는 한 가지 목적을 가지고 육의 몸을 가지신 사람으로 오셨다. 그것은 하나님 아버지의 공의와 사랑을 만족시키기 위하여 오셨다. 하나님의 공의는 죄חָטָא(2398 하타- 놓치다, 빗나가다, 그릇(잘못) 행하다, 죄를 짓다, 상실하다, 속죄제를 드리다, 정결케 하다, 정죄하다, 죄, 범죄 sin, 죄 있는, 죄 많은, 죄인(들), 633회)는 오직 죽음으로써 심판하신다(창 2:17, 창 3:19, 겔 18:4,20, 요 3:18-19, 요 8:44, 롬 6:23, 고전 6:9-10, 갈 6:7, 히 9:27, 약 1:15, 계 21:8).

그러나 하나님은 사랑이시기에 죄와 죽음의 영멸심판에서 구출하여 영생구원을 완성하실 자로 예슈아를 세우셨다. 그리고 오셔서 저주의 십자가에서 대리적 속죄의 희생물이 되셔서 아버지 하나님의 공의를 만족시키셨다. 그리고 사랑이 무엇인지를 확증하셨다(요 3:16, 롬 5:8, 빌 2:6-11, 요일 4:9-10,19).

'우리가 아직 죄인 되었을 때에 그리스도께서 우리를 위하여 죽으심으로 하나님께서 우리에 대한 자기의 사랑을 확증하셨느니라'(롬 5:8).

그러므로 영생구원을 받은 자도 분명한 목표를 가지고 생명 걸고 끝까지 필수적인 생명진리의 말씀을 굳게 붙잡고 나아가는 자에게 에하흐의 하게 하시는 그 능력을 생명진리의 말씀을 통하여 그를 온전하고 완전하게 세우셔서 완전무결하고 성실한 생활을 하게 하신다(딤후 3:16-17).

완전해지고 싶다면 완전성(8549 타밈)과 관련되어 있는 90곳의 성경말씀들을 찾아 읽어보라

'누구니이까'-מִי(4310 미-누구 who?, 420회)이다.

미 간략해설

영이신 루바흐 엘로힘, 에하흐 엘로힘 하나님은 누구와 비교가 불가하다. 피조물이 감히 창조주와 비교하려들다가 곧 솨탄마귀귀신들의 무리가 되었다(사 14:12~20, 겔 28:11~19).

킹 제임스 성경에서는 예솨에아흐 יְשַׁעְיָה 세페르סֵפֶר(사) 14:12절에 '계명성'을 '루시퍼'라고 하였다.

참고하라

킹제임스 흠정역 성경 : 예솨에아흐 יְשַׁעְיָה 세페르סֵפֶר(사) 14:12 오 아침의 아들 루시퍼야, 네가 어찌 하늘에서 떨어졌는가! 민족들을 약하게 만든 자야, 네가 어찌 끊어져 땅으로 떨어졌는가!

개역성경 : 예솨에아흐 יְשַׁעְיָה 세페르סֵפֶר(사) 14:12 너 아침의 아들 계명성이여 어찌 그리 하늘에서 떨어졌으며 너 열국을 엎은 자여 어찌 그리 땅에 찍혔는고

KJV : How art thou fallen from heaven, O Lucifer, son of the morning! [how] art thou cut down to the ground, which didst weaken the nations!

NIV : How you have fallen from heaven, O morning star, son of the dawn! You have been cast down to the earth, you who once laid low the nations!

ASV : How art thou fallen from heaven, O day-star, son of the morning! how art thou cut down to the ground, that didst lay low the nations!

RSV : "How you are fallen from heaven, O Day Star, son of Dawn! How you are cut down to the ground, you who laid the nations low!

그러나 이브리어 원어를 보라.

직역 : **어떻게 네가 떨어졌고 하늘들 밝게 비취는 새벽별 같은 자 아들 새벽 너를 잘라버렸다. 그 땅 넘어뜨리던 ~위에 민족들**

문장정리 : **새벽 아들처럼 밝게 비취는 새벽별 같은 자야! 어떻게 하늘들에서 네가 떨어졌고 민족들을 넘어뜨리던 자여 그 땅 위에로 너를 잘라버렸다.**

■ 예솨에아흐 יְשַׁעְיָה 세페르סֵפֶר(사) 14:12절의 핵심 단어들 사전적 의미

אֵיךְ (349 에크-어떻게) אֵיךְ 의문부사,

נָפַל (5307 나팔-떨어지다, 넘어지다, 엎드러지다) נָפַלְתָּ 칼 완료 2인 남성 단수,

שָׁמַיִם (8064 솨마임-하늘들) מִשָּׁמַיִם 전치사-명사 남성 복수,

הֵילֵל (1966 헤렐-새벽별, 밝게 비치는 것, 계명성) הֵילֵל 명사 남성 단수,

헤렐 간략해설

'밝게 비취는 새벽별'의 상징적 의미는 솨탄이다. 킹 제임스흠정역에서는 유일하게 루시퍼Lucifer-악마, 솨탄(Satan)로 번역하였다. 하지만 성경번역의 필수적인 원칙은 교단을 초월하여 원어의 사전적 의미를 따라야한다. 아니라고 할 교단이 없으리라고 본다. 물론 사전적 의미가 다 맞는 것은 아니다. 원어의 뜻과 다른 것도 있기 때문이다. 세계 어느 국어도 이브리어와 헬라어를 100% 자국어로 번역 불가능하다. 영어도 예외는 아니다. 세계의 어느 국가의 국어를 타 국가가 완벽하게 번역할

수가 없는 것과 같다. 킹 제임스흠정역본이 세계에 미친 영향력은 대단하지만 자잘한 것 빼고 크게 1629년, 1638년, 1762년, 1769년에 4차례 교정하였다는 것은 불완전하다는 증거이다. 이브리어, 헬라어 원어와 상형문자와 사전적 의미를 절대 능가할 수 없다. 영어가 원어성경의 사전적 의미를 오역한 곳이 상당하다는 것도 인정해야한다. 대표적인 오역은 에하흐(생명과 능력으로 실존하심)를 아도나이(나의 주님, 나의 주)로 번역한 것이다. 에하흐는 에하흐이시고 아도니아는 아도나이이시다. 에하흐를 아도나이로 번역해서는 안되는 것은 악하고 거짓되며 공허한(שָׁוְא 솨브-공허, 헛됨, 허무, 거짓)것이기 때문이다(출 20:7). 잘못된 오류를 인정할 때 원어성경의 본질로 돌아갈 수가 있다.

성경을 사견(견해), 추정에 의해서 번역된다면 아마도 각 나라의 성경들이 다 다를 것이다. 한 국가 안에서도 교단별로, 또는 교회별로 성경을 달리할 수밖에 없을 것이다. 원어에 더 가깝게 번역하여 올바르게 믿어보겠다는 열정에는 모든 교파들에게 찬사(讚辭)를 보낸다. 그러나 성경해설은 달리한다 할지라도 성경만은 교파를 초월하여 일치해야한다.

원어를 번역할 때 교단의 사상이 들어가면 극단적 문제가 발생할 수가 있다. 예컨대 헬라어 '밥티조' βαπτίζω(907 밥티조- 세례를 베풀다, 침례를 베풀다 baptize)이다. 동사 밥티조 어근은 '밥토'βάπτω (911 밥토- ~안에 혹은 아래에 담그다, 물들이다, 잠그다, 가라앉다, 물에 빠지다, 목욕하다, 씻다)이다. 침례만 인정하고 약수세례를 인정하지 않는 문제가 발생하는 원인이 곧 교단이라는 것에 매이기 때문이다. 무엇은 사전적 의미를 따르고 어떤 것은 원어보다 영문성경을 내세우게 되기 때문이다. 성경은 신앙과 행위의 표준이므로 언제나 이브리어와 헬라어원어의 사전적 의미에서 출발하여야 한다. 그래야 성경을 사견(견해, 추정)으로 번역하지 않게 된다.

그러나 적수 세례를 베푸는 교회에서는 '밥티조'에 '세례를 베풀다,'와 이브리어 단어 '자라크 זָרַק (2236, 자라크-뿌림을 받다, 흩뿌리다, 뿌리다, 던지다, 출 24:6-8, 출 29:20, 레 1:5, 레 17:6, 민 19:13,20, 왕하 16:15)와 '나자 נָזָה (5137, 나자-뿌리다, 튀다, 뛰다, 레 4:6, 레 5:9, 레 14:7, 레 14:51, 민 8:7, 민 19:4) 의 두 단어를 중심으로 적수 세례를 한다.

'사람이 부정하고도 자신을 정결하게 하지 아니하면 여호와의 성소를 더럽힘이니 그러므로 회중 가운데에서 끊어질 것이니라 그는 정결하게 하는 물로 뿌림을 받지 아니하였은즉 부정하니라'(민 19:20).

'맑은 물을 너희에게 뿌려서 너희로 정결하게 하되 곧 너희 모든 더러운 것에서와 모든 우상 숭배에서 너희를 정결하게 할 것이며'(겔 36:25)라고 하였다.

그리고 물세례는 죄 사함과 구원의 증표가 아니라 신앙고백에 대한 의식이다(요 1:26, 요 3:25).

예슈아를 가장 많이 닮았다는 사도바울을 보라.

바울사도는 밥티조(침례)가 아니라 오직 이에수스 크리스토스의 복음의 십자가만 전한다고 하였다.

'나는 그리스보와 가이오 외에는 너희 중 아무에게도 내가 세례를 베풀지 아니한 것을 감사하노니. 17 그리스도께서 나를 보내심은 세례를 베풀게 하려 하심이 아니요 오직 복음을 전하게 하려 하심이로되 말의 지혜로 하지 아니함은 그리스도의 십자가가 헛되지 않게 하려 함이라'(고전 1:14)고 하였다(고전 1:12-31을 보라).

침례와 적수세례와 할례는 죄 사함과 영생구원을 주지 못한다. 죄 사함과 영생구원은 오직 예슈아 십자가의 복음뿐이다(롬 1:16, 고전 1:18, 고전 2:2, 갈 6:12-14, 살전 1:5).

기독교는 할례파, 세례파(적수 세례, 침례)도 아니다(롬 4:9-12(창 15:5-6), 고전 7:18-19, 갈 5:6, 갈 6:12-15, 골 3:10-1, 행 19:1-7, 고전 11:11-17). 회개의 세례를 주던 세례요한은 오직 거룩한 영과 불로 세례를 받아야 한다고 하였다(마 3:11).

토 카타 마타이온 유앙겔리온 Τὸ κατὰ Ματθαῖον Εὐαγγέλιον (마) 3:11 나는 너희로 회개하게 하기 위하여 물로 세례βαπτίζω(907 밥티조- 세례(침례)를 베풀다)를 베풀거니와 내 뒤에 오시는 이는 나보다 능력이 많으시니 나는 그의 신을 들기도 감당하지 못하겠노라 그는 성ἅγιος(40 하기오스- 거룩한 holy, 신에게 바친 sacred)령πνεῦμα(4151 프뉴마- 바람, 호흡, 생명, 영)과 불πῦρ(4442 퀴르- 태우는 것, 빛나는 것, 뜨거운 불)로 너희에게 세례βαπτίζω(907 밥티조- 세례(침례)를 베풀다)를 베푸실 것이요.라고 하였다(사 4:4, 막 1:8, 눅 3:16, 요 1:33, 행 1:5, 행 2:1-4, 행 11:15-16, 고전 12:13, 회개의 세례-마 3:6, 막 1:4, 눅 3:3, 요 1:33, 행 1:5, 행 11:16, 행 13:24-25).

세례는 같으나 본질은 물과 거룩한 영과 불의 차이가 다르다. 물은 침례든 적수세례든 물은 죄를 씻을 수 없다. 구원을 줄 수도 없다. 잿물(수산화나트륨-

양잿물)과 비누로도 죄악을 씻을 수가 없다.

이르메야흐 יִרְמְיָה 세페르סֵפֶר(렘) 2:22 주 여호와의 말씀이니라. 네가 잿물로 스스로 씻으며 네가 많은 비누를 쓸지라도 네 죄악이 내 앞에 그대로 있으리니라고 하였다.

홍해바다에서 세례를 받은 자들이 광야 40년동안 메뚜기처럼 죽어 멸망받았다는 사실을 기억해야 한다(고전 10:1-5(1-12)).

거룩한 영(하기오스 프뉴마)의 불πῦρ(4442 퓌르- 태우는 것, 빛나는 것, 뜨거운 불)은 영원한 영이신 하나님의 임재하심으로 그 인생의 변화가 시작한다.

'퓌르'(불) 간략해설

죄를 불태워 버리는 것은 오직 하기오스 프뉴마(거룩한 영)의 역사이다. 거룩한 영의 불을 받은 자는 빛나게 된다(마5:14-16, 요 12:36, 고후 6:14-16, 엡 5:8-14, 빌 2:15-16, 살전 5:5-10) 죄사함은 밥티조(침례세례)에 있지 아니하고 거룩한 영과 말씀으로 죄 사함과 영생구원이 이루어진다(요 3:5, 요 15:26, 행 1:4,8, 행 2:38, 고전 12:3, 고후 1:22, 갈 3:14, 엡 1:13-14, 엡 4:30, 약 1:18, 벧전 1:23, 눅 8:11, 마 1:21).

예슈아께서는 회개의 세례를 받으신 목적은 죄가 있어서가 아니라 의를 위함이라고 하셨다(마 3:14-15, 요 8:46, 고후 5:21, 히 4:15, 히 7:26, 요일 3:5).

프락세이스 아포스톨론 Πράξεις Αποστόλων 그람마γράμμα(행) 10:44-48에는 거룩한 영의 세례 이후에 물세례를 주었다.

은유적으로 구름과 바다에서의 이스라엘의 세례(침례)를 받았다고 하였다(고전 10:2). 예수님의 죽으심을 침례(세례)라고 하였다(눅 12:50).

피 뿌림은 죄 사함과 연결되어 있으며 곧 구원과 연결되어 있다. 그리고 장차오실 예슈아 마쉬아흐를 사모하여 기다리며 바라보게 하였다.

적수세례나 침례세례는 구원이나 죄 사함을 받는 것이 아니므로 성경의 근거를 서로가 인정하고 균형을 이루어야 한다. 가장 중요한 것은 할례를 받아야한다. 침례를 받아야한다. 적수세례를 받아야 한다가 아니라 불세례, 거룩한 영의 세례를 반드시 받아야한다. 이것이 구원의 증표이다.

믿음의 근거는 언제나 명백한 성경이다. 어떤 사람은 영어성경을 앞세우지만 아니다. 이브리어와 헬라어 원어성경이 본질이다.

예정προορίζω(4309 프로오리조- 예정하다)이냐(행 4:28, 롬 8:29-30, 고전 2:7, 엡 1:5,11),

예지προγινώσκω(4267 프로기노스코- 미리 알다, 예지하다)냐(행 26:5, 롬 8:29, 롬 11:2, 벧전 1:2, 벧후 3:17). 목자ποιμήν(4166 포이멘, 목자)냐(엡 4:11). 감독ἐπισκοπή(1984 에피스코페- 방문, 감독)이냐(딤전 3:1-7)가 아니라 원어의 명백한 성경적 근거를 서로가 인정해 주어야한다. 마치 자기들만의 것 인양 내세우는 것은 곧 성경을 균형적으로 받아들이지 않겠다는 교단의 이기주의의 증거이다. 신앙과 행위의 표준은 원어성경이라는 것을 믿는다면 서로의 깨달음을 인정해주며 받아들이고 존중해 주어야한다. 원어성경이 아닌 신학적 용어를 인용하여 정죄하지 말아야한다. 신학적 용어는 명백하게 원어성경이 아니다. 학문용어일 뿐이다.

그래야 기독교가 하나로 통합할 수가 있다. 성경은 하나인데 교파가 너무 많은 것은 타락한 인간들의 기울어진 부패성 때문이라고 할 수밖에 없다. 그리고 성경원어의 단어가 아니라 신학의 학문용어들이 마치 성경처럼 권위를 가지고 깊이 뿌리내리고 있다. 그러므로 이브리어와 헬라어 원어를 사용하는 것이 가장 정확하고 바람직하다.

세례와 관련된 이브리어 자라크, 나자

① '자라크' 관련 성경을 보라.

זָרַק(2236 자라크- 뿌리다, 던지다, 물을 뿌리다, 겔 36:25, 민 19:13, 민 19:20)이다.

뿌리다(출 24:6, 출 29:16.20. 레 1:5.11. 레 3:2.8,13, 레 7:2.14. 레 8:19,24, 레 9:12,18, 레 17:6, 레 9:18, 민 18:17, 민 19:13,20, 왕하 16:13,15, 대하 29:22, 대하 30:16, 대하 35:11, 겔 36:25, 겔 43:18).

② '나자'와 관련된 성경을 보라.

נָזָה(5137 나자- 뿌리다, 튀다, 뛰다)이다.

그리고 아담과 하부하(하와)는 하나님이 되려다가 죽고 또 죽었다(창 2:17, 창 3:19). '여호와여 신 중에 주와 같은 자가 누구니이까 주와 같이 거룩함으로 영광스러우며 찬송할 만한 위엄이 있으며 기이한 일을 행하는 자가 누구니이까'(출15:11).

'하나님이 참으로 땅에 거하시리이까 하늘과 하늘들의 하늘이라도 주를 용납하지 못하겠거든 하물며 내가 건축한 이 성전이오리이까'(왕상 8:27).

아포칼륍시스 요안누 Ἀποκάλυψις Ἰωάννου 그람마γράμμα(계) 19:6 또 내가 들으니 허다한 무리의 음성과도 같고 많은 물 소리와도 같고 큰 우렛소리와도 같은 소리로 이르되 할렐루야 주 우리 하나님 곧 전능하신 이가 통치하시도다.라고 하였다(신 3:24, 신 33:26, 삼상 2:2, 삼하 7:22, 시 35:10, 시 77:14,19, 시 86:8, 시 89:6,8, 시 90:11, 시 96:4, 시 145:17, 사 6:3, 사 40:18, 사 40:25, 렘 10:6, 렘 10:7, 렘 23:24, 렘 49:19, 계 4:8, 계 15:4).

영이신 루바흐 엘로힘, 에하흐 엘로힘께서 하시는 모든 일과 속성(자존성(영이시다), 완전성(모든 전능, 모든 권세, 모든 강함, 모든 능력, 지식, 지혜, 진실, 선, 사랑, 거룩, 의, 주권 등), 영원성(시간적 무한성, 항상 현재), 편재성(공간적 무한성), 단일성, 지식, 지혜, 진실, 선, 사랑, 거룩, 의, 주권이 완전하시고 그 누구, 무엇과 비교할 수 없이 완전하시다.

(3) 영원성이다.

테힐림 תהלים 미즈모르מִזְמוֹר(시) 103:17 '여호와의 인자하심은 자기를 경외하는 자에게 영원(올람)부터 영원(올람)까지 이르며 그의 의는 자손의 자손에게 이르리니'라고 하였다(시 103:17, 시 106:1, 시 107:1, 시 118:1-4,29(1-29), 시 136:1, 렘 33:10).

■ 올람 사전적 의미

עוֹלָם(5769 올람- 영원, 440회)이다.

영원이라는 단어는 오직 영이신 루바흐 엘로힘 하나님께만 쓰이는 단어이다. 영이신 하나님은 12속성 자존하신다(독립하여 계시는 영이시다), 완전하시다(모든 전능, 모든 권세, 모든 강함, 모든 능력, 지식, 지혜, 진실, 선, 사랑, 거룩, 의, 주권 등), 영원하시다(시간적 무한성, 항상 현재), 단일하시다(지식, 지혜, 진실, 선, 사랑, 거룩, 의, 주권)뿐만 아니라. 모든 면에서 영원하시다.

피조물은 모두가 유한하다. 그러나 사람의 영혼은 영원한 생명이다. 영혼은 영이신 루바흐 엘로힘의 영원한 생명으로 실존하시는 형상과 모양이기 때문이다(마 25:34,41,46, 막 9:49, 요 3:15-18,36, 요 5:29, 요 10:27-28, 롬 2:7, 롬 5:21, 롬 6:23, 살전 1:9, 요일 2:25, 요일 5:11-12, 계 14:10-11, 계 20:10-15, 시 16:10-11, 단 12:2).

예슈아 마쉬아흐(예수스 크리스토스, 이에수스 크리스토스, 예수 그리스도)를 믿는 사람은 영생하는 복을 받는다.

이요안누 알파 Ἰωάννου α΄그람마γράμμα(요일) 2:25 그가 우리에게 약속하신 것은 이것이니 곧 영원한생명이니라고 하였다.

■ 헬라어 사전적 의미

영αἰώνιος(166 아이오니오스- 시작이나 끝이 없는, 영원한, 세세의) 생 ζωή(2222 조에-생명 life)이다.

왕국(천국)βασιλεία(932, 바실레이아-왕국 kingdom)이다.

조에 간략해설

영이신 하나님의 영원한 생명으로 만왕의 왕이신 예슈아의 왕국에서 영원히 그 왕권을 누리며 행복하게 산다.

예슈아 마쉬아흐(예수스 크리스토스, 이에수스 크리스토스, 예수 그리스도)를 믿지 않는 자는 영멸지옥으로 가는 저주를 받는다.

아포칼륍시스 요안누 Ἀποκάλυψις Ἰωάννου 그람마γράμμα(계) 20:10 또 그들을 미혹하는 마귀가 불과 유황 못에 던져지니 거기는 그 짐승과 거짓 선지자도 있어 세세토록 밤낮 괴로움을 받으리라고 하였다.

프로스 테살로니케이스 알파 Προς Θεσσαλονικείς α' 그람마γράμμα(살전) 1:9 이런 자들은 주의 얼굴과 그의 힘의 영광을 떠나 영원한 멸망(올레드로스)의 형벌δίκη(1349, 디케-정의, 공의)을 받으리로다τίνω(5099, 티노-지불하다, 되갚다, 보수(보복)하다, 형벌을 치르다, 형벌을 당하다)라고 하였다.

■ 헬라어 사전적 의미

영αἰώνιος(166 아이오니오스-시작이나 끝이 없는, 영원한, 세세의)멸ὄλεθρος(3639, 올레드로스-멸망 destruction, 파멸 ruin, 죽음, 고전 5:5, 살전 5:3, 살후 1:9, 딤전 6:9)이다.

지옥 γέεννα(1067, 게엔나-지옥 hell)이다.

아이오니오스 간략해설

영생하는 영혼이 끝이 없는 지옥(게엔나)에서 죽음이 없는 파멸의 고통을 영원히 받는다.

영이신 루바흐 엘로힘 하나님께서 영원불멸하시듯, 영이신 루바흐 엘로힘 하나님께서 사람에서 불어넣어주신 영혼도 영원불멸이다(창 2:7).

영이신 하나님은 영원하시다(시간적 무한, 영원, 초월, 과거와 미래가 없으시고 항상 현재이시다, 독립성을 가지신 창조주, 모든 곳에 동시에 계심(시 139:7-10), 그러나 정하신 시간에 일하시는 분이시다(눅 8:41-49, 마 8:29, 갈 4:4, 약 2:19).

그리고 영원하신 영이신 하나님 앞에서 감추어질 것들이 하나도 없다.

프로스 히브라이우스 Πρὸς Ἑβραίους 그람마γράμμα(히) 4:13 지으신 것이 하나도 그 앞에 나타나지 않음이 없고 우리의 결산을 받으실 이의 눈앞에 만물이 벌거벗은 것 같이 드러나느니라고 하였다(마 25:32(31-46), 요 2:24-25, 롬 2:16, 롬 14:9-12, 고전 4:3-5, 고후 5:10, 계 2:23, 계 20:11-15, 삼상 16:6-12, 욥 23:10,

욥 34:19-24, 욥 38:1-40:5, 시 7:9, 시 44:21, 시 90:8, 시 139:12, 잠 15:3, 잠 15:11, 전 12:14, 렘 17:10).

(4) 단일성이다.

오직 살아계시고 참된 루바흐 엘로힘은 한 분 뿐이시다.

다바림 דברים 세페르סֵפֶר(신) 6:4 이스라엘아 들으라 우리 하나님(엘로힘) 여호와는 오직 유일한אֶחָד (259, 에하드-하나 one, 단 하나)여호와(에하흐)이시니라고 하였다.

'에하드'와 같은 의미의 단어들 אָחַד (258, 아하드-연합하다, 함께 모이다)나 야하드(יָחַד , 3161, 결합되다 be united)나 로쉬(רֹאשׁ, 7218, 첫째 first, 머리 head)와 같은 의미를 지닌다(창 8:13). 이 단어들은 하나 됨의 다양성을 인정하면서도 하나를 강조하는 단어들이다. '아하드'(동사)는 모음만 달리하였을 뿐 수사 '에하드'에 속한다. '에하드'을 '유일한'으로 번역하였으나 한자를 사용하지 아니하는 세대들을 위해서라도 '하나이신'으로 번역해야 이브리어원어 사전에 맞다.

프로스 티모테온 알파 Πρὸς Τιμόθεον α' 그람마γράμμα(딤전) 1:17 영원하신 왕 곧 썩지 아니하고 보이지 아니하고 홀로μόνος(3441, 모노스-혼자, 홀로)하나(one)이신 하나님(데오스(엘로힘))께 존귀와 영광이 영원무궁하도록 있을지어다. 아멘이라고 하였다.

'모노스'와 같은 의미의 단어 '모노게네스' μόνογενής(3439, 모노게네스-유일(唯一-오직하나)하게 태어난, 단 하나의, 독생자, 요1:14,18, 요 3:16,18 요일 4:9, '유일하신'(요 5:44 딤전 6:15))으로 번역하였으나, 한자를 사용하지 아니하는 세대들을 위해서라도 '하나이신'이라고 번역해야 헬라어원어사전에 맞다.

에하드 간략해설

만능이신 루바흐 엘로힘도 하나, 유월절 어린양이신 예슈아도 하나, 생명의 문도 하나라는 의미이다. 이 외에는 모두가 가짜이다. 거짓선지자, 거짓 이단들이 성경을 인용하여 거짓교리들을 만들어 하나님이다. 성령님이다. 예수라고들 하지만 다 가짜들이라는 분명한 증거이다.

이단들, 거짓선지자, 적크리스토스ἀντίχριστος(500, 안티크리스토스, 요일 2:22, 요일 4:1-3,15, 요일 5:1,5, 요이 1:7)들의 미혹에 빠지는 자들은 멸망하는 자들이라고 하였다(마 24:5-12, 고전 8:5-6, 고후 11:3,13-15, 살후 2:3,9-12, 딤전 4:1-2, 딤후 4:4, 벧후 2:1, 요일 2:18, 계 13:14, 계 16:14, 계 18:2, 계 19:20, 계 20:10).

아래성경들을 보라.

'비록 하늘에나 땅에나 신(데오스-하나님)이라 불리는 자가 있어 많은 신(데오스-하나님)과 많은 주(퀴리오스-주님)가 있으나 6 그러나 우리에게는 한(헤이스-하나 one) 하나님(데오스-하나님) 곧 아버지(파테르-아버지)가 계시니 만물이 그에게서 났고 우리도 그를 위하여 있고 또한 한(헤이스-하나 one) 주 예수 그리스도께서 계시니 만물이 그로 말미암고 우리도 그로 말미암아 있느니라'(고전 8:5-6)고 하였다.

'이러므로 하나님이 미혹의 역사를 그들에게 보내사 거짓 것을 믿게 하심은 12 진리를 믿지 않고 불의를 좋아하는 모든 자들로 하여금 심판을 받게 하려 하심이라'(살후 2:11-12)고 하였다.

영이신 하나님은 육안으로 볼 수 없다. 영이시기 때문이다(요 4:24, 딤전 6:16). 그러나 그의 음성을 들을 수 있고 느낄 수 있다. 대화를 할 수가 있다. 영안의 눈을 열어 신령한 세계를 보게 하시기도 하신다(마 7:1-6, 요 1:14, 행 1:3, 행 4:20, 벧후 1:16-18, 요일 1:1-3, 요일 4:14, 계 1:1,11,17-18, 계 19:13, 출 3:1~4:23). 육의 눈으로 볼 수 있게 오신 분이 예슈아이시다(요 1:1-3,14,18, 요 14:8-9, 빌 2:6, 골 1:15, 요일 5:20).

하나님은 한εἶς(1520 헤이스-하나 one)분 뿐이시다는 성경의 증거들을 보라.

'예수께서 대답하시되 첫째는 이것이니 이스라엘아 들으라 주 곧 우리 하나님(데오스(엘로힘))은 유일(하나이신)한 주시라'(막 12:29).

'나와 아버지는 하나εἶς(1520 헤이스- 하나 one)이니라 하신대 유대인들이 다시 돌을 들어 치려 하거늘 예수께서 대답하시되 내가 아버지께로 말미암아 여러 가지 선한 일을 너희에게 보였거늘 그 중에 어떤 일로 나를 돌로 치려 하느냐 유대인들이 대답하되 선한 일을 인하여 우리가 너를 돌로 치려는 것이 아니라 참람함을 인함이니 네가 사람이 되어 자칭 하나님이라 함이로라'(요 10:30-33).

'나는 아버지 안에 있고 아버지는 내 안에 계신 것을 네가 믿지 아니하느냐 내가 너희에게 이르는 말이 스스로 하는 것이 아니라 아버지께서 내 안에 계셔 그의 일을 하시는 것이라 내가 아버지 안에 있고 아버지께서 내 안에 계심을 믿으라 그렇지 못하겠거든 행하는 그 일을 인하여 나를 믿으라'(요 14:10-11).

'영생은 곧 유일하신 참 하나님(데오스(엘로힘))과 그가 보내신 자 예수 그리스도를 아는 것이니이다'(요 17:3).

'중보는 한편만 위한 자가 아니니 오직 하나님(데오스(엘로힘))은 하나이시니라'(갈 3:20)라고 하였다.

에베소서 4:6 하나님(데오스(엘로힘))도 한 분이시니 곧 만유의 아버지시라 만유 위에 계시고 만유를 통일하시고 만유 가운데 계시도다'(갈 3:20)

'하나님(데오스(엘로힘))은 한 분이시요 또 하나님과 사람 사이에 중보자도 한 분이시니 곧 사람이신 그리스도 예수라'(딤전 2:5)고 하였다(요 17:21-22, 고전 8:4, 엡 4:6).

'또 아는 것은 하나님(데오스(엘로힘))의 아들이 이르러 우리에게 지각을 주사 우리로 참된 자를 알게 하신 것과 또한 우리가 참된 자 곧 그의 아들 예수 그리스도 안에 있는 것이니 그는 참 하나님(데오스(엘로힘))이시요 영생이시라'(요일 5:20)고 하였다.

'너는 나 외에는 다른 신(엘로힘)들을 네게 있게 말찌니라'(출 20:3)고 하였다.

(창조주 하나님 한 분 외에 그 모든 것이 다 피조물들이며, 사람의 수공물인 우상들이다. 이것들은 하나님이 아니다. 행19:26).

'그런즉 너는 오늘 위로 하늘에나 아래로 땅에 오직 여호와(예하흐)는 하나님(엘로힘)이시요 다른 신이 없는 줄을 알아 명심하고'(신 4:39).

'이스라엘아 들으라 우리 하나님(엘로힘) 여호와는 오직 유일한 여호와(에하흐)이시니'(신 6:4).

‘우리 하나님(엘로힘) 여호와(에하흐)여 이제 우리를 그의 손에서 구원하사 천하 만국이 주 만이 여호와(에하흐)이신 줄을 알게 하옵소서 하니라’(사 37:16,20)고 하였다(신 32:12(1-12), 39, 사 9:6).

‘나 여호와가 말하노라 너희는 나의 증인, 나의 종으로 택함을 입었나니 이는 너희로 나를 알고 믿으며 내가 그인 줄 깨닫게 하려 함이라 나의 전에 지음을 받은 신(엘로힘)이 없었느니라 나의 후에도 없으리라 11 나 곧 나는 여호와(에하흐)라 나 외에 구원자가 없느니라’(사 43:10-11)고 하였다(사 44:6,8,24).

예솨에아흐 ישעיה 세페르ספר(사) 44:24절 중심으로 꼭 알아야할 진리가 있다.

에하흐께서 만물을 지으셨다고 하였다(사 44:25).

창세기 1:1에는 엘로힘께서 천지만물을 만드셨다.

요한복음 1:1-3절에서는 예슈아께서 만물을 지으셨다고 하였다(요 17:5, 잠 8:22-31).

루바흐 엘로힘께서 만물을 만드셨다(창 1:2). ‘우리’는 ‘1인 공성복수’(창 1:26)는 엘로힘(창 1:1), 루바흐 엘로힘(창 1:2), 에하흐 엘로힘(창 2:4), 예슈아 마쉬아흐(예수아 크리스토스, 이에수스 크리스토스, 예수 그리스도)하나님(창 1:1, 창 49:18, 요일 5:20, 사 9:6)이시라면 조직신학에서 말하는 삼위일체교리가 깨어진다. 삼위일체가 아니라 사위일체가 되기 때문이다.

성경은 뚜렷하게 영이신 하나님(요 4:24)을 대표하는 칭호가 엘로힘하나님

(창 1:1), 루바흐 엘로힘하나님(창 1:2), 에하흐 엘로힘하나님(창 2:4), 예슈아하나님(창 49:18, 창 3:15, 사 7:14, 사 8:8, 마 1:23, 눅 1:35)이시다. 그런데 삼위일체 교리에는 영이신 하나님-(루바흐 엘로힘)과 아버지 하나님과 예슈아 아들이라고 하였고 이 삼위는 하나이신 하나님이시다(사 9:6, 요 10:30).

그렇다면 에하흐가 빠진다. 에하흐는 '나의 영원한 이름이요 대대로 기억할 나의 칭호니라'(출 3:15)고 하셨다. 에하흐는 신약성경에 1회도 나오지 않는다. 에하흐는 장차오실 예슈아이셨기 때문이다. 구약성경에서 루바흐(영) 엘로힘(남성복수, 모든 만능들이신 하나님, 창 1:2)께서 모습을 드러내지 않으셨으나 1절에 아브라함에게 에하흐로 나타나셨다. 2절에는 사람 셋이라고 하였다(창 18:1,13,14,17,18,20,26,33(1-33)). 에하흐 마레아크로 나타났으나 기묘자(예슈아)라고 하였다(삿 13:15(1-24)), 장차오실 예슈아를 기묘자라고 하였다(사 9:6). 에하흐 마레아크(창 18:22절에 두 사람이 소돔과 고모라고 갔다. 창 19:1절에 두 마레아크(천 사, 사자)라고 하였다. 에하흐 마레아크(사자)가 마노아에게 나타났을 때(삿 13:1-5) 마노아 아내의 눈에는 하나님의 사람(삿 13:6)과 엘로힘의 마레아크(사자, 삿 13:6, 삿 13:9)가 마노아의 아내와 마노아는 그 사람(이소(사람)삿 13:10-11)으로 보았다.

사사기 13:15절에서는 그 에하흐 마레아크가 기묘자(예슈아)라고 하였다. 때론 사람으로 때론 에하흐 마레아크(사자)와 엘로힘 마레아크(사자)로 엘로힘의 이소(사람)로 그리고 엘로힘(삿 13:22-23)으로 보였다. 구약성경에 자주 현현(顯現-명백하게 나타남, 나타냄)하시다가 예슈아가 오신 후로는 한 번도 현현(顯現)하지 않으셨다는 것을 볼 때 이 모든 현현은 때가 차면(창 3:15, 갈 4:4, 미

5:2, 눅 2:8-20) 사람의 눈으로 볼 수 있고 대화할 수 있는 분으로 오실 예슈아이셨다는 것이 분명해진다.

분명한 것은 하나님은 육안으로 보이지 않는 영이시다(요 4:24, 창 1:2, 루바흐 엘로힘). 그리고 엘로힘(남성복수), 에하흐(고유명사 여호와), 엘(남성단수), 예슈아(예수, 이에수스, 예수스)의 이름과 칭호들은 눈에 보이지 아니하시는 영이신 하나님이 어떤 분이신지, 대표적인 이름과 칭호들이다. 그리고 이외에도 영이신 하나님에 대한 다양한 속성들 또한 영이신 하나님의 칭호들이다. 본서에서 영이신 하나님에 대한 다양한 속성의 칭호들을 48개의 주제로 단어별해설을 하고 있다. 그 주제 단어를 세우는 단어해설까지 합하면 상당히 많은 단어들을 해설하게 될 것이다.

예솨에아흐 ישעיה 세페르ספֶר(사) 45:5 나는 여호와(에하흐)라 나 외에 다른 이가 없나니 나 밖에 신(엘로힘)이 없느니라 너는 나를 알지 못하였을지라도 나는 네 띠를 동일 것이요라고 하였다.

이르메야흐 ירמיה 세페르ספֶר(렘) 10:10 오직 여호와(에하흐)는 참 하나님(엘로힘, 남성복수 모든 능력들이신 하나님)이시요 살아 계신 하나님(엘로힘)이시요 영원한 왕(멜라크-왕 king)이시라 그 진노하심에 땅이 진동하며 그 분노하심을 이방이 능히 당하지 못하느니라고 하였다.

나 외는 다른 신(엘로힘)이 없다는 말씀은 오직 영이신 루바흐 엘로힘를 가리킨다. '에하흐'는 오직 한분이신 루바흐(영) 하나님께서 어떤 분이신지를 알려주는 이름이요 칭호라는 것을 항상 잊지 말아야한다. 예솨에아흐세페르(사)45:5와 이르메야흐(렘)10:10에서 '에하흐'와 '엘로힘'의 칭호의 뜻을 알면 그 해답을 알 수 있다. '에하흐'는 '능력과 생명으로 연결되어 영원히 실존하신다.' 에하흐 손의 능력으로 모든 생명(호흡)을 연결하여 실존하게 하신다는 뜻이다. '엘로힘'은 남성복수로써 모든 능력들, 모든 권세들, 모든 강함들, 모든 주권들 등등이신 하나님이라는 뜻이다. '루바흐', 영이신 하나님은 생명과 능력으로 영원히 실존하시며 모든 주권들을 행하시며 만능들이신 하나님이시라는 뜻으로 나와 같은 또 다른 루바흐(에하흐 엘로힘)는 존재하지 하지 않다는 것을 알려주신 것이다.

모두 한분 루바흐(영)하나님의 대한 상징의 단어들을 보라.

* 왕(멜레크) 엘로힘(남성복수 모든 것들의 만능들, 권세들, 강함들, 주권들, 지혜들이신 하나님)이다(시편 10:16). '왕이신 엘로힘'이시다.

* 왕(멜레크) 엘로힘을 자마르(노래하다, 찬양하다, 연주하다)하라고 하였다(시편 47:6-8).

* 홀로 기이한 일을 행하시는 에하흐 엘로힘의 말씀에 아멘! 아멘하여 영광을 빠라크(능력의 복을 부여해 주시는 에하흐 엘로힘을 찬양하라)하라고 하셨다(시편 72:18-19). '홀로 기이한 능력의 복(빠라크)을 부여해 주시는 에하흐 엘로힘'이시다.

* 올람(영원)에서 올람(영원)까지 엘(남성단수 힘, 능력, 강함이신 하나님)이시다(시 90:2). '영원에서 영원까지 엘 하나님'이시다.

* 말쿠트(왕국)올람(영원)말쿠트(왕국)멤샬라(통치하시며 다스림)시대 시대에 이른다(시 145:13). '영존하는 왕국을 통치하시는 에하흐 엘로힘'이시다.

* 끝나지 아니하는 영원한 권력과 지배권의 통치왕국은 멸망하지 아니한다(단 7:14). '멸망하지 아니하는 통치왕국에서 권력과 지배권이 영원하신 에하흐 엘로힘'이시다.

하나님의 본질과 실체가 영이시다. 영이신 하나님을 조직신학으로 삼위(三位-아브(아버지), 벤(아들) 루바흐(영))로 제한하지 말아야 한다. 삼위일체론을 잘못 설명하다가 양태론에 빠지고 이단으로 정죄를 받기도 한다. 신학적 삼위일체론과 양태론 모두 문제점을 가지고 있다. 논쟁을 그치려면 오직 한분이신 영(루바흐)이신 하나님이외에는 모두가 영이신 하나님이 누구신지를 나타내는 이름(呼稱-이름 지어 부름)들과 칭호(稱號-어떤 뜻으로 일컫는 이름)들이라고 성경이 알려주는 것을 믿으면 된다. 이것이 믿어지면 더 이상 신학적 용어들로 인한 논쟁이 필요 없다.

영이신 하나님에 대하여 몇 개의 이름과 호칭들로 다 설명할 수가 없다는 사실을 인정하고 겸손히 예언의 계시의 샛별이 떠오르기까지 기다려야하며 이브리어와 헬라어 원어만큼 가고 서라는 곳에서 서야한다(벧후 1:19-21). 인간의 유한하고 재한적인 지혜로 무한하신 영이신 루바흐 엘로힘에 대하여 견해나 추정으로 오역하지 말라고 권한다.

디브리 하야밈 דברי הימים 알렙세페르סֵפֶר(대상) 29:11 여호와여 위대하심과 권능과 영광과 승리와 위엄이 다 주께 속하였사오니 천지에 있는 것이 다 주의 것이로소이다 여호와여 주권도 주께 속하였사오니 주는 높으사 만물의 머리이심이니이다라고 하였다.

2, 공유적속성

공유적속성은 앞서 해설한 단어들과 반복하지 않으려고 6개 단어만 해설하였다.

(1) 영이신 루바흐 엘로힘은 모든 진실이시다.

베레쇠트 בראשית 세페르סֵפֶר(창) 24:27 이르되

나의 주인 아브라함의 하나님 여호와를 찬송하나이다 나의 주인에게 주의 사랑과 성실(에메트)을 그치지 아니하셨사오며 여호와께서 길에서 나를 인도하사 내 주인의 동생 집에 이르게 하셨나이다 하니라고 하였다.

베레쇠트 בראשית 세페르סֵפֶר(창) 24:48 내 주인 아브라함의 하나님 여호와께서 나를 바른(에메트) 길로 인도하사 나의 주인의 동생의 딸을 그의 아들을 위하여 택하게 하셨으므로 내가 머리를 숙여 그에게 경배하고 찬송하였나이다라고 하였다.

■ 에메트 사전적 의미

אֱמֶת,(571, 에메트 - 신실(성), 성실(성), 충실함, 확고함, 확실함, 진리, 진실, 126회)이다.

에메트(명여)어근은 아만(אָמַן 539 아만 – 확실하게 하다, 지지하다, 기르다, 충실하다, 신실하다, 성실하다, 믿다, 신뢰하다, 110회, / 540 아만–신뢰하다, 믿다, 3회, / 541 아만–오른쪽으로 가다, 1회, / 542 아만–숙련공, 장인, 1회, / 543 아멘–참으로, 진실로, 확실히, 그러하다 신실하다, 확실하다, 믿을만하다, 확고하다, 확신하다, 진실

로, 확실히, 그러하다, 30회, / 544 오멘-신실함, 진실함, 충실함, 지탱, 떠받침, 1회)
이다.

에메트 간략해설

'진실'은 오직 영(루바흐)이신 하나님과 예슈아만 진실하시다. 타락한 인간들은 진실과의 거리가 멀다. 영이신 하나님은 하나님의 자녀들에게나 우상을 섬기는 자들에게나 한쪽으로 치우침이 없이 공의로운 필수적인 생명진리의 말씀(성경70권은 시편을 5권으로)에 따라서 진실(眞實-거짓이 없고 참됨)하시다는 의미이다.

성경70권(시편을 5권으로)의 원본이 완전하고 진실하다. 참신한 사본들을 정경으로 채택하였다. 그 채택된 사본들을 중심으로 각국어로 번역되면서 부작용이 발생하였다. 이브리어와 이브리어 상형문자 속에 담아 놓으신 뜻들과 헬라어를 한글, 영어, 한자번역으로 100% 할 수가 없다. 그러므로 한글, 영어, 한자성경을 보는 것보다 이브리어와 헬라어 원어를 보는 것이 천번 만번 더 낫다.

그 이유는 단어에 대한 사전적 의미들이 다 있기 때문에 원어를 전공하지 않은 사람들도 원어의 고유의 뜻을 쉽게 접할 수가 있다. 사본도 불완전한데 번역본들은 더 더욱 불안전하며 완전하게 번역되었다고 볼 수가 없다. 영원히 기억하고 불러야할 고유명사인 예하흐의 이름까지 통일성 없이 번역하였다는 것을 해설을 통하여 알게 되었다. 성경을 이렇게 번역해서는 안된다.

대한성서공회가 개역개정 성경을 변화된 시대 상황을 반영해 새롭게 개정하는 작업에 나서기로 하였다. 한국교회 전통을 살리면서도 성경 원문의 뜻을 보다 분명하게 전달할 수 있도록 여러 성서 전문가들의 지혜를 모아 오는 2035년까지 개정 작업을 추진할 계획이다. 대한성서공회는 최근 이사회에서 개역개정 성경 재개정을 추진하기로 결정하였다. 시대 변화로 사회에서 사용하는 언어가 달라졌고, 성서학 발전으로 성경원문에 대한 이해가 깊어진 점을 반영하기 위해서라고 한다. 한국교회는 각 시대 독자들에게 성경을 보다 더 쉽게 전달하기 위해서 1911년, 1938년, 1961년, 1998년, 2035년에 새 개정판을 낸다고 한다.

-출처 CBS노컷뉴스 최경배 기자 2021-06-03 17:29

그러나 매우 염려가 된다. "성경을 시대의 변화와 상황을 반영하며", "한국교회의 전통을 살리며", "사회에서 사용하는 언어가 달라졌음으로", "성경을 보다 더 쉽게 전달하기 위해서 한다"고 한다. 이런 성경을 재개정판을 내서는 절대 안 된다. 성경을 하나님의 말씀으로 믿는다면 "시대의 변화와 상황을 반영하며", "한국교회의 전통을 살리며", "사회에서 사용하는 언어가 달라졌음으로", "성경을 보다 더 쉽게 전달하기 위해서" 성경을 재개정하면 절대 안 된다. 오로지 "성경 원문의 뜻을 보다 분명하게 전달할 수 있어야 한다."

성경을 읽기 쉽게 개정한다고 깨달아지는 것도 아니며, 어렵다고 못 깨닫는 것도 아니다. 성경은 오직 거룩한 영(하기오스 프뉴마)하나님의 감동을 받은 자만이 깨닫게 된다(요 14:26, 요 16:8-13, 딤후 3:16, 벧후 1:19-21, 벧후 3:16).

성서공회가 성경재개정 추진을 이렇게 하면 성경원문에 가깝게 할 수 없게 된다. 자칫 잘못하면 요한계시록 22:18-19절의 재앙πληγή(4127 플레게- 강타, 타격, 재난 blow, stroke, 상처 wound)을 받을 수 있음으로 "원문의 뜻을 보다 분명하게 전달"하도록 원문의 사전적 의미에 따라서 성경을 재개정해야 한다(신 4:2, 신 12:32, 잠 30:6, 마 15:6-9). 번역학자의 추정이나, 견해나, 사견, 그리고 특정교단의 사상이 들어가서도 안된다.

모든 만능들이신 예하흐 엘로힘께서도 할 수 없는 것들이 있다.

① 거짓말 כָּזַב(3576 카자브- 거짓말하다, 거짓말쟁이다)을 하지 않으신다(민 23:19, 사 53:4-9.)

② 후회 נָחַם(5162 나함- 후회하다 repent, 회개하다, 애석해 하다, 유감으로 생각하다) 하심이 없으시다(민 23:9).

③ 사람 אִישׁ(376 이쉬- 사람 man)(인생)이 아니시고 영 רוּחַ(7307 루아흐- 숨, 바람, 영)이신 엘로힘이시다(창 1:2, 민 23:19, 요 4:23).

④ 죄 חָטָא(2398 하타- 놓치다, 빗나가다, 그릇(잘못) 행하다, 죄를 짓다, 상실하다)가 없으시다. 죄 חַטָּאָה(2403 핫타아- 죄, 유죄, 죄의 형벌)를 짓지 않으신다(요 8:46, 고후 5:21, 히 7:26, 히 4:15, 요일 3:5).

⑤ 말씀 דָּבַר(1696 다바르- 말하다, 선언하다, 담화하다, 명령하다, 약속하다, 경고하다) 하신 것을 반드시 실행 קוּם(6965 쿰- 일어서다, 일어나다, 일으키다, 세우다)하신다(민 23:19, 마 5:18, 사 55:10-11).

'에메트' 어근인 아만(539-544)의 이브리어 단어별 합성어해설을 보라.

'에메트'는 진리가 무엇인지, 진리이신 예슈아 마쉬아흐의 사역을 알려주고 있다.

진리는 예슈아 마쉬아흐이시다(요 8:36, 요 14:6).

진리는 예슈아 마쉬아흐의 입에서 나오는 말씀이다(요 8:28-32, 요 17:17,19, 마 4:4).

진리는 예슈아 마쉬아흐의 저주의 십자가에서 대리적 속죄의 희생물로 죽으심으로 완성되었다(마 20:28, 요 1:29,36, 요 19:30, 갈 3:13).

진리는 거룩한 영(하기오스 프뉴마)하나님(루바흐 엘로힘)이시다(요 16:13, 요 8:32, 고후 3:17, 창 1:2).

진리이신 예슈아 마쉬아흐(이에수스 크리스토스, 예수스 크리스토스, 예수 그리스도)를 믿는 자는 자유를 얻는다(요 8:32-36, 롬 8:1-2, 요 5:24-25, 요 14:6,27, 마 11:28-30, 사 61:1, 렘 6:16).

예슈아 마쉬아흐를 믿으면 영이신 아버지하나님의 자녀가 된다(요 1:12)

예슈아 마쉬아흐를 믿으면 죄사함과 영생구원을 받는다(요 3:16)

예슈아 마쉬아흐를 믿으면 영이신 아버지하나님의 왕국으로 간다(요 14:6).

'에메트'는 생명진리의 말씀이시며 힘이신 하나님께서 예슈아의 육체 안에 임하셔서 솨탄의 거짓말에 속아서 하타아 죄로 인하여 저주받아 영멸할 자들을 위해 죄 사함과 영생구원의 사역을 능력으로 도우셔서 완성하셨다(눅 24:27,44-49, 요 19:30, 요 5:39, 행 10:43, 계 19:10, 창 3:15, 창 49:10).

그로 인하여 예슈아께서는 첫째 아담이 이루지 못한 말씀을 완전하게 순종하여 구원의 완성을 이루시고 죄 없으신 몸이 저주의 십자가에 매달려 저주의 죽음을 하신 것은 둘째 아담으로써 '하타아' 죄를 대신 지시고 대리적 속죄의 죽으심이다(롬 5:12-19, 고전 15:45).

예슈아께서 저주의 십자가에서 죽으시기 전까지 죄 없이 억울하게 죽었던 희생물들의 실체로써의 죽으심이다(출 12:1-14,21-27, 마 26:2, 마 26:18, 막 14:12,

눅 22:7, 요 1:29, 고전 5:7, 히 11:28, 벧전 1:19).

이제 그 영생구원을 완성하신 복음의 진리를 믿는 자는 힘이신 하나님을 힘을 다하여 믿으며 에하흐 엘로힘께서 정하여 놓으신 생명의 경계선(규칙(規則-지키기로 정한 법칙), 규정(規定-법으로 정하여 놓은 것)안에서 신실하게 그분을 신뢰하며 진리 안에서 살아가는 자이다. 이것은 예슈아 마쉬아흐를 믿는 자들이 가져야 할 믿음이며 따라가며 순종해야할 진리의 핵심들이다.

예슈아께서 말씀 하실 때 '진실로' ἀμήν(281 아멘- 가장 확실하게, 확실한, 확고한, 신실한, 진실한, 아멘, 진실로, 그러하도다, 126회, (마 31회, 막 13회, 눅 6회, 요 50회, 바울서신에 14회, 요한계시록에 8회)라는 말씀을 많이 하셨다(마 5:18, 눅 18:17,29, 눅 21:32, 눅 23:43, 요 1:51, 요 3:3,5,11, 요 5:19,24,25, 요 6:26,32,47,53, 요 8:34,51,58, 요 10:1 요 10:7, 요 12:24, 고후 1:20, 계 1:6-7, 계 3:14, 계 5:14, 계 7:12, 계 19:4, 계 22:20-21). 영이신 하나님은 가장 확실하게 진실하시다. 그러므로 성도들은 성경말씀에 아멘(아만) 하여 화답해야한다.

(2) 영이신 루바흐 엘로힘은 모든 선이시다.

토 카타 마르콘 유앙겔리온 Τὸ κατὰ Μᾶρκον Εὐαγγέλιον (막) 10:17-18 예수께서 길에 나가실새 한 사람이 달려와서 꿇어앉아 묻자오되 선한 ἀγαθός(18 아가도스- 선한 good) 선생님이여 내가 무엇을 하여야 영생을 얻으리이까. 18 예수께서 이르시되 네가 어찌하여 나를 선하다(아가도스) 일컫느냐 하나님 한 분 외에는 선한(아가도스) 이가 없느니라고 하였다.

예슈아께서도 선하시다. 죄가 없으신 신인(神人)이시기 때문이다. 그럼에도 하나님 한 분 외에는 선한 이가 없다고 하신 것은 그 사람에게 필요한 것은 영생의 문제이기 때문이다. 그리고 예슈아와 하나님은 하나이시므로(요 10:30, 요 17:22) 불필요한 논쟁을 하지 않으셨다.

성경에서 영이신 하나님은 일반적인 '선(善)'이 아니라 본질이 선이시다. 그러므로 영이신 하나님은 선이 전제되어 있다. 하나님만이 오로지 선이시다. 죄가 없으시다. 그러므로 공의 하나님이시고 그 공의의 따라 심판하신다.

베레쉬트 בראשית 세페르סֵפֶר(창) 1장에서 하나님(엘로힘)이 보시기에 '좋았더라(7회)'가 모두 '토브'이다. 토브는 모든 좋은 것들의 대명사로 쓰인다. 기본어근의 첫 동사가 '선하다'이다.

■ 토브 사전적 의미

טוֹב(2896 토브- 선하다, 좋다, 기쁘다, 바르게(잘) 행하다, 좋은, 선한, 즐거운, 유쾌한, 좋은 것, 선, 이익, 번영, 복지 좋은 것, 물품(모든 가전제품, 의복, 등등), 선함, 등등, 약560여회)이다.

● 토브 합성어 의미

테트 ט는 뱀(옛뱀, 솨탄, 마귀, 계12:9), 지혜, 선한다 이다.

바브 ו는 연결, 갈고리, 못, 연결하는 사람 예슈아이다.

베이트 ב는 집, ~안에, 내면의 사람, 속사람이다.

토브 간략해설

영이신 루바흐 엘로힘과 예슈아 마음 안에는 뱀-솨탄마귀가 거주할 수가 없다(마 4:1-11, 계 12:9). 그러므로 죄에서 떠나계시며 선하시다. 사람이 선하지 못한 것은 더럽고 흉악한 뱀(솨탄마귀)의 지배하에 있기 때문이다. '테트'의 사전적 의미는 뱀(솨탄마귀), 선하다, 지혜이다. 뱀(솨탄마귀)에게 선한 것이 있다는 것이 아니다. 솨탄마귀의 본질은 악이다. 흉악하다. 더럽다. 거짓말쟁이다. 또한 솨탄마귀에게 영이신 하나님께 있는 지혜가 있다는 것도 아니다. 솨탄마귀는 교활하고 간교하며(창 3:1) 사람을 미혹하는데 능한 살인자이다. 예슈아께서 제자들을 전도파송을 하시면서 '너희는 뱀 같이 지혜롭고 비둘기 같이 순결하라'는 말씀은 잘못된 번역이다. 마태복음 10:16절 직역문장정리를 보라.

'보라! 내가 마치 양들 같은 너희를 이리 같은 자들의 한가운데로 내가 보낸다. 그리고 저자들은 뱀 같은 자들이다 그러므로 이들에게 지적인 통찰력 있는 자들과 비둘기들처럼 순결한 자들과 함께 너희는 행하라!'고 하였다.

'이들에게'간략해설 : '이리와 뱀(솨탄마귀) 같은 자들이다'(마 3:7, 마 12:34). '솨탄마귀에게 붙잡혀있는 이리와 같은 자들'이다(엡 2:1-3). 그러므로 영이신 하나님의 지적인 통찰력과 말씀으로 무장하고 비둘기 같은 평화와 거룩한 영(하기오스 프뉴마)의 충만과 순결로 그들에게 복음을 전하라고 하신 것이다.

영이신 루바흐 엘로힘은 혼돈과 공허와 흑암을 다스리신다(창 1:2). 솨탄과 악한 영들의 활동을 재한하시고 부리신다(욥 1:12(6-22), 욥 2:6(1-10), 삼상 16:14,15,23, 삼상 18:10, 삼상 19:9, 삿 9:23, 왕상 22:22, 마 9:32-34, 마 15:22-28, 마 17:15-18, 눅 4:33-35, 눅 8:27-37, 행 10:38, 행 19:15-16).

예슈아께서 귀신(솨탄마귀)들을 쫓아내신 것은 그 솨탄마귀귀신들을 다스리고 계신다는 명백한 증거이다.

토브는 모든 좋은 것들의 대명사이다. 만능의 엘로힘께서 창조하시면서 '좋았더라' 라고 하신 말씀이 '토브'이다. 토브의 복을 받아 누리려면 마음에 생명의 빛으로 오신 예슈아를 받아들임으로 마음에서 왕 노릇 하고 있는 흑암과 공허와 혼돈의 솨탄마귀를 쫓아내는 자에게 임하는 복이다. 모든 사람은 거듭나기 전까지는 솨탄마귀의 종노릇 한다(마 12:43-45, 눅 22:3, 요 13:2, 행 5:3, 고후 4:4, 엡 2:1-3, 엡 6:12, 약 4:4, 요일 3:8, 계 12:9).

솨탄마귀와 연결되어 솨탄마귀에게 마음의 집을 내어주고 살았다. 그래서 악하고 죄를 짓는다(창 6:5, 창 8:21, 시 51:5, 사 53:6, 요 8:44, 롬 8:9, 갈 5:19-21, 약 1:15).

솨탄마귀는 악이다. 선이 존재하지 않는다. 그리고 더럽다. 죄요. 죽음이고 살인자이다. 욕심이다. 거짓말쟁이다. 진리가 없다. 진리가 없다는 것은 예슈아 십자가 복음이 없다는 말씀이다(요 8:44). 예슈아와 진리의 말씀이 없다는 것은 곧 예슈아를 반대하는 대적자라는 말이다. 그러므로 솨탄마귀는 유황불지옥으로 떨어진다.

그렇다. 누구든지 솨탄마귀를 마음의 집에서 쫓아내지 않으면 솨탄마귀와 함께 지옥멸망을 받게 된다. 악한 솨탄마귀를 이기려면 선이신 하나님과 지혜의 말씀으로 무장해야한다. 악과 죄(솨탄마귀)는 선과 말씀이 아니면 이기지 못한다. 선과 말씀으로 무장하려면 마음의 집안에 선하신 하나님을 모셔 들여야 하고 마음의 집안에 말씀으로 채워야한다. 하나님의 말씀으로 마음에 채우려면 부지런히 읽어야하며 암송하며 하가(묵상)를 해야 한다.

토브는 선하고 좋은 것이다. 선하지 않은 것은 토브가 될 수가 없다. 선이란 루바흐 엘로힘의 또 다른 칭호이다. 그리고 테트(뱀, 솨탄, 마귀, 계12:9)를 이긴 자에게 누리라고 주어지는 복이다. 사람들이 복들을 다 좋아한다.

예슈아(예수)를 믿는 사람들도 복을 참 좋아한다. 이유는 여러가지가 있다. 그 중에 기복설교와 십일조와 특별감사헌금, 작정헌금 등을 내므로 복을 받는다고 강요하는 것은 성경의 가르침이 아니다(말 3:7~10, 고후 9:6(5-15), 갈 6:6-9). 모든 연보(헌금)은 자원해서 감사함으로 드리는 것이다.

'그 마음에 정한 대로할 것이요 인색함으로나 억지로 하지 말지니 하나님은 즐겨 내는 자를 사랑하신다'고 하였다(고후 8:3,12, 고후 9:7).

이브리어 십일조는 마아세르

מַעֲשֵׂר (4643 마아세르-그 십분의 일, 그 십일조, 그 십의 일부분) הַֽמַּעֲשֵׂר 관사-명사 남성 단수, 이브리어 단어별 합성어해설집 마아세르 해설을 보라).

또한 '비나이다.' 기도는 하나님의 뜻과는 전혀 상관없이 무작정 구하면 다 이루어진다고 하여 성도들을 속이고 있다. 비성경적 샤머니즘이다. 요한복음 15:7(4-7)절에 기도응답에 대한 말씀을 믿으면 사이비 거짓목자와 감독에게 속지 않는다.

앞에서 해설한 토브의 뜻을 보라. 이보다 좋을 수는 없다. 이렇게 선하고 즐겁고 좋은 복들이 어디에 있는가? 간절한 마음으로 부르짖고 철야하며 천일기도(일천번제)를 하면 이루어지는 것이 아니다. *우리교회 권사님은 다른교회 다닐 때 천일기도를 2회, 성경필사를 1회반을 하셨다. 우리교회에 오셔서 거의 매일 철야기도를 하셨다. 그런데 며느리만 보면 밉다고 하면서 신앙상담을 하였다. 속지 말아야한다. 이브리어 단어별 합성어해설만이 그 뜻을 확실하게 밝혀준다.

에하흐는 선(善)과 지혜(知慧)이시다 그러나 솨탄마귀 악(惡)과 교활(狡猾)하고 간교(奸巧)하며 영리(營利)함이다. 뱀(솨탄마귀)의 유혹을 선하신 하나님의 지혜의 말씀으로 이기고 그 이김을 주시는 선과 지혜의 말씀과 연결하여 마음 안에 집에 영이신 루바흐 엘로힘 하나님으로 가득 채워져 있어야 한다. 선은 에하흐 엘로힘이시고 악은 솨탄마귀귀신이다. 에하흐는 처음부터 끝까지 선과 진실로 복을 주시고 영생의 길을 가게 한다. 솨탄마귀는 처음부터 끝까지 거짓말과 욕심으로 속여 선하신 에하흐를 떠나게 하여 보이는 헛되고 헛된 허상을 사모하게 하여 영멸로 가게 한다(창 3:1-6,19,24, 요 8:44).

(3) 영이신 루바흐 엘로힘은 모든 사랑이시다.

이요안누 알파 Ἰωάννου α΄그람마γράμμα(요일) 4:16 하나님이 우리를 사랑ἔχω(2192 에코- 가지다, 지니다, 소유하다, 획득하다, 점유하다, 보유하다)하시는 사랑(아가페)을 우리가 알고 믿었노니 "하나님은 사랑ἀγάπη(26 아가페- 사랑 love, 애정, 호의, 자비심)이시라" 사랑(아가페)안에 거하는 자는 하나님 안에 거하고 하나님도 그의 안에 거하시느니라고 하였다(요일 4:9-12).

■ 아하바 사전적 의미

אַהֲבָה(160 아하바- 사랑 love) 아하바(명여)어근은 아헤브(אָהֵב (157 아헤브- 사랑하다 love, 좋아하다 like, 사랑스러운 lovely사랑, 사랑하다, 사랑 love, 204회)이다.

아하바 간략해설

'아하바'의미는 힘이신 하나님 아버지 마음 안에는 호흡하는 사람들이 영원히 실존하는 생명이 있음을 알지 못하여 죽어가는 자들을 불쌍히 여기는 사랑하는 마음이다. 아담이 죄를 짓고 그 영혼이 즉시 죽는 것을 보시고 아담을 친히 찾아가셔서 그에게 죄 사함과 구원의 길을 알려주셨다(창 3:15).

영이신 루바흐 엘로힘께서 사랑이시라는 것은 '하타' חָטָא 죄를 지은 자에게 죄 사함과 영생구원의 길을 열어주시기 때문이다. 하타 죄는 '뱀(솨탄)의 거짓말을 받아들여 힘이신 하나님 아버지와 생명의 울타리를 놓아버린 죄'이다. 테트ט는 '거짓말쟁이, 욕심쟁이, 살인자, 뱀'(솨탄마귀)이다(요 8:44, 창 3:4-5).

아담의 아버지는 영이신 하나님이시다(창 2:7). 아버지 하나님께서 선악을 알게 하는 나무의 열매를 먹으면 죽고 또 죽는다고 가르쳐주셨다(창 2:17). 그러나 하부하(하와)가 솨탄의 거짓말을 듣고 하나님처럼 되고자하는 마음의 욕심이 발동하여 자신을 죽이고(영) 또 죽였으며(육신) 남편 아담의 영과 육을 죽이는 일을 하였다(창 3:6,19).

그러므로 사람을 믿지 말아야한다(마10:36(33-39)). 영 육간에 잘 되는 생명의 그 말씀을 놓아 버리고(창 2:17) 선악을 알게 하는 나무의 열매를 따먹은 것이 곧 하타 죄이다(창 3:6).

■ 하타 사전적 의미

하타 (חָטָא 2398 하타)의 죄는 '뱀(쇄탄마귀)의 거짓말을 받아들여 생명의 울타리와 힘이신 하나님을 놓아버린 죄'이다.

루바흐 엘로힘의 말씀을 놓아버린 것이 곧 힘이신 하나님과 예슈아의 십자가 복음을 놓아 버린 행위이다.

첫째 죽음 : 영이 죽었다는 현상이 나타났다(창 3:7-12).

둘째 죽음 : 육신이 죽는 저주를 받게 되었다(창 3:19).

셋째 저주 : 행복과 기쁨을 빼앗기고 저주의 고통이 시작되었다(창 3:16-19,23-24).

하타 죄 사함과 영생구원을 받지 못한 자는 육신의 죽음과 동시에 불과 유황으로 타는 못, 둘째사망의 영멸지옥으로 떨어진다(눅 16:19-24, 계 19:20, 계 20:14-15, 계 21:8).

그 좋은 에덴동산의 환경에서 쇄탄의 거짓말에 속아 아버지 하나님을 떠나버린 자들에게 독생자 예슈아를 보내서 저주받아 죽어가는 자들의 죄를 짊어지시고 저주의 십자가에서 대신 죽어주신 사랑이다(요 3:16, 요 15:16, 롬 3:25-26, 롬 5:8-11, 롬 8:29-30, 고후 5:19-21, 엡 2:1-5, 딛 3:3-5, 벧전 2:24, 벧전 3:18, 요일 2:2, 요일 3:1, 요일 4:8-9,19, 신 7:7, 단 9:24, 호 11:4, 렘 31:3, 사 63:9, 습 3:17).

아래성경을 보라.

'우리가 아직 죄인 되었을 때에 그리스도께서 우리를 위하여 죽으심으로 하나님께서 우리에 대한 자기의 사랑을 확증하셨느니라'(롬 5:8)고 하였다.

'보라 아버지께서 어떠한 사랑을 우리에게 베푸사 하나님의 자녀라 일컬음을 받게 하셨는가. 우리가 그러하도다 그러므로 세상이 우리를 알지 못함은 그를 알지 못함이라'(요일 3:1)고 하였다.

'사랑하지 아니하는 자는 하나님을 알지 못하나니 이는 하나님은 사랑이심이라 9 하나님의 사랑이 우리에게 이렇게 나타난 바 되었으니 하나님이 자기의 독생자를 세상에 보내심은 그로 말미암아 우리를 살리려 하심이라'(요일 4:8-9)고 하였다.

체파네야흐 צפניה 세페르סֵפֶר(습) 3:17 너의 하나님 여호와가 너의 가운데에 계시니 그는 구원을 베푸실 전능자이시라 그가 너로 말미암아 기쁨을 이기지 못하시며 너를 잠잠히 사랑하시며 너로 말미암아 즐거이 부르며 기뻐하시리라 하리라고 하였다.

이 사실을 믿는 자에게 죄 사함과 영생구원을 주시는 사랑이시다(눅 1:77, 눅 24:47, 요 3:15-18, 요 6:37, 요 14:6, 롬 3:29-30, 롬 10:12-15, 고후 5:17, 딤전2:4, 딛 2:11-14, 벧후 3:9, 사 45:22, 사 53:1-11, 겔 18:23,32, 겔 33:11, 합 2:14).

(4) 영이신 루바흐 엘로힘은 모든 거룩이시다.

예솨에아흐 ישעיה 세페르סֵפֶר(사) 6:1-3 웃시야 왕이 죽던 해에 내가 본즉 주께서 높이 들린 보좌에 앉으셨는데 그의 옷자락은 성전에 가득하였고 2

스랍들이 모시고 섰는데 각기 여섯 날개가 있어 그 둘로는 자기의 얼굴을 가리었고 그 둘로는 자기의 발을 가리었고 그 둘로는 날며 3 서로 불러 이르되 거룩하다(카도소) 거룩하다(카도소) 거룩하다(카도소) 만군의 여호와여 그의 영광이 온 땅에 충만하도다 하더라고 하였다.

아포칼륍시스 요안누 Ἀποκάλυψις Ἰωάννου 그람마γράμμα(계) 4:8 네 생물은 각각 여섯 날개를 가졌고 그 안과 주위에는 눈들이 가득하더라 그들이 밤낮 쉬지 않고 이르기를 거룩하다(하기오스) 거룩하다(하기오스). 거룩하다(하기오스). 주 하나님 곧 전능하신이여 전에도 계셨고 이제도 계시고 장차 오실 이시라고 하였다.

■ 카도소, 하기오스 사전적 의미

קָדוֹשׁ(6918 카도소- 거룩한, 신성한, 100회)이다.

ἅγιος(40 하기오스- 거룩한 holy, 신에게 바친 sacred)이다.

카도소 간략해설

영이신 루바흐 엘로힘 하나님은 본성이 죄와의 완전한 성별이시다. 죄와의 완전한 구별이시다. 죄와의 완전한 거룩이시다. 영이신 루바흐 엘로힘은 생명의 문이신 예슈아 십자가와의 연결되어 계신다. 이것을 목자와 성도들이 사모하지만 불가능한 것이다. 사람에게는 불가능한 '카도소'가 오직 영이신 하나님만이 완전하며 영원히 '카도소'이시다. * 거룩하시다는 가장 적절한 표현은 죄가 없으시다는 의미이다.

사람이 거룩함과 신성, 그리고 구별과 분리된 삶이 살아지려면 말씀과 거룩한 영 하나님으로 충만 되어 지도록 여간 힘쓰지 않으면 되어지지 않는다. 세상의 각종 문들인 관문을 하나씩 통과 하려면 에하흐 하나님의 왕국을 소망하며 사모해야한다. 마음이 가장 필요하다(잠 4:23). 이것이 성화에서 영화로의 연결통로이다. 이 땅에 사는 모든 사람들에게 완전한 '카도소'는 불가능하다.

에하흐께서 아담에게 주셨던 형상과 모양을 회복하려면 끊임없이 말씀을 새김질하며 묵상해야한다. 그리고 소망의 문이신 예슈아와 항상 연결되어 있어야 한다. '바브' ו는 예슈아 마쉬아흐의 대리적 속죄와 같으며 보혜사 거룩한 영의 사역으로 에하흐 하나님의 말씀에 매여 있게 하는 통로와 같다.

'바브'가 풀리면 죄의 빚장도 영생구원도 끝난다. 잘 박힌 못과(전 12:11, 사 40:11, 요 10:7) 같이 흔들림 없이 '카도소'로 살아지기를 소망해야한다.

(5) 영이신 루바흐 엘로힘은 모든 의이시다.

다바림 דברים 세페르סֵפֶר(신) 32:4 그는 반석이시니 그가 하신 일이 완전하고 그의 모든 길이 정의롭고 진실하고 거짓이 없으신 하나님이시니 공의로우시고(차디크) 바르시도다라고 하였다.

■ 차디크 사전적 의미

צַדִּיק (6662 차디크- 의로운, 올바른, 공정한, 공의로운)이다.

에하흐 손의 하게하시는 능력은 불가능한 것을 가능하게 한다. 무에서 유를 만드신다. 생명의 문이신 예슈아의 십자가 복음을 믿는 자에게 책임지시고 죄 사함과 의롭다 일컬음을 주신다. 사람이 의롭게 되는 것은 오직 예슈아 십자가의 복음을 믿는다는 의미이다.

영이신 루바흐 엘로힘만 본성이 완전한 '차디크'이시며 올바른 공정과 공의로우시다. 누구에게나 치우침이 없이 공정과 공평하게 공의로운 심판을 하신다. 영이신 루바흐 엘로힘, 에하흐 하나님은 능력이시고 소망이시다.

아래성경들을 보라.

다바림 דברים 세페르סֵפֶר(신) 32:4 그는 반석이시니 그가 하신 일이 완전하고 그의 모든 길이 정의롭고 진실하고 거짓이 없으신 하나님이시니 공의로우시고(차디크) 바르시도다라고 하였다(시 89:14, 시 103:6, 시 116:5 시 145:17).

에즈라 עזרא 세페르סֵפֶר(스) 9:15 이스라엘의 하나님 여호와여 주는 의로우시니 우리가 남아 피한 것이 오늘날과 같사옵거늘 도리어 주께 범죄하였사오니 이로 말미암아 주 앞에 한 사람도 감히 서지 못하겠나이다라고 하였다(사 45:21, 렘 23:5-6, 습 3:5).

제루빠벨 זכריה 세페르סֵפֶר(슥) 9:9 시온의 딸아 크게 기뻐할지어다 예루살렘의 딸아 즐거이 부를지어다 보라 네 왕이 네게 임하시나니 그는 공의로우시며(차디크) 구원을 베푸시며 겸손하여서 나귀를 타시나니 나귀의 작은 것

곧 나귀 새끼니라고 하였다.

프로스 로마이우스 Πρὸς Ρωμαίους 그람마γράμμα(롬) 3:25-26 이 예수를 하나님이 그의 피로써 믿음으로 말미암는 화목제물로 세우셨으니 이는 하나님께서 길이 참으시는 중에 전에 지은 죄를 간과하심으로 자기의 의로우심(디카이오스)을 나타내려 하심이니 26 곧 이 때에 자기의 의로우심(디카이오스)을 나타내사 자기도 의로우시며 또한 예수 믿는 자를 의롭다 하려 하심이라고 하였다(계 15:3-4, 계 16:7, 계 19:2,11).

아포칼륍시스 요안누 Ἀποκάλυψις Ἰωάννου 그람마γράμμα(계) 19:11 또 내가 하늘이 열린 것을 보니 보라 백마와 그것을 탄 자가 있으니 그 이름은 충신과 진실이라 그가 공의(디카이오스)로 심판하며 싸우더라고 하였다.

그렇다. 오직 영이신 루바흐 엘로힘 에하흐 하나님만이 의로우시다.

(6) 영이신 루바흐 엘로힘은 모든 주권이시다.

영이신 루바흐 엘로힘의 주권의 대하여 꼭 알아야할 이브리어 5개 단어가 있다.

① 주권의 만왕의 왕 מָלַךְ (4427 마레아크- 왕 king, 여왕, 통치하다, 숙고하다)**이시다.**

② 주권의 통치자 מַמְלָכָה (4467 마므라카- 왕국, 통치권, 통치, 지배)**이시다.**

③ 주권의 지배자 מָשַׁל (4910 마샬- 다스리다, 통치하다, 주권을 잡다, 지배권을 가지다)**이시다.**

④ 주권으로 다스리는 자 רָדָה (7287 라다- 밟다, 다스리다, 통치하다, 지배하다)**이시다.**

⑤ 지극히 높으신 주권자 עֶלְיוֹן (5945 엘욘- 높은, 위쪽의, 지극히 높은 자)이시다.

주권의 대한 5개 단어 해설

1) 주권의 만왕의 왕 מֶלֶךְ(4427 마라크- 왕 king, 여왕, 통치하다, 숙고하다)이시다.

마라크 간략해설

영이신 하나님은 필수적인 생명진리의 말씀으로 통치하시며 지배하시는 만왕의 왕이시라는 의미이다(계 1:5, 시 2:6-12, 시 45:6, 시 50:1, 시 110:1-3, 사 9:6-7, 사 22:22, 사 28:29, 렘 23:5, 슥 9:10, 단 2:47, 마 28:18, 요 18:33-34,39, 요 19:3,19-22, 엡 1:22, 빌 2:11, 계 17:14, 계 19:16). 마라크 왕을 마음에 받아들인 자는 왕의 통치에 온전히 순응하며 살아진다.

① 겸손하신 만왕의 왕이시다(슥 9:9, 마 11:29, 마 21:4-7, 막 11:7-10, 요 1:49, 요 12:13-16).

② 평강의 왕이시다(사 9:6-7, 시 72:3-7, 요 14:27, 히 7:2). 우리민족은 왕을 섬겨온 민족이기에 왕의 주권이 절대적이라는 것을 잘 이해하고 있다.

③ 영이신 하나님의 왕의 주권은 우주적이다. 영육간의 모든 영역에서의 절대주권이다(마 10:28-29, 수 22:22, 욥 1:6-12, 욥 2:1-7, 시 2:10-11, 시 72:11, 시 82:1, 삼상 2:6-8, 단 4:17,32, 계 20:1-3).

요한계시록 19:16 그 옷과 그 다리에 이름을 쓴 것이 있으니 만왕의 왕 βασιλεύς(935 바실류스- 왕 king) 이요 만주의 주라 하였더라고 하였다(빌 2:9-11, 딤전 6:15, 계 17:14, 계 19:16, 시 72:11, 잠 8:15-16, 신 10:17, 단 2:47).

2) **주권의 통치자 מַמְלָכָה(4467 마므라카- 왕국, 통치권, 통치, 지배)이시다.**

마므라카 간략해설

영이신 하나님의 왕국과 모든 세계의 왕국들에 대한 통치권을 가지고 지배하시는 주권의 통치자이시다. 호흡하는 동식물들과 만물들과 영원히 실존하는 영계를 주권으로 통치하시되, 성경진리의 말씀에 따라서 겸손하게 적용하여 통치권을 행사하신다. 그러므로 불의가 전혀 없으시다. 통치자의 권세로 가르치신 그 필수적인 말씀을 근본으로 실존하는 세계를 다스리시는 공의로운 왕국통치의 주권자라는 의미이다. * 세계의 통치자들은 공과 사가 있지만 에하흐 엘로힘의 통치주권은 공의롭다.

말라킴 מלכים 알렙(왕상) 29:11-12 여호와여 광대하심과 권능과 영광과 이김과 위엄이 다 주께 속하였사오니 천지에 있는 것이 다 주의 것이로소이다 여호와여 주권מַמְלָכָה(4467 마므라카- 왕국, 통치권, 통치, 지배)도 주께 속하였사오니 주는 높으사 만유의 머리심이니이다 부와 귀가 주께로 말미암고 또 주는 만유의 주재가 되사 손에 권세와 능력이 있사오니 모든 자를 크게 하심과 강하게 하심이 주의 손에 있나이다라고 하였다.

에피스톨레 이야코부 Ἐπιστολή Ἰακώβου 그람마γράμμα(약) 4:12 입법자와 재판관은 오직 한 분이시니 능히 구원하기도 하시며 멸하기도 하시느니라 너는 누구이기에 이웃을 판단하느냐 라고 하였다.

① 입법자와 재판관의 통치자로서의 주권자이시다.

성경말씀으로 주권을 행하시는 통치자이시다.

'하나님은 절대 주권자이시다'라는 말은 하나님은 창조주와 입법자와 통치자로서 세상의 모든 만물에 대해 절대적이며 직접적인 지배권을 가지고 실제적으로 다스리시며 자신의 기뻐하시는 뜻대로 행사하신다(출 33:19, 신 7:6, 시 103:19, 시 115:3, 시 135:6, 마 20:15, 요 17:2, 롬 9:15-24, 엡 1:11, 엡 2:1-5, 약 1:18, 약 4:12).

② 영이신 하나님의 주권적 통치를 하신다(왕상 22:1-50, 사 6:1-13, 겔 1:1-3:25, 단 7:1-28, 계 4:1-11).

3) 주권의 지배자 מָשַׁל(4910 마솰- 다스리다, 통치하다, 주권을 잡다, 지배권을 가지다)이시다.

마솰 간략해설

영이신 하나님의 언제나 진리의 말씀으로 통치와 주권을 잡고 계시며 지배권을 행사하신다. ① '마라크'와 ② '마므라카'에 '멤'(물, 진리, 사역)과 '라메드'(목자와 통치자의 막대기, 가르치다, 익히다, 배우다)가 합성어에 들어있다. '마솰'에도 들어있다. 영이신 하나님의 왕권과 통치권과 지배권의 핵심이 진리의 말씀이라는 증거이다. 진리의 말씀을 항상 미리미리 가르쳐 주시고 알려주신다. 세상의 법도 입법 후에도 판사의 권한으로 그 집행이 좌지우지되어지지만 영이신 루바흐 엘로힘은 좌우로 치우침이 없다. 오직공의로 다스리시고 통치하신다는 의미이다.

마솰레이 משלי 세페르סֵפֶר(잠) 29:26 주권자מֹשֵׁל(4910 마솰- 다스리다, 통치하다, 주권을 잡다, 지배권을 가지다)에게 은혜를 구하는 자가 많으나 사람의 일의 작정은 여호와께로 말미암느니라고 하였다(창 1:18, 삿 8:23, 대상 29:12, 대하 20:6, 시 22:28, 시 59:13, 시 66:7, 시 89:9, 시 103:19, 사 40:10, 사 63:19).

4) 주권으로 다스리는 자 רָדָה(7287 라다- 밟다, 다스리다, 통치하다, 지배하다) 이시다.

라다 간략해설

영이신 하나님은 모든 왕, 모든 머리, 모든 높음이시며, 영원히 실존하시면서 모든 생명의 문들과 영들과 호흡과 목숨을 다스리시며 지배하시고 통치하시며 주권을 행사하신다는 의미이다(창 1:26,28, 민 24:19, 시 89:19, 시 110:1-3, 사 9:7, 사 14:2,6, 렘 5:31, 애 1:13, 단 7:14, 마 28:18, 눅 1:32-33, 요 3:35, 요 5:22, 요 17:2, 엡 1:20-22, 빌 2:9-11, 골 1:16-18, 벧전 3:22, 계 1:5-6, 계 11:15, 계 17:14, 계 19:16).

영이신 하나님의 주권을 잘 나타내는 말씀은 성경70권(시편을 5권으로)이다(창 1:1-계 22:21). 베레쇠트 בראשית 세페르סֵפֶר(창) 1:1-3:24절은 영이신 루바호 엘로힘 에하흐의 주권의 핵심이다.

세무엘 שמואל 알렢(삼상) 2:6-10 여호와는 죽이기도 하시고 살리기도 하시며 스올에 내리게도 하시고 거기에서 올리기도 하시는도다 7 여호와는 가난하게도 하시고 부하게도 하시며 낮추기도 하시고 높이기도 하시는도다 8 가난한 자를 진토에서 일으키시며 빈궁한 자를 거름더미에서 올리사 귀족들과 함께 앉게 하시며 영광의 자리를 차지하게 하시는도다 땅의 기둥들은 여호와의 것이라 여호와께서 세계를 그것들 위에 세우셨도다 9 그가 그의 거룩한 자들의 발을 지키실 것이요 악인들을 흑암 중에서 잠잠하게 하시리니 힘으로는 이길 사람이 없음이로다 10 여호와를 대적하는 자는 산산이 깨어질 것이라 하늘에서 우레로 그들을 치시리로다 여호와께서 땅 끝까지 심판을 내리시고 자기 왕에게 힘을 주시며 자기의 기름 부음을 받은 자의 뿔을 높이시리로다 하니라고 하였다.

프로스 로마이우스 Πρὸς Ρωμαίους 그람마γράμμα(롬) 8:35~39 누가 우리를 그리스도의 사랑에서 끊으리요 환난이나 곤고나 박해나 기근이나 적신이나 위험이나 칼이랴 기록된 바 우리가 종일 주를 위하여 죽임을 당하게 되며 도살 당할 양 같이 여김을 받았나이다 함과 같으니라 그러나 이 모든 일에 우리를 사랑하시는 이로 말미암아 우리가 넉넉히 이기느니라 내가 확신하노니 사망이나 생명이나 천사들이나 권세자들이나 현재 일이나 장래 일이나 능력이나 높음이나 깊음이나 다른 어떤 피조물이라도 우리를 우리 주 그리스도 예수 안에 있는 하나님의 사랑에서 끊을 수 없으리라고 하였다.

5) 주권이 지극히 높은 자 עֶלְיוֹן(5945 에레욘- 높은, 위쪽의, 지극히 높은 자)이시다.

에레욘 간략해설

영이신 하나님의 주권이 지극히 높다는 것은 눈에 보이는 세계에서나 영계에서나 손에 능력을 가지고 다스리며 통치한다는 누구와 또 무엇과 비교하거나 연결시킬 수 없는 지극히 높으신 '에레욘'의 주권자이시다. '에레욘'의 경계선을 그 누구에게도 침범을 받지 않으신다. 넘보는 자는 저주를 받게 된다는 의미이다(창 3:1-19, 사 4:1-31, 겔 28:1-19, 벧후 2:1-19).

에레욘과 관련된 성경을 보라.

(창 14:18,19,20,22, 민 24:16, 신 26:19, 신 28:1, 신 32:8, 삼하 22:14, 시 7:17, 시 9:2, 시 18:13, 시 21:7, 시 47:2, 시 50:14, 시 57:2, 시 73:11, 시 77:10, 시 78:17,35,56, 시 82:6, 시 83:18, 시 87:5, 시 89:27, 시 91:1,9, 시 92:1, 시 97:9, 시 107:11, 사 14:14, 애 3:35).

이르메야흐에이카 ירמיה איכה 세페르סֵפֶר(애) 3:38 화와 복이 지존자의 입으로부터 나오지 아니하느냐라고 하였다.

영이신 하나님의 이름과 칭호와 속성들 순으로 사전적 의미와 상형문자의 의미들로 해설들을 하였기에 새롭고 안전하다. 거룩한 영의 감동을 받아가며 원어성경의 본질로 돌아가자는 뜨거운 마음으로 최선을 다하여 완전한 해설을 하려고 하였다. 원어성경의 본질로 돌아가는 것은 곧 영이신 루바흐 엘로힘의 뜻이다. 나는 완성된 해설하였다고 할 수 있지만 사람이 하는 모든 일들은 항상 미완성일 뿐이다. 현재까지 시도해보지 아니한 한 부분을 원어성경의 본질에서 해설하였다.

어느 시대나 선구자는 항상 새로운 것을 추구하고 찾는다. 그래서 주목을 받기도 하며 지탄도 받는다. 그 이유는 거짓 선지자와 이단들의 영향도 있으며 선지식인 고정관념들을 가지고 있어서이다. 특히 기독교 안에서는 더더욱 경계의 대상이 되기도 한다. 그러나 이미 있어왔던 진리를 새로운 방법으로 해설하였다. 진리를 사모하고 있는 목회자가 본서를 탐독(耽讀)한다면 아~ 그래, 이거야! 라고 하게 될 것이다. 21세기에 최고의 설교 자료는 이브리어 단어별 합성어해설뿐이라고 확신한다. 이브리어 단어별 합성어해설은 성경의 본질이다. 인기가 없는 해설집이지만 후세대를 깨우는 귀한자료집이 될 것을 믿는다.

이것을 꼭 기억하자. 원어성경의 본질로 돌아가자는 것을, 그리고 예슈아를 보내신 아버지 하나님은 영이시고 모든 것들의 만능들이신 엘로힘 하나님이시고 예하흐께서 항상 생명의 능력으로 연결되어 생명으로 실존하신다는 것은 잊지 말아야한다(요 4:24, 창 1:2, 창 2:4). 목자와 감독은 영이신 하나님의 말씀인 성경 70권(시편을 5권으로)에 대하여 통달해야한다. 그래야 목자와 감독의 사명을 감당할 수 있다. 그리고 원어에 관심을 많이 가지고 사전적 의미에 따라서 충실하게 해설하는 목자와 감독이 되어 자기 영혼도 살고 성도들의 영혼을 살려나가야 한다.

11. 영(프뉴마)의 열매(칼로스)를 맺게 하시는 하나님이시다

영(프뉴마)의 열매(칼포스), 결과도 영이신 하나님의 속성이다.

'성령의 열매'라고 번역을 하려면 '하기오스 프뉴마 칼로스'(거룩한 영의 열매)라야 하지만 헬라어 원어는 프뉴마πνεῦμα 칼로스καρπός(영의 열매)이다.

프로스 갈라타스 Πρὸς Γαλάτας 그람마γράμμα(갈) 5:22-23 오직 성령의 열매는 사랑과 희락과 화평과 오래 참음과 자비와 양선과 충성과 23 온유와 절제니 이같은 것을 금지할 법이 없느니라고 하였다.

겹치는 것은 생략하고 희락, 오래참음, 양성, 충성, 온유, 절제를 해설하였다.

'거룩한 영의 열매'란 영(프뉴마)이신 하나님의 역사하심으로 사람에게 나타나는 결과(칼포스, 열매)를 말한다. 그래서 영이신 하나님의 9가지의 열매(결과)라고 하였다. 영이신 하나님의 일하심이 없으면 9가지 결과도 없다. 이런 의미에서 영(프뉴마)의 열매(칼로스), 결과도 영이신 하나님의 속성이므로 이브리어 단어별 해설을 하였다.

프로스 갈라타스 Πρὸς Γαλάτας 그람마γράμμα(갈) 5:22절에 '프뉴마 칼포스'πνεῦμα(4151, 프뉴마-바람, 호흡, 생명, 영)karpov"(2590, 칼포스-열매, 결과)를 '하기오스 프뉴마 칼포스'라고 번역하였다. '하기오스(거룩함, 구별, 성별)'가 없으면 '프뉴마'(영)로 번역하면 된다. 영이신 하나님은 '하기오스'라는 단어가 붙지 아니하여도 거룩하시다. 헬라어 원문을 무시하고 번역해서는 안된다. 목자와 감독과 성도들을 속이는 번역을 하지 않아야한다. 이에 대한 내용을 이브리어 단어별 합성어해설로 새롭게 알아가는 예슈아께서 가르쳐 주신기도에 자세히 설명하였다.

(1) 기쁨과 즐거움을 주시는 하나님이시다.

프로스 갈라타스 Πρὸς Γαλάτας 그람마γράμμα(갈) 5:22-23 오직 성령(프뉴마, 영)의 열매는 사랑과 희락(카라)과 화평과 오래 참음과 자비와 양선과 충성과 23 온유와 절제니 이같은 것을 금지할 법이 없느니라.

브미다바르 במדבר 세페르סֵפֶר(레) 10:10 또 너희의 희락(쇠므하)의 날과 너희가 정한 절기와 초하루에는 번제물을 드리고 화목제물을 드리며 나팔을 불라 그로 말미암아 너희의 하나님이 너희를 기억하시리라 나는 너희의 하나님 여호와니라고 하였다.

◆ 헬라어 희락(카라) 이브리어 역어 사전적 의미들

'희락' χαρά(5479, 카라–기쁨, 즐거움) **카라 이브리어 역어는 쇠므하** שִׂמְחָה (8057, 쇠므하–기쁨, 즐거움, 유쾌함) **쇠므하**(명여) **어근은 쏴마흐** שָׂמַח (8055, 쏴마흐–기뻐하다, 즐거워하다, 기쁜, 즐거운)**과 쏴쏜**שָׂשׂוֹן (8342, 쏴쏜–기쁨, 즐거움, 환희)**이다.**

쇠므하 간략해설

쇠므하의 기쁨과 즐거움, 유쾌함은 생명진리의 말씀을 되새김질하며 올바르게 살아 갈 때 주어진다(시 119:77, 시 119:92, 시 119:143, 시 119:174, 잠 18:30-31, 사 5:7, 렘 31:20). 유월절 어린양이신 예슈아를 통하여 생명의 문으로 들어가는 자가 이생에서 누리다가 내생에서 영원히 실존하며 누리는 기쁨이다(눅 16:25, 요 10:1-18, 26-30). 영이신 하나님으로부터 맺혀지는 열매이므로 이 기쁨은 곧 하나님의 것이라는 의미이다.
'또 참으로 나와 멍에를 같이한 네게 구하노니 복음에 나와 함께 힘쓰던 저 여인들을 돕고 또한 글레멘드와 그 외에 나의 동역자들을 도우라 그 이름들이 생명책에 있느니라 4 주 안에서 항상 기뻐하라 내가 다시 말하노니 기뻐하라'(빌 4:3-4)하였다. 그렇다. 주의 일에 협력한 자들의 수고가 주안에서 기뻐하고 기뻐해야할 일이다(고전15:58).

이브리어에 또 다른 기쁨의 단어들을 보라.

테힐림 תהלים 미즈모르מִזְמוֹר(시) 119:14 내가 모든 재물을 즐거워함 שׂוּשׂ (7797, 수소-크게 기뻐하다, 기뻐 날뛰다, 기뻐하다. 27회)같이 주의 증거들의 도를 즐거워하였나이다라고 하였다.

테힐림 תהלים 미즈모르מִזְמוֹר(시) 119:24 주의 증거들은 나의 즐거움 שַׁעְשֻׁעַ (8191, 솨에슈아-기쁨, 즐거움, 기쁨을 주는 것, 9회)이요 나의 충고자니이다라고 하였다.

사람의 기쁨과 즐거움은 세상적인 것이 아니다(약 3:14-16, 요일 2:16-17, 창 3:6, 창 6:2, 수 7:21, 전 5:10-11, 단 4:30, 마 7:21).

이 세상의 것은 지나간다(시 39:6, 시 73:20, 시 90:9, 시 102:26, 잠 10:25, 사 40:6-8, 고전 7:31, 약 1:10-11, 약 4:14, 벧전 4:2).

영원한 것이 없다. 그러므로 주어진 문명과 환경을 누리다가 영원한 '카라'와 '쇠므하'를 누리는 영이신 하나님의 왕국으로 간다.

아포칼륍시스 요안누 Ἀποκάλυψις Ἰωάννου 그람마γράμμα(계) 21:4 모든 눈물을 그 눈에서 닦아 주시니 다시는 사망이 없고 애통하는 것이나 곡하는 것이나 아픈 것이 다시 있지 아니하리니 처음 것들이 다 지나갔음이러라고 하였다.

사람들의 모든 눈물을 그 눈에서 닦아 주시니 다시는 사망이 없고 애통하는 것이나 곡하는 것이나 아픈 것이 다시 있지 않게 하신다는 것은 영이신 하나님은 사람들의 죽음, 애통과 고통, 눈물을 원하지 아니하신다. 눈물은 죄의 결과물들이다. 영이신 하나님은 사람에게 기쁨을 주셨다(창 1:26-28). 그 기쁨을 누리라는 빠라크 능력의 복까지 주셨으나 뱀-솨탄마귀의 거짓말을 받아들여 힘이신 하나님과 생명의 울타리를 놓아버리는 죄(하타)를 범하므로 그 기쁨과 즐거움이 가시와 엉컹퀴와 죽고 또 죽는 저주의 고통에 들어갔다(창 2:17, 창 3:1-6,16-19, 요 8:44, 요 10:10, 롬 3:23, 롬 6:23, 약 1:!5). 이 저주의 고통에서 구원하시려고 예슈아를 보내 주셨다.

(2) 오래 참으시는 하나님이시다.

프로스 갈라타스 Πρὸς Γαλάτας 그람마γράμμα(갈) 5:22-23 오직 성령의 열매는 사랑과 희락과 화평과 오래 참음(마크로뒤미아)과 자비와 양선과 충성과 23 온유와 절제니 이같은 것을 금지할 법이 없느니라.

'혹 네가 하나님의 인자하심이 너를 인도하여 회개하게 하심을 알지 못하여 그의 인자하심과 용납하심과 길이 참으심(마크로뒤미아)이 풍성함을 멸시하느냐'(롬 2:4, 롬 9:22, 고후 6:6).

'여호와여 주께서 아시오니 원하건대 주는 나를 기억하시며 돌보시사 나를 박해하는 자에게 보복하시고 주의 오래 참으심으로 말미암아 나로 멸망하지 아니하게 하옵시며 주를 위하여 내가 부끄러움 당하는 줄을 아시옵소서'(렘 15:15)라고 하였다.

◆ **헬라어 마크로뒤미아 이브리어 역어 오레크와 아프 사전적 의미**

μακροθυμία(3115, 마크로뒤미아-인내, 오래참음, 확고부동, 목적에 도달할 때까지 참음) **명사 마크로뒤미아 이브리어 역어는 오레크와 아프의 합성어이다.**

אֶרֶךְ (753, 오레크-길이), אַף (639, 아프-코 콧구멍, 얼굴, 화, 진노)**이다.**

'오레크'와 '아프' 간략해설

저주받아 영멸해야할 인간을 구원하시려고 천년이 하루같이 참아 주셨다. 아무도 멸망하지 않고 다 회개하여 구원을 받기를 원하심이다(딤전 2:4, 벧후 3:18-19, 출 34:6-7, 시 90:4, 겔 18:23,32, 겔 33:11, 호 11:8). 만왕의 왕이신 독생자 예슈아를 저주의 십자가에서 버리시면서 오래 참으셨다(마 27:28-50, 눅 23:1-46, 요 19:28-30). 영이신 루바흐 엘로힘께서 길이 참아주셔서 인류가 실존하고 있다. 영이신 하나님께서 죄와 불의에 대하여 그때마다 진노하셔서 심판하셨다면 세계 인구는 한 사람도 살아남지 못하였을 것이다(롬 3:10, 롬 6:23).

예솨에아흐 ישעיה 세페르סֵפֶר(사) 48:9 내 이름을 위하여 내가 노하기를 더디 할 것이며 내 영예를 위하여 내가 참고 너를 멸절하지 아니하리라고 하셨다.

테힐림 תהלים 미즈모르מִזְמוֹר(시) 78:38 오직 하나님은 자비하심으로 죄악을 사하사 멸하지 아니하시고 그 진노를 여러번 돌이키시며 그 분을 다 발하지 아니하셨으니 라고 하였다(시 103:8-10).

죄의 삯은 사망이요(롬 6:23). 범죄하지 아니하는 사람이 한 사람도 없다(롬 3:23, 벧후 2:22) 의인이 한 사람도 없기 때문이다(롬 3:10-12). 영이신 하나님께서 오래 참으신다(딤전 2:4, 벧후 3:7-9, 겔 18:23,32, 겔 33:11)는 확실한 증거가 예슈아를 보내신 것이다(창 3:15, 마 20:28, 빌 2:6-8).

'하나님은 모든 사람이 구원을 받으며 진리를 아는 데에 이르기를 원하시느니라'(딤전 2:4)고 하였다.

'주의 약속은 어떤 이들이 더디다고 생각하는 것 같이 더딘 것이 아니라 오직 주께서는 너희를 대하여 오래 참으사 아무도 멸망하지 아니하고 다 회개하기에 이르기를 원하시느니라'(벧후 3:9)고 하였다.

'주 여호와의 말씀이니라 내가 어찌 악인이 죽는 것을 조금인들 기뻐하랴 그가 돌이켜 그 길에서 떠나 사는 것을 어찌 기뻐하지 아니하겠느냐(겔 18:23)고 하셨다. 31 너희는 너희가 범한 모든 죄악을 버리고 마음과 영을 새롭게 할지어다 이스라엘 족속아 너희가 어찌하여 죽고자 하느냐 32 주 여호와의 말씀이니라 죽을 자가 죽는 것도 내가 기뻐하지 아니하노니 너희는 스스로 돌이키고 살지니라'(겔 18:23,31,32)고 하셨다.

(3) 악한 사탄마귀와 구별되어 계시는 선(크레스토테스)하신 하나님이시다.

프로스 갈라타스 Πρὸς Γαλάτας 그람마γράμμα(갈) 5:22-23 오직 성령의 열매는 사랑과 희락과 화평과 오래 참음과 자비(크레스토테스-선하심, 롬 3:12, 롬 11:22)와 양선과 충성과 23 온유와 절제니 이같은 것을 금지할 법이 없느니라.

헬라어 명사 '크레스토테스' 이브리어 역어는 '토브'이다.

테힐림 תהלים 미즈모르מִזְמוֹר(시) 25:7-8 여호와여 내 젊은 시절의 죄와 허물을 기억하지 마시고 주의 인자하심(2617, 헤세드-친절, 인자, 자비, 자애)을 따라 주께서 나를 기억하시되 주의 선하심으로(토브) 하옵소서 8 여호와는 선하시고(토브) 정직하시니 그러므로 그의 도로 죄인들을 교훈하시리로다라고 하였다.

◆ 헬라어 크레스토테스 이브리어 역어 토브 사전적 의미

χρηστότης(5544, 크레스토테스–선함, 친절함, 우정) 크레스토테스 이브리어 역어는 토브이다. 크레스토테스는 하나님의 자비 사랑의 선이나 의 및 친절한 성품과 행위를 나타낸다.

טוֹב (2896, 토브–좋은, 선한, 즐거운, 선, 이익, 번영, 복지, 은혜, 은택, 사랑, 자비 (慈悲–남을 사랑하고 가엽게 여김))이다.

토브 간략해설

자비(慈悲-남을 사랑하고 가엽게 여김)의 의미이다. 헬라어 '크레스토테스'와 이브리어 '토브'의 사전적 의미는 선하심이다. 그러므로 영이신 하나님의 열매인 '자비'는 '선함'으로 번역하여야한다.

'토브'의 처음 쓰인 곳이 베레쉬트 בראשית 세페르ספֶר(창)1장에서 영이신 루바흐 엘로힘께서 하늘들과 땅, 만물을 창조하시면서 '좋았더라'(7회)고 하신 말씀이 '토브'이다.

'토브'의 본질은 뱀(솨탄마귀), 혼돈, 공허, 흑암, 어둠을 빛과 질서로 정리하시면서 하신 말씀이다. 모든 창조물을 가장 선하신 방법으로 창조하신 것을 보시고 '토브-좋았더라'고 하셨다. 뱀(솨탄마귀)의 개입이 없이 선이신 루바흐 엘로힘의 뜻하신 방법대로 이루어진 것을 보시면서 하신 '토브(좋았더라)'이다. 그러므로 영이신 하나님의 열매는 선이다. 영이신 하나님의 뜻하신 대

로 순종하며 살아가며 영의 열매를 맺는 자에게 '크레스토테스(선)'과 '토브(좋았더라)'라고 하신다.

(4) 선(아가도쉬네)하신 하나님이시다.

프로스 갈라타스 Πρὸς Γαλάτας 그람마γράμμα(갈) 5:22-23 오직 성령의 열매는 사랑과 희락과 화평과 오래 참음과 자비와 양선(아가도쉬네-선함, 롬 15:14, 엡 5:9, 살후 1:11)과 충성과 23 온유와 절제니 이같은 것을 금지할 법이 없느니라.

헬라어 명사 '아가도쉬네' 이브리어 역어는 '토브'이다.

'그들이 견고한 성읍들과 기름진 땅을 점령하고 모든 아름다운(토브) 물건이 가득한 집과 판 우물과 포도원과 감람원과 허다한 과목을 차지하여 배불리 먹어 살찌고 주의 큰 복(토브)을 즐겼사오나'(느 9:25)고 하였다.

◆ 헬라어 아가도쉬네 이브리어 역어 토브 사전적 의미

ἀγαθωσύνη(19, 아가도쉬네-선함, 4회) **아가도쉬네 이브리어 역어는 토브이다.**

טוֹב (2896, 토브-좋은, 선한, 즐거운, 선, 이익, 번영, 복지, 은혜, 은택, 사랑, 자비) 이다.

'아가도쉬네-양선(良善-어질고 착함)**'과 '크레스토테스-자비**(慈悲-남을 사랑하고 가엽게 여김)'

어찌 보면 예슈아 마쉬아흐(예수스 크리스토스, 이에수스 크리스토스, 예수 그리

스도)의 속성 같지만 불교의 냄새가 강하다. '아가도쉬네' 사전적 의미는 '크레스토테스'와 같이 '선함'이다(롬 15:14, 갈 5:22, 엡 5:9, 살후 1:11)**. 그래서 '아가도쉬네' 이브리어 역어가 '토브'이다. '아가도쉬네'는 선한 사람이 가지는 자질 뿐만 아니라 도덕적 탁월함을 가리킨다.**

토브 간략해설

선의 기준은 거짓말을 못하는 것이다. 솨탄마귀는 거짓말쟁이요 욕심쟁이요 살인자라고 하였다(요 8:44). 이것이 솨탄마귀의 본질이다. 솨탄마귀에게 진리(예슈아, 아멘)가 그 속에 없다고 하였다. 예슈아께서 사람의 마음에 없는 것이 죄요. 악이요. 솨탄마귀이다(대상 21:1, 마 13:38, 마 16:23, 눅 22:3, 요 6:70, 요 13:2,27, 행 5:3, 행 13:10, 고후 11:3,13-15, 살후 2:9-12, 약 4:1, 요일 3:8-9,12, 계 2:10, 계12:9, 계 20:2-3,10, 계 21:8).

'죄를 짓는 자는 마귀에게 속하나니 마귀는 처음부터 범죄함이니라 하나님의 아들이 나타나신 것은 마귀의 일을 멸하려 하심이니라 9 하나님께로서 난 자마다 죄를 짓지 아니하나니 이는 하나님의 씨가 그의 속에 거함이요 저도 범죄치 못하는 것은 하나님께로서 났음이라'(요한일서 3:8-9)고 하였다.

죄를 짓는 자, 사람의 일을 생각하는 자, 육신의 생각에 사로잡혀 있는 자 등은 모두가 솨탄 마귀라는 것을 예슈아께서 가르쳐 주셨다. '크레스토테스'와 '아가도쉬네'가 프뉴마(영)의 열매라고 하였다. 솨탄마귀의 열매를 보라. 선한 것이 없다.

'육체(솨탄마귀)의 일은 분명하니 곧 음행과 더러운 것과 호색과 20 우상 숭배와 주술과 원수 맺는 것과 분쟁과 시기와 분냄과 당 짓는 것과 분열함과 이단과 21투기와 술 취함과 방탕함 과 또 그와 같은 것들이라 전에 너희에게 경계한 것 같이 경계하노니 이런 일을 하는 자들은 하나님(데오스)의 나라(바실레이아, 왕국)를 유업(상속)으로 받지 못할 것이요'(갈5:19-21)라고 하였다. 하나님의 왕국을 상속 받지 못하는 자들은 솨탄마귀와 거짓선지자들과 함께 지옥행이다(계 9:20-21, 계 20:10,14,15, 계 21:8).

마음의 집에 예슈아를 모시고 사는 자는 모두가 그 속에 진리가 있는 자이다. 그러므로 거짓말을 못한다. 살인적인 욕심을 부리지 않는다. 영이신 하나님의 속성이 선이시기에 예슈아를 믿는 자도 거짓이 없는 선한 열매를 맺는 것이다. '빛의 열매는 모든 착함(아가도쉬네-선함)과, 義로움과, 眞實함에 있느니라'(엡 5:9)고 하였다.

(5) 신실하고 충실하게 아만으로 순종하신 예슈아 하나님이시다.

프로스 갈라타스 Πρὸς Γαλάτας 그람마γράμμα(갈) 5:22-23 오직 성령의 열매는 사랑과 희락과 화평과 오래 참음과 자비와 양선과 충성(피스토스-믿음, 신실성)과 23 온유와 절제니 이같은 것을 금지할 법이 없느니라.

'또한 모세는 장래에 말할 것을 증언하기 위하여 하나님의 온 집에서 종으로서 신실(피스토스-믿음, 신실)하였고 6 그리스도는 하나님의 집을 맡은 아들로서 그와 같이 하셨으니 우리가 소망의 확신과 자랑을 끝까지 굳게 잡고 있으면 우리는 그의 집이라'(히 3:5-6)고 하였다.

'내 종 모세와는 그렇지 아니하니 그는 내 온 집에 충성(아만(아멘)-확실하게 믿음, 신실하다)함이라'(민 12:7)라고 하였다.

예슈아는 죽기까지 아들로 충실하고 신실하셨다.

■ 헬라어 피스티스 사전적 의미

πίστις(4102, 피스티스, 믿음, 신뢰, 확신, 확실성, 확고한 확신, 보증, 증명, 증거, 신실성)이다.

명사 피스티스 이브리어 역어는 에무나(530), 아마나(548), 에메트(571), 아만이다. 에무나(530), 아마나(548), 에메트(571) 어근이 모두 아만이다. 진리의 본질이 같다는 의미이다.

■ 이브리어 아만(아멘) 사전적 의미

אָמַן (539, 아만-확실하게 하다, 지지하다, 기르다, 충실하다, 신실하다, 믿다, 신뢰하다, 오른쪽으로 가다, 숙련공, 장인, 진실로, 확실히, 그러하다, 신실함, 진실함)이다.

아만 간략해설

힘이신 하나님의 입에서 나오는 생명진리의 말씀에 대하여 확실하게 믿으며 그 말씀에 충실하며 하나님께서 정하여 놓으신 생명의 경계선을 넘어가지 아니하며 힘이신 하나님을 말씀을 통하여 배우며 진실하게 믿는다는 의미이다.

브미다바르 במדבר 세페르סֵפֶר(민) 12:7절에 '충성' 이브리어(동사 기본어근)'아만'(약 110회)이다. '충성'의 단어 헬라어와 이브리어 모두 믿음의 단어이다. '피스토스'를 충성으로 번역한 곳들(마 24:45; 마 25:21, 마 25:23, 계 2:10, 계 3:14, 눅 16:11, 눅 19:17, 고전 7:25, 딤전 1:12, 딤전 3:11등등). 이브리어 '아만'를 충성으로 번역한 성구를 보라(민 12:7, 삼하 20:19, 느 9:8, 욥 9:16, 시 101:6, 시 78:8, 잠 25:13)

헬라어와 이브리어에 충성이라는 사전적 의미가 없으나 '충성'으로 번역한 것은 아마도 한자의 영향이라고 생각한다. 아래 충성과 충실의 한자의 사전적 의미를 보라.

충성(忠誠 진정에서 우러나오는 정성. 특히 국가나 임금에게 바치는 지극한 마음)이다.
충실 (忠實-충직하고 성실함, 임무에 충실하다, 명령을 충실히 이행하다)이다.

이브리어는 '충실' 또는 '믿음'으로 번역하고 헬라어는 '신실' 또는 '믿음'이라고 번역하는 것이 원어의 사전적 의미이다. 원어의 사전적 의미가 아닌 단어로 성경을 번역하면 원어의 본질을 왜곡(歪曲-사실과 다르게 해석하거나 그릇되게 함)하고 변질하게 된다. 토속문화와 한자와 영어가 한글번역 성경에 악영향을 주었다는 것이 구약성경과 신약성경 곳곳에서 발견된다.

이브리어 아만과 헬라어 피스토스의 사전적 의미보다 더 좋은 것은 없다. 원어의 본질에서 성경이 번역되어져야한다. 영이신 하나님의 열매가 충성으로만 알고 있었는데 원어의 사전적 내용과 다르다는 것을 알게 되었다. 영이신 하나님은 언제나 신실하시다.

(6) 온유하신 하나님이시다.

프로스 갈라타스 Πρὸς Γαλάτας 그람마γράμμα(갈) 5:22-23 오직 성령의 열매는 사랑과 희락과 화평과 오래 참음과 자비와 양선과 충성과 23 온유(프라위테스-온유, 겸손, 고전 4:21, 고후 10:1)와 절제니 이같은 것을 금지할 법이 없느니라.

'또 주께서 주의 구원하는 방패를 내게 주시며 주의 오른손이 나를 붙들고 주의 온유함(아느바-겸손, 온유, 시 45:4, 시 132:1)이 나를 크게 하셨나이다'(시 18:35)라고 하였다.

◆ 헬라어 프라이위테스 이브리어 역어 아느바 사전적 의미

πραΰτης(4240, 프라위테스–온유, 친절, 겸손, 동정심, 7회)이다.

עֲנָוָה (6037, 아느바–겸손, 온유, 8회) 아느바(명여)어근 아나브(עָנָו 6035, 아나브–가난한, 고통 받는, 겸손한, 온유한)의 여성형이다.

아느바 간략해설

온유와 겸손은 예슈아 하나님의 속성이다(마 11:28-30). 온유란 영이신 하나님께서 보실 때, 말씀하실 때, 아만하여 생명의 말씀의 경계선을 넘어가지 않으신 온유이시다. 죄 없으신 예슈아께서 일생동안 하기오스 프뉴마 아버지에언의 말씀을 이루셨다. 저주의 십자가에서 죽기까지 온유와 겸손으로 아만을 하셔서 죄사함과 영생구원을 완성하셨다(마 26:37-39,42, 마 27:46,50,51, 막 15:34, 눅 24:44, 히 5:7, 시 22:1).

죄 없으신 예슈아께서 죄인을 구원하시려고 이렇게 버림받으심으로 완성되었다. 결코 값 산 구원이 아니다(막 15:38, 눅 23:45, 엡 2:13, 히 6:18-20, 히 10:19-20, 출 26:33, 출 40:21, 레 16:2, 레 21:23).

예슈아께서는 '아느바'를 완전하게 이루셨다(요 19:30). 온유의 열매는 영이신 하나님께서 부르심을 순종하는 자에게 맺힌다. 그러므로 '아느바'의 열매는 순종이다.

'나는 마음이 온유(프라워스-온유한, 친절한)하고 겸손하니 나의 멍에를 메고 내게 배우라 그러면 너희 마음이 쉼을 얻으리니'(마 11:29)라고 하였다(삼하 22:36, 대상 4:8, 시 18:35, 시 45:4, 잠 15:33, 잠 18:12, 잠 22:4, 습 2:3).

예슈아께서 나의 멍에(쥐고스-멍에, 저울, 자기 십자가)를 메고 내게 온유를 배우라(만다노)고 하셨다. 배우는 자는 영혼(프쉬케)의 수고하고 무거운 짐이 내려지고 쉼(아나파우시스-쉬다, 휴식, 안식)을 얻게 된다고 하였다.

배우라는 단어는 '만다노' μανθάνω(3129, 만다노-배우다, 가르침 하에서 배우다, 신탁에 의해 지도를 받다, 경험하다, 배우는 것에 익숙해지다, 마음을 어떤 것에로 향하게 하다)이다. 동사 만다노 이브리어 역어는 라마드לָמַד (3925, 라마드-익숙하게 되다, 배우다, 기르치다, 훈련(시행)하다)이다.

온유 프라이테스 prau?th"(4240, 프라위테스-온유, 친절, 겸손, 동정심, 갈5:23) 어근은 프라위스 πραΰς(4239, 프라위스-온유한, 친절한, 겸손한, 동정심(인정) 많은, 마

11:28)이다. 사전적 의미는 동일하다.

호흡하며 실존하는 동안 예슈아 생명에 연결되어 살아가면서 죽도록 믿음(πιστός 피스토스-믿을만한, 신실한, 신뢰하는, 신임하는, 믿는)을 지키는 자라야 예슈아를 닮아가는 온유한자이다(엡 4:13-15, 엡 5:1,2, 히 10:38-39, 벧전 1:14,15, 벧전 2:21, 요일 4:11, 계 2:10).

(7) 지배권과 강함을 자제하시는 하나님이시다.

프로스 갈라타스 Πρὸς Γαλάτας 그람마γράμμα(갈) 5:22-23 오직 성령의 열매는 사랑과 희락과 화평과 오래 참음과 자비와 양선과 충성과 23 온유와 절제(크라테이아-자제, 억누르는, 자제하는, 지배권, 강함)니 이같은 것을 금지할 법이 없느니라.

'주의 모든 분노를 거두시며(아파크, 사 42:14, 사 64:12) 주의 진노를 돌이키셨나이다'(시 85:3)라고 하였다.

◆ 헬라어 '엥크라테이아'와 이브리어 아파크 사전적 의미

ἐγκράτεια(1466, 엥크라테이아-자제, 억누르는, 자제하는, 지배권, 강함) 명사 엥크라테이아 이브리어 역어는 없으나 이브리어 '아파크'가 가장 타당하여 채택하였다.

אָפַק (662, 아파크-억제하다, 붙잡다, 자신을 굳게 지키다)이다.

영이신 하나님께서 지배권을 자제하지 아니하시고 이행하시면 지상에는 동식물만 있게 된다. 그리고 하나님의 왕국은 텅 비어 있을 것이다. 아담과 하부하(하와)부터 죽었을 것이다. 베레쇠트 בראשית 세페르ספֶר(창) 2:17절에 죽고(모트-영이 죽고) 또 죽는다(타무트-육체의 호흡이 끝남, 둘째 사망, 창3:15, 히 9:27, 계 21:8)는 말씀 속에 이미 자제하신다는 의미를 담아놓으셨다. 그 자제하심은 카인(가인)을 보호하심에서 잘 나타난다(창 4:13-15).

'주의 약속은 어떤 이들이 더디다고 생각하는 것 같이 더딘 것이 아니라 오직 주께서는 너희를 대하여 오래 참으사 아무도 멸망하지 아니하고 다 회개하기에 이르기를 원하시느니라'(벧후 3:9)고 하였다.

그리고 악인이 죽는 것을 기뻐하지 아니하시고 악인이 돌이켜 회개 회심하여 죄 사함과 영생구원 얻는 것을 기뻐하신다(겔 18:23,32, 겔 33:11).

아브라함이 6번 기도변경에도 자제하셨다(창 18:23-32),

소돔과 고모라를 멸망하시기전 로트(롯)에게 자제하셨다(창 19:15-22),

공의와 정의를 행하며 아만하여 진리를 구하는 사람을 찾고 계신다(렘 5:1)고 하신 것이 당장 심판하시지 아니하시고 기다리신다.

그러므로 영이신 루바흐 엘로힘께서 사람들에게 회심하여 돌아오라고 끊임없이 전도자들을 보내신다(대하 36:15-16, 렘 7:25-26, 렘 11:7, 겔 18:23,32, 렘 25:3-4,23, 겔 33:11, 렘 35:15, 렘 44:4-5, 눅 16:29,31, 행 2:37-38, 롬 10:14,15,9-10,13,17, 고전 1:21, 딤전 2:4).

영이신 루바흐 엘로힘의 자제하심으로 지구 안에 인간이 살아가고 있다. 그러나 마지막 심판의 날이 오면 다 사라진다(마 24:35, 벧후 3:6-13, 계 20:11, 계 21:1, 시 102:26, 사 51:6, 욜 1:15). 그날이 오기 전에 지혜로운 다섯 처녀들처럼 기름(ἔλαιον 1637, 엘라이온-감람유 olive oil, 엘라이온의 상징적 의미는 하기오스 프뉴마-거룩한 영의 기름 부음으로 충만해서 거룩한 영이신 하나님의 인도와 주장을 온전히 받으라는 것이다. 요일 2:20,27, 요일 4:13, 요 14:17,26, 요 15:26, 요 16:13-14, 고후 1:21-22, 시 23:5, 사 61:1, 눅 4:18, 행 10:38, 히 1:9, 시 45:7)을 준비하자(마 25:1-10, 고후 13:5, 딤후 4:7-8, 계 22:20-21).

12. 임마누엘이시다

본문 : '보라 처녀가 잉태하여 아들을 낳을 것이요 그의 이름은 임마누엘이라 하리라 하셨으니 이를 번역한즉 하나님이 우리와 함께 계시다 함이라'(마 1:23).

직역문장정리 : '보라! 처녀 이 사람의 자궁 안에 그를 가질 것이며 그리고 그가 아들을 낳으며 그리고 저들이 그의 그 이름을 엠마누엘이라 부를 것이며 이것을 번역하면 그 하나님 그가 우리와 함께 있다'(마 1:23).

본문 : '그러므로 주께서 친히 징조를 너희에게 주실 것이라 보라 처녀가 잉태하여 아들을 낳을 것이요 그의 이름을 임마누엘이라 하리라'(사 7:14)

직역문장정리 : '그러므로 나의 주께서 표적으로 그를 너희에게 그가 주실 것이며 보라! 그 처녀가 임신하여 아들을 낳는다. 그의 이름을 임마누엘이라 그를 부를 것이다'(사 7:14).

■ 헬라어 엠마누엘, 이브리어 임마누엘 사전적 의미

Ἐμμανουήλ (1694 엠마누엘-하나님이 우리와 함께 계시다) Ἐμμανουήλ, 명사 대격 남성 단수,

עִמָּנוּאֵל (6005 고유명사, 임마누엘-하나님이 우리와 함께 계신다, 우리와 함께 하시는 하나님)임마누엘은 임(עַם , 5973: 백성, 민족~와 함께, 곁에, 가운데, 말미암아)과 엘(אֵל , 410: 남성단수, 만능이신 하나님)의 합성어이다.

● 임마누엘 합성어해설

임마누엘–아인+멤+눈+바브+알레프+라메드이다.

○ 사전적 의미

아인–눈, 이해하다. 알다, 증인, 대답, 예, 아니요이다.

멤–물, 진리, 열린 생명(열린 계시, 열린 자궁), 닫힌 생명(닫힌 계시, 닫힌 자궁), 파도치는 바다, 사역이다.

눈–물고기, 규정, 규칙이다. 눈은 사람을 상징하는 것으로 하나님께서 정하여 놓으신 생명의 경계선이다.

바브–갈고리, 못, 연결하는 사람 예슈아이다.

알레프–소, 희생, 배우다, 예슈아를 희생시키시는 능력이신 아버지 하나님을 배우라는 것이다.

라메드–목자, 통치권자, 가르치다, 소몰이막대기, 익힘이다.

임마누엘 간략해설

마리아의 임신으로 인하여 약혼한 요세프(요셉)가 가만히 끊고자 할 때에 주의 사자(퀴리오스 앙겔로스)가 요세프 꿈에 밝히 말씀하셨다(마 1:18-25). 마리아가 잉태한 것은 거룩한 영(하기오스 프뉴마)으로 예슈아(이에수스, 예수스, 예수)를 잉태하였다.(예슈아는 이브리어 모음어이다). 그 예슈아는 자기백성을 죄에서 구원할 자이시다. 그 예슈아는 임마누엘이시다. 그 임마누엘은 능력이신 하나님이시다. 그 임마누엘은 예슈아를 믿는 자들과 함께 하신다는 의미이다.

예슈아를 마음에 영접한 자들은 필수적인 생명진리의 말씀을 순종하여 살아가며 영이신 하나님께서 정하여 놓으신 생명의 경계선 안에서 생활한다. 성도들은 예슈아 생명과 연결되어 있다. 성도들은 거룩한 영께서 가르쳐주시는 말씀 듣고 배우고 익히며 생활하고 있는 자이다. 예슈아께서는 성도들과 함께해 주신다는 것이 임마누엘이다. 임마누엘은 예슈아의 칭호이다(사 7:14, 사 8:8). 예슈아는 역사적인 이름이다(마 1:1,16,21,25). '우리'라는 복수는 예슈아를 믿는 모든 사람들과 함께해 주신다는 것이다. 아무나 함께 해 주신다는 임마누엘이 아니다. 이러한 내용을 임마누엘 합성어단어에 담아 놓으셨다. 그러므로 이브리어 단어별 합성어 상세해설을 하므로 이브리어 '자음' 안에 담아놓으신 의미를 자세히 깨닫게 된다.

임마누엘 עִמָּנוּאֵל 상세해설

첫째, 아인 ע이다.

아인은 눈, 알고 이해하는 것과 대답, 예, 아니요라는 의미이다. 영이신 루바하(영) 엘로힘(남성복수, 모든 만능들이신 하나님, 창1:2, 신론 엘로힘 해설을 보라)께서 생명의 말씀, 예슈아 십자가의 복음이 전도자들을 통하여 전해질 때(롬 10:14-18,(9-13), 고전1:1-21) 영안이 열려 마음 안에 예슈아 십자가의 복음을 받아들이는 자와 함께 계신다는 의미가 임마누엘이다.

둘째, 멤 מ이다.

멤은 물, 진리, 열린 생명(열린 계시, 열린 자궁), 닫힌 생명(닫힌 계시, 닫힌 자궁), 파도치는 바다, 사역이라는 의미이다.

물은 육체가 살아가는데 필수적인 생명이다. 그러므로 멤은 필수적인 생명수를 주시는 예슈아이시다(요 4:6-30, 요 6:35, 요 7:38-39, 계 7:16-17, 계 21:6, 계 22:17, 사 49:10, 사 55:1-2, 시 23:2, 렘 2:13). 영이신 하나님 계시의 말씀은 거룩한 영(하기오스 프뉴마)으로 감동되었고 거룩한 영께서 열어줘야 알 수 있다(딤후 3:16, 벧후 1:20-21, 요15:26, 요 16:7-16).

진리는 영혼이 살아가는데 필수적인 생명의 말씀이다.

진리의 종합적 의미

① 진리는 예슈아יְשׁוּעָה이시다. 하나님 아버지께로 가는 유일한 진리의 길, 생명의 길은 오직 예슈아뿐이시다. 타 종교에는 없는 진리의 복음이다(요 8:32, 요 14:6, 요 18:37-38, 막 12:14, 엡 4:21).

② 진리는 거룩한 ἅγιος(40 하기오스-거룩한) 영 πνεῦμα (4151 프뉴마-영)이시다. 성경진리, 죄, 의, 심판을 깨닫게 하시는 분은 오직 영이신 하나님께서 하신다. 예슈아를 믿게 하시는 분도 영이신 하나님이시다(요 14:17,26, 요 15:26, 요 16:8-11,13 고전 12:3, 고후 3:17, 요일 4:6, 요일 5:7).

③ 진리는 하나님 입과 예슈아 마쉬아흐의 입에서 나오는 말씀 ῥῆμα(4487, 레마-말씀)이다(마 4:4, 요 1:1, 요 8:28-32, 요 10:30, 요 17:17,19).

④ 진리이신 엘 אֵל (410, 엘-하나님 God, 신 god), 예하흐 יְהוָה (3068 예하흐-고유명사)이시다(시 31:5).

⑤ 진리는 구원의 복음이다(시 69:13). 구원은 야솨 יָשַׁע (3467, 야솨-구원하다, 해방시키다,구원, 구출, 구조, 안전, 번영, 승리)이다. 야솨는 예슈아 יְשׁוּעָה (3444, 예슈아-구원, 구출, 구조, 번영, 승리, 복리(福利-행복과 이익), 도움, 하나님에 의한 구원)의 어근이다. 죄 사함과 영생구원의 복음이다. 구원의 복음 안에는 번영과 행복과 승리의 복이다(신 6:24, 신 10:12-13, 신 11:26-27, 신 30:15-20, 신 33:29).

⑥ 토라는 진리이다(시 119:142). 토라 תּוֹרָה (8451, 토라-율법, 지시, 가르침, 훈계, 계명, 법 령)는 율법이 아니라 예슈아 십자가의 복음이므로 진리이다(요5:39).

⑦ 복음εὐαγγέλιον(2098, 유앙겔리온-기쁜 소식, 복음)이 진리이다(갈 2:5,14). 모든 타종교는 죄 사함과 영생구원의 진리가 없다. 유앙겔리온의 기쁨과 승리의 복음이 아니다. 예슈아의 십자가복음만이 죄와 솨탄마귀를 이기는 승리와 기쁨의 참 진리이다.

확고한 믿음, 확실한 믿음, 진실하게 믿는 사람을 진리(에메트, 아만)의 사람, 신실한 사람, 믿음의 사람이라고 한다.

이런 사람과 임마누엘이신 예슈아께서 함께 해주신다는 의미이다.

셋째, 눈 נ이다.

눈은 물고기, 규정, 규칙이다. 물고기는 사람을 상징하는 것으로 하나님께서 정하여 놓으신 생명의 경계선이다.

이 생명의 경계선은 ① 성경70권(시편을 5권으로)이다.

② 개인의 부르심에 대한 말씀이다(창 5:24, 창 6:8-22, 창 12:1-8, 출 3:1-22, 히 11:1-40). 생명의 경계선 안에 있는 자들에게 능력이신 하나님께서 함께해 주신다. 물고기가 생명의 경계선인 물을 떠나서 살아갈 수 없듯이 사람도 하나님의 말씀의 경계선을 넘어서면 버림을 받는다(출 12:5-6,12-13,21-23,29-30, 출 19:12,20-25, 시 104:9, 렘 5:22, 고전 4:6, 요일 2:15-16, 히 12:29). 만능이신 하나님께서 함께 해주지 않는 그것이 곧 저주요 멸망이요 지옥이다.

넷째, 바브 ו이다.

바브는 갈고리, 못, 연결하는 사람 예슈아이다.

영이신 루바흐 엘로힘 아버지와 사람과의 관계를 연결시키는 분은 오직 한 분 예슈아 뿐이시다. 하타 죄로 인하여 하나님과의 관계가 단절되어 있는 사람을 연결하는 일을 저주의 십자가에서 못 박혀 화목희생물로 죽으심으로 완성하셨다(요 19:17-30).

'이 예수를 하나님이 그의 피로써 믿음으로 말미암는 화목희생물로 세우셨으니 이는 하나님께서 길이 참으시는 중에 전에 지은 죄를 간과하심으로 자기의 의로우심을 나 타내려 하심이니 26 곧 이 때에 자기의 의로우심을 나타내사 자기도 의로우시며 또 한 예수 믿는 자를 의롭다 하려 하심이라'(롬 3:25-26)고 하였다(요일 2:2, 요일 4:10).

'그의 십자가의 피로 화평을 이루사 만물 곧 땅에 있는 것들이나 하늘에 있는 것들이 그로 말미암아 자기와 화목하게 되기를 기뻐하심이라'(골 1:20)고 하였다.

■ 화목희생 헬라어 이브리어 사전적 의미

화목희생 ἱλαστήριον(2435, 힐라스테리온'-속죄하는 것, 화해시키는 것, 화해의 수단, 속죄소) 중성명사 힐라스테리온 이브리어역어는 카포레트 כַּפֹּרֶת(3727, 카포레트-속죄소, 속죄하는 것)이다.

카포레트 간략해설

죄의 삯은 죽음이므로(롬 6:23, 창 3:19) 예슈아께서 영이신 하나님과 사람과 단절된 상태를 화목의 관계로 연결하기 위하여 저주의 십자가에 못 박히셔서 하타 죄를 속량하는 화목의 희생물로 죽임을 당하셨다(막 10:45, 갈 3:13, 엡 1:7, 빌 2:6-8, 딤전 2:6, 딛 2:14, 벧전 2:24, 벧전 3:18, 계 1:5, 계 5:9, 사 53:1-11).

예슈아께서 십자가에서 대리적 속죄의 유월절 희생양으로 죽으신 것은 영이신 루바흐 엘로힘 아버지의 공의의 심판과 사랑을 충족시키신 것이다(마 26:39,42, 마 27:46, 롬 5:8, 엡 5:2, 히 5:7, 시 22:1, 사 53:10).

예슈아께서 대리적 속죄의 희생으로 영이신 하나님 아버지와 화목하게 되었다는 것을 마음으로 믿는 자에게 능력이신 하나님께서 함께 해주신다는 의미가 임마누엘이다.

다섯째, 알레프 א이다.

알레프는 소, 희생, 배우다, 예슈아를 사람의 모양으로 보내셔서 만인을 구원하시는 루바흐 엘로힘 아버지 하나님을 배우라는 것이다(롬 5:8-11, 빌 2:6-

8, 골 1:19-22). 알레프는 '바브' ו와 '요드' יי두 개의 합성어이다. '바브'는 연결하는 사람 예슈아이다. 다른 말로 하면 아버지하나님께로 가는 길을 십자가로 열어 놓으신 예슈아이다(요 14:6, 히 10:20).

요드는 에하흐 쥔 손으로 하게 하시는 능력, 되게 하시는 능력이다. 요드는 예슈아를 붙잡고 계시는 능력의 손이다(마 26:39,42,44, 마 27:46). 요드는 십자가에 못 박히신 두 손이다(마 27:35, 요 20:25,27, 시 22:16). 요드는 영생을 주신 자들을 붙잡고 계시는 두 손이다(요 10:28-29).

루바흐 엘로힘 아버지하나님은 모든 만능들이신 하나님이시다. 그럼에도 예슈아를 저주의 십자가에서 대리적 속죄의 어린양의 희생물로 삼으신 것은 공의의 심판과 사랑을 동시에 나타내심이다(요 1:29,36, 히 1:3, 행 8:32, 고전 15:3, 창 3:15, 갈 1:4, 갈 3:13, 딤전 2:6, 딛 2:14, 벧전 2:24, 요일 2:2, 계 5:6,12, 계 7:14,17, 계 12:11, 계 13:8, 계 17:14).

요드는 예슈아 십자가의 복음의 비밀을 가르쳐 준다. 그리고 에하흐 쥔 손의 능력으로 호흡과 생명과 필수적인 생명진리의 말씀을 붙잡고 모든 능력들과 모든 힘들과 모든 지혜들로 천지만물을 창조하신 엘로힘 하나님이시라는 것이다. 그러므로 알레프는 예슈아 하나님을 상징한다(창 1:1, 요 1:1-3, 잠 8:22-30).

만능의 힘을 배우라는 것과 예슈아께서 사람의 죄의 짐을 짊어지시고 저주의 십자가에서 희생물이 되어주셨다는 것을 깨달을 때까지 배우라는 의미가 담겨있다(막 10:45, 갈 3:13, 빌 2:6-7).

예슈아 십자가복음의 진리가 깨달아져야 생활의 변화가 일어난다(고전 1:18-21, 살전 1:3-10, 시 1:1-3, 겔 36:26-31). 깨달음이 없으면 믿음과 생활의 변화가 일어나지 않는다. 구원의 열매도 없다(마 3:8,10,12, 마 13:19-22, 막 4:19, 눅 8:12-14). 예슈아께서 죄인들을 구원하기 위하여 저주의 희생물이 되셨다는 것을 배우는 자는 반드시 예슈아를 마음에 영접하여 믿는다. 영이신 하나님은 이런 사람들과 함께하신다는 의미이다.

여섯째, 라메드 ל이다.

라메드는 목자, 통치권자, 가르치다, 소몰이막대기, 익히다, 배우다라는 의미이다. 라메드는 '바브' ו와 '카프' כ의 합성어이다. 바브는 하나님과 사람과의 관계를 연결하는 사람 예슈아를 상징한다. 카프는 편 손으로 가르쳐 주심을 받아들여 적용한다는 의미이다. 목자이신 예슈아 생명과 연결이 되어있는 자는 예슈아께서 가르쳐주신 말씀을 마음에 받아들여 생활에 적용한다. 그리고 라메드는 목자와 통치자의 막대기를 들고 가르치시는 예슈아를 상징한다(요 10:11,14, 히 13:20, 벧전 2:25, 계 7:17). 목자는 막대기로 양들인 성도들을 보호하시고 구출해주는 도구이다(시 23:4, 시 27:1-4, 시 110:2, 시 138:7).

영혼의 목자는 자기 양들이 악한 짐승(솨탄마귀)에게 잡아먹히지 않도록 졸지도 주무시지 않고 지켜주시고 감해 주시며 감당하게 하신다(창 48:16, 욥 5:18-23, 시 97:10, 시편 121:1-8, 시 145:20, 잠 3:6, 잠 12:21, 마 6:13, 마 24:21-22, 롬 8:35-39, 고전 10:13, 고후 1:10, 딤후 4:18, 벧전 1:5). 에하흐의 마레아크(사자)들을 동원하여 지켜주신다(왕하 6:15-17, 시 34:7, 시 91:1-11, 히 1:14).

목자이신 에하흐께서 양들의 의식주를 책임지시며 평안하게 쉴 곳을 알고 계시며 그 곳으로 이끌어 가신다(시 23:1-3). 그리고 당신의 이름을 걸고 의롭고 올바른 길로 안내하며 이끌어 가신다. 양들이 알지 못하는 죽음의 그늘과 흑암의 세상 골짜기에 있지만 악하고 나쁜 일들로 인하여 무서워하지 않도록 당신이 친히 함께 하시며 통치자의 막대기로 위로하시며 안전하게 지켜주신다(시 23:5, 시 107:10-20,25-30, 사 9:2). 그러나 에하흐께서 가르쳐주시는 말씀을 듣고도 받아들이지 않고 제멋대로 살아가는 자에게는 징계의 막대기가 된다.

임마누엘(능력이신 예슈아 하나님)께서 오래 참으시고 전도자를 끊임없이 보내신다(고전 1:21, 대하 36:15, 렘 7:13,25-26, 렘 25:3-4, 렘 26:5(4-9), 렘 29:19(16-20), 렘 44:4-6). 진리의 말씀을 보내신다(시 25:5, 시 43:3, 시 57:3, 시 107:20, 시 119:105, 시 147:15,19, 마 8:8). 교훈과 책망과 바르게 함과 의로 교육하여 구원에 이르게 하신다(딤후 3:15-17). 그러므로 거역하고 따르지 않는 자들을 바르게 세우시기 위하여 징계의 매를 드신다(신 8:5, 삼하 7:14, 시 32:4,5, 시 73:14, 잠 3:12, 렘 10:24, 계 3:19).

사랑과 공의의 징계

첫째는 회심(悔心)과 회개(悔改)하여 돌아오라는 기회를 주시는 징계이다(히 12:4-13, 욥 5:17-18, 시 94:12, 겔 18:28).

둘째는 그의 인생과 영혼을 멸하는 멸망의 심판이다(민 14:28-47, 민 16:1-50,

민 21:2-6, 민 25:1-9, 대상 21:1-14).

선한목자이신 예슈아(예수)의 인도를 따라가는 자는 죄(솨탄마귀)와 생명걸고 싸운다(행 20:24, 행 21:13, 딤후 4:7-8, 히 11:35-38, 계 12:11, 계 20:4). 절뚝거리던 생활을 올바르게 바로 세워나가는 자이다(히 12:12-13). 이것을 못하기 때문에 믿음 생활을 바르게 하라고 징계를 하신다. 그리고 어느 힘 있는 사람이나 세상 세력의 힘을 의지하려는 자들을 심판으로 멸망하게 하신다. 징계는 돌아오라는 사랑과 긍휼이 넘치는 어머니와 같은 마음이다. 사랑과 긍휼이 없는 징계는 아버지 하나님의 공의이다. 아버지의 공의는 거역한 나라와 사람과 단체를 멸망시켜버리는 무서운 심판이다(레 26:18-33, 신 28:15-68, 신 32:21-25, 삼상 15:1-3, 대하 36:11-21, 사 10:5,15(1-34), 사 14:4-6,11,15,19,23,29-31, 사 34:1-15, 렘 48:15-17, 렘 51:20-24, 겔 38:18-22, 계 5:1-6:17, 계 8:1-5, 계 8:6-11:19, 계 16:1-21, 계 19:11-21). 영이신 루바흐 엘로힘께서는 공의와 사랑의 희생물로 보내신 아들의 눈물과 통곡기도에 등을 돌리시고 버리셨다는 것을 생각하라(마 26:39,41, 마 27:46, 히 5:7).

하나님의 공의는 악인을 도와주는 사람과 도움을 받는 사람까지 멸망으로 멸하시는 무서운 공의의 심판자이시다(창 6:5-7, 창 7:11-24, 창 19:24-28, 삿 19:22-20:48, 슥 14:12-19). 임마누엘은 죄 사함과 영생구원의 최상의 복음이다(마 1:21-23, 사 7,14, 사 8:8).

영이신 루바흐 엘로힘께서 사람을 만드신 목적은 그가 사람 안에 계셔서 당신의 기쁘 하신 뜻을 이루시기 위함이셨다(창 1:26-28). 그러나 아담과 하부하(하와)가 하타 죄를 범하므로 그의 뜻을 이루지 못하였다(창 3:1-6). 둘째아담 예슈아께서 오셔서(롬 5:12-21, 창 3:15) 그의 뜻을 완성하신 것이 임마누엘이다(고전 3:16-17, 고전 6:19-20, 골 1:27, 요 14:16-17, 고후 13:5, 창 2:7).

예슈아께서 저주의 십자가로 영이신 하나님의 공의와 사랑을 완성하시고 부활하셔서 제자들에게 거룩한 영(하기오스 프뉴마)를 받으라고 40일 동안 말씀하시고 감람산에서 승천하셔서 오순절 거룩한 영을 보내주시므로 임마누엘을 완성하셨다(눅 24:49, 요 16:7, 요 20:22, 행 1:4,8, 행 2:1-4, 창 2:7).

그리고 부르신 자들에게 그 소원을 주셔서 이루신다(롬 8:29-30, 엡 4:15, 빌 2:11-16, 살전 5:23, 벧전 1:15, 벧전 2:9,12, 벧후 3:14).

이것이 임마누엘의 진리이다. 임마누엘은 죄 사함과 영생구원의 복음이다. 우리는 임마누엘하면 '하나님이 우리와 함께 하신다'고 알고 있다. 이브리어 단어별 합성어해설을 하면 더 깊은 복음의 진리를 알 수 있다. 모든 독자들에게 임마누엘의 최상의 복을 받아 누려지기를 축복한다(고후 13:13, 민 6:22-27).

죄론

01. 아벤의 죄

세무엘 שמואל 알렢 א(삼상) 15:23 이는 거역하는 것은 점치는 죄(하타아)와 같고 완고한 것은 사신 우상에게 절하는 죄(아벤)와 같음이라 왕이 에하흐(여호와)의 말씀을 버렸으므로 에하흐(여호와)께서도 왕을 버려 왕이 되지 못하게 하셨나이다 하니라고 하였다.

이요브 איוב 세페르סֵפֶר(욥) 4:8 내가 보건대 악(아벤)을 밭 갈고 독을 뿌리는 자는 그대로 거두나니라고 하였다.

이요브 איוב 세페르סֵפֶר(욥) 5:6 재난(아벤)은 티끌에서 일어나는 것이 아니며 고생은 흙에서 나는 것이 아니니라고 하였다.

■ **아벤 사전적 의미**

אָוֶן **(202, 공허, 헛됨, 우상, 거짓말, 속임, 사악, 부정, 고통, 불행, 역행 등)**이다.

아벤 간략해설

아벤의 죄는 힘이신 하나님과 연결 되어있지 아니하므로 힘이신 하나님께서 정하여 놓으신 규칙(규정)을 버리고 솨탄의 거짓말에 속아 부와 재산 등으로 힘과 활력으로 삼으려는 욕심으로 인하여 불행해지는 죄이다. 아벤의 죄가 무엇인지를 정확하게 알려 준다. 아벤은 간교하고 사악한 솨탄마귀의 공허하고 허황된 거짓말에 속아 고통과 불행해지는 죄를 의미한다.

◆ 이브리어 '아벤' 단어별 사전적 의미들

אוֹן (202, 온–활력, 정력, 재산, 부, 생식 능력, 체력, 12회)

אוֹן (203, 온–온 on(인)–부유, 활력, 2회)

אוֹן (204, 온–온 On(지)–힘이나 활력, 3회)

אָוֶן (205, 아벤–공허, 헛됨, 우상, 거짓말, 속임, 사악, 부정, 고통, 불행, 역행, 85회)

אָוֶן (206, 아벤–Aven(지–3곳)–공허함, 우상, 사악함, 3회)

이브리어 모음어가 '아벤'이다. 어느 곳에서는 이브리어 모음어와 상관없이 영어발음을 사용하는 곳이 적지 않다. 특히 바브 ו 는 'ㅇ(아, 이, 와 등)'가 아니라 'ㅂ(바, 비, 베 등)'이다.

● 아벤 합성어해설

아벤은 알레프+바브+눈이다.

○ 사전적 의미

'알레프'는 소, 배우다, 소를 배우라는 것이 아니라. 힘(능력)이신 하나님께서 친히 저주의 십자가에서 대리적 속죄의 희생물이 되신 것을 배우라는 것이다.

'바브'는 갈고리, 연결, 못, 연결은 하나님 아버지께 사람을 연결하는 예슈아를 상징한다.

'눈'은 물고기, 규정, 규칙, 영이신 하나님께서 정하여 놓으신 생명의 경계선이다.

힘이신 하나님 아버지와 사람과의 연결은 오직 예슈아 한분이시다(요 14:6). 예슈아의 영적생명과 연결되어 있지 않은 사람은 영이신 루바흐 엘로힘 하나님께서 정하여 놓으신 생명의 경계선을 지킬 수가 없다. 사악하고 간교 하며 거짓말쟁이 솨탄의 미혹이 있기 때문이다(요 8:44, 창 3:4-6). 사람이 솨탄마귀의 거짓말에 속는 원인은 욕심이다(약 1:15). 욕심의 종류가 다양하지만 '온(202-205)'의 사전적 내용을 보라. 돈과 권력의 힘과 정력과 거짓과 사악함과 헛된 것들에 활력을 쏟는다는 것이다(딤전 6:9-10,(8-12), 약 1:14-15).

솨탄마귀의 거짓말에 속는 것이 불행이요 고통이다. 힘 있는 권력자가 되어 배부르고 살만하면 이런 욕심에 빠지기 쉽다. '아벤'은 헛되고 헛된 것에 빠져들어 결국 후회하는 고통과 불행이다(신 6:10-15, 신 8:12-20, 신 32:15, 시 39:5-6, 시 62:9-10, 시 144:4, 전 1:1,12-18, 전 2:1-26). 또한 모든 생명의 근원이신 루바흐(영, 숨, 바람) 엘로힘(남성복수, 모든 만능들, ~권세들, ~강함들, ~지혜들 등이신 하나님)을 떠나서 힘으로 여기는 돈과 재산과 부를 얻으려는 것들이 헛되다는 것이다.

정욕과 재물 욕으로 결국 우상숭배와 같이 공허함에 빠진다. 여기에 인간들이 다 속아서 살아간다. 그러므로 생각과 마음을 에하흐(여호와)께 두고 살지 못하는 것이 자기의 불행이요. 사악한 것이요.고통이다.

그렇다면 거짓말과 정욕과 재물 욕에 빠지지 않으려면 어떻게 해야 할까? 자기를 향하신 에하흐(여호와, 창2:4)엘로힘 의 뜻과 목적을 분명히 알아야 한다. 그러려면 깊이 있게 말씀묵상과 기도를 하면서 '임마드 엘로힘'(나와 함께 하시는 하나님)이 되어져야 한다(눅 12: 15-21, 눅 16:13, 고전 6:10, 빌 4:12, 골 3:5, 딤전 6:7-10, 히 13:50, 벧후 2:3, 벧후 2:14, 약 1:14-15, 창 28:20(15절, 너와 함께, 임메카), 창 31:5).

참고 | 아벤(205)과 관련된 성경구절들

민 23:21, 신 26:14, 삼상 15:23, 욥 4:8, 욥 5:6, 욥 11:11,14, 욥 15:35, 욥 21:19, 욥 22:15, 욥 31:3, 욥 34:8,22,36, 욥 36:10,21, 시 5:5, 시 6:8, 시 7:14, 시 10:7, 시 14:4, 시 28:3, 시 36:3,4,12, 시 41:6, 시 53:4, 시 55:3,10, 시 56:7, 시 59:2, 시 59:5, 시 64:2, 시 66:18, 시 90:10, 시 92:7,9, 시 94:4,16, 시 94:23, 시 101:8, 시 119:133, 시 125:5, 시 141:4,9, 잠 6:12,18, 잠 10:29, 잠 11:7, 잠 12:21, 잠 17:4, 잠 19:28, 잠 21:15, 잠 22:8, 잠 30:20, 사 1:13, 사 10:1, 사 29:20, 사 31:2, 사 32:6, 사 41:29, 사 55:7, 사 58:9, 사 59:4,6,7, 사 66:3, 렘 4:14,15, 겔 11:2, 호 6:8, 호 9:4, 호 12:11, 암 5:5, 미 2:1, 합 1:3, 합 3:7, 슥 10:2

만약에 왜 이렇게 성경구절이 많아, 라고 한다면 당신은 영이신 루바흐 엘로힘께 부르심을 받은 종(목자, 감독, 성도)인지, 영이신 하나님을 사랑하고 경외하고 있는지를 생각해 보아야 한다. 목자와 감독이라면 인터넷이나 뒤져서 쉽게 설교를 준비하려고 하지 말라고 권한다. 성경통독묵상과 기도로 설교를 준비해야한다. 루바흐 엘로힘의 뜻을 전하라고 목자와 감독으로 세우셨다(엡 4:11-12, 행 20:28). 루바흐 엘로힘의 뜻은 성경 안에 다 들어있다. '아벤'의 단어는 같지만 구절마다 상황이 다르므로 해설도 다르다. 성경을 찾아 읽으면 '아벤'의 죄가 무엇인지 폭넓게 깨닫게 되고 설교내용이 풍성해진다.

루바흐 엘로힘께 성도들이 복을 받아 누리기를 원한다면 아벤의 죄를 해결해야한다. 그러려면 성경을 탐구해야한다. 암송해야한다. 탐구하고 암송한 말씀을 무기삼아 아벤의 죄를 짓게 하는 솨탄을 물리쳐야한다.

죄(솨탄마귀)는 헛된 것에 마음과 생각이 기울어지게 한다. 생각과 마음이 기울어지는 것에 그치지 않고 행동이 기울어지면 죄의 열매를 맺게 되는 것이다. 생각이 기울어지는 것은 솨탄, 마귀, 귀신이 가라지 씨앗을 뿌리고 있기 때문이다. 죄의 열매를 맺게 하는 생각을 넣어주었다는 것이다. 곰곰이 생각하면 마음이 기울어지고 마음이 기울어지면 행동에 옮기게 되는데 이것이 죄의 열매이다.

02. 아솸의 죄

바이크라 ויקרא 세페르ספר(레) 4:13 만일 이스라엘 온 회중이 여호와의 계명 중 하나라도 부지중에 범하여 허물(아솸)이 있으나 스스로 깨닫지 못하다가, 라고 하였다.

바이크라 ויקרא 세페르ספר(레) 4:22 만일 족장이 그의 하나님 여호와의 계명 중 하나라도 부지중에 범하여 허물(아솸)이 있었는데, 라고 하였다.

■ 아솸 사전적 의미

אָשַׁם (816, 아솸 – 죄를 범하다, 죄가 있다, 유죄로 판결되다, 형벌을 당하다, 35회) 이다.

아솸의 간략해설

'아솸'의 죄는 불의 징계로 단(마음)의 기초(토대)가 무너지는 죄이다.

힘이신 하나님의 형상과 모양을 유지 보존되어지는 생명진리의 말씀으로 사역(생활)하기를 거부하는 죄이다. 에하흐(여호와)께서 임재하시는 '단'(마음)의 기초, 토대가 불 심판으로 무너지는 죄이다. 한글성경은 '허물'로 번역하였으나 마음이 무너진 무서운 죄라는 의미이다.

마음의 단의 토대, 기초가 무너진 사람들은 죄를 즐긴다. 에하흐(여호와)께

죄를 범하는 것을 모른다. 법정에서 유죄 선고 후에 형량을 다 살고 출소한다고 해서 그 죄벌이 사라진 것이 아니다. 회개(회심)하고 돌이켜 살지 아니하면 그 죄 값을 물으실 날이 온다. 엘로힘 에하흐(여호와)께 유죄로 판결되어 지옥형벌을 받는다. 엘로힘 에하흐께서 둘째사망의 지옥으로 보내는 사람은 예슈아를 믿지 아니하는 죄이다(요 3:15-18, 요 5:24-26, 롬 8:5-14). 예슈아를 믿지 아니하는 자는 다양한 죄들과 연결되어 살아간다.

◆ 이브리어 '아솸' 단어별 사전적 의미

אָשַׁם (816, 아솸–죄를 범하다, 죄가 있다, 유죄로 판결되다, 형벌을 당하다, 35회)

아솸(동사) 어근은 에소 אֵשׁ (784, 에소–불, 375회, 화염, 1회, 있다, 2회, 기초, 토대, 3회)이다.

바이크라 ויקרא 세페르 סֵפֶר(레) 4:13 만일 이스라엘 온 회중이 에하흐(여호와)의 계명(미츠바-명령, 계명)중 하나라도 부지중에 범하여 허물(아솸)이 있으나 스스로 깨닫지 못하다가

직역문장정리 : 만일 이스라엘 모든 회중이 에하흐의 모든 계명이라 하는 것 중에 하나를 그들이 행하여 저희가 죄(아솸)를 범하고 그 일을 눈들에 감추었고 그 회중에서 저희가 행하여 그들이 길을 잃었다.

그런데 보라. 사전적 의미에서는 정죄를 하고 속건희생물을 드리라고 까지는 있는데 죄명은 없고 에하흐의 계명 중에 하나를 범하여 유죄의 형벌아

래 있을 때라고만 하여 죄명이 없으나 아샴의 단어별 해설은 명확한 죄를 알려준다. 아샴의 죄는 불의 징계로 단(마음)의 기초(토대)가 무너진 죄이다. 힘이신 하나님의 형상과 모양을 유지 보존되어지는 생명진리의 말씀으로 사역(생활)하기를 거부하는 죄이다. 에하흐(여호와)께서 임재하시는 '단'(마음)의 기초, 토대가 불 심판으로 무너진 죄이다.

아샴의 죄는 당시에는 출 20:1-17중에 하나이었고 오늘날에는 유대인들이 지키는 613(하라 248개, 하지마라 365개)가지 계명 중에 하나라고 할 수가 있다.

계명 중에 하나, 또 허물이라고 해서 죄의 경중의 차이가 있는 것이 아니다. 살인죄는 큰 죄이고 거짓말은 허물로 가볍게 여기 말아야 한다. 유황불 지옥에 들어가는 죄이다(계 21:8, 계 22:15). 에하흐께서 계명(미츠바)들을 주신 것은 도덕과 윤리의 차원보다 더 깊은 복음의 진리이다. 자기의 생명을 지키고 복 받는 길, 영생의 길을 잃어버리지 말라는 생명의 경계선으로 주신 명령의 말씀이다. 에하흐의 명령은 그 명령을 받은 모든 사람들은 반드시 지켜야할 의무를 불이행 속건희생물을 드리면서 잃어 버렸던 길을 다시 찾고 정로로 가라는 것이다(마 7:13-14).

* 국어사전에 '허물'

1. '잘못 저지른 실수'

2. '남에게 비웃음을 살만한 거리'라고 하였다.

국어사전에도 명확한 죄명이 나오지 않는다.

에하흐(여호와)의 계명(미츠바)중 하나을 지키지 못하고 길을 잃고 살다가 설교나 어떤 환경이나 사건을 통하여 '그 범한' חָטָא (2398, 하타-놓치다, 빗나가다, 그릇(잘못) 행하다, 죄를 짓다, 상실하다, 속죄희생을 드리다, 정결케 하다, 정죄하다) '죄' חַטָּאָה (2403, 핫타아-죄, 유죄, 죄의 형벌, 속죄희생)를 알게 될 때 숫송아지를 속죄 희생물로 드리라'는 죄이다(레 4:14).

바이크라 ויקרא 세페르ספֶר(레) 4:14절의 본문과 직역문장정리를 보라.

본문 : **'그 범한 죄를 깨달으면 회중은 수송아지를 속죄제로 드릴지니 그것을 회막 앞으로 끌어다가'(레4:14)**

직역문장정리 : **그것들을 놓아버린(하타) 그것이 죄(하타아)라고 하는 그것을 알았다. 그 회중은 어린 숫 송아지 속죄 희생물(하타아) 그것들을 끌어와서 그것에 대하여 그것들에 접근하여 들어간다. 그것의 실체를 정한장소의 천막에서 얼굴들 앞에서~,**

허물이 아니라 에하흐(여호와)께서 지키라고 주신 계명 중에 하나를 '범한' 하타(솨탄의 거짓말을 받아들여 생명과 능력이신 하나님을 놓아버린 죄)의 '죄'와 하타아(솨탄의 거짓말에 속아 생명과 능력이신 하나님을 놓아버림으로 영원히 실존하는 생명을 잃어버린 죄)의 죄이다. '허물'이라고 한글번역을 하였으므로 가볍게 여길 죄가 아니다. 에하흐(여호와) 계명을 지키지 아니한 죄이다. 죄 없는 희생물(예슈아 상징)을 드리지 아니하면 그 아솸(허물)으로 둘째사망, 지옥에 갈 죄이다(롬 6:23, 히 9:27, 계 21:8, 계 22:15). *예슈아께서 모든 죄 사함을 위하여 희생물로 죽으셨다(시103:3).

1. '아솸'을 어근으로 하는 3개의 단어묵상

(1) 아소ㅔ마

■ 아소ㅔ마 사전적 의미

אַשְׁמָה (819, 아소ㅔ마(아쉬마)-잘못 행함, 죄를 범함, 속건제를 가져옴, '범죄하게 됨, 죄 있게 함', 잘못(그릇) 행함, 죄 있음, 19회) 아소ㅔ마**(명여)** 어근은 아솸**(אָשָׁם 817, 아솸-위반, 죄, 범죄, 침해, 비행, 유죄, 보상, 배상, 속건제)**이다. **(레 5:26, 대하 24:18, 대하 28:10,13, 대하 32:23, 스 9:6,7,13,15, 시 69:6)**이다.

*스트롱코드 819번의 단어를 한글번역에서 '아쉬마' אַשְׁמָה라고 하였다. 그러나 '쉰' שְׁ의 모음은 두 개이다. 쉐바(유성'ㅔ'무성'ㅡ')와 홀렘(ㅗ)이다. 그런데 모음 히렉(ㅣ)과 키부츠와 슈렉의 (ㅜ)로 번역을 하였기에 알권리 차원에서 바로잡기 위해서 '아소ㅔ마'라고 모음어 번역을 하였으나 아세마라고 하여도 괜찮다. 발음어로는 가능하겠지만 한글로도 자음과 모음이 합쳐지지 않는다. 이런 곳이 여러 곳에 있다.

아소ㅔ마 간략해설

'아소ㅔ마'의 죄는 속죄(하타아) 희생물을 드려야 죄사함을 받는 죄이다(레 4:1-12). 능력이신 하나님의 생명진리의 말씀을 되새김질하여 생활에서 그 생명의 말씀을 지켜 행하라는 말씀을 거역하여 지키지 아니하므로 자신의 호흡과 실존의 원인을 모르는 결과에 의한 죄라는 의미이다.

호흡은 베레쉬트 בראשית 세페르ספר(창) 2장7절에서 영이신 루바흐 엘로힘께서 코에 불어 넣어 주시고 계시므로 유지되는 것이며 그 숨은 곧 영이신 루바흐 엘로힘의 생명이다. 보이지 아니하시는 영적인 형상과 모양의 증거요 생각과 마음이기도 하다. 하부하(하와)와 아담이 타락하기 전까지는 그들의 생각과 마음은 루바흐 엘로힘께서 주신 생명진리의 말씀을 100%따라 살았으나 뱀(솨탄마귀)의 거짓말에 속아서 호흡을 주관하시는 루바흐 엘로힘의 말씀을 거역함으로 에하흐(여호와)의 불 심판으로 영적 임재의 장소인 마음의 단의 기초와 토대가 무너져 버렸다는 생명진리의 말씀이다.

속죄, 속건 희생물이란?

아래 성경을 보면 죄의 내용을 깨닫고 드리는 희생물이라는 것을 알 수 있다.

바이크라 ויקרא 세페르ספר(레) 4:14 그 범한(하타) 죄(하타아)를 깨달으면 회중은 수송아지를 속죄 희생물 חַטָּאָה(2403, 하타아-죄, 유죄, 죄의 형벌, 속죄 희생물)로 드릴지니 그것을 회막 앞으로 끌어다가라고 하였다.

바이크라 ויקרא 세페르ספר(레) 6:25 아론과 그 아들들에게 고하여 이르라 속죄 희생물(하타아-그 속죄 희생물)의 규례는 이러하니라 속죄 희생물 הוא(1931, 후 지시대명사 여성 단수, 그(남자), 그 여자, 그것)은 지극히 거룩하니 에하흐(여호와) 앞 번제(올라-완전히 불태워 전소하여 올려드림) 희생(솨하트-도살한다)을 잡는 곳에서 그 속죄 희생물(하타아-그 속죄)의 희생 שָׁחַט(7819, 솨하트-죽이다, 도살(륙)하다)을 잡을 것이요라고 하였다.

'후' 직역문장정리는 '그것'이다. '후' '그것'이 속죄희생은 맞지만, '후'를 '속죄제'로 번역하였다. 이 번역은 이브리어 사전적 번역이 아니다. 신론에서도 언급하였지만 모든 희생과 희생물, 그리고 민하(선물, 공물)에 모두 제사 제(祭)자를 쓰고 있다. 유교의 조상제사와 불교에서 불공제사, 미신(迷信-종교적 과학적으로 망령되다고 생각되는 (믿음, 점, 굿 따위))제사의 그것과 예슈아의 모형과 그림자로 죄 없는 가축들의 희생을 제사(祭祀-신령이나 죽은 사람의 넋에게 음식을 바쳐 정성을 나타냄)라고 한다면 비 진리이다. 다른복음이다(갈 1:7-10). 예슈아께서 만인구원(딤전2:4)을 위하여 저주의 십자가에서 대리적 속죄의 희생물로 죽으심을 제사라고 하는 것은 예슈아 희생의 죽으심에 대한 모독이다. 예슈아께서 저주의 십자가에서 죽으신 것은 예슈아 자신의 죄와 어떤 문제를 해결하기 위한 것이 아니라 온 세상의 사람들의 죄를 속량하기 위한 죽으심의 희생물이었다(요 1:29,36, 마 1:21). 성경에서 제사(祭祀)라는 단어는 우상섬기는 자들에게만 쓰여야한다.

하타아 속죄 희생물을 드리는 것은 뱀, 솨탄마귀의 거짓말을 받아들여 생명과 능력이신 하나님을 놓아버림으로 영원히 실존하는 생명을 잃어버린 죄를 속죄 받기 위함이다. 이 속죄 희생을 당하는 가축은 죄 없이 하타아의 죄를 지은 인간을 위하여 대신 죽어 하타아 죄를 덮고 영이신 루바흐 엘로힘의 공의의 진노를 진정시켜 하타아 죄로 단절 되었던 영이신 루바흐 엘로힘과의 화해의 희생물이다.

이 희생물은 장차오실 예슈아의 모형이요 그림자였다. 때가차매 죄 없으신 예슈아 하나님께서 오셔서(갈 4:4-6) 저주의 십자가에서 대리적 속죄의 희생물이 되심으로(갈 3:13) 영이신 루바흐 엘로힘과 사람과의 화목을 완성하셨다(눅 1:79, 눅 2:14, 요 11:52, 요 16:33, 행 10:36, 롬 5:1,10, 고후 5:19, 엡 2:14-18, 골 1:20).

바이크라 ויקרא 세페르ספֶר(레) 그 범과를 인하여 에하흐(여호와)께 속건제 אָשָׁם (817, 아솸-위반, 죄, 범죄, 침해, 유죄, 배상, 속건 희생)를 드리되 양떼의 암컷 어린 양이나 염소를 끌어다가 속죄제(하타흐)를 드릴 것이요 제사장은 그의 허물(하타아)을 위하여 속죄(카파르)할지니라고 하였다.

바이크라 ויקרא 세페르ספֶר(레) 6:6 그는 또 그 속건 희생 אָשָׁם (817, 아솸-위반, 죄, 범죄, 침해, 유죄, 배상, 속건희생)을 에하흐(여호와)께 가져 올찌니 곧 너의 지정한 가치대로 떼 중 흠 없는 숫양을 속건 희생물 אָשָׁם (817, 아솸-위반, 죄, 범죄, 침해, 유죄, 배상, 속건희생물)을 위하여 제사장에게로 끌어 올 것이요라고 하였다.

에즈라 עזרא 세페르ספֶר(스) 10:19 그들이 다 손을 잡아 맹세하여 그들의 아내를 내보내기로 하고 또 그 죄로 말미암아 숫양 한 마리를 속건(희생물)제 אַשְׁמָה (819, 아셰마-잘못 행함, 죄를 범함, 속건희생을 가져옴, '범죄하게 됨, 죄 있게 함', 잘못(그릇) 행함, 죄 있음)로 드렸으며라고 하였다.

속건 희생의 단어가 바이크라세페르(레) 5-6장에서는 '아솸'으로, 에즈라세페르(스) 10장에서는 '아셰(소ㅔ)마'이다. 아셰(소ㅔ)마(명여)어근은 아솸이다. 그러므로 사전적 의미가 본질적으로 같다.

바이크라 ויקרא 세페르ספר(레) 6:1-7절은 속건 희생물을 드리는 자의 죄가 나온다.

2절에 에하흐(여호와)께 '마알'의 죄와 '하타'의 죄를 범하였다고 하였다.

6:2 누구든지 에하흐(여호와)께 신실치 못하여 מַעַל (4603, 마알-불성실하게(부정하게) 행하다, 반역적으로 행하다) 범죄 חָטָא (2398, 하타-놓치다, 빗나가다, 그릇(잘못) 행하다, 죄를 짓다, 상실하다, 속죄제를 드리다, 정결케 하다, 정죄하다)하되 곧 남의 물건을 맡거나 전당 잡거나 강도질 하거나 늑봉하고도 사실을 부인하거나

6:3 남의 잃은 물건을 얻고도 사실을 부인하여 거짓 맹세하는 등 사람이 이 모든 일 중에 하나라도 행하여 범죄하면(하타)

6:4 이는 죄를 범하였고(하타) 죄(아솸)가 있는 자니 그 빼앗은 것이나 늑봉한 것이나 맡은 것이나 얻은 유실물이나

남의 물건을 맡거나 전당 잡거나 강도질 하거나 늑봉하고도 사실을 부인하거나 남의 잃은 물건을 얻고도 사실을 부인하여 거짓 맹세하는 등, 그 빼앗은 것이나 늑봉한 것이나 맡은 것이나 얻은 유실물에 대해 하나라도 행하는 것은 곧 에하흐(여호와)께 마알의 죄와 하타의 죄를 범한 것이므로 속건 희생물을 드려서 '카파르' 속죄를 받아 '싸라흐' סָלַח(5545, 싸라흐-용서하다, 사면하다) 사면과 용서를 받으라고 하셨다(레 6:7).

(2) 카파르

■ 카파르 사전적 의미

속죄 כָּפַר (3722, 카파르-덮다, 진정시키다, 화해하다, 속죄하다, 역청으로 위에 칠하다, 창 6:14, 출 29:33,36,37, 레 1:4)이다.

카파르 간략해설

엘로힘의 입에서 나오는 말씀과 모든 머리와 만왕의 왕이신 예슈아의 희생을 마음에 받아들여 적용하는 자에게 임하는 속죄이다. 속죄 희생물과 속건 희생물을 에하흐(여호와)께 드림으로 속죄함을 받아서 영이신 루바흐 엘로힘의 공의의 진노를 진정시킨다. 그 범한 '하타', '하타아', '아샴', '아소ㅔ마흐', '마알', '살라흐'의 죄를 덮어 보이지 않게 하시고 기억하지 아니하신다고 하셨다(히 10:17-18, 사 43:25, 렘 50:20). 영이신 하나님과 사람과의 화해(화평)를 이루는 복음이라는 의미다.

'나 곧 나는 나를 위하여 네 허물을 도말하는 자니 네 죄를 기억지 아니하리라'(사 43:25)

'나 에하흐(여호와)가 말하노라 그 날 그 때에는 이스라엘의 죄악을 찾을지라도 없겠고 유다의 죄를 찾을지라도 발견치 못하리니 이는 내가 나의 남긴 자를 사할 것임이니라'(렘 50:20)

미카 מִיכָה 세페르סֵפֶר(미) 7:18-19 주와 같은 신이 어디있으리이까 주께서는 죄악을 사유하시며 그 기업의 남은 자의 허물을 넘기시며 인애를 기뻐하심으로 노를 항상 품지 아니하시나이다 19 다시 우리를 긍휼히 여기셔서 우리의 죄악을 발로 밟으시고 우리의 모든 죄를 깊은 바다에 던지시리이다 라고 하였다(시 51:9, 사 1:18, 사 44:22, 렘 31:34, 렘 50:20, 미 7:18-19, 행 3:19, 히 8:12, 히 10:17).

(3) 싸라흐

■ 싸라흐 사전적 의미

'용서와 사면'은 싸라흐 סָלַח (5545, 싸라흐-(동사)용서하다, 사면하다, (형용사)용서하는, 용서할 마음이 있는, 출 34:9, 레 4:20, 시 86:5, 47회)이다.

싸라흐 간략해설

영이신 하나님께서 사면하여 용서할 사람에 대하여 알려주는 단어이다. 목자이신 예슈아를 마음에 받아들인다. 유월절 어린양이신 예슈아의 구속을 믿는다. 예슈아를 믿는 자를 용서하신다. 예슈아를 믿는 자는 예슈아로 버팀대를 삼고 그의 입에서 나오는 말씀으로 자기의 영육간의 상태를 측정하여 바르게 세워가는 자가 되어야 사면을 받고 용서를 받는다는 의미이다.

● 아샴 אָשָׁם 합성어해설

아샴 – 알레프+쉰+멤**이다.**

○ 사전적 의미

알레프 – **황소, 배우다, 힘의 만능이신 하나님께서 저주의 십자가에서 대리적 속죄의 희생양으로 죽으신 것을 배우라는 것이다.**

쉰 – **이빨, 형상과 모양, 올바름, 영이신 하나님의 말씀이 생명이 되도록 되새김질을 통하여 올바르게 살라는 것이다.**

멤 – **물, 진리, 사역, 사람이 사는 것은 영이신 하나님의 입에서 나오는 필수적인 생명진리의 말씀으로 사는 줄로 알라는 것이다.**

힘의 만능이신 하나님께서 저주의 십자가에서 대리적 속죄의 희생양으로 죽으신 것을 배우는 자는 예슈아를 믿게 되고 모든 죄를 용서받게 된다. 죄 용서를 받은 사람에게 영이신 루바흐 엘로힘의 형상과 모양을 회복하게 하는 생명진리의 말씀으로 능력있는 자로 살아가라는 말씀을 저버림으로 불의 유혹을 받았다. 영이신 루바흐 엘로힘께서 거하시는 마음의 기초(토대)가 무너졌다. 마음의 기초가 무너지니까 생명진리의 말씀을 담아놓을 수 없게 되었다. 깨어져버린 마음 안에 생명의 말씀이 남아있지 못하고 모두 흘러내리게 한 죄이다.

사람의 힘과 능력, 그리고 분별력은 마음에 말씀이 담겨져 있을 때 일어난다. 마음의 토대가 무너져서 말씀이 다 흘러내렸다는 것은 영이신 루바흐 엘로힘께서 그 사람에게 없다는 증거이다. 영이신 하나님께서 나가셨다는 것은 그 사람에게 특별은총이 사라지고 일반은총만 있다는 것이다. 특별은총을 받지 못하는 사람은 본질을 잃어버리고 인생의 향방을 잃어버린 자이다.

아담 하부하(하와)가 에덴동산 안에 있을 때는 특별은총 안에서 살았다. 영이신 루바흐 엘로힘과 동행하는 완전한 은혜의 영향력 안에서의 생활이었고 에덴동산에서 쫓겨난 것은 영이신 루바흐 엘로힘 없이 땀과 노력으로 살아가는 일반은총으로 떨어져나간 것을 의미한다(창 3:16-19).

'아솸'을 4개로 분류하였으나 사전적 의미로는 죄가 무엇인지를 정확하게 말하지 못하고 있다. 사전적 의미를 보면 '죄(과오)를 범하다', '죄가 있다', '유죄로 판결되었다'이다. 고로 영멸지옥의 형벌을 당한다. 그래서 그 죄의 형벌을 면하기 위하여 속건 희생물을 가지고 나가야한다.

그 속건 희생물의 의미는 무엇인가? 배상, 보상에 대한 것이다. 대리적 속죄의 희생물이 되신 예슈아의 죽으심으로 값을 지불한 것을 말한다. 그러나 어떤 죄 때문에 속건 희생물을 드려야 하는지를 알려주지 않는다. 그러므로 이브리어 단어별 합성어해설을 하므로 그 의미를 명확하게 알 수 있다.

2. '아솸'의 어근 '에소'를 보라

아솸의 어근을 '에소'를 보면 '불, 기초, 토대, 화염'이다.

'해가 져서 어두울 때에 연기 나는 화로가 보이며 타는(에소) 횃불이 쪼갠 고기 사이로 지나더라'(창 15:17)고 하셨다. '여호와께서 하늘 곧 여호와께로부터 유황과 불(에소)을 소돔과 고모라에 비같이 내리사'(창 19:24)라고 하였다.

◆ 이브리어 '에소'단어별 사전적 의미

אֵשׁ (784, 에소-불 fire, 375회)이다.

אֵשׁ (785, 에소-불, 화염, 1회)이다.

אִשׁ (786, 이소-있다, 2회)이다.

אשׁ (787, 오시-기초, 토대, 3회)이다.

항상 말하지만 이브리어는 자음이 같으면 그 뜻은 기본 어근 안에 다 들어있다. 모음을 달리 하여 4개로 분류하였으나 모음만 다를 뿐이다. 그리고 괄호 안에 모두 '쉬'로 되어있다. 그러나 '쉰' שׁ위에 점은 모음 홀렘(ㅗ)이다. '쉬'가 되려면 모음 히렉(ㅣ)과 키부쯔(ㅜ)나 슈렉(ㅜ)이 있어야 하지만 홀렘 שׁ(ㅗ)만 있다. 그래서 모두 '소'이다. 한글 소리글의 영향일까?...

스트롱코드787를 보라. 알레프에는 모음이 없다. 그래서 '쉰'에 있는 홀렘(ㅗ)을 끌어와서 '오'가 되고 '쉰'위에 '홀렘'이 없어지므로 '오시'나 '오스'라고 하여도 내용의 의미는 바뀌지 아니한다. 단어 끝 알파벳에 모음이 없는 경우에는 (ㅣ)와 (ㅡ)로 장, 단, 유성, 무성발음이 된다. 이브리어 자음으로만 발음할 때에는 끝 알파벳까지 발음하였으나 근대 이브리어에서는 유성과 무성으로 나뉜다.

● 에소 합성어해설

에소 – 알레프+쉰이다.

○ 사전적 의미

알레프 – **황소, 배우다, 힘이신 하나님을 배우라.**

쉰 – **이빨, 형상과 모양, 되새김질, 올바름이다.**

영이신 루바흐 엘로힘 하나님께서 임하시므로 힘을 얻는 마음의 단과 마음의 기초(토대)가 불과 화염에 무너진 것은 힘이신 하나님을 배우지 않았다는 것이 그 원인이다. 불은 긍정과 부정으로 쓰인다. 본문은 심판의 불이다.

명사 퓌르 πῦρ(4442, 퓌르-불 fire, 폭력, 불가항력, 소원, 열망, 희생단의 불이다. '퓌르'는 열매 없는 자들을 지옥유황의 심판의 불에 던지심과 성령의 불세례를 상징한다(마3:10-11)). 성령의 불세례와 예슈아께서 저주의 십자가에서 대리적 속죄의 희생물로 죽으실 심판의 불세례를 상징한다(눅12:49-50). 70인역본에서 약 490회 나온다. 주로 에소(불, 350회)의 역어로 사용되었다. 불은 문자적, 상징적, 비유적 의미로 사용되었다.

'에소'는 힘이신 하나님의 영적인 형상과 모양을 올바르게 유지 보존하려면 생명과 진리의 말씀을 배우며 그 배운 말씀을 깊이 묵상하며 되새김질하여 그 힘으로 살아지는 사람은 엘로힘 에하흐께서 명령으로 주신 말씀들을 순종하여 지킬 수 있다. 이런 사람은 거룩한 영과 불세례를 받았다는 증거이다. 마음의 단위에 예슈아의 대리적 속죄와 생명말씀이 올려있는 사람은 그것으로부터 오는 새로운 힘을 받아 새 마음으로 출발하게 된다. 이것이 되지 않으면 마음의 단이 허물어지기 시작한다.

이런 사람들은 엘로힘 예하흐께서 명령으로 주신 말씀을 거역하고 예슈아의 대리적 속죄를 믿지 아니하므로 심판의 불이 임하여 멸망한다.

'아솸' אָשָׁם의 긍정적 해설

아솸의 합성어는 '알레프'와 '쉰'과' 멤'이다. 멤은 물과 진리이며 사역(생활)하다의 뜻을 가지고 있다. 자기를 하나님의 아들과 신부와 자녀로 유일하게 세우는 것이 있다면 그것은 곧 생명진리의 말씀이다(약 1:18, 벧전 1:23). 그러므로 생명진리의 말씀을 깊이 묵상하며 되새김질하는(시1:2) 자의 속에서 영이신 하나님께서 그 되새김질하는 생명진리의 말씀을 깨닫게 하여 주심으로 영적인 성전(고전 3:16-17)으로 견고하게 세우시고 구원을 이루어지게 하시며(빌 2:12) 말씀의 젖을 먹게 하셔서 자라나게 하신다(벧전 2:1-2). 그러나 생명의 양식이 되도록 묵상을 하지 못하면 도리어 자기를 무너뜨리는 결과를 가져온다. 금과 은과 보석(생명진리의 말씀)으로 자기를 세우지 않으면 불로 심판할 때에 다 사라지게 될 것을 말한다(고전 3:10-17절을 보라).

3. 아솸의 어근 '에소'와 관련 간략한 해설과 성구

(1) 불: אֵשׁ (784, 에소–불, 화염, 375회)이다.

불이 하나님은 아니지만 영이신 루바흐 엘로힘 하나님과 말씀과 거룩한 영(하기오스 프뉴마)을 불로 표현하기도 하였다(출 13:21~22, 렘 5:14, 렘 23:29, 눅 24:32, 행 2:3). 불은 하나님의 속성이요. 상징(象徵-말로는 설명하기 힘든 추상적인 사물, 개념 따위를 구체적으로 나타냄)이요. 은유(隱喩-감추어 있는 비밀을 밝히 드러냄)

요 비유(比喩-어떤 현상이나 사물을 집적 설명하지 않고 그와 비슷한 다른 현상이나 사물을 빌려 표현하는 것)이다.

① 에하흐(여호와)의 임재하심이 불이다.

쉬모트 שמות 세페르סֵפֶר(출) 13:21~22 에하흐(여호와)께서 그들 앞에서 가시며 낮에는 구름 기둥으로 그들의 길을 인도하시고 밤에는 불 אֵשׁ (784, 에소-불, 화염) 기둥 עַמּוּד (5982, 암무드-기둥)을 그들에게 비추사 낮이나 밤이나 진행하게 하시니 22 낮에는 구름 기둥, 밤에는 불(에소) 기둥이 백성 앞에서 떠나지 아니하니라고 하였다(출 3:2-4).

② 에하흐의 말씀이 불이다.

이르메야흐 ירמיה 세페르סֵפֶר(렘) 5:14 그러므로 만군의 엘로힘(하나님) 에하흐(여호와)께서 이와 같이 말씀하시니라 너희가 이 말을 하였은즉 볼지어다 내가 네 입에 있는 나의 말을 불(에소)이 되게 하고 이 백성을 나무가 되게 하여 불사르리라고 하였다.

이르메야흐 ירמיה 세페르סֵפֶר(렘) 23:29 에하흐(여호와)의 말씀이니라 내 말이 불(에소) 같지 아니하냐 바위를 쳐서 부스러뜨리는 방망이 같지 아니하냐라고 하였다.

토 카타 루칸 유앙겔리온 Τὸ κατὰ Λουκᾶν Εὐαγγέλιον (눅) 24:32 그들이 서로 말하되 길에서 우리에게 말씀하시고 우리에게 성경을 풀어 주실 때에 우리 속에서 마음이 뜨겁지 아니하더냐라고 하였다.

③ 영이신 루바흐 엘로힘, 거룩한 영(하기오스 프뉴마) 하나님께서도 불이시다.

프락세이스 아포스톨론 Πράξεις Αποστόλων 그람마γράμμα(행) 2:3 마치 불πῦρ(4442, 퓌르-불 fire, אֵשׁ (784, 에소(에쉬) 불, 화염 fire))의 혀처럼 갈라지는 것들이 그들에게 보여 각 사람 위에 하나씩 임하여 있더니라고 하였다.

④ 두증인, 두감람나무, 두촛대 입에서 나오는 말이 불이다.

아포칼륍시스 요안누 Ἀποκάλυψις Ἰωάννου 그람마γράμμα(계) 11:3-5 내가 나의 두 증인에게 권세를 주리니 그들이 굵은 베옷을 입고 천이백육십일을 예언하리라 4 그들은 이 땅의 주 앞에 서 있는 두 감람나무와 두 촛대니 5 만일 누구든지 그들을 해하고자 하면 그들의 입에서 불πῦρ(4442, 퓌르-불 fire, אֵשׁ (784, 에소 fire))이 나와서 그들의 원수를 삼켜 버릴 것이요 누구든지 그들을 해하고자 하면 반드시 그와 같이 죽임을 당하리라고 하였다.

영이신 하나님의 말씀을 선포하는 자들이 아버지 하나님께서 주시는 말씀을 전하는 것이 불이다(눅 24:32, 행 2:3,4,36-41, 행 4:8-21, 행 6:8-15, 행 7:51-60, 벧전 1:8-12, 벧후 1:19-21, 계 1:12,20, 계 11:5, 렘 5:14, 렘 20:9, 렘 23:29).

'에하흐(여호와)의 영(루바흐)이 나를 통하여 말씀하심이여 그의 말씀이 내 혀(말하는 능력, 마10:20)에 있도다'(삼하 23:2)라고 하였다.

(2) 기초, 토대 : אשׁ (787, 오시-기초, 토대, 3회)이다.

기초, 토대는 영적내면(속사람)의 집의 토대요. 영이신 하나님이 거하실 처소의 토대이다.

토대가 무너지는 원인은 '오시'의 땅에 '마임'(물)생명진리의 말씀이 없음으로 토단이 무너져 내렸다. '에소'(불), 화염의 뜨거운 열정과 권세가 사라지므로 무너진다. 물과 불이 없다는 것은 에하흐(여호와)와 그의 생명진리의 말씀이 없다는 증거이다.

물(멤) מ은 물, 진리, 사역이라는 의미를 지니고 있다. 구체적으로 알아보자.

1) 물 מַיִם (4325, 마임–그 물들, 약 580회) הַמָּיִם 관사–명사 남성 복수이다.

① 궁창위에 물 : 영이신 루바흐 엘로힘의 생각들, 마음들, 말씀들을 비유 상징한다(창 1:7).

② 궁창아래의 물 : 타락한 사람들의 마음들, 생각들, 말들을 비유 상징한다(창 1:7).

물은 모든 생명체에 필수적이다.

● 마임 합성어해설

마임–멤+요드+멤이다.

○ 사전적 의미

멤–물, 진리, 사역, 열린 계시, 열린 자궁이다, 요드–에하흐 손의 하게하시는 능력이다, 멤–물, 진리, 사역, 닫힌 계시, 닫힌 자궁이다.

물은 실생활에 필수이다. 진리는 죄사함과 영생구원을 받을 자에게 필수적인 것이다.

'마임'(물, 진리)를 구체적으로 말하면

첫째. 물은 육체에 필수적인 것이다.

둘째. 진리는 영 육간에 필수적인 것이다.

셋째. 생활에 적용(활용)될 때 그 효능이 나타난다.

토 카타 이요안넨 유앙겔리온 Τὸ κατὰ Ἰωάννην Εὐαγγέλιον(요) 14:6 '예수께서 이르시되 내가 곧 길이요 진리요 생명이니 나로 말미암지 않고는 아버지께로 올 자가 없느니라'고 하셨다.

'빌라도가 이르되 진리가 무엇이냐'(요 18:38)고 예슈아께 질문하였다.

2) 멤의 진리란?

① 예슈아 마쉬아흐(예수스 크리스토스, 이에수스 크리스토스, 예수 그리스도)이시다(요 8:36, 요 14:6).

② 예슈아 마쉬아흐의 입에서 나오는 말씀이다(요 8:28-32, 요 17:17, 19, 마 4:4).

③ 하기오스 프뉴마(거룩한 영)이시다(요 16:13, 요 8:32, 고후 3:17).

구체적인 진리해설은 신론을 보라.

왜 진리는 영육간에 필수인가? 루바흐 엘로힘께서 불어넣어 주신 생명과 영이(창2:7) 육체안에 거하는 동안 진리를 믿는 자에게 하타아 죄를 사함 받고 영생구원을 얻기 때문에 영육간에 필수적이다. 육신의 호흡이 끊어지면 예슈아 마쉬아흐를 믿고 싶어도 믿을 수 없기 때문에 필수적이다.

이브리어원어 알파벳 속에 진리의 내용을 담아놓으셨다. 그래서 이브리어 단어별 합성어해설을 하므로 그 뜻을 명확하게 알 수가 있다.

헬라어 진리는 '알레데이아'이며 이브리어에서 진리는 '에메트'이다.

진리가 무엇인지를 알기 위해서 '에메트'와 '아만' 합성어해설을 같이 보아야한다. 에메트와 아만을 신론에서 해설하였지만 반복해서 해설을 한다. 진리의 깨달음은 한 번에 되어지는 것이 아니다. 반복의 반복, 되새김질을 통하여 습득(習得-되풀이하여 얻어짐)이 되어진다. 반복 해설할 때 추가되는 말씀들이 많아 유익하다.

헬라어 진리는 '알레데이아' ἀλήθεια(225, 알레데이아-진리)이다.

이브리어 진리는 '에메트'이다.

■ 에메트 사전적 의미

אֱמֶת (571, 에메트-신실(성), 성실(성), 충실함, 확고함, 확실함, 진리, 진실, 126회)이다. 에메트(명여)어근은 아만(אָמַן, 539-544 아만-확실하게 하다, 지지하다, 충실하다, 믿다, 110회, 신뢰하다, 믿다, 3회, 오른쪽으로 가다, 1회, 숙련공, 장인, 1회, 진실로, 확실히, 그러하다, 30회, 신실함, 진실함, 1회)이며 에메트와 아만 어근은 멤 אֵם (517-518, 멤-어머니 mother, 만일 ~이면, ~인지 아닌지, ~일 때, ~이므로)이다.

● 에메트 합성어해설

에메트-알레프+멤+타브이다.

○ 사전적 의미

알레프–소, 배우다, 힘과 만능이신 하나님을 배우라, 멤–물, 진리, 사역(생활화)이다, 타브–십자가, 죽음, 끝, 목표, 표지, 사인이다.

예슈아(예수, 예수스, 이에수스)께서 하타아 죄에 빠진 자들을 위하여 저주의 십자가에서 대리적 속죄의 희생물이 되신다는 표이다.

멤의 사역 : 말씀의 뜻을 찾아 생각하며 마음을 다스리는 것이다(욥 23:12, 사 34:16, 마 13:23 행 17:11, 벧전 1:10~12). 실생활에서 이것이 되어져야 말씀의 열매를 맺히게 된다.

멤의 목표 : 아버지 하나님의 목적을 세우신 것을 이루고 승리로 달성하는 것이다(빌 2:12-13,16-17, 빌 3:12-16, 딤후 4:6-8, 왕상 8:58, 대하 30:12).

멤의 표지 : 증거의 표-예슈아께서 하타아 죄를 범한 사람을 위하여 저주의 십자가에서 대리적 속죄의 희생물과 화목의 희생물로 죽으심의 표지가 십자가(타브)이다(마 20:28, 갈 3:13~14, 신 21:23, 마 26:28, 갈 3:10, 갈 4:5, 엡 5:2, 딛 2:14, 히 9:28, 벧전 2:24, 벧전 3:18, 요일 2:1~2, 요일 4:10, 계 1:5).

에메트 어근인 아만(539–544)의 해설을 보라.

에메트는 진리가 무엇인지, 진리이신 예슈아 마쉬아흐(예수 그리스도, 예수스 크리스토스, 이에수스 크리스토스)의 사역을 알려주고 있다.

진리는 예슈아 마쉬아흐이시다(요 8:36, 요 14:6). 예슈아 마쉬아흐의 입에서 나오는 말씀이다(요 8:28-32, 요 17:17, 19, 마 4:4). 거룩한 영이시다(요 16:13, 요 8:32, 고후 3:17). 그리고 진리이신 예슈아 마쉬아흐을 믿고 깨달으면 자유와 해방을 받는다(요 8:32,36, 롬 8:1-2).

'에메트'는 생명진리의 말씀이시며 힘이신 하나님께서 예슈아(예수, 예수스, 이에수스)의 육체 안에 임하셔서 솨탄의 거짓말에 속아서 하타아 죄로 인하여 타락한 자들을 위한 영생구원의 사역을 완성하시도록 힘과 능력으로 도우셨다.

그로 인하여 예슈아(예수, 예수스, 이에수스)께서는 첫째 아담이 이루지 못한 말씀을 온전하고 완전한 순종으로 구원의 완성을 이루시고 죄 없으신 몸이 저주의 십자가에 매달려 저주의 죽음을 하신 것은 둘째 아담으로써 하타아 죄를 대신지시고 대리적 속죄의 죽으심이다(롬 5:12-19, 고전 15:45). 예슈아(예수, 예수스, 이에수스)께서 저주의 십자가에서 죽으시기 전까지 죄 없이 억울하게 죽었던 희생물들의 실체로써의 죽으심이다(출 12:1-14, 21-27, 마 26:2, 마 26:18, 막 14:12, 눅 22:7, 요 1:29, 고전 5:7, 히 11:28, 벧전 1:19).

이제 그 영생구원을 완성하신 복음의 진리를 믿는 자는 힘이신 하나님을 열심을 다하여 믿으며 그 생명과 믿음의 원인이 되는 멤의 3대 필수적인 것을 믿는다.

이브리어 מ '멤' 3대 필수적인 것

1. 물은 호흡하는 동안 필수이다.

2. 생명진리이신 예슈아 마쉬아흐는 영육간에 필수적인 분이시다.

3. 진리의 말씀(요1:1, 요6:63, 요14:6)을 믿는 자에게 죄사함과 영생구원의 복을 받는데 필수적이다(신 28:1-68).

영원한 생명을 얻은 자는 진리의 복음의 길을 간다. 필수적 길이기 때문이다. 또한 예하흐(여호와) 엘로힘(남성복수, 하나님)께서 정하여 놓으신 생명의 경계선 안에서 신실하게 그분을 신뢰하며 진리 안에서 살아가는 자이다. 예슈아마 쉬아흐를 믿는 자들이 가져야할 믿음이기에 따라가며 순종해야 할 핵심 진리들이다.

'에메드'와 관련된 126회 중에서 성경묵상

(창 24:27,48,49, 창 32:10, 창 42:16, 창 47:29, 단 11:2, 호 4:1, 미 7:20, 슥 7:9, 슥 8:3,8,16,19, 말 2:6)

에메트 어근은 '아만(아멘)'이다.

● 아만 합성어해설

아만–알레프+멤+눈**이다.**

○ 사전적 의미

알레프–**소, 희생, 배우다. 만능들의 힘들이신 하나님께서 육체를 입고 오셔서 저주의 십자가에서 대리적 속죄의 희생물이 되신 것을 배우라.**

멤–**물, 진리, 열린 자궁, 열린 계시, 닫힌 자궁, 닫힌 계시, 사역(실생활)에**

필수적인 생명진리의 말씀이다.

눈**-물고기, 규정과 규칙, 영이신 하나님께서 정하여 놓으신 생명의 경계선 이다.**

성도들이 아만(아멘)에 대해 과연 얼마나 알고 있을까?

진실로, 확실히, 그러하다, 믿다, 신뢰하다의 정도이지 않을까, 그리고 과연 무엇을 '아멘' 하여 믿습니다! 라고 하는 것일까?

이브리어원어 단어별 합성어해설을 하므로 정확한 의미를 알 수 있다.

아만 간략해설

힘이신 하나님으로 힘을 삼는다. 힘이신 하나님으로 힘을 삼으려는 자는 생명진리의 말씀으로 살아가기를 힘써야한다. 힘쓰는 방법은 딱 하나, 설교를 듣거나 성경을 묵상 할 때 아만으로 받은 그 말씀이 자기에게 생명이 되도록 계속해서 하가(되새김질)한다. 그리고 영이신 하나님께서 정하여 놓으신 장소와 경계와 규정과 규칙 안에서 살아가는 것이 '아만'의 의미이다.

3) 멤의 사역이란?

실생활에서 육체가 물을 필수로 하듯이 영의 생명은 진리(말씀, 요1:1)이신 예슈아 마쉬아흐(예수 그리스도, 예수스 크리스토스, 이에수스 크리스토스)를 필수로 한다. 진리의 말씀과 예슈아 마쉬아흐, 진리와 마쉬아흐(크리스토스, 그리스도, 영이신 하나님), 진리와 거룩한 영, 아버지 하나님과 말씀, 그리고 진리는 하나이므로 분리해서 생각 할 수 없다.

이 사역을 하시는 분이 에하흐(여호와) 쥐 손의 하게하시는 능력이다. 에하흐(여호와)께서 되게 하시면 되고 허락 하지 않으면 되는 일이 없다. 궁창의 수소가 약 70% 인체의 물의 양도 약 70%이다. 태아는 자궁에서 양막이라는 얇은 막에 둘러 싸여 있으며 18주부터 자기소변인 양수를 먹고 자란다. 그 양수는 약알카리성(바닷물과 비슷)으로 투명하고 깨끗하다고 한다. 엄마가 건강 식단을 해야 하는 이유이다. 엄마가 탄수음료를 마실 경우 양수에 영향을 미쳐서 태아가 아토피부염에 걸릴 수 있다고 한다.

인간은 불과 물 그리고 음식(양식)을 떠나서 살 수 없는 존재이다. 그러나 더 중요한 것이 있다. 가장 무서운 흉년과 기근이 말씀의 흉년과 기근이다(마 4:4, 신 8:3, 암 8:11-13).

아모쓰 עמוס 세페르סֵפֶר(암) 8:11-13 주 에하흐(여호와)께서 가라사대 보라 날이 이를찌라 내가 기근을 땅에 보내리니 양식이 없어 주림이 아니며 물이 없어 갈함이 아니요 에하흐(여호와)의 말씀을 듣지 못한 기갈이라 12 사람이 이 바다에서 저 바다까지, 북쪽에서 동쪽까지 비틀거리며 여호와의 말씀을 구하려고 돌아다녀도 얻지 못하리니 13 그 날에 아름다운 처녀와 젊은 남자가 다 갈하여 쓰러지리라'(암 8:11-13)라고 하였다

식량이 부족하면 수입을 하면 된다. 대한민국은 식량 70%를 수입해서 먹는다. 그래서 쌀이 남는다. 에너지 수입은 세계 3위이다. 그러나 영적능력의

힘의 에너지와 생명진리의 말씀은 수입이 불가능하다. 그리고 일반적으로 음식은 사먹을 수 있어도 생명진리의 말씀은 사먹을 수가 없다.

자기가 '하가(묵상)'하지 않으면 먹을 수 없고 또한 자기가 아무리 말씀을 많이 묵상한다 할지라도 영이신 루바흐 엘로힘, 에하흐(여호와)엘로힘께서 열어주시지 않으면 말씀의 기갈을 만날 수밖에 없다.

'이에 그들의 마음을 열어 성경을 깨닫게 하시고'(눅 24:45)라고 하였다.

'내 눈을 열어서 주의 율법에서 놀라운 것을 보게 하소서'(시 119:18)라고 하였다(눅 24:45, 행 16:14, 행 26:18, 고후 4:4-6, 계 3:7, 시 119:18, 욥 33:16, 사 29:10-12,18).

영이신 하나님의 말씀은 거룩한 영(하기오스 프뉴마)의 감동으로 기록 되었다(딤후 3:16-17). 그러므로 거룩한 영 하나님 감동을 주실 때 깨달아진다. 그러므로 말씀을 새김질하며 깨달음을 주실 때까지 골방기도를 해야한다. 필자가 이 과정을 통하여 이브리어(구약)와 헬라어(신약)의 원어를 번역하며 해설하는 영감(데오프뉴스토스-하나님에 의해 영감, 하나님에 의해 감동, 하나님이 불어넣어주시는 생명)을 주셨다.

이 세상의 일들도 저절로 되어지는 일이 없다. 영적인 생명의 말씀은 영이신 하나님께서 주셔야 하므로 더욱 사모하므로 말씀을 읽고 암송하며 간구하며 엎드려 영감이 주어질 때까지 기다려야한다. 이 과정을 거치고 나니(약 33년) 영이신 하나님께서 원어의 깨달음을 주셨다.

에헤즈케엘 יחזקאל 세페르סֵפֶר(겔) 7:26 환난에 환난이 더하고 소문에 소문이 더할 때에 그들이 선지자에게서 묵시를 구하나 헛될 것이며 제사장에게는 율법이 없어질 것이요 장로에게는 책략이 없어질 것이며라고 하였다(삼상 3:1, 삼상 28:6-15, 시 74:9(1~11), 미 3:6(5-8), 마 9:36-38).

4. '아샴' : אָשָׁם (죄, 범죄, 속죄희생, 속죄, 허물, 형벌)과 성구들

(1) 죄 (창 26:10, 레 6:5, 삼하 14:13, 대하 24:18, 스 10:19, 스 9:7)

'죄를'은 아샴 אָשָׁם (817, 아솸-위반, 죄, 범죄, 침해, 유죄, 배상, 속건희생)이다(창 26:10).

'그 죄가'는 아소ㅔ마흐 אַשְׁמָה (819, 아세마-죄 있음, 잘못 행함, 죄를 범함, 속건희생을 가져옴)이다(레 6:5). 아소ㅔ마흐의 어근은 '아솸'이다. 아소ㅔ마흐의 죄는 거짓말과 맹세한 죄이다. 셰케르(8267)와 솨바(7650)의 단어를 보라

(2) 범죄 (창 42:21, 대상 21:3, 대하 28:10, 대하 33:23)

'범죄하였도다'는 אָשֵׁם 아솀(818,(아솀)-유죄의, 범죄한)이다(창42:21). 아솸과 동일한 단어이다. 모음만 다르다. '범죄' אַשְׁמָה (819, 아소ㅔ마흐-잘못행함, 죄를 범함, 속건희생을 가져옴)이다(대상 21:3, 대하 28:10, 대하 33:23).

(3) 속죄희생 (레 5:6)

'속죄희생'은 아솸 אָשָׁם (817, 아솸-위반, 죄, 범죄, 침해, 유죄, 배상, 속건희생)과 하타아 חַטָּאָה (2403, 하타아-죄, 유죄, 죄의 형벌, 속죄희생)이다. '속죄할지어다'는 카

파르 כָּפַר (3722, 카파르-덮다, 진정시키다, 화해하다, 속죄하다, 역청으로 위에 칠하다) 이다.

한글번역은 속죄희생, 2회와 속죄, 1회라고 하였으나 단어들이 다 다른 이유가 있다. 그래서 단어별 해설을 하므로 그 의미를 알 수가 있다. 본절에 '그 잘못'은 하타 죄이다. '그의 허물'은 하타아 죄이다. '하타' 죄와 '하타아'죄를 덮는 화해의 속죄희생을 드리라는 것이다. 한글번역으로 전혀 알 수 없는 중요한 복음의 진리를 단어에 담아놓으셨다. 하타 죄와 하타아 죄가 어떤 죄인지를 모르면 속죄희생의 그 의미와 진정성을 알 수가 없다.

(4) 속죄 (레 5:7)

'그가 지은 죄'는 하타 חָטָא (2398, 하타-놓치다, 빗나가다, 그릇(잘못) 행하다, 죄를 짓다, 상실하다, 속죄희생을 드리다, 정결케 하다, 정죄하다)이다. '속죄하기 위하여'는 아솸 אָשָׁם (817, 아솸-위반, 죄, 범죄, 침해, 유죄, 배상, 속건희생)이다. '속죄희생을 삼고'는 하타아 חַטָּאָה (2403, 하타아-죄, 유죄, 죄의 형벌, 속죄희생)이다(레5:7).

(5) 허물 (레 4:3,13,22, 레 6:7 대하 28:13, 스 9:6)

'허물'은 אַשְׁמָה (819, 아소ㅔ마흐-잘못 행함, 죄를 범함, 속건희생을 가져옴)이다(레 4:3). 본절에 '범죄', '그 범한'은 하타 죄이다. '죄'는 하타아 죄이다. 하타 죄와 하타아 죄를 사함 받기 위하여 속죄 희생물(하타아)을 에하흐께 드려 그 하타 죄와 하타아 죄에서 속건(贖愆-죄를 면제받으라)받으라는 것이다.

우리의 '죄악'(아본-불법, 부정, 죄악, 사악, 유죄, 죄의 벌(징계))이다(스9:6). 본절에

'우리의 허물'은 아소ㅔ마흐(아소ㅔ마흐-잘못 행함, 죄를 범함, 속건희생을 가져옴)이다. 7절에서는 우리의 '죄가'는 '아소ㅔ마흐'이다. 우리의 '죄악'은 '아본'이다.

이런 이브리어 원어를 모르면 에즈라(에스라)를 하나님의 뜻에 맞게 해설하여 전할 수가 없다. 사전적 의미가 있지만 이브리어 단어별 합성어해설을 하지 못하면 복음의 진리를 전할 수가 없다. 단단한 진리, 생명의 진리, 본문에 맞는 진리를 모르고 전하는 맹인과 벙어리 개라고 하셨다(사 29:10, 사 56:10, 렘 6:13-14, 렘 14:14, 겔 33:6, 호 4:6, 욘 1:2-6, 마 15:14, 마 23:16-26, 막 13:34-37, 고후 14:7-9, 빌 3:2).

'크게 외치라 목소리를 아끼지 말라 네 목소리를 나팔 같이 높여 내 백성에게 그들의 허물을, 야곱의 집에 그들의 죄를 알리라'(사 58:1, 겔 3:17-18)는 사명을 감당할 수가 없다. 그러므로 그날에 나는 너를 모른다고 하신다(마7:21-23). 두렵고 무서운 그날이 온다. 그날(개인의 죽음의 날, 종말의 그날, 재림의 그날)은 아무도 모른다. 아버지만 아신다고 하셨다. 영이신 하나님 앞에 서는 그날을 의식하고 바라보며 이브리어와 헬라어 원어의 진리를 올바르게 해설하여 본질을 전해야한다.

(6) 형벌 (레 22:16)

'형벌'은 아셰마흐 אַשְׁמָה (819, 아셰마흐-잘못 행함, 죄를 범함, 속건희생을 가져옴)이다. '아소ㅔ마흐'를 '아셰마흐'라고 하여도 괜찮다. 본문에 '그 죄로 인하여'는 아본 עָוֹן (5771, 아본 -불법, 부정, 죄악, 사악, 유죄, 죄의 벌(징계))의 죄이다.

03. 빠아소의 죄

베레쇠트 בראשית 세페르סֵפֶר(창) 34:30 야곱이 시므온과 레위에게 이르되 너희가 내게 화를 끼쳐 나로 하여금 이 땅의 주민 곧 가나안 족속과 브리스 족속에게 악취(빠아소)를 내게 하였도다 나는 수가 적은즉 그들이 모여 나를 치고 나를 죽이리니 그러면 나와 내 집이 멸망하리라고 하였다.

■ **빠아소 사전적 의미**

בָּאַשׁ (887, 빠아소-우상의 나쁜 냄새가 나다, 사망의 악취를 풍기다, 솨탄의 집, 17 회)이다.

빠아소 간략해설

'빠아소' 죄는 마음의 주인이신 만능의 하나님을 마음에 모시지 아니하고 배우지 않음으로 하나님의 영적인 형상과 모양을 가진 사람이 사망θάνατος(2288, 다나토스-죽음, 빠아소의 사망의 악취)의 악취(고후2:16) 솨탄마귀의 죄의 악취, 지옥의 죽음의 악취를 풍기고 고약한 냄새, 우상 섬김으로 죽음과 지옥의 냄새(계21:8)를 풍기는 솨탄마귀의 속성으로 바꾼 죄라는 의미이다.

마음의 집 주인을 바꾼 죄이다. 힘의 근원을 바꾼 죄이다. 영이신 루바흐 엘로힘의 형상과 모양을 솨탄마귀의 형상과 모양으로 바꾼 죄이다. 올바름에서 그릇됨으로 바꾼 죄이다. 가장 중요한 것은 생명과 진리의 말씀을 되새김질을 하지 않은 죄이다.

◆ 이브리어 빠아소 단어별 사전적 의미

בָּאַשׁ (887, 빠아소–우상의 나쁜 냄새가 나다, 사망의 악취를 풍기다, 쇄탄의 집, 17회)이다.

בְּאֵשׁ (888, 뻬에소–악하다, 불쾌하다, 1회)이다.

בְּאשׁ (889, 뻬오스–악취, 고약한 냄새, 3회)이다.

● 빠아소 합성어해설

빠아소–베이트+알레프+쉰이다.

○ 사전적 의미

베이트–집, ~안에, 마음의 집, 내면의 집, 속사람이다.

알레프–소, 배우다. 만능의 힘이신 하나님께서 저주의 십자가에서 대리적 속죄의 희생물이 되신 것을 배우라.

쉰–이빨, 형상과 모양, 올바름, 생명의 말씀을 되새김질하여 영이신 하나님의 형상과 모양을 가진 자로 올바르게 살라.

'빠아소'의 사전적 의미는 '나쁜 냄새가 나다, 악취를 풍기다, 악하다, 불쾌하다, 악취, 고약한 냄새, 악취가 나거나 유독한 잡초'이다.

악취를 좋아하는 사람은 한 사람도 없다. 악취의 종류도 다양하다. 악취는 사람의 기분을 상하게 한다. 잡초 중에는 약초가 적지 않게 많다. 그러나 유해하거나 유독한 잡초는 사람을 해치기까지 한다. 루바흐(영) 엘로힘(남성복수 하나님)께서 유독한 잡초와 나쁜 냄새의 비유를 통하여 죄의 냄새가 얼마나 해악한지를 알려주셨다.

강력범죄와 마약, 살인과 시체유기, 성폭력 범죄자들의 신상을 공개하고 집으로 고지서를 보낸다고 한다. 악취의 냄새이다. 집 주변에 이런 범죄자가 있다는 자체가 두렵다. 언제 충동적인 범죄가 발생할는지 예측할 수 없기 때문이다. 죄의 냄새가 가장 고약한 냄새이다. 죽음의 냄새, 셰올지옥의 냄새이다.

'빠아소'의 긍정적인 내용은 마음의 집에 만능의 힘이신 하나님을 모시고 생명의 말씀을 되새김질 하여 올바르게 살아가는 자이다. 영이신 하나님의 아들과 신부와 자녀라면 모두가 바라는 소망이다. 그러나 이렇게 좋은 뜻을 가지고 있다 할지라도 부정적이 될 때 더럽고 무서운 독이 된다.

왜 이렇게 되었을까?

빠아소 상세해설

① 베이트 בֵּ는 누군가가 거주하고 있는 내적인(속사람) 집이다. 그 누군가가 영이신 루바흐 엘로힘의 집이면 성전이다(고전 3:16-17, 고전 6:19-20, 고후 13:5) 쇠탄마귀가 거주하면 더럽고 사악한 쇠탄마귀의 집이다(눅 11:24-26). 쇠

탄마귀에게 붙잡힌 사람은 솨탄마귀의 앞잡이와 종이 된다(눅 22:3-6, 47-48, 마 26:14-16,45-50, 요 13:2,27, 행 5:1-11). 솨탄에게 붙잡혀 사람의 일을 생각하는 자는 솨탄이다(마 16:24). 집은 집으로써의 가치를 지니는 것이 아니라 그 집에 누가 사느냐의 가치이다.

사람으로 말하면 생명이 떠나버린 죽은 사람은 더 이상 살아있는 사람과 함께 할 수가 없어 화장을 하거나 땅에 매장하여 버린다. 무덤을 아무리 화려하게 왕릉처럼 꾸며놓아도 내용은 꺼린다. 영이신 하나님이 거하시는 처소, 영이신 하나님께서 사시는 성전을 솨탄마귀귀신의 집으로 내어줌으로 불행해지고 가문의 불명예와 타인에게까지 불행과 고통을 주며 사회의 악이다. 솨탄의 미혹을 받아 자신을 내어주었음으로 그 대가가 비참하다.

② 알레프 א는 힘의 원동력이 첫째도 둘째도 셋째도 루바흐(영이신 하나님, 창1:2) 엘로힘(남성복수 하나님, 모든 만능들, 힘들, 권세들, 지혜들이신 하나님, 창1:1,2) 예하흐(생명과 능력으로 실존하신다. 예슈아의 생명으로 연결되어 실존하시는 하나님, 창 2:4)로 삼아야 하지만 이 본질에서 틀어져 버리므로 타락의 본성인 돈과 권력의 힘을 이용하려고 온갖 더러운 냄새, 죽음의 냄새를 풍긴다(딤전 6:9-10, 약 5:1-4, 약 1:15, 요 8:44, 창 3:5-6,19, 왕상 21:1-16, 왕하 5:20-27, 잠 1:19, 잠 15:27, 잠 21:6), 힘이신 하나님을 배우는데 게을리 하기 때문에 탐욕에 빠지게 된다.

예하흐(여호와) 엘로힘(남성복수 하나님)께서는 재물을 죄악시 하지 않으신다. 뿐만아니라 당신의 말씀을 순종하는 자들에게 적극적으로 재물의 복을 주시는 분이시다(창 12:2-3, 창 24:1,34-36, 창 25:6-7, 창 26:1-4,12-15,22,24,29(1-29), 신

8:18, 신 28:1-14, 삼상 2:7-8, 시 75:6-7, 잠 10:22, 전 5:19, 사 43:13, 말 3:10-12, 눅 6:38, 고후 9:6, 엡 3:20-21, 빌 4:13, 요삼 1:2).

명예와 영광도 주신다(창 1:26-28, 창 41:39-44, 신 28:1,13, 에 2:17-18, 에 8:1-2,15-16, 단 1:17-20, 단 2:46-49(1-49), 단 3:30(1-30), 단 6:1-3,28(1-28), 마 5:13-16(소금과 빛은 인간사에서 필수적인 것처럼 가장 소중한 존재들로 세워놓으셨다. 등등…).

최상의 복은 하나님의 자녀가 되는 것이다(요 1:12,13, 요 3:15-18, 요 20:31, 롬 5:8, 롬 8:14-17, 롬 9:25-26, 갈 3:26, 갈 4:6, 요일 3:1).

다바림 דברים 세페르סֵפֶר(신) 8:18 네 엘로힘(남성복수 하나님) 에하흐(여호와)를 기억하라 그가 네게 재물 얻을 능을 주셨음이라 이같이 하심은 네 열조에게 맹세하신 언약을 오늘과 같이 이루려 하심이니라고 하였다.

디브리 하야밈 דברי הימים 알렢א세페르סֵפֶר(대상) 29:11-12 에하흐(여호와)여 광대하심과 권능과 영광과 이김과 위엄이 다 주께 속하였사오니 천지에 있는 것이 다 주의 것이로소이다 에하흐(여호와)여 주권도 주께 속하였사오니 주는 높으사 만유의 머리심이니이다 12 부와 귀가 주께로 말미암고 또 주는 만유의 주재가 되사 손에 권세와 능력이 있사오니 모든 자를 크게 하심과 강하게 하심이 주의 손에 있나이다라고 하셨다.

◆ 이브리어 부와 재물과 관련된 단어들과 사전적 의미

'재물' חַיִל (2428, 하일-힘, 능력, 부, 재산, 군대, 신 8:17,18, 신 33:11, 민 31:9) 이다.

'부' עָשַׁר (6238, 아솨르-부유하다, 풍부하다, 삼상 2:7, 시 112:3, 잠 10:4,22, 잠 14:24, 잠 22:4)**이다.**

'부요' נְכָסִים (5233, 네케쓰-부, 재물(산), 재산, 수 22:8, 대하 1:11, 대하 1:12, 전 5:19, 전 6:2)**이다.**

'부', '재물' עֹשֶׁר (6239, 오셰르-부, 재물, 재산, 대상 29:12, 잠 14:24, 잠 22:4, 전 5:19)**이다.**

'귀' כָּבוֹד (3519, 카보드-풍부, 다량, 다수, 부, 영예, 영광, 창 31:1 창 45:13, 대상 29:12, 잠 3:16)**이다.**

③ 쉰 ש의 '이빨'은 그 사람의 얼굴 균형을 잡아준다. 영적으로는 생명진리의 말씀을 되새김질하며 깊이 묵상하므로 영적인 루바흐 엘호힘의 형상과 모양을 유지보존관리 하라는 것이다.

그러나 말씀 묵상을 하지 않으므로 영적인 하나님의 형상과 모양이 무너져 내리고 크리스토스의 향기 대신에 불의한 냄새를 풍기게 된다. 이렇게 된 원인을 간략하게 정리한다.

첫째, 만능의 힘이신 하나님의 희생을 배우지 않아서이다.

둘째, 생명진리의 말씀을 생명과 능력과 복이 되도록 영적 되새김질을 하지 않아서이다.

셋째, 자신이 영이신 하나님께서 거하시는 집(성전)이라는 사실을 망각하였다.

이렇게 되니까 언어와 행위들에서 솨탄의 죽음의 악취, 사망의 냄새를 풍기고 상대방의 마음을 상하게 하며 불쾌하게 한다. 성도들은 크리스토스의 향기라고 하였다(고후 2:14-16, 고전 15:55-57).

크리스토스의 생명의 향기와 그의 지식의 향기

프로스 코린티우스 베타 Πρὸς Κορινθίους β′그람마γράμμα(고후) 2:14-16 항상 우리를 그리스도 안에서 이기게 하시고 우리로 말미암아 각처에서 그리스도를 아는 냄새를 나타내시는 하나님께 감사하노라 15 우리는 구원 얻는 자들에게나 망하는 자들에게나 하나님 앞에서 그리스도의 향기니 16 이 사람에게는 사망으로 좇아 사망에 이르는 냄새요 저 사람에게는 생명으로 좇아 생명에 이르는 냄새라 누가 이것을 감당하리요라고 하였다.

예슈아의 향기

쉬르 하쉬림 שִׁיר הַשִּׁירִים 세페르סֵפֶר(아) 1:3 네 기름이 향기로와 아름답고 네 이름이 쏟은 향기름 같으므로 처녀들이 너를 사랑하는구나라고 하였다.

솨탄의 유혹을 이기고 영광스런 승리를 얻는 향기

프로스 로마이우스 Πρὸς Ρωμαίους 그람마γράμμα(롬) 8:37 그러나 이 모든 일에 우리를 사랑하시는 이로 말미암아 우리가 넉넉히 이기느니라고 하였다.

진리의 열매의 향기

프로스 콜롯사이에스 Πρὸς Κολοσσαεῖς 그람마γράμμα(골) 1:6 이 복음이 이미 너희에게 이르매 너희가 듣고 참으로 하나님의 은혜를 깨달은 날부터 너희 중에서와 같이 또한 온 천하에서도 열매를 맺어 자라는도다라고 하였다(마 7:16-21).

순종과 자기를 죽이는 향기

베레쇠트 בראשית 세페르סֵפֶר(창) 8:21 에하흐(여호와)께서 그 향기를 받으시고 그 중심에 이르시되 내가 다시는 사람으로 말미암아 땅을 저주하지 아니하리니 이는 사람의 마음이 계획하는 바가 어려서부터 악함이라 내가 전에 행한 것 같이 모든 생물을 다시 멸하지 아니하리니라고 하였다.

항상 희생물은 죽는다(레 1:1-4, 레 3:1-2,6-8,12-13, 레 4:1-4,13-15,22-24, 27-29,32-33). 희생물을 드리는 자가 죽어야 죄의 냄새가 나지 않는다(마 16:25-26, 요 12:25, 롬 6:6, 롬 8:13, 고전 15:31, 갈 5:19-21,24, 갈 6:14, 딤후 4:6, 벧전 2:11).

참고 | 빠아소 관련된 성경구절들

창 34:30, 출 7:18,21, 출 8:14, 출 16:20,24, 삼상 13:4, 삼상 27:12, 삼상 27:12, 삼하 10:6, 삼하 16:21, 대상 19:6, 시 38:5, 잠 13:5, 전 10:1, 사 34:3, 사 50:2, 단 6:14, 욜 2:20, 암 4:10.

04. 하타, 하타아의 죄

베레쇠트 בראשית 세페르סֵפֶר(창) 20:6 엘로힘(남성복수 하나님)이 꿈에 또 그에게 이르시되 네가 온전한 마음으로 이렇게 한 줄을 나도 알았으므로 너를 막아 내게 범죄(하타)하지 아니하게 하였나니 여인에게 가까이 하지 못하게 함이 이 때문이니라고 하였다.

■ 하타 사전적 의미

חָטָא (2398, 하타-기본어근 놓치다, 빗나가다, 그릇(잘못) 행하다, 죄를 짓다, 상실하다, 속죄 희생물(제)를 드리다, 정결케 하다, 정죄하다, 580회)이다.

하타 간략해설

뱀(솨탄마귀)이 하는 거짓말에 속아(받아들여) 힘이신 하나님과 생명의 울타리를 놓아 버린 죄이다. 뱀(솨탄마귀)이 하는 거짓말에 속아(받아들여) 영생의 말씀을 놓아버린 죄라는 의미이다.

◆ 이브리어 하타, 하타아 단어들의 사전적 의미

חָטָא (2398, 하타-기본어근 놓치다, 빗나가다, 그릇(잘못) 행하다, 죄를 짓다, 상실하다, 속죄 희생물(제)를 드리다, 정결케 하다, 정죄하다, 580회)**이다.**

חֵטְא (2399, 헤트-죄, 죄악, 범죄, 유죄, 35회)**이다.**

חַטָּא (2400, 하타-죄 있는, 죄 많은, 죄인(들), 18회)**이다.**

חֲטָאָה (2401, 하타아-죄, 속죄 희생물, 9회) **하타아(명여) 어근은 하타(**חָטָא**, 2398)이다.**

חַטָּאָה (2402, 하타아-죄, 죄악, 0회) **핫타아 어근은 하타(**חָטָא**, 2398)이다.**

חַטָּאָה (2403, 하타아-죄, 유죄, 죄의 형벌, 속죄희생, 300회) **하타아(명여) 어근은 하타(**חָטָא**, 2398)이다.**

하타 3개, 하타아 3개이지만 사전적 의미는 같다.

하타, 하타아 사전적 종합적인 의미들 : '놓치다, 빗나가다, 그릇(잘못) 행하다, 죄를 짓다, 상실하다, 속죄희생을 드리다, 정결케 하다, 정죄하다, 범죄, 죄 있는, 죄 많은, 죄인(들) 죄, 유죄, 죄의 형벌, 속죄희생'이다.

성경에 제사(祭祀) 제(祭)자를 이대로 사용해야하나?

하나님의 말씀인 성경에서는 제사(祭祀) 제(祭)자를 사용하지 말아야한다.

그 이유는 ① 제사는 죽은 사람의 넋에게 하는 것이므로 사용해서는 안된다. 제사(祭祀-신령이나 죽은 사람의 넋에게 음식을 바쳐 정성을 나타냄)의 사전적 의미에서 보라. 예슈아께서 저주받은 자들을 위하여 저주의 십자가에서 대리적 희생물이 되신다는 상징적 의미로 드려지는 것은 우상을 섬기는 자들이 하는 제사(祭祀), 죽은 사람의 넋에게 하는 제사(祭祀), 무속에서 하는 제사(祭祀)와 같지 않다는 것을 분명하게 깨달아야한다. ② 예슈아의 희생을 모독하는 것이므로 사용해서는 안된다(막 10:45, 빌 2:6-11). ③ 토속문화의 잔재이므로 사용해서는 안된다. 제(祭)와 제사(祭祀)를 희생과 희생물로, 아니면 이브리어(올라, 민하, 셀렘, 하타아, 아솸, 테누파흐)로 번역해야한다.

'그 禮物이 소의 燔祭(번제, 올라-완소 시켜 올려드리는 희생물)이면 欠 없는 수컷으로 會幕 門에서 여호와 앞에 悅納하시도록 드릴지니라'(레 1:3).

'그 內臟과 정갱이를 물로 씻을 것이요, 祭司長(제사장 כֹּהֵן (3548, 코헨-주요공직자 혹은 우두머리 통치자이다. 이브리어는 코헨이다. 코헨은 고위공직자, 희생물을 주관하여 대신 드려주는 자이다. 이런 경우는 '코헨'이라고 번역해야한다)은 그 全部를 壇 위에 불살라 燔祭를 삼을지니 이는 火祭(화제, 이솨-불태워 드리는 희생)라 에하흐(여호와)께 香氣로운 냄새니라'(레 1:9).

'누구든지 素祭(소제, 민하-선물, 공물)의 禮物을 에하흐(여호와)께 드리려거든 고운 가루로 禮物을 삼아 그 위에 기름을 붓고 또 그 위에 乳香을 놓아'(레 2:1).

'사람이 萬一 和睦祭(화목제, 셀렘-화목과 감사 희생물)의 犧牲을 禮物로 드리되 소로 드리려거든 수컷이나 암컷이나 欠 없는 것으로 에하흐(여호와) 앞에 드릴지니'(레 3:1).

'그 수염소의 머리에 按手하고 에하흐(여호와) 앞 燔祭 犧牲을 잡는 곳에서 잡을지니 이는 贖罪祭(속죄제, 하타아 죄사함을 위한 희생물)라'(레 4:24).

'이는 贖愆祭(속건제, 아솸 죄를 면제받기 위한 희생물)니 그가 實로 에하흐(여호와) 앞에 犯過함이니라'(레 5:19).

'그리스도께서 너희를 사랑하신 것같이 너희도 사랑 가운데서 行하라 그는 우리를 爲하여 自身을 버리사 香氣로운 祭物과 牲畜으로 하나님께 드리셨느니라'(엡 5:2)고 하였다.

오직 그리스도는 罪를 爲하여 한 永遠한 祭祀를 드리시고 하나님 右便에 앉으사'(히 10:12)라고 하였다(히 9:23,26, 히 10:11). 만인구원을 위하여(딤전2:4-6) 죄 없으신 예슈아 대리적 속죄의 희생을 모독(冒瀆-더럽혀 욕되게 함)하여 제사(祭祀)와 제물(祭物)이라고 번역한 이악한 일을 통탄하지 아니할 수가 없다. 예슈아 대리적 속죄의 희생은 루바흐 엘로힘 아버지의 공의와 사랑을 만족시키는 저주의 십자가에서 죽으심이다.

'그 全部를 아론의 손과 그 아들들의 손에 주고 그것을 흔들어 에하흐(여호와) 앞에 搖祭(요제, 테누파흐-희생물의 일부를 루바흐 엘로힘께 흔들어 올려드림)를 삼을지며'(출 29:24)라고 하였다.

영이신 루바흐 엘로힘(남성복수 하나님)께 올려드리는 희생과 희생물은 제사하는 형태를 띄는 것 같지만 불신자가 마귀귀신에게 하는 제사, 죽은 조상에게 하는 제사의 그것과는 본질이 다르다.

가축으로 '올라, 민하, 셀렘, 하타아, 아솸, 테누파흐'희생물을 영이신 루바흐 엘로힘께 드리는 것은 목적이 하나이다. 죄사함을 받기 위함이다.

이스라엘 민족이 영이신 루바흐 엘로힘께 드리는 가축의 희생물은 장차 오실 예슈아의 모형이요 상징이다. 죄 없는 가축이 사람의 죄를 대신 짊어지고 죽는 것처럼 예슈아께서 저주의 십자가에서 대리적 속죄의 희생물로 죽으신다는 예표이다. 그러므로 '제사'라고 하지 말아야한다. '희생', '희생물'이라고 해야 한다. 그래서 본서에서 철저히 배제(排除-물리쳐 제외함)시킨 것은 영이신 하나님께서 기뻐하시고 원어성경의 본질이다.

'하타'의 사전적 의미를 보면 역시 죄가 무엇인지를 전혀 알 수가 없다. 하타 죄로 인하여 속죄의 희생물을 드리라고 하였으나 하타의 죄명이 명확하지 않다. 그러므로 이브리어 단어별 합성어해설을 하지 않으면 그 죄가 무엇인지를 전혀 알 수 없으나 단어별 합성어해설을 하므로 명쾌하게 죄가 무엇인지 정의를 내릴 수 있다.

그리고 아마도 많은 목자와 감독(엡4:11, 행28:28)이 죄를 말할 때 이브리어 '하타'와 헬라어 '하마르티아'를 주로 말할 것이다. 이유는 여러가지가 있겠지만 신학교에서 그렇게 배웠을 것이고 목자들이 연구하지 않는다는 것이며 죄에 대한 심각성은 알지만 더 이상 몰라서 일 것이다. 예슈아(예수 그리스도, 예수스 크리스토스, 이에수스 크리스토스)를 믿으면 구원을 받는다.

성경에 있으니까 맞다. 예슈아를 믿는다는 그 내용에는 교단과 목회자의 차이가 있지만 그 핵심은 죄 사함을 받았느냐에 있다(마 3:3,8-9, 마 4:17, 눅 24:47, 행 2:38, 행 3:19, 행 20:21, 행 22:16, 롬 5:18-21, 롬 8:1-4, 고후 5:21, 엡 1:7, 골 1:14, 히 1:3, 벧전 2:24, 벧전 3:18, 요일 1:7). 죄 사함 없는 영생구원은 없다.

예슈아께서 속죄와 화목의 희생물이 되셨다(레 4:13-35, 막 10:45, 요 1:29,36, 롬 3:24-26, 롬 5:6-11, 갈 3:13, 히 9:14, 벧전 1:18-19, 요일 2:2, 요일 4:9-10, 계 1:5-6)

'하타' 죄는 뱀(솨탄마귀)의 거짓말에 속아서 그 뱀(창 3:1~6, 계 12:9)의 말을 듣고 받아들여 만능이신 하나님과 생명의 울타리를 놓아버린 죄이다.

뱀(솨탄마귀)의 거짓말, 미혹에 속아서 마음과 생각에서 루바흐 엘로힘께서 주신 영생구원의 최상최대의 복의 말씀을 버리고 생명의 울타리(유월절 어린 양의 피가 발라져 있는 생명의 경계선의 장소, 출12:22-23,28-30)를 떠나버린 죄이다.

뱀(솨탄마귀)의 미혹을 마음에 받아들으면 ①욕심(탐욕)이 들어온다(창 3:4-5). ②분별력을 상실한다(딤전 6:9-10). ③욕심과 탐욕을 실행한다(창 3:6). ④욕심을 이루려고 거짓말을 한다(요 8:44). ⑤죽음과 멸망을 한다(롬 6:23, 약 1:14-15). ⑥예슈아까지 유혹하는 시험을 하였다(마 4:1-11). 마음과 생각이 영이신 루바흐 엘로힘께서 주신 영생구원의 말씀을 놓아버리고 떠나므로 죄의 열매를 맺게 된다.

● 하타 חָטָא 합성어해설

하타–헤트+테트+알레프이다.

○ 사전적 의미

헤트 ח – **생명, 울타리, 하나님께서 정하여 놓으신 생명의 경계선이다.**

테드 ט–**뱀(솨탄마귀), 지혜, 선한 것, 뱀(솨탄마귀)에게는 선이 없다. 흉악하고 사악하며 더럽다. 선한 지혜가 없고 교활하고 간교하다.**

알레프 א–**황소, 수소, 배우다, 만능의 힘이신 하나님께서 예슈아로 오셔서 저주의 십자가에서 대리적 속죄의 희생양으로 죽으셨다는 것을 배우라는 것이다.**

'하타아' חַטָּאָה는 '하타'에 '헤이'가 추가 되었다. ה-목숨, 호흡, 실존이다. 사람의 호흡은 사람의 것이 아니다. 영이신 루바흐 엘로힘의 것이다(창2:7). 영이신 하나님께서 호흡을 불어 넣어주셔야 사람이 호흡하며 실존한다. 호흡이 사람의 것이라면 죽지 아니한다. 사람의 호흡은 곧 영원히 실존하는 생명이 있다는 것을 증명해준다. 생명의 실존은 생명의 본질에 대한 현실적 존재가 있다는 증거이다 이 생명을 심은 자에 의한 열매로서의 존재이다(창

1:26-28(1-31), 창 2:7, 신 32:39, 삼상 2:6, 삼상 25:37-38, 왕하 5:7, 욥 27:8, 눅 12:20, 고후 1:9-10, 계 1:18).

'헤이'를 추가하는 것은 하타아 חַטָּאָה (2401, 하타아-죄, 속죄희생, 죄악, 죄, 유죄, 죄의 형벌) 어근이 '하타'이므로 의미가 같아서이다.

'하타'는 영이신 루바흐 엘로힘께서 정하여 놓으신 생명의 울타리, 행복의 울타리, 자유의 울타리, 그 보호의 울타리 에덴(하나님의 왕국)에서 살아가는 자는 뱀(솨탄마귀)의 거짓말의 유혹(誘惑-마음이 꾀임에 빠져 그릇 되이 행하는 것)과 미혹(迷惑-마음이 미혹되어 전념하는 것)을 이기고 만능들이신 하나님을 배우고(뜻과 목적) 익혀서 자기의 힘으로 삼아 나아가라는 것이다.

아담과 하부하(하와)는 '하타'의 죄로 인해 에덴에서 쫓겨났다. 뱀(솨탄마귀)의 유혹을 받아들여 만능들이신 하나님의 뜻과 목적을 행하라고 주신 생명과 사망, 복과 저주의 말씀을 놓치고 버린 것이 하타의 죄이다. 하부하(하와)와 아담이 생명과 복으로 주신 말씀을 붙잡고 살아가다가 뱀(솨탄마귀)의 거짓말에 속아 놓아버렸다. 그 결과 만능의 힘이신 하나님을 놓아버린 죄, 생명의 울타리를 놓아버렸다. 저주는 곧 루바흐 엘로힘의 에덴동산(즐거움, 기쁨, 쾌락의 동산)에서 쫓겨나 지옥의 고통 가시와 엉겅퀴가 기다리는 곳으로 버려졌다. 저주 아라르אָרַר (779, 아라르-저주하다)는 교만한 자에게 저주가 내려진다는 단어이다.

아라르 간략해설

아담과 하부하(하와)가 엘로힘의 자리에 올라가서 왕으로 지배하려다가 받은 저주이다(창 3:5, 잠 16:18).

만능의 힘이신 루바흐 엘로힘 하나님과 영생의 말씀인 창세기 2장17절을 버리고 창세기 3장4-5절의 솨탄의 말을 더 신뢰하여 자기의 힘으로 삼은 결과이다. 말씀을 놓아버리면 영이신 루바흐 엘로힘을 버리고 놓치는 것이요. 영이신 하나님을 놓아 버리는 것은 곧 그의 말씀을 버리는 것이다. 그의 말씀과 영이신 하나님 아버지는 하나이다(요 1:1,14, 요 10:30, 요 14:6,9, 요 17:10,11,21, 요일 5:20)

아담과 하와가 솨탄의 미혹을 받기 전 까지는 루바흐(영) 엘로힘(남성복수 하나님) 에하흐(여호와)의 뜻과 목적에 일치하는 삶을 살았기에 행복하였다. 루바흐 엘로힘 에하흐(여호와)께서는 그들이 솨탄의 유혹을 받을 것을 아시고 베레쇠트세페르(창) 2장 17절의 선악의 나무를 범하는 것이 아니라고 말씀을 주신 것은 죽고 또 죽지 않고 영생하라는 복의 말씀이었다. 그들이 루바흐 엘로힘, 에하흐(여호와) 엘로힘의 그 뜻의 말씀을 놓아 버리는 순간 솨탄마귀가 그들 안으로 들어가 그들을 지배한 것이 곧 죄의 시작이다. 솨탄마귀의 또 다른 명칭(속성)은 곧 죄, 욕심쟁이, 거짓말쟁이, 살인자, 간음 자, 도적이다(갈 5:19-21, 딤후 3:1-5, 요 10:10, 출 20:13-17). 아담과 하와의 죄는 순간적으로 진행되었다. 계획된 범죄들도 순간적으로 실행하여 죄의 열매를 맺는다.

그러므로 '하타, 하타아'는 죄의 핵심이요 그 결과는 즉시 영이 죽고 육체가 죽어가는 영육간의 죽음이 동시에 임한다(창 2:17, 창 3:4-6,19, 전 12:7, 롬 6:23, 히 9:27, 약 1:15). 이것은 하나님의 사랑과 공의의 언약을 저버린 자들에 대한 공의의 심판이자 형벌이다. 죄와 죄의 열매의 차이는 거의 없고 동시에 일어난다.

◆ **베레쉬트 בראשית 세페르ספֶר(창) 본문, 직역, 문장정리**

창 2:17절 이브리어 원어

וּמֵעֵ֗ץ הַדַּ֙עַת֙ טוֹב וָרָע לֹא תֹאכַל מִמֶּ֫נּוּ כִּי בְּיוֹם אֲכָלְךָ

מִמֶּנּוּ מוֹת תָּמוּת׃

본문 : **베레쉬트 בראשית 세페르ספֶר(창) 2:17 선악을 알게 하는 나무의 열매는 먹지 말라 네가 먹는 날에는 반드시 죽으리라 하시니라**

직역 : **나무 그 지식 선(토브) 악(라) ~아니다 네가 먹는 그것 왜냐하면 날 네가 먹는 그것으로부터 죽고(무트) 네가 죽으며(타모트)**

문장정리 : **선(토브)과 악(라)의 그 지식의 나무의 그것을 네가 먹는 것이 아니다 왜냐하면 네가 먹는 날에 그것으로부터 죽고 네가 죽으며**

◆ 이브리어 단어별 사전적 의미

עֵץ (6086 에츠–나무) וּמֵעֵץ 접속사–전치사–명사 남성 단수 연계

דַּעַת (1847 다아트–그 지식, 이해) הַדַּעַת 관사–명사 여성 단수

טוֹב (2896 토브–좋은, 선한, 즐거운, 선, 이익, 번영, 복) טוֹב 형용사 남성 단수

רַע (7451 라–나쁜, 악한, 악, 악한 것) וָרָע 접속사–형용사 남성 단수

לֹא (3808 로–아니, 아니다) לֹא 부정어

אָכַל (398 아칼–네가 먹는) תֹאכַל 칼 미완 2인 남성 단수

מִן (4480 민–그것으로~로부터, ~에서 밖으로, 그것으로부터) מִמֶּנּוּ 전치사–3인 남성 단수

민 간략해설

'민'은 열매라는 사전적 의미가 없다. '그것으로부터'를 열매로 번역하였다. 이렇게 번역하면 안된다. '그것으로부터'라고 하면 된다. 전능하신 하나님께서 열매라는 것을 몰라서 '민'이라고 한 것이 아니다. 열매라는 단어가 몇 개가 있다. ① אֵב (4, 에브-열매), ② יְבוּל (2981, 예불-(땅의) 산물, 열매), ③ נוֹב (5108, 노브-열매), ④ פְּרִי (6529, 페리-열매), ⑤ פָּרָה (6509, 파라-열매를 맺다, 결실이 많다) 그럼에도 만능이신 루바흐 엘로힘께서는 이 중에서 사용하지 않으셨다. '민'이라는 단어를 사용하였다. '민'은 '멤'과 '눈'의 합성어이다. 의미는 필수적인 생명진리의 말씀으로 사역하며 살아가면서 만능이신 엘로힘께서 정하여 놓으신 생명의 울타리를 벗어나지 말라는 복음을 담아놓으셨다. 다시 말하면 생명진리의 말씀을 순종해서 영생의 복과 잘되는 복을 받으라는 말씀이다. 그래서 성경을 번역할 때 개인의 추정이나 견해와 학자의 주장으로 하지 말고 원어의 사전적 의미에 따라서 해야한다. 그래야 자기도 살고 성경을 읽는 사람도 살린다. 만능이신 루바흐 엘로힘의 뜻을 저버리고 앞서나가지 말아야 한다. 아래에 있는 '민'도 동일한 의미이다.

◆ 이브리어 단어별 사전적 의미

כִּי (3588 키–마치, 왜냐하면) כִּי 접속사

יוֹם (3117 욤–낮, 날) בְּיוֹם 전치사–명사 남성 단수 연계

אָכַל (398 아칼–네가 먹는) אֲכָלְךָ 칼 부정사 연계–2인 남성 단수

מִן (4480 민–그것으로~로부터, ~에서 밖으로, 그것으로부터) מִמֶּנּוּ 전치사–3인 남성 단수

מוּת (4191 무트–죽고) מוֹת (모트) 칼 부정사

מוּת (4191 무트–네가 죽으며) :תָּמוּת (타무트) 칼 미완 2인 남성 단수

타무트와 모트 간략해설

'반드시 죽으리라'가 아니라. '죽고 네가 죽으며'이다. 두 번의 죽음을 알려주셨으나 한번 죽는 것으로 번역을 하였다. 누군가는 이렇게 번역한 책임을 져야할 때가 반드시 온다(출 32:33, 신 4:2, 신 12:32, 욥 13:9, 잠 30:6, 막 7:6-9, 막 13:31, 사 40:8, 시 19:7-11, 계 19:20,15, 계 20:10, 계 22:18-19, 민 23:19). 믿음이란 영이신 하나님의 절대존엄과 주권 앞에서 두려워하며(경외) 인간의 이성으로 이해가 되지 아니한 말씀을 아만(아멘)하여 순종하여 지켜야한다는 의미이다(눅 8:15, 창 22:12(1-14)).

성경은 두 번의 죽음과 둘째 사망의 지옥형벌을 말한다.

①영이 죽었다(창 2:17, 창 3:6-8), ②육신이 죽는다(창 3:19) 육신의 호흡이 끝나자마자 순간적으로 불신자는 ③둘째 사망의 영멸지옥으로 들어간다. 신자는 엘로힘(남성복수 하나님) 왕국으로 들어간다(눅 16:19-31).

베레쉬트 בראשית 세페르סֵפֶר(창) 2:17절 단어가 13개이다. 이 13개 단어 중에 그 어디에도 열매라는 단어는 없다.

나무로부터 죽고 죽는 것이 아니라 아담과 하부하(하와)가 죽고 죽는 것은 뱀(솨탄마귀)의 거짓말에 속아 힘이신 하나님과 생명의 울타리를 놓아버린 죄를 범하여 죽고 죽는 것이다(창 3:4-6,19). 이것은 루바흐 엘로힘께서 아담과 하부하(하와)에게 죽고 죽는다는 말씀을 놓아버린 죄이다(창 2:17, 창 3:19).

생명과 만능들이신 루바흐 엘로힘을 버린 죄이다. 이것이 '하타'의 원죄이다. 영이신 루바흐 엘로힘, 에하흐 엘로힘께서 사람을 창조하신 뜻과 목적을 벗어난 것이다. 그리고 '토브'의 복(창1:4)과 '빠라크'의 복(창1:26-28)을 저버리는 최초의 하타와 하타아의 범죄자들이 되었다. 범죄 후에 저주로 인하여 그 결과는 비참하게 되었다(창 3:7-24).

이것을 חָטָא'하타'와 ἁμαρτία '하마르티아'라고 한다. '하타'의 원죄를 사함 받지 못한 자, 즉 거듭나지 아니한 자는 '하타아'죄로 인하여 둘째 사망의 저주로 영원히 실존하는 생명이 유황지옥 불에서 영원히 고통을 당하게 된다(요 1:9-13, 요 3:3-7, 15—21, 살후 2:8-12, 계 14:8-11, 계 19:20, 계 20:10,14, 계 21:8, 계 22:15).

거듭난 자, 영생구원을 받은 자는 범죄 ἁμαρτάνω(264, 하마르타노-죄를 짓다, 빗 맞추다, 놓치다, 실수하다, 실패하다, 비유적으로, 지적으로 부족하다, 잘못하다, 도덕적으로, 잘못(그릇) 행하다, 눅 15:18, 롬 2:12, 롬 3:23, 롬 5:12)하지 아니한다고 하였다(요일 5:18).

명사 하마르티아 ἁμαρτία(266, 하마르티아-표적(과녁)을 벗어나는 것, 잘못, 실수, 목표를 이루지 못하는 것)어근은 하마르타노(ἁμαρτάνω, 264)이다. 명사 하마르티아는 이브리어 역어 ① '하타', ② '아벤', ③ '페솨'등이다.

과연 거듭난 자가 범죄 하지 아니할까? 그렇다. 범죄하지 아니한다. 성경이 그렇다고 하였다.

아래성경을 보라.

이요안누 알파'Ἰωάννου α´그람마(요일) 5:18 하나님께로부터 난 자는 다 범죄 하지 아니하는 줄을 우리가 아노라 하나님께로부터 나신 자가 그를 지키시매 악한 자가 그를 만지지도 못하느니라고 하였다.

이요안누 알파'Ἰωάννου α´그람마(요일) 3:9 하나님께로부터 난 자마다 죄를 짓지 아니하나니 이는 하나님의 씨가 그의 속에 거함이요 그도 범죄하지 못하는 것은 하나님께로부터 났음이라고 하였다.

에피스톨레 이야코부'Ἐπιστολή Ἰακώβου그람마(약) 1:18 그가 그 피조물 중에 우리로 한 첫 열매가 되게 하시려고 자기의 뜻을 따라 진리의 말씀으로 우리를 낳으셨느니라고 하였다.

에피스톨레페트루 알파'Ἐπιστολή Πέτρου α´그람마(벧전) 1:23 너희가 거듭난 것은 썩어질 씨로 된 것이 아니요 썩지 아니할 씨로 된 것이니 살아 있고 항상 있는 하나님의 말씀으로 되었느니라고 하였다(요 1:12-13, 요 3:2-5, 약 1:18, 벧전 1:23, 요일 2:13-14, 요일 3:3,9, 요일 4:6, 요일 5:1,21, 계 2:13, 계 3:8,10).

첫째, 예수스 크리스토스께서 지켜주시기 때문에 범죄하지 아니한다.

하나님께로부터 나신 자는 예수스 크리스토스(예수그리스토, 이에수스 크리스토스, 예슈아 마쉬아흐)이시다. 예수스 크리스토스께서 거듭난 자를 지키시매 악한 자(솨탄마귀)가 그를 만지지도 못하다고 하였다.

이요안누 알파'Ιωάννου α΄그람마(요일) 5:18절에 '지키시매'τηρέω(5083, 테레오-보호하다, 지키다, 보존하다, 사람, 그리고 충성, 믿음, 순결 같은 도덕적 가치들을 스스로 지키다, 보존하다, 지키다, 관리, 통치하다, 준수하다, 복종하다, 동의하다, 따르다) 동사 테레오 이브리어 역어는 '솨마르'이다.

둘째, 생명의 능력의 말씀을 받아 되새김질 하는 자는 범죄하지 아니한다.

하나님께서 지켜주시는 자를 이브리어 '솨마르'에 담아 놓으셨다. 상세해설을 보라.

■ 솨마르 사전적 의미

שָׁמַר (8104, 솨마르-지키다, 준수하다, 보존하다, 감시하다, 주의하다, 약 470회) 이다.

솨마르 간략해설

예슈아(예수)와 아버지하나님께서 지켜주시고 보존해주는 자를 '솨마르'단어 안에 담아 놓으셨다. '솨마르'의 의미들을 보라. 의미들 속에서 그 해답을 알려준다.

솨마르 상세해설

쉰 שׁ은 이빨과 되새김질, 영이신 하나님의 형상과 모양, 그리고 올바름이라는 의미이다. 생명진리의 말씀을 되새김질하여 올바른 길을 가는 자는 악인들의 꾀를 따르지 아니하며 죄인들의 길에 서지 아니하며 오만한 자들의 자리에 앉지 아니한다. 테힐림 תהלים 미즈모르מִזְמוֹר(시) 1:2절을 성공하면 1:1절이 이루어진다. 되새김질의 다른 말은 묵상이다. 이브리어로는 하가 הָגָה (1897, 하가-신음하다, 슬퍼하다, 으르렁거리다, 묵상(명상)하다, 깊이 생각하다, 옮기다, 이동시키다, 제거하다, 으르렁 거리는 소리, 탄식)이다.

하가 간략해설

현재 호흡의 생명만 생각하지 아니하고 영원히 실존하는 생명이 있다는 것을 믿는 자는 낮이나 밤이나 '하가'를 하는 자는 시편1:1절의 죄를 이긴다. 예슈아를 믿는 자는 죄를 지으면 말씀을 붙잡고 '하가'하면서 신음하고 슬퍼하며 회개하고 탄식, 통곡(으르렁거리며)하며 바로서서 다시는 실패하지 않으리라는 각오로 경계하며 으르룽 거리며 물리치고 깊이 생각하여 마음속에 있는 죄의 쓴 뿌리를 제거해서 완전히 지옥으로 옮겨버리기 때문에 죄에서 자유로워진다. 영이신 하나님께서도 '하가'하는 사람을 도와주서서 죄를 이기는 능력을 부여하신다.

아래 성경을 보라.

아버지의 손과 내 손에서 빼앗을 자가 없음(요 10:28-30), 세상에서는 너희가 환난을 당하나 담대하라 내가 세상을 이기었노라(요 16:30, 롬 8:37), 그를 믿는 자마다 멸망하지 않고 영생한다(요 3:15,16), 믿는 자는 영생을 얻었고 심판에 이르지 아니한다(요 5:24), 내 아버지의 뜻은 아들을 보고 믿는 자마다 영생한다(요 3:36, 요 6:40), 내가 살아 있고 너희도 살아 있다(요 14:19), 아버지께서 아들에게 주신 모든 사람에게 영생을 주신다(요 17:20), 아버지의 이름으로 그들을 보전하신다(요 17:11,12), 아버지께서 내게 주신 자 중에서 하나도 잃지 아니하신다(요 6:39, 요 18:9), 그의 피로 말미암아 의롭다 하심을 받았다(롬 5:9), 우리 주 예수 그리스도로 말미암아 영생이다(롬 5:21), 크리스토스 예수스 안에 있는 자에게는 결코 정죄함이 없다(롬 8:1), 사망이나 생명이나 천사들이나 권세자들이나 현재 일이나 장래 일이나 능력이나 높음이나 깊음이나 다른 어떤 피조물이라도 우리를 우리 주 그리스도 예수 안에 있는 하나님의 사랑에서 끊을 수 없다(롬 8:33-39), 너희 안에서 착한 일을 시작하신 이가 그리스도 예수의 날까지 이루실 줄을 우리는 확신한다(빌 1:6), 너희 생명이 그리스도와 함께 하나님 안에 감추어져 있다(골 3:3), 성령의 거룩하게 하심과 진리를 믿음으로 구원받는다(살후 2:13), 그 날까지 그가 능히 지키실 줄을 확신한다(딤후 1:12), 기도해주신다(눅 22:32, 롬 8:34, 히 7:25), 하나님의 능력으로 보호하신다(벧전 1:5), 약속하신 영원한 생명이다(요일 2:19,25), 참 하나님이시요 영생이시다(요일 5:13,20), 그의 성도를 버리지 아니하심 그들은 영원히 보호를 받는다(시 37:28), 그의 언약을 지키고 그의 법도를 기억하여 행하는 자에게 지키신다(시 103:18), 영원한 구원을 얻는다(사 45:17), 영원한 언약이다(사 55:3), 내가 그들의 악행을 사하고 다시는 그 죄를 기억하지 아니하신다(렘 31:34), 나를 경외함을 그들의 마음에 두어 나를 떠나지 않게 하고(렘 32:40)라고 하였다.

멤 מ은 물과 진리와 사역, 필수적인 생명진리의 말씀으로 생활화 하라, 열린 계시와 열린 자궁, 닫인 계시와 닫힌 자궁으로 생명의 말씀과 새 생명은 루바흐(영) 엘로힘(남성복수 하나님) 에하흐(여호와)께서 열어주셔야 알 수 있고 태를 열어주셔야 아이를 잉태 할 수 있다(창 4:1, 창 16:2, 창 21:1-2, 창 25:21, 창 29:31, 창 30:1-2,22-24, 삼상 1:5-6,19-20, 삼상 2:5,20-21, 시 113:9, 시 127:3, 계 3:7,8, 사 22:22). 멤의 의미는 고해바다와 같은 세상을 진리의 말씀으로 이겨나가게 된다는 의미이다.

예수스 크리스토스(이에수스 크리스토스, 예수 그리스도, 예슈아 마쉬아흐)께서 지켜주는 자는 어떤 자인가?

아래성경을 보라.

드바림 דברים 세페르(신) 33:3 여호와께서 백성을 사랑하시나니 모든 성도가 그의 수중에 있으며 주의 발 아래에 앉아서 주의 말씀을 받는도다라고 하였다. 예슈아(예수)의 발아래 앉아 그의 말씀을 듣더니…마리아는 이 좋은 편을 택하였으니 빼앗기지 아니하리라고 하였다. 음식을 준비하는 일에 분주한 '마르다'(눅10:38-42)에게 예슈아께서 말씀을 듣는 마리아를 칭찬해 주셨다.

아포칼륍시스 요안누Ἀποκάλυψις Ἰωάννου그람마(계) 2:13 네가 어디에 사는지를 내가 아노니 거기는 솨탄의 권좌가 있는 데라 네가 내 이름을 굳게 잡아서 내 충성된 증인 안디바가 너희 가운데 곧 솨탄이 사는 곳에서 죽임을 당할 때에도 나를 믿는 믿음을 저버리지 아니하였도다라고 하였다.

아포칼륍시스 요안누Ἀποκάλυψις Ἰωάννου그람마(계) 3:10 네가 나의 인내의 말씀을 지켰은즉 내가 또한 너를 지켜 시험의 때를 면하게 하리니 이는 장차 온 세상에 임하여 땅에 거하는 자들을 시험할 때라고 하였다.

계명을 지키는 자는 자기의 영혼을 지킨다(잠 19:16).

네 마음으로 나의 명령을 지키라(잠 3:1, 요일 5:3).

입을 지키는 자는 그 생명을 보전한다(잠 13:3).

말씀을 듣고 깨닫아 지켜 인내로 알곡구원을 받는다(눅 8:15, 마 13:23, 마 24:13).

그 길을 지키는 자는 자기의 영혼을 보전한다(잠 16:17)등이다.

에하흐께서 아무나 지켜주시지 아니하신다. 영생구원을 받은 자들을 지켜주셔서 범죄하지 아니하도록 보호해주신다. 그리고 영이신 하나님의 말씀을 받아 그 말씀을 되새김질하며 지키는 자와 함께해주신다(수 1:8, 욥 23:12, 시 1:2, 시 119:1-3,9-11,48, 92,97-116).

레소ㄱ는 모든 머리와 모든 왕 중에 왕이신 예슈아(예수)를 자기의 머리와 왕으로 삼는 자는 예슈아(예수)를 마음에 잉태하여 의식하고 품고 사랑하며 그의 지배와 통치를 받아 나아가라는 의미이다.

필수적인 생명진리의 열린계시의 말씀을 깨달은 자는 되새김질한다. 예슈아(예수)로부터 와지는 능력으로 살아지므로 탈선을 하지 아니한다. 좁은 길을 간다. 올바른 길을 간다. 이것이 곧 지켜주시고 보존해 주신다는 '솨마르'의 의미이다(행 14:22, 계 7:13-14, 계 12:11, 계 15:2-4, 계 17:14).

셋째, 에하흐(여호와)를 경외(야레)하고 의지(바타흐)하는 자에게 도와주시는 원조자(에제르)가 되어주시고 방패(마겐)가 되어 보호해 주신다(시 115:9–15).

야레 중심으로는 14가지 이상이지만 시편 115:9-15중심으로 (1)경외(야레, 13), (2)의지(바타흐, 9,10,11), (3)원조자(에제르, 9,10,11), (4)방패(마겐, 9,10,11)만 해설한다.

(1) 야레

■ 야레 사전적 의미

경외 יָרֵא (3373, 야레–두려워하다, 경외하다, 경외하는 자, 두려워하는 자, 정중하고 예의바르게 공경하면서 두려워하는 것, 사랑하는 것)이다(시115:13).

야레 간략해설

에하흐(여호와)를 두려워하라고 하였다. 왜 무엇을 어떻게 두려워하라는 것일까? 그 의미를 '야레' 단어에 담아놓으셨다. 만능들이신 하나님, 만왕의 왕이신 예슈아(예수), 에하흐(여호와) 손의 능력이 무엇을 하든지 되게 해주시면 되고 되게 해주지 않으시면 되지 아니하므로 두려워하라는 의미이다(출 20:6-7). 엘로힘 에하흐께서 아브라함이 100세 낳은 아들을 오라(번제)로 드리라고 하였을 때 실행하는 것을 보시고 이제야 네가 엘로힘를 경외하는 줄 알았다고 하였다(창 22:12(1-18)). 경외한다는 다른 말은 사람이 도저히 받아들일 수 없는 그것을 만능들이신 에하흐 엘로힘을 믿고 믿음으로 순종하여 실행하는 것이 '야레'하고 있다는 증거이다(히 11:19).

에하흐는 죽이기도 하시고 살리기도 하시며 복과 저주를 결정하시는 분이시므로 두려워하라는 말씀이다(창 2:7, 신 8:17-18, 신 28:1-14,15-68, 삼상 2:6-10, 삼상 26:12(1-24), 시 33:16-21, 시 121:1-8, 127:1-2, 시 144:1, 잠 10:22, 시 33:16-17, 잠 16:1,3,9, 잠 21:30-31, 전 9:11, 사 27:3, 요 15:4-5, 고전 3:7).

아마도 '야레'는 '경외하라', '두려워하라'고 들어 알고 있을 것이다. 그러나 왜 루바흐(영) 엘로힘(남성복수 하나님), 에하흐(여호와)엘로힘을 경외하여 두려워하며 무서워해야 하는지를 알지 못하고 있는 것이 사실이다. 이브리어 단어별 합성어해설을 하므로 그 의미가 밝혀지기 때문이다. 합성어해설이 진리의 본질이요. 사실이다. 이브리어 단어별 합성어해설만이 그 단어의 의미의 본질을 명백하게 드러낸다.

루바흐(영) 엘로힘(남성복수 하나님), 에하흐(여호와)엘로힘께서는 천하의 만왕의 왕이시다. 모든 것들의 능력들과 권세들의 하나님이시다. 모든 생명들의 주인이시다(창 1:1-2:7). 호흡이 사람의 것이 아니다. 만약에 호흡이 사람의 것이라면 죽지 않을 않고 영존한다. 그러나 생명의 주인은 하나님이라고 하였다(눅 12:20, 히 9:27, 눅 16:22, 약 4:14, 삼상 2:6, 삼상 25:37-38). 그리고 에하흐(여호와) 손의 하게하시는 능력으로 천하를 다스리며 통치하신다. 경외하고 의지하며 당신의 영광의 빛을 밝히 비추고 자랑하는 자들에게 복을 주신다. 거역하는 자들을 칼과 기근과 질병으로 심판하신다(렘 14:12).

그러므로 루바흐(영) 엘로힘(남성복수 하나님) 에하흐(여호와)의 이름의 뜻과 '야레'의 뜻을 깨달아 아는 자가 '야레'할 수 있다. 입의 말뿐인 '야레'가 아니라 실제로 에하흐를 경외하고 의지하게 된다. 영이신 하나님의 이름과 칭호의 의미를 전혀 모르는 자들이 많다. '신론해설'을 탐독해야 할 분명한 이유이다.

예솨에야흐 ישעיה세페르(사) 29:13 주께서 이르시되 이 백성이 입으로는 나를 가까이 하며 입술로는 나를 공경하나 그들의 마음은 내게서 멀리 떠났나니 그들이 나를 경외함은 사람의 계명으로 가르침을 받았을 뿐이라고 하였다.

'야레'하지 않는 자에게 내리시는 질병들을 보라. 질병은 에하흐(여호와)의 징계와 심판의 도구로 이용하신다. 눈에 보이지 아니하는 질병을 몸에 들어붙게 하시면 호흡기관을 통하여 들어오는 세균이 소멸되지 아니하고 증식(增殖-생물 또는 그 조직이나 세포 따위가 생식이나 분열로 그 수가 늘어남)되어 약물로 해결할 수가 없게 된다(렘 30:13-14, 렘 46:11, 신 28:15-68).

전염병으로 죽은 자들이 이에 해당한다(민 16:46-49(일만사천칠백명), 민 25:9(이만사천명), 삼하 24:15(칠만명)). 성경에 기록되지 아니한 모든 질병들과 재앙들을 멸망하기까지 내리신다고 하셨다(삼상 6:19(오만칠십명), 사 37:36(십팔만 오천)).

코로나 19보다 20~30배 더 강력한 전염병(급성역병)이 창궐한다면 전 세계가 어떻게 될까 무섭고 두려워 떨지 아니할 수가 없을 것이다. 성경은 무서운 예언이 많다(계 6:8, 4분의 1이죽임을 당한다. 7인 재앙(6장), 7나팔 재앙(8-9장), 7대접 재앙(16장), 우박30kg(한달란트)가 떨어진다. 계 16:21, 계 11:1319, 욥 38 :22, 시 147 :17, 살아남을 자가 얼마나 될까?).

'첫째 천사가 나팔을 부니 피 섞인 우박과 불이 나와서 땅에 쏟아지매 땅의 삼분의 일이 타 버리고 수목의 삼분의 일도 타 버리고 각종 푸른 풀도 타 버렸더라'(계 8:7)고 하였다. 노아홍수와 소돔고모라지역의 유황불심판은 고고학으로 증명되었다.

예슈아께서 '내가 너희에게 이르노니 심판 날에 소돔 땅이 너보다 견디기 쉬우리라'(마11:24,21-24)고 2천년전에 말씀하셨다.
루바흐 엘로힘 아버지만 아시는 그 심판은 갑자기 임한다. '노아의 때와 같이 인자의 임함도 그러하리라'(마 24:37,32-39)고 2천년전에 말씀하셨다. 근신하여 깨어 정신을 차리고 대비해야한다.

다바림 דברים세페르(신) 28:58–62절 중심으로

다바림 דברים세페르(신) 28:58-62 네가 만일 이 책에 기록한 이 율법의 모든 말씀을 지켜 행하지 아니하고 네 하나님 여호와라 하는 영화롭고 두려운 이름을 경외하지 아니하면 59 여호와께서 네 재앙과 네 자손의 재앙을 극렬하게 하시리니 그 재앙이 크고 오래고 그 질병이 중하고 오랠 것이라 60 여호와께서 네가 두려워하던 애굽의 모든 질병을 네게로 가져다가 네 몸에 들어붙게 하실 것이며 61 또 이 율법책에 기록하지 아니한 모든 질병과 모든 재앙을 네가 멸망하기까지 여호와께서 네게 내리실 것이 62 너희가 하늘의

별 같이 많을지라도 네 하나님 여호와의 말씀을 청종하지 아니하므로 남는 자가 얼마 되지 못할 것이라고 하였다.

에하흐(여호와)의 대표적인 3가지 재앙

이르메야흐 ירמיה(렘) 14:12 그들이 금식할지라도 내가 그 부르짖음을 듣지 아니하겠고 번제와 소제를 드릴지라도 내가 그것을 받지 아니할 뿐 아니라 ① 칼과 ② 기근과 ③ 전염병으로 내가 그들을 멸하리라고 하였다.

1. 칼 חֶרֶב (2719, 헤레브-칼, 검, 전쟁, 공격하다, 쳐죽이다)이다.
2. 기근 רָעָב (7458, 라아브-굶주림, 기근)이다.
3. 전염병 דֶּבֶר (1698, 떼베르-말하다, 선언하다, 경고하다, 노래하다, 전염병)급성역병(疫病-역병균, 공기전염으로 생기는 유행병)이다.

(출 9:3, 렘 14:12, 렘 21:7,9, 렘 24:10, 렘 25:29, 렘 27:8,13, 렘 29:17-19, 렘 32:24,36, 렘 34:17, 렘 38:2, 렘 42:17, 렘 42:22, 렘 44:13, 겔 5:12,17, 겔 6:12, 겔 14:19,21, 겔 38:22, 왕상 8:37, 대하 6:28, 대하 20:9, 시 91:6).

루바흐(영) 엘로힘(남성복수 하나님) 에하흐(여호와)께서는 모든 사람들이 복 받고 평안을 누리며 안전하게 보호받으라는 말씀을 항상 먼저, 미리 말씀하셨다. 그러므로 각 사람의 선택에 따라서 그 결과가 주어진다(창 1:26-28, 창 2:17, 창 3:6,19,24, 창 12:1-8, 창 15:1, 창 24:1, 갈 3:6-9, 창 26:1-16, 왕상 22:1-40, 겔 18:21-32, 요 3:15-18, 요 5:24-25, 행 1:4,8, 행 2:1-41, 행 16:31, 마 5:16, 갈 5:19-26등등).

◆ 코헬레트קהלת세페르(전) 9:11절에 '시기'와 '기회'의 단어를 보라.

본문 : 내가 다시 해 아래에서 보니 빠른 경주자들이라고 선착하는 것이 아니며 용사들이라고 전쟁에 승리하는 것이 아니며 지혜자들이라고 음식물을 얻는 것도 아니며 명철자들이라고 재물을 얻는 것도 아니며 지식인들이라고 은총을 입는 것이 아니니 이는 시기와 기회는 그들 모두에게 임함이니라

직역문장정리 : 내가 되돌아보았다. 그 태양 아래서 마치 그 경주자라고 그 빠른 자들이 아니다. 그 전쟁에서 또 그 강력한 용사들이 아니다. 지혜로운 자들이라고 또 음식을 얻는 것이 아니다. 그 지각(知覺–깨달아 알아지는 능력)이 있는 자들이라고 또 재물을 얻는 것이 아니다. 그들 모두에게 은혜로 정해진 때(시간)에 기회의 그것을 만나는 그것을 알았다들

■ 에트 사전적 의미

시기 עֵת (6256, 에트–시간, 기간, 정해진 때, 기회, 적절한 때)이다.

'에트'의 사전적 의미 간략해설

영이신 루바흐(영) 엘로힘(남성단수 하나님, 창1:2), 에하흐(여호와) 엘로힘(창2:4)의 '시간'에, 영이신 루바흐 엘로힘, 에하흐 엘로힘께서 원하시는 '기간'에, 영이신 루바흐 엘로힘, 에하흐 엘로힘께로부터 '정해진 때'에, 영이신 루바흐 엘로힘, 에하흐 엘로힘으로부터 '기회'가 주어질 때에, 영이신 루바흐 엘로힘, 에하흐 엘로힘께서 기뻐하시는 가장 '적절한 때'에 모든 것이 주어진다는 의미이다.

● 에트 단어별 합성어해설

영(루바흐)이신 하나님(엘로힘, 엘)께서 그의 사람들과 그의 민족을 보고 계시면서 그의 사람들과 그의 민족에게 정하여 놓으신 시간, 정하여 놓으신 때에 당신의 뜻을 이루어가신다(창 6:1–22, 창 12:1–20, 출 3:7, 삼상 16:1–13, 갈 4:4 등등).

○ 페가 사전적 의미

기회 פֶּגַע (6294, 페가–사건, 기회)이다.

페가 간략해설

만사의 성취는 기회와 사건을 어떻게 선용하느냐에 달려있다. 영이신 하나님의 입에서 나오는 말씀에 아만(멘) 하여 순종하는 자에게 그 보답으로 성공과 번영의 기회를 누리게 하신다(창 12:1-4, 레 26:3-4,9, 신 11:26-28, 신 28:1-14). 개역성경에서는 '페가'를 '우연'이라고 하였으나 우연이란 이생과 내생에 존재하지 않는다. 개역개정성경에서는 '기회'라고 사전적 의미에 따라서 번역을 잘 하였다(전 9:11).

'페가'의 사전적 의미 간략해설

기회는 공의로우신 루바흐 엘로힘 하나님께서 모든 사람들에게 공평하게 주셨다. 일반은총을 모든 사람에게 공평하게 주셨다. 24시간, 356일, 햇빛, 공기 등등을 모든 사람에게 동일하게 주어졌다는 의미이다.

모세와 선지자, 전도자, 교사, 사도, 목자와 감독들을 끊임없이 보내셔서 동일한 복음의 말씀을 듣게 하셨다. 출 201-7, 신 28:1-14, 대하 36: 12-16(12-21), 시 1:1-6, 시 23:1-6, 시 115:9-15, 잠 6:6-11, 잠 10:4, 잠 12:24, 잠 13:4, 잠 19:15,24, 잠 20:4,13, 잠 21:5, 잠 24:30-34, 전 10:18, 사 66:4, 렘 7:13,25-26, 렘 25:3-4, 렘 32:33-34, 마 10:28-30, 막 16:15-16, 눅 16:29,31, 요 6:27, 롬 1:19-20, 롬 10:8-21, 고전 1:18,21, 빌 4:13절들을 자세히 묵상(하가, 되새김질)하여보라.

그렇다. 천대까지 자손대대가 복을 받아 누리려면 에하흐(여호와)를 '야레(두려워)'해야 한다. 에하흐(여호와) 권 손의 되게 하시는 능력이 임할 때 복을 받는다. 모든 것들의 머리와 왕이신 예슈아를 잉태하고 의식하며 사랑하며 예슈아의 음성에 귀를 기울여야한다. 그래야 능력(빠라크)의 복을 부여받아 번창(야사프)의 복을 누리게 된다. 그러므로 두렵고 떨림으로 만능이신 하나님을 배우며 구원을 이루고 자라나야한다. 성경을 읽으며 암송하고 되새김질하여 이브리어 단어별 해설을 반복해서 들어야한다. 반복해서 듣는 자가 만능들의 힘들이신 에하흐 엘로힘을 '야레(두려워)'하고 '아헤브(사랑)'하며 '솨우(헛된 것, 공허하고 허무한 거짓말)'를 하지 않는다.

■ 야사프 사전적 의미

번창 יָסַף (3254, 야사프-더하다, 증가(증대)하다, 늘다, 불어나다, 다시 하다)이다.

야사프 간략해설

야사프의 사전적 의미를 보라. 더하다, 증가(중대)하다, 늘다, 불어나다, 다시 하다라고 하였다. 영이신 하나님의 입에서 나오는 말씀으로 삶의 버팀대로 삼고 그 말씀으로 자신을 점검하고 측정하여 순종하는 자에게 에하흐 능력의 손이 되게 해주시므로 그 사람에게 가장 필요 적절한 것을 더하여 주신다, 증가(증대)하게 하신다, 늘어나게 하신다, 불어나게 해주신다는 의미이다. 그런데 사전적 의미 중에 '다시하다'가 있다. 무엇을 다시하라는 것일까요?

테힐림 תהלים 미즈모르(시) 115:4–15에 그 해답이 있다.

테힐림 תהלים 미즈모르(시) 115:4-15절 (1)에하흐(여호와)를 두려워하고(11) (2)의지하며(9,10,11) (3)우상을 섬기지 아니하고(4-8) (4)하랄 찬양을 하며(17,18) (5)빠라크 찬양(송축, 18)을 하며 (6)무릎을 꿇는 자에게(18) 에하흐께서 (a)이스라엘 집에도 (b)아론(목자, 사역자)의 집에도 (c)높은 자 (d)낮은 자를 막론하고 Ⓐ도움의 원조자가 되어주시고(9,10,11) Ⓑ방패가 되어 주시고(9,10,11) Ⓒ빠라크의 성공, 번영, 생산, 장수, 형통, 승리 등을 위한 능력을 부여해 주시는 복을 받아 Ⓓ야사프의 번창의 복을 받아 누리게 되어 있는 자가 늘어나고 불어나며 증가하는 것이 없으면 처음부터 무엇이 잘못되었는지를 찾아서 다시하라는 희망(希望-멀리 내다보고 용기를 불어넣다, 좋은 일을 기대하라는 것)과 격려(激勵-마음이나 기운을 북돋우어 힘쓰도록 함)와 사랑, 그리고 기다려주신다는 말씀이다.

(2) 바타흐

■ 바타흐 사전적 의미

의지 בָּטַח (982, 바타흐-믿다, 신뢰하다, 의지하다, 확신하다, 안심하다, 염려없다, 안전하다, 확고부동, 견고함)이다(시115:9,10,11).

바타흐 간략해설

에하흐(여호와)를 의지하라는 분명한 이유가 있다. 악한영인 솨탄마귀의 미혹과 시험이 있기 때문이다. 솨탄마귀가 없으면 죄가 사라진다. 솨탄마귀가 곧 악이요, 죄이다. 모든 범죄는 욕심으로부터 시작된다. 아이들은 쓰레기 같은 종이 쪼가리 하나를 가지고 서로 내꺼야! 울고불고 싸운다. 솨탄이 삼킬 자를 두루 찾고 있기에 더욱 생명과 절대능력으로 실존하시는 에하흐를 의지하고 신뢰할 때 에제르와 마켄의 도움을 받아 영적싸움에서 이기는 자가 된다는 의미이다.

에하흐(여호와)를 의지하는 자는 마음 안에 뱀(솨탄마귀)이 들어 올 수가 없다. 뱀(솨탄마귀)이 수시로 들어와도 점령지를 만들지 못하고 밀려난다. 에하흐(여호와)를 의지하는 자는 생명의 울타리를 떠나지 아니한다. 자기의 생명을 지키게 된다. 자기의 생명을 보호하게 된다.

'바타흐(의지)'의 사전적 의미를 보라. 의지하라고만 하지 않았다. 믿으라. 신뢰하라고 하였다. 다 같은 의미이다. 기왕에 에하바(여호와)를 믿고 신뢰하고 의지하는 것, 확고부동하게 믿고 신뢰하여 견고하게 서 있는 자를 염려 없이 안전하게 '에제르(도움, 원조, 돕는 자, 원조자)'해주신다. '마겐(작은 원형의 방패, 덮다, 에워싸다, 방어하다, 수호하다)'하여주신다. 그러므로 '바타흐(의지)'하는 사람은 뱀(솨탄마귀)의 미혹에도 안심하고 살 수가 있다(레 25:18, 대상 5:20, 시 4:8, 시 22:4, 시 33:21, 잠 3:5, 잠 16:20, 사 26:3, 사 30:15, 렘 17:7-8).

(3) 에제르

■ 에제르 사전적 의미

원조자 עֵזֶר (5828, 에제르-도움, 원조, 돕는 자, 원조자-도움, 원조, 돕는 자, 원조자, 출 18:4, 호 13:9, 겔 12:14, 신 33:7, 신 33:26, 시 115:9-11, 시 70:6, 사 30:5, 단 11:34, 시 20:2, 시 89:20, 시 121:1-2, 시 124:8)이다(시115:9,10,11).

에제르 간략해설

본문에 에하흐를 두려워(경외)하고 의지하며 우상을 만들지 아니하고 섬기지 않고 하랄 찬양을 하며 빠라크 찬양을 하고 빠라크 무릎을 꿇는 자에게 에하흐께로부터 에제르(원조, 도움)를 받는다. 에제르 단어에 담아놓은 의미는 다르다. 에하흐께서 돕는 자는 모든 머리와 만왕의 왕이신 예슈아로부터 주어지는 성령의 검의 말씀을 아만(멘)으로 마음에 받아 수행하는 사람에게 임하는 에제르(도움)의 의미이다.

(4) 마겐

■ 마겐 사전적 의미

방패 מָגֵן (4043, 마겐-인도하다, 건네주다, 넘겨주다, 구조하다, 구원하다, 덮다, 에워싸다, 방어하다, 수호하다, 창15:1, 창 35:5(창34:30), 시 34:6-7,19, 시 91:11(9-16), 왕하 6:17, 왕하 19:35-37 (14-37), 단 6:22, 슥 9:8, 히 1:14)이다(시115:9,10,11).

마겐 간략해설

에제르에서 밝힌 것처럼 '야레'(두려워하는 자, 경외하는 자)하는 자에게 '마겐'의 보호와 에워싸서 방어해 주시고 구원하여 주신다. 단어의 의미는 필수적인 생명진리의 말씀으로 사역(생활화)하며 그 정하여 놓으신 생명의 경계선을 넘어가지 아니하는 자에게 보답으로 '마겐'하여 주신다는 의미이다.

에하흐(여호와)는 영이신 루바흐 엘로힘 하나님의 칭호요 또 다른 이름이다(여호와, 창2:4, 출3:1-15). 그러므로 에하흐라는 칭호를 통하여 영이신 루바흐 엘로힘이 어떤 분이신가를 알게 된다. 자세한 것은 신론 해설을 보라. 그렇다면 어떻게 에하흐를 경외하고 의지할까? 하나님의 말씀을 어떻게 대하느냐에 그 해답을 찾을 수 있다.

영이신 루바흐 엘로힘의 생명과 영생의 말씀을 받아 되새김질하고 깊이 묵상하며 붙잡고 인내하여 열매를 맺는 것이 에하흐를 경외하고 의지하는 것이다. 경외는 두려움으로만 안다. 경외는 에하흐에 대한 믿음을 가지라는 것이다. 예하흐의 말씀에 대한 믿음을 가지라는 것이다. 예하흐에 대한 믿음을 가질 때 두려움으로 섬기게 되는 것이다.

생명의 말씀을 되새김질하며 붙잡고 살아가는 자는 솨탄마귀의 거짓말과 미혹에 속아 넘어가지 않는다. 영이신 루바흐 엘로힘 예하흐의 뜻과 목적을 벗어나거나 빗나가지 않는다(시 1:2,1,3-6). 이런 사람을 예슈아께서 지켜 보호하신다.

그러나 멸망하는 자들은 솨탄마귀의 미혹을 받아들인다(살후 2:7-12, 딤전 4:1-2, 요 3:18-21,36, 롬 1:32, 벧후 2:3,13-19). '하나님이 유혹을 저의 가운데 역사하게 하사 거짓 것을 믿게 하심은 진리를 믿지 않고 불의를 좋아하는 모든 자로 심판을 받게 하려 하심이니라'(살후 2:9-12)고 하였다. 이단들과 거짓선지자들의 미혹에 빠지는 원인을 말씀 하셨다.

(1) 진리를 믿지 않는 자들이다.

진리를 믿지 않는다는 것은 Ⓐ 진리이신 예슈아를 믿지 않는 자들이다. Ⓑ 진리이신 하기오스 프뉴마(거룩한 영)를 믿지 않는 자들이다. Ⓒ 진리의 말씀 성경을 믿지 않는 자들이다.

(2) 불의를 좋아하는 자들이다.

불의를 좋아하고 기뻐하며 즐긴다는 것은 Ⓐ 부정한 행위와 불법을 기뻐하고 즐기는 자들이다. Ⓑ 의로운 행위를 반대하고 진실하고 정직하게 사는 것을 반대하는 자들이다. 이런 모든 자들을 심판하시는 불의의 도구들이 거짓선지자들과 이단들이다. 예슈아를 진실하게 믿고 거룩한 영의 감동에 이끌리며 진리의 말씀 사랑하는 자는 이단들과 거짓선지자들의 미혹에 넘어가지 않는다. 진리의 말씀은 사람을 자유케 하고 죄 사함과 영생구원의 복을 받게 한다(요 8:32, 시 25:5,8-9).

영이신 루바흐 엘로힘께서 그들에게 주신 행복의 말씀을 놓아버린 것은 눈앞에 보이는 탐욕 때문이다. 그리하여 정로에서 빗나가서 죄를 짓고 영이신 하나님의 형상과 모양을 상실하게 되므로 정죄를 당하게 되었고 속죄 희생물(예슈아께서 저주의 십자가에서 대리적 속죄의 희생물로 죽으신 것을 믿는 자에게 죄사함을 주심, 요1:29, 갈3:13, 막10:45)을 드림으로 죄사함을 받는 길을 열어놓으셨다.

속죄 희생물은 솨탄마귀의 미혹을 받아 영이신 하나님께서 정하여 놓으신 생명의 경계선을 넘어간 사람을 대신하여 죽은 것처럼 예슈아께서 대신 죽으셨다(사 53:6).

예슈아께서 대리적 속죄 희생물이 되셨으므로 자기를 죽은 자로 여기며 살지 않는 자는 예슈아 마쉬아흐(예수 그리스도, 예수스 크리스토스, 이에수스 크리스토스)를 구원의 주님으로 믿는 자가 아니다(마 16:24-25).

프로스 갈라타스 Πρὸς Γαλάτας 그람마(갈) 2:20 내가 그리스도와 함께 십자가에 못 박혔나니 그런즉 이제는 내가 사는 것이 아니요 오직 내 안에 그리스도께서 사시는 것이라 이제 내가 육체 가운데 사는 것은 나를 사랑하사 나를 위하여 자기 자신을 버리신 하나님의 아들을 믿는 믿음 안에서 사는 것이라고 하였고 프로스 갈라타스 Πρὸς Γαλάταςγ그람마(갈) 5:24~25 그리스도 예수의 사람들은 육체와 함께 그 정욕과 탐심을 십자가에 못 박았느니라 25 만일 우리가 성령으로 살면 또한 성령으로 행할지니라고 하였다(마 7:21, 눅 9:25, 행 20:23, 롬 6:6, 롬 8:9, 13, 롬 15:31, 고전 9:25, 27, 고후 13:5, 골 3:5, 벧전 2:11, 벧후 2:15, 요일 5:2-4).

생명의 말씀을 붙잡고 지켜 행하는 자에게 천대의 언약이 있다(출 20:6, 신 5:29, 신 7:9, 렘 32:39-40, 요 14:15,21, 요일 5:3).

생명의 말씀을 붙잡고 지켜 행하며 살아가는 자가 아브라함의 후손이다(창 12:4, 창 15:6, 요 8:37,39,40,56, 롬 9:7-8, 갈 3:6-9, 히 11:8, 계 12:17).

프로스 갈라타스 Πρὸς Γαλάταςγ그람마(갈) 3:8절에 '아브라함에게 전하신 복음'(창 12:3, 창 18:18, 창 22:18, 씨(자손))은 '이츠하크'(이삭)가 아니라 예슈아 마쉬아흐(예수 그리스도, 예수스 크리스토스, 이에수스 크리스토스)이다(창 26:4, 창 28:14, 창 49:10, 갈 3:16). 아브라함은 예슈아의 대리적 속죄를 믿었다. 기다렸다. 아브라함 자신을 위하여 예슈아께서 대리적 속죄의 희생양이 되신 것을 영으로 보고 크게 기뻐하고 즐거워하였다.

◆ 토 카타 이요안넨 유앙겔리온Τὸ κατὰ Ἰωάννην Εὐαγγέλιον(요) 8:56절 아래번역을 보라.

본문 : **토 카타 이요안넨 유앙겔리온 Τὸ κατὰ Ἰωάννην Εὐαγγέλιον(요) 8:56**

너희 조상 아브라함은 나의 때 볼 것을 즐거워하다가 보고 기뻐하였느니라.

직역 : **아브라암(함) 그 아버지 너희 그가 크게 즐거워하였다. ~하는 것 그것을 보고 알았다. 이 날 이 내가 그리고 그가 보고 알았다. 그리고 그가 기뻐하였다.**

문장정리 : **너희의 그 아버지 아브라암(함)은 내가 하는 이날의 이것이라 하는 그것을 그가 보고 알았다. 그가 크게 즐거워하였다. 그리고 그가 보고 알았다. 그리고 그가 기뻐하였다.**

'내가 하는 이날의 이것이라 하는 그것을 그가 보고 알았다. 그가 크게 즐거워하였다. 그리고 그가 보고 알았다. 그리고 그가 기뻐하였다.' '내가'는 예슈아(예수)이다. '내(예슈아)가 하는 이날의 이것이라 하는 그것을 보고 알았다'라는 것은 예슈아께서 '하는 이날의 이것이라'하는 것은 아브라함이 예슈아께서 인류를 위하여 대리적 속죄의 희생양이 되시는 이날을 영적으로 '보고 알았다'는 것을 반복하였다.

아브라함은 에하흐(여호와)께 부름을 받고 즉시 그에게 주신 말씀을 따라가면서 단을 쌓고 에하흐의 이름을 불렀다. 단에 올려지는 희생양은 장차 오셔서 자기의 죄를 위하여 저주의 십자가에서 대리적 속죄의 희생물이 되실 것을 믿었다. 예슈아 이것이 복음의 진리이다.

'그(아브라함)가 크게 즐거워하였다. 그(아브라함)가 기뻐하였다'고 하는 것은 아브라함이 죄사함과 영생구원을 받은 것을 크게 즐거워하고 기뻐하였다는 고백이다. 죄사함을 받고 영생구원을 받은 자에게는 아브라함처럼 크게 즐거워하고 기뻐함이 있어야한다(빌 4:4, 요 8:32, 롬 8:1-2, 시 34:2 마 5:11,12, 행 5:40-42, 롬 5:1,2, 빌 3:1, 살전 5:16,18, 약 1:2-4, 벧전 4:13).

믿음의 사람들은 하나같이 만능의 힘들이신 하나님께서 부르신 그 생명의 말씀을 붙잡고 영이신 하나님과 동행하며 준행하는 자가 의롭고 올바르고 공정한 사람이요, 완전한 자라고 인정해 주신다.

הָלַךְ하라크-(동행하다, 가다, 오다, 걷다. 행하다, 생활하다, 함께 가다, 교제하다, 여행하다, (물이) 흐르다, 파괴시키다, 추방하다, 창 6:9-22, 창 7:1, 창 17:1, 대하 15:17, 시 37:37, 시 84:11, 잠 8:35, 겔 14:20, 합 2:4, 눅 2:25, 행 10:22, 롬 1:17, 히 11:7, 벧후 2:5). 노하(노아)를 당대 흠 없는 완전한 자(타밈, 8549, 완전한, 흠없는, 건전한)라고 하였다.

성경을 읽어본 사람이라면 '노하(노아)'를 흠 없는 완전한 자라고 믿지 않는다(창9:20-29). 의인은 한 사람도 없다고 하셨다(롬3:10). 그런데 에하흐께서 의인이요 완전한 자라고 하셨을까? 에하흐께서 노하를 부르신 목적은 방주를 만드는 것이다. 에하흐께서 노하를 부르신 그 목적을 충실하게 준행하였기에 완전한 자라고 하신 것이다.

아브라함도 완전하지 못했지만 믿음의 아버지(조상)가 되었다. 이유는 간단하다 에하흐께서 부르신 목적에 '아만(아멘)'하여 말씀을 좇아갔다(창 12:4, 창22:1-18, 히 11:8-19). 그리고 에하흐 엘로힘(남성복수 하나님)의 말씀을 믿을 수 없는 상황에서도 믿었고 순종하였다. 노하와 아브라함 모두 영이신 하나님의 부르심의 그 말씀에 순종한 그것을 보시고 의인과 완전한 자라고 하신다.

'죄'라는 것은 영이신 하나님께서 정하여 놓으신 생명과 복의 경계선을 넘어가는 것이 죄이다. 사람에게 술에 취하지 말라는 것은 술에 취하면 죄라는 것이다. 이것이 곧 말씀에 대한 불순종이요. 죄의 열매이다. 죄와 죄의 열매는 동시에 이루어지지만 순서적으로는 만능의 힘이신 하나님과 생명의 울타리를 놓아버리는 죄가 먼저이다. 그 다음에 영이신 하나님께서 정하여 놓으신 경계선을 넘어서는 것이 곧 죄의 열매이다.

영이신 루바흐(영) 엘로힘께서 아담과 하부하 חַוָּה (2332, 하부하(하와))를 지으신 목적(창1:26-28)을 벗어난 결과는 에덴동산에서의 추방이다. 에덴동산에서의 추방은 영이신 루바흐 엘로힘, 에하흐 엘로힘에게서의 추방이요, 엘로힘 에하흐 왕국에서의 추방이다. '하타'의 근본원인은 솨탄 שָׂטָן(7854, 솨탄은 올바름이 없고 저주의 세올의 구덩이며 생명의 경계선을 넘어간 저주받은 영이다)이 넣어준 욕심과 교만이며 영이신 루바흐 엘로힘께 대한 불신이다.

'하타' 3개, 하타아 3개의 단어들을 보라. 죄에 대해 말은 하는데 죄가 무엇인지를 전혀 말하지 못하고 있다. '하타'사전적 의미에서 '놓치다' 한번 언급한 것 외에는 전무하다. 또 '놓치다'가 무엇을 놓쳤는지를 전혀 밝히지 못하고 있다. 그 외에는 너는 죄인이다. 너는 범죄자니까, 너는 형벌을 받아야 하니까... 죄 사함 받으려면 속죄 희생물(장차오실 예슈아 마쉬아흐의 희생물 믿고 드리라)을 드리라는 식이다. 참으로 통곡할 일이다.

그래서 이브리어 단어별 합성어해설이 아니고서는 죄가 무엇인지를 알지 못하도록 에하흐 엘로힘께서 감추어 놓으셨다. 이것이 복음의 비밀이다. 루바흐 엘로힘, 에하흐 하나님께서 열어서 깨우쳐 주지 않으면 맹인이 될 수 밖에 없다.

한글 성경을 보라 왜 계속 개정판을 내어놓는가? 완전하지 않기 때문이다. 지적수준이 상승하면서 원어의 뜻을 새롭게 깨달아 끊임없이 개정하고 있는 줄 알았는데 원어성경을 번역해서 비교해 보니 '관사'와 '복수'가 많이 빠져있고 '사전적 의미'에 따라 번역하지 않은 곳이 너무 많다는 것을 알게 되었다.

그러나 이브리어는 비록 사본이지만 사전적의미로 해설하며 필요한 성구는 직역문장 정리하였고 때론 영적으로 번역하므로 명백하게 하였다(민 6:25~26, 왕상 18:36-40, 시 67:1, 시 85:4, 시 119:135, 렘 31:18, 애 5:21, 사 30:15~18, 막 4:10~13, 딤후 2:25~26, 시 27:7~11, 시 31:15~16, 시 44:3, 시 80:1, 렘 3:22, 하나님 은혜로 값없이-엡 2:8~9, 롬 3:24, 크리스토스(마쉬아흐)의 말씀으로-롬 10:17).

영적해설에 대하여 민감해할 필요가 없다. 이미 목자와 감독(엡4:11, 행 20:28)들이 대부분하고 있다. 하나님이 영이시다. 그러므로 영이신 하나님은 신비 그 자체이다. 오히려 영적해설이라고 할 필요성이 없다고 본다.

바울사도는 기도와 찬양을 할 때 마음과 영으로 해야 한다고 하였다(고전 14:15). 성경진리는 거룩한 영(하기오스 프뉴마)의 감동하심을 받은 자들이 기록하였다(신 4:36, 삼하 23:2, 느 9:20, 시 19:7-11, 시 119:9,11,18,103,105,130, 마 26:54,56, 막 12:24, 행 1:16, 행 20:27, 행 28:25, 롬 16:25-27, 딤후 3:16, 히 3:7-8, 계 19:10). 그러므로

거룩한 영의 감동으로만 깨닫고 분별한다(요 14:26, 요 16:7-14, 고전 2:10-16, 벧후 1:19-21).

성경해설의 중요한 성경이 있다.

에피스톨레 페트루 베타 Ἐπιστολή Πέτρου β´그람마(벧후) 1:19 또 우리에게는 더 확실한 예언이 있어 어두운 데를 비추는 등불과 같으니 날이 새어 샛별이 너희 마음에 떠오르기까지 너희가 이것을 주의하는 것이 옳으니라 고 하였다.

◆ 에피스톨레 페트루 베타 Ἐπιστολή Πέτρου β´그람마(벧후) 1:19절 헬라어 단어별 사전적 의미와 간략해설

'어두운' αὐχμηρός(850, 아우크메로스-더러운, 어두운) **어둡고 더럽다는 것은 쇠탄마귀의 지배를 받아 죄악으로 가득한 마음 상태를 말한다**(막7:16-23).

'데를' τόπος(5117, 토포스-장소, 곳) **장소, 곳은 사람의 마음이다. 이 마음의 장소를 누구에게 내어주느냐에 따라서 영이신 하나님이 거하시는 곳이 될 수 있고 쇠탄이 거하는 장소가 될 수가 있다.**

'비추는' φαίνω(5316, 파이노-빛나다, 비치다, 나타나다, 명백하게 하다, 보이(게 하)다) **생명의 빛으로 오신 예슈아를 마음에 받아들인 자는 그 생명의 빛의 영향력이 나타나서 진리를 명확하게 깨닫게 된다. 빛을 비추어주어야 성경진리가 보인다.**

'등불' λυχνος(3088, 뤼크노스–등불, 빛) 솨탄마귀와 죄악으로 가득한 어둡고 더러운 사람의 마음에 생명의 빛으로 오신 예슈아께서 생명의 빛을 비추어질 때(요 1:4—5,9–10, 요 8:12, 요 9:5, 요 12:35,46, 마 4:16, 눅 1:78–79, 눅 2:32, 창 1:3–5, 시 84:11, 사 42:6–7, 말 4:2). 그의 모든 죄악이 파노라마처럼 명백하게 나타나며 다 생각난다. 영적해설은 생명을 살려내어 회개하여 올바르게 세운다. 그러므로 영적해설은 항상 본문중심, 성경중심, 영이신 하나님의 뜻과 원리원칙을 벗어나면 안된다. 이 중심에서 벗어나면 신비주의가 된다. 또는 보았다, 들었다고 하지 말아야한다.

'날이' ἡμέρα(2250, 헤메라–날 day) 몇 날이, 몇 달이 지나가도 영이신 하나님께서 진리의 깨달음을 알려 주실 때까지 기다려야한다.

'새어' διαυγάζω(1306, 디아우가조–날이 새다, 빛남) 밤이 지나야 날이 샌다. 어두움 가운데 있는 자는 진리의 분별을 할 수가 없다. 진리의 분별은 생명의 빛이신 예슈아를 마음에 받아들이고 성령님의 조명으로 어둠이 거쳐야 명백하게 성경진리의 해설과 이브리어 단어별 합성어해설을 할 수가 있다.

'샛별이' φωσφόρος(5459, 포스포로스–빛을 가져오는 것, 새벽별, 빛을 발하는) '포스포로스'의 빛은 사람에게 없다. '포스포로스' 빛을 발하려면 생명의 빛이신 예슈아를 마음에 모셔 들이고 그의 인도와 주장을 100% 받아야한다.

'마음' καρδία(2588, 카르디아–마음) 마음은 항상 중립이다. 생명진리를 사모하는 마음에 성령님의 임재하심으로 어둠이 물러가고 성경진리의 말씀을 깨달게 하신다.

'떠오르기까지' ἀνατέλλω(393, 아나텔로-떠오르게 하다, 떠오르다) 진리를 사모하고 깨닫기를 바라는 자에게 진리의 비밀이 명백하게 이해가 되고 내면에서 올라오게 하신다. 필자의 경우가 그렇다. 필자는 원어와 사전적 의미를 보면 글이 되어진다. 영이신 하나님께서 기도(시 5:2,3, 시119:18, 시51:10)와 말씀 묵상(시1:2, 시119:148)하는데 모든 시간을 쏟는 것을 보시고 열어주신 '파이노'(빛을 비추어 보이게 하다)에 의한 '아나텔로'이다. 나는 성경을 읽지 않고는 살아갈 수가 없었다. 그러므로 본서를 비롯하여 모든 해설들이 본문과 성경과 사전적 의미에서 떠나지 아니한다. 헬라어는 사전적 의미는 있으나 상형문자가 아니므로 사전적 의미까지만 해설한다. 이브리어는 상형문자이므로 상형문자에 담긴 의미와 사전적 의미, 그리고 본문과 관련된 성구들을 종합하므로 그 해설이 더 깊어진다. 단어는 같아도 본문을 달리하면 그 해설도 달라진다. 이것이 성경해설의 본질이다.

'주의하는 것이' προσέχω(4337, 프로세코-주의하다, 전념하다) 특별히 주의하고 전념해야 할 것은 본문중심, 사전적 의미중심, 이브리어의 경우 상형문자의 의미와 성경중심에서 벗어나지 않는 것이 '프로세코'이다. '프로세코'를 하지 않으면 본문해설과 사전적 의미에서 벗어나게 되어있다. 그래서 '피로세코'의 과정을 거쳐야 성경중심의 해설을 할 수가 있다.

'옳' καλῶς(2573, 칼로스-훌륭하게, 잘, 올바르게) 가장 올바르고 훌륭한 성경해설과 단어별해설은 위에서 밝힌 정도를 지키는 것이다. 이에서 벗어난 개인의 견해와 추정, 학자들의 견해와 추정으로 성경해설과 본문해설을 하는 것은 지금까지 해온 방법들이다. 그러나 견해와 추정은 진리의 본질이 아니다. 견해는 견해이고 추정은 추정일뿐이다. 그러므로 견해와 추정은 올바른 진리가 아니다. 반대로 영이신 하나님의 칭호와 이름까지 견해와 추정이라고 한다면 과연 그 하나님을 창조주 하나님과 성경에서 알려주시는 하나님으로 믿고 신뢰할 수가 있을까? 이것이 곧 에하흐의 이름을 망령되이 일컫고 있다(출20:7). 엘로힘(남성복수 하나님 430)과 에하흐(여호와 3068-3069)에 대해 사전을 찾아보라. 괄호 안에 숫자는 스트롱코드이다. 철학적 접근을 삼가야한다(골 2:8, 고전 1:18-23, 갈 4:9, 엡 5:6, 골 2:20-22, 딤전 6:20, 딤후 2:17-18, 행 17:18, 마 16:6). 끝없는 논쟁만 있을 뿐이다. 원어와 사전적 의미가 곧 성경진리의 본질의 '칼로스'이다. * 그러나 영이신 하나님이 어떤 분이신가를 알려주는 엘로힘과 에하흐에 대한 모음의 표기(表記)를 하지 않고 그 의미를 설명하지 못하고 있는 이 사전은 영이신 하나님의 대한 본질을 세우는 것이 아니라 파괴하고 있다. 하루속히 사전에서부터 바로 잡아야한다. 그러므로 본서가 교과서 역할을 할 것을 믿는다.

'으니라' ποιέω(4160, 포이에오-만들다, 창조하다, 행하다) 동사 포이에오는 70인역본에서 약 3,200회 나오며, 주로 아사(만들다, 행하다, 선을 행하다, 율법을 행하다, 일을 하다, 어떤 것을 만들다, 무에서 창조하다)이다. 진리를 열어주시고 깨닫게 해주시는 목적은 행하라고 알게 하시고 듣게 하시고 보게 하신다. 이 일보다 더 크고 중요한 일은 없다. 말씀을 듣고 영이신 하나님이 기뻐하시는

선을 행하고 율법(תּוֹרָה 토라는 예슈아의 십자가 생명의 복음이다)**을 믿고 행하는 자라야 우라노스**(하늘 heaven) **바실레이아**(왕국 kingdom)**에 계시는 아버지 하나님께 영광을 올려 드린다**(마5:16, 고전10:31). **모든 성도는 하나님 은혜로 값없이 영생구원을받았다. 그러므로 자랑할 수 없다**(엡 2:9).

모든 성도는 하나님 은혜로 값없이 영생구원을 받았다. 그러므로 자랑할 수 없다(엡 2:9). 그리고 희생물을 드리는 자신이 희생물이 되어 죽어야한다(롬 6:6, 롬 8:13, 고전 15:31, 고전 9:27, 갈 2:20, 갈 5:24, 갈 6:14). 가축만의 죽음으로 끝나면 자기의 죄를 대신하여 죽은 가축만 허비할 뿐이다. 희생물을 드림으로 생각과 마음의 변화, 생활의 변화와 돌이킴이 있어야한다. 영이신 루바흐 엘로힘께로 '슈브' שׁוּב (7725, 슈브-(되)돌아가(오)다, 회복하다)해야 한다.

'슈브'하는 자는 회심하게 되며 죄 사함 받고 영생구원을 얻는다. 죄는 곧 영멸지옥(버림받음)과 연관되어 있음으로 죄 사함을 받지 못하면 영생구원도 없다. 죄가 무엇인지를 모르면 '슈브'-회심을 할 수 없다. 그러므로 죄론이 중요하다. *예슈아 믿으면 죽어 천국이 아니라 환경구원을 이루는 자가 하나님 왕국에 들어간다(눅8:12-14).

그런데 세계의 설교자와 신학자가 죄와 죄의 열매를 분명하게 선을 그어서 말을 하지 못하고 혼용하고 있다. 돌아오고 돌아오라는 '슈브' שׁוּב (7725, 슈브-(되)돌아가(오)다, 회복하다) 회심의 말씀이 약 1,000회 이상 나온다.

슈브의 간략해설

본래의 집으로 (되)돌아가(오)다, 본래의 집을 회복하다, 영이신 에하흐 엘로힘의 형상과 모양을 회복하려고 돌이켜 떠나버렸던 아버지 집으로 돌아가는 것이 '슈브'(회심)이다(눅15:11-32). 아버지와 끊어져 버린 관계단절 상태에서 사닥다리이신 예슈아께서 연결의 다리를 놓으셨다. 돌아가면 생명회복이 되어지고 예슈아의 생명과 연결된다는 의미이다.

'슈브'를 어근으로 하는 '쇼바브' 해설을 보면 죄 지은 자가 영이신 루바흐 엘로힘께로 돌이켜야하는 지를 알게 된다.

■ **쇼바브 사전적 의미**

שׁוֹבָב (7726, 쇼바브-되돌아간, 배신(변절)의, 복종을 거부하는) 쇼바브(형용사)어근은 슈브(שׁוּב, 7725, 슈브-(되)돌아가(오)다(회심), 회복하다, 돌아서다)이다.

쇼바브의 간략해설

영이신 루바흐 엘로힘께 복종을 거부하고 배신하고 돌아서 버렸던 자가 아버지의 형상과 모양을 회복하려고 마음의 집인 영적인 아버지 품으로 되돌아가는 것을 의미한다(아 6:13, 렘 3:14,22, 호 14:1, 눅 15:10(둘째아들의 슈브, 11-32)).

마음을 돌이켜, 반역적인 생활을 청산하고, 배교의 장소를 떠나, 배신(변절)한 것을 회개 회심하여 퇴거한 곳에서, 영이신 하나님에게서 물러난 곳, 철회한 곳으로부터 '슈브'해야 한다. 영이신 하나님 아버지께로 돌아와서 아들의 지위를 회복하라는 것이다(눅 15:11~24, 요 1:11-12).

죄와 욕심은 하나이다.

죄의 발동이 왜 걸릴까? 사람의 본성에 내제되어 있는 오감(五感, five senses)인 시각, 청각, 후각, 미각, 촉각으로 인하여 신경감각(神經感覺-어떤 일을 느끼거나 생각하는 힘과 바깥의 어떤 감각을 알아차리는 능력)은 외부의 물리적 자극으로 시작된다. 하부하(하와)와 아담, 모든 타락한 인간의 욕심은 이와 같은 것들에 의해 넘어지고 무너져 멸망의 길을 간다고 성경은 증거하고 있다(창 3:1-6, 약 1:14-15, 요일 2:16-17, 롬 6:23, 골 3:5-6).

'탐심'을 우상숭배라고 하였다(골 3:5).

* 탐심은 다 채워지지 않는다. 우상을 섬기는 것처럼 허무하고 헛되다는 것이다.

티힐림תהלים미즈모르(시) 115:4-8을 보라.

4 저희 우상은 은과 금이요 사람의 수공물이라 5 입이 있어도 말하지 못하며 눈이 있어도 보지 못하며 6 귀가 있어도 듣지 못하며 코가 있어도 맡지 못하며 7 손이 있어도 만지지 못하며 발이 있어도 걷지 못하며 목구멍으로 소리도 못하느니라 8 우상을 만드는 자와 그것을 의지하는 자가 다 그와 같으리로다고 하였다.

우상은 전적으로 무능하다는 것을 말한다.

사람의 수공물이다. 입이 있으나 말하지 못한다. 눈이 있어도 보지 못한다. 귀가 있어도 듣지 못한다. 코가 있어도 숨 쉬지 못하고 냄새를 감지하지 못한다. 손이 있지만 손을 쓸 수가 없다. 발이 있어도 걷지도 못한다. 목구멍이 있어도 음식을 먹지 못한다. 뇌의 기능, 뼈의 기능, 피부의 기능, 근육의 기능, 오장육부의 기능, 사지백체의 기능이 전혀 없다. 그래서 8절에 결론을 말씀하셨다. '우상을 만드는 자와 그것을 의지하는 자가 다 그와 같으리로다'는 말씀은 분별력상실을 말한다. 우상(사람의 수공물, 자연)은 우상을 섬기는 자를 도와주거나 복을 주지 못한다. 우상은 비 인격체이다. 그리고 한 곳에 고정되어 있다. 기능공의 수공물과 자연일 뿐이다. 영이신 하나님의 형상과 모양, 즉 인격을 가지고 있는 자가 비 인격체인 우상과 자연물(괴암바위, 나무, 물, 일월성신 등등)에게 복을 빌고 문제를 해결해 달라는 것은 저급한 짓이다. 욕심을 이루려고 우상을 섬긴다. 하나님께서 우상을 가증스럽게 여기셨다(왕하 23:13, 대하 15:8, 사 44:19, 렘 16:18, 겔 5:11, 겔 7:20).

■ 타아바 사전적 의미

욕심 תַּאֲוָה (8378-8379, 타아바-욕구, 욕망, 갈망, 경계, 한계, 20회, 경계, 한계(도), 1회)이다.

● 타아바 합성어해설

타아바-타브+알레프+바브+헤이이다.

욕심은 죽음을 θάνατος(2288, 다나토스-죽음 death) 생산한다(약 1:15). 욕심은 에덴동산에서 쫓겨난다.

■ 솨라흐 사전적 의미

'그를 내보내어' שָׁלַח (7971, 솨라흐-보내다, 뻗치다, 쫓아내다, 내보내다, 창3:23)이다.

솨라흐 간략해설

영적인 하나님의 형상과 모양을 잃어버린 아담과 하부하(하와)가 목자와 통치자이신 에하흐(여호와)의 가르침을 따르지 아니하고 그 말씀을 놓아버림(하타)으로 징계의 매를 맞고 생명의 울타리, 보호의 울타리, 행복의 울타리 에덴에서 쫓겨난 것처럼 영멸의 나락으로 떨어진다는 것을 알려주신 단어이다(창 3:4-6,23,24).

■ 까라소 사전적 의미

'쫓아내시고' גָּרַשׁ (1644, 까라소-쫓아내다(내쫓다), 몰아내다, 내던지다, 버리다, 창 3:24)이다.

까라소 간략해설

루바흐(영) 엘로힘(남성복수 하나님)의 형상과 모양으로 지음 받은 아담(창1:26-28)은 로쉬(지배자, 통치자, 우두머리)로 실존하던 자로 보존유지 실존하는 유일한 그 말씀(창2:17)을 놓아버림으로 생명의 주인이신 루바흐 엘로힘께 보답할 기회를 잃어버렸다는 의미이다.

아담이 솨탄의 거짓말을 받아들여 생명과 다스림과 정복하라는 말씀을 놓아버린 결과는 비참하였다. '솨라흐'에 그치지 아니하고 행복과 기쁨의 동산에덴에서 쫓아내는 정도가 아니라 영적싸움과 해산의 고통과 가시와 엉경퀴와 수고와 죽음의 곳으로 내던져 버리셨다(창 3:15-19). 공의의 에하흐 엘로힘께서는 아담과 하부하(하와)뿐만 아니라 누구라도 에하흐 엘로힘과 단절이 되며 주어진 행복과 기쁨의 에덴(환경)에서 쫓아내고 버려진다는 의미이다(창 3:23-24). 그러므로 말씀으로 무장하여 정신을 차리고 기도하여 대적해야한다(엡 6:10-18, 약 4:7, 벧전 5:8-9, 마 26:40-41)

예슈아께서 저주의 십자가에서 죽으심으로 대리적 속죄를 완성하신 영생구원의 복음을 잃어버린 자는 죽음의 미혹에 걸려들어 목숨을 부지하며 생활 하는 동안 욕심, 욕구, 욕망에 사로잡혀 영이신 루바흐 엘로힘 하나님께서 정하여 놓으신 경계선을 넘나들면서 멸망한다.

사람이 타락하고 영멸지옥 하는 원인은 솨탄의 거짓말에 속아서이다. 솨탄이 넣어주는 욕심과 욕망의 유혹에 걸려들면 에하흐 하나님께서 정해 놓으신 경계선을 넘어가기 때문이다(창 3:1-6, 마 4:1-11, 요 8:44, 롬 6:23, 고전 4:6, 딤전 6:9-10, 약 1:15, 약 4:14-15, 요일 2:16, 창 2:17, 출 12:5-7,13,23,27-30, 요 3:15-18,36, 막 16:16, 요일 5:12, 계 21:8).

그렇다. 누구든지 하나님께서 정하여 놓으신 경계를 넘어가면 죽는다. 바닷물이 바다에 있어야지 육지로 올라오면 엄청난 재해가 난다. 2004년12월 30일 인도 쓰나미는 8천키로의 먼 거리까지 피해를 주었다. 2011년3월11일 일본후쿠시마 쓰나미 같은 사태가 벌어진다.

프로스 코린티우스 알파 Πρὸς Κορινθίους α´그람마γράμμα(고전) 4:6 형제들아 내가 너희를 위하여 이 일에 나와 아볼로를 들어서 본을 보였으니 이는 너희로 하여금 기록된 말씀 밖으로 넘어가지 말라 한 것을 우리에게서 배워 서로 대적하여 교만한 마음을 가지지 말게 하려 함이라 (시 8:4, 시 146:3, 사 2:22, 렘 17:5-6, 고전 5:6, 살전 2:13).

왜! 사람들이 여기에 걸려들까?

예슈아께서 십자가 죽으심으로 영생구원 하시는 목표를 잃어버린 자가 죽음의 힘에 걸려 목숨부지하며 생활 속에서 욕심, 욕구, 욕망에 사로잡혀 에하흐(여호와) 하나님께서 정하여 놓으신 경계선을 넘어서서 살아가므로 멸망의 길을 간다.

나하쉬(뱀은 솨탄마귀를 상징, 계12:9) 5개 단어를 묵상해보라. '경험으로 안다', '점치다', 예언, 마술 등 뱀을 형상화하는 재료들만을 소개하고 있을 뿐이다. 솨탄의 존재 목적과 왜 솨탄이 되었는지에 대한 설명이 전혀 없다. 그래서 이브리어 단어별 합성어해설을 해야 한다.

'하타아' 죄에 빠지는 원인은 솨탄이 그 사람의 약한 부분을 통해 달콤하게 미혹한다. 그 미혹을 받아들이는 자는 솨탄마귀요, 아들이 된다(마 14:23, 요 8:44). 그 미혹을 경계하지 않고 하나님의 말씀과 기도로 무장하여 대적하지 않아서 '하타아'죄에 빠진다(엡 6:11-17, 엡 4:27,약 4:7, 벧전 5:8-9). 솨탄마귀의 미혹이 달콤하다. 미혹과 믿음에 대한 이브리어 단어와 헬라어 단어들을 간략 묵상한다.

미혹에 대한 이브리어 9개 단어와 헬라어 6개 단어들

뱀-나하쉬 נָחָשׁ (5175, 나하쉬-뱀, 창 3:1-6)는 상징적으로 솨탄마귀라고 아포칼륍시스 요안누그람마(계 12:9)에 말하고 있으며 에피스톨레페트루 알파(벧전 5:8)은 마귀로 비유하였고 토 카타 이요안넨 유앙겔리온(요 10:10)은 도둑으로, 토 카타 이요안넨 유앙겔리온(요 8:44)에서는 살인자와 거짓아비, 욕심의 아비라고 하였고, 에피스톨레 이야코부 그람마(약 1:15)에서는 욕심을 잉태하게 하여 죄의 열매를 낳고 그 죄가 성장하여 죽고 또 죽는 영육간의 사망을 낳는다고 하였다(창 3:4-6,19, 창 2:17, 계 21:8).

이요안누 알파그람마(요일 4:6)에 미혹의 영(미혹 πλάνη, 4106, 플라네-방황, 이탈, 미혹, 잘못, 영 πνεῦμα (4151, 프뉴마-영)이라고 하였다.

이브리어 미혹의 단어와 헬라어 미혹에 대한 간략해설을 묵상해보도록 하자.

1. 이브리어 미혹 (9개 단어)

(1) 하탈

■ 하탈 사전적 의미

하탈 הָתַל (2048-2049, 하탈-속이다, 조롱하다, 비웃음, 조롱, 11회)이다.

하탈 간략해설

목자의 가르쳐 주심을 마음에 담아놓고 살지 않는 '쇠므숀 שִׁמְשׁוֹן (8123, 쇠므숀, 쉬므숀, 삼손 Samson(인), 태양 같은, 태양의 사람, 태양의 자녀' 등)은 처참한 죽음을 당하였다. '나지르' נָזִיר (5139, 나지르(나실인), 성별된(봉헌된) 자, 분리된 것)인 쇠므숀(삼손)의 말년을 보라. 창녀(기생) זָנָה (2181, 자나-간음하다, 매춘하다, 창녀이다) '뒤리라흐' דְּלִילָה (1807, 뒤리라흐(들릴라) Delilah(인), 매달아 둔 먹이) 미혹에 넘어가 두 눈이 뽑히고 불레셋인들의 노리개 조롱감이 되었던 비참함은 '나지르(나실)'인으로 살아야할 성도에게 정신이 바짝 들게 하는 대목이다. 그래도 정신을 차리지 못하면 어쩔 수 없다(삿 16:15-25). 쇠므숀은 '나지르'인으로 살지 아니하였다. 나지르의 말씀을 어기고 육신의 정욕에 빠져 매춘녀 뒤리라흐(들릴라)를 사랑하여 두 눈이 뽑히고 조롱당하다가 죽임을 당하였다는 의미이다(삿 16:21-26, 29-31(1-31), 잠 7:10-27).

그렇다. 눈뜨고 당했다는 속담이 있다. 야아코프는 잔머리를 잘 굴리는 자이었지만 자기보다 속이는 단수가 높은 외삼촌 라반에게 눈뜨고 10번을 당했다(창 31:7,41-42). '하탈'은 '속이다', '조롱하다'이다. 목숨이 붙어있을 동안 속고 속이는 사인(표지)과 징계의 몽둥이의 상처로 비웃음과 조롱당한다. 쇠므숀(삼손)도 눈뜨고 매춘녀 뒤리라흐(들릴라)에게 당하였다.

더 자세한 것은 이브리어 단어별 합성어해설 제 1406 루코(루바흐코드 가칭 루코) (2048-2049 스코(스트롱코드 가칭 스코))해설을 보라.

(2) 마드베

■ 마드베 사전적 의미

마드베 מַדְוֶה (4064, 마드베-병, 질병, 유혹물, 유인, 미끼, 3회) 마드베(명남) 어근은 따바(דָּוָה, 1738: 병들다, 아프다, 쇠약해진, 허약한, 몹시 편치 않은, 월경중인, 6회) 이다.

'마드베' 간략해설

생명진리의 말씀과 생명의 문이신 예슈아 마쉬아흐(예수 그리스도, 예수스 크리스토스, 이에수스 크리스토스)께 종속되어 목숨 걸고 지키지 않으면 물고기가 미끼유혹에 이끌려, 삶의 터전인 물을 떠나는 것과 같다. 미혹의 충동을 받는 것도 일종의 영적인 병이다. 사람의 경우에 병든 원인은 영원히 실존하는 생명에 마음을 두지 않음으로 영적인 병이 들었다는 의미이다.

다시 말하면 영생구원에 마음을 두지 않으니까 생명진리의 말씀을 실생활에 적용하지 못하고, 생명의 문이시며 양들을 위하여 당신의 생명을 내어주신 선한 목자이신 예슈아 마쉬아흐(예수 그리스도, 예수스 크리스토스, 이에수스 크리스토스)께 종속되어지도록 연결하는 갈고리가 부서졌기 때문에 약해지고, 더러워 졌다. 생각과 마음이 병들어 분별력을 상실하여 솨탄마귀가 던져주는 유혹물의 미끼를 덜컥 물게 된 결과이다(왕하 17:21, 사 66:5, 애 2:14, 암 6:3).

질병이란 육신의 질병도 무섭지만 영적인 질병이 더 무섭다. 영육간의 질병의 원인은 필수적인 생명진리의 말씀을 따라 생활하지 않았다는 증거이다. 생명의 문이신 예슈아께 종속(種屬, 從屬)되어 있는 자는 호흡하는 동안 생명의 말씀과 연결이 되어 실존한다. 그러나 예슈아의 생명의 씨가 없는 자는 솨탄마귀의 자녀이므로 가는 길이 다르다(마 13:24-30,38,47-50, 요 6:70-71, 롬 8:5-9, 요일 3:8-10).

성경말씀과 상관없이 살아간다. 본문의 '마드베'의 질병은 영이신 하나님의 자녀들에게 내리시는 재앙이다. 성경은 영이신 하나님의 자녀들에게 주셨기 때문이다.

그리고 사람이 무엇을 하며 어떻게 살아가느냐 하는 것도 중요하지만 무엇을 어떻게 왜인지 생각하면서 자기의 마음을 잘 다스리며 자기를 내려놓고 목적을 찾아서 본질적인 열매를 맺혀 나가는 것이 사람의 본분이다. 목적 없이 되는대로 바람 부는 대로 요행을 바라며 팔자타령이나 하면서 살아가는 자는 영적질병에 걸린 사람이다.

'마드베'는 질병과 유혹 물과 미끼라는 뜻이며 어근은 옷과 분량이라고 하였다. 병중에 가장 지독한 질병은 루바흐 엘로힘 하나님을 믿지 않는 것이다. 믿지 않을 수 없는데 믿지 않는 병이다(롬 1:20,28). 믿지 않는다 이유가 무엇일까? 솨탄이 넣어준 거짓된 유혹의 미끼를 받아들여서이다.

육체가 있는 사람이 살아가는 기본적인 필수조건은 숨을 쉬는 것이다. 또 육과 영 즉 영육간에 살아가려면 생명진리말씀에 근거하여 생명의 문이신 예슈아 마쉬아흐 안에서 살아져야 한다. 이것이 영이신 하나님의 생명과의 연결이다. 사람이 영적인 질병에 걸리는 것은 육신의 정욕과 안목의 정욕과 이생의 자랑 때문이다(요일 2:16-17).

솨탄의 거짓된 이 유혹으로 하부하(하와)와 아담을 무너뜨렸고 예슈아를 넘어뜨리려고 미혹하다가 실패하였다. 지금도 미래에도 끊임없이 사용하는 영혼 사냥의 최고의 미끼이다. 육신의 정욕과 안목의 정욕과 이생의 자랑에 육체를 가진 자들이 가장 호감을 가지고 있기 때문이다(창 3:1-6, 마 4:1-11, 딤전 6:9-10, 약 1:14-15).

자기의 분량(부르심의 소명)을 빨리 깨닫는 것도 솨탄의 미끼를 물지 않는 하나의 지혜이다. 꿈과 목표를 가지고 있지만 허황되지 않아서 탈선할 염려가 적어진다. 그리고 현실에 만족할 줄 알아야 시험에 들지 않는다(마 6:11(25-33), 딤전 6:8(3-8), 히 13:5-6, 창 28:20, 창 48:15, 신 8:3-4). 노력과 땀에 대한 소득을 얻었다면 그에 대한 감사가 있어야 한다(약 4:1-4, 13, 16, 살전 5:18).

더 자세한 것은 이브리어 단어별 합성어해설 제 2839 루코 (4064-4065 스코) 해설을 보라.

(3) 마카르

■ 마카르 사전적 의미

מָכַר (4376-4378, 마카르-팔다, 상품, 가치, 값, 아는 사람, 친지, 친구, 85회)이다.

마카르 간략해설

루바흐 엘로힘, 에하흐 엘로힘으로 머리삼고 마음에 품고 생명의 진리의 말씀으로 생활 사역을 하며 그 말씀을 자기에게 적용하면서 생명복음을 아는 사람과 친지와 친구에게 복음을 받아들이도록 팔아야한다. 입으로, 생활로, 행동으로 전해야한다는 의미이다(마 28:18-20, 막 16:15-16, 눅 16:29~31, 눅 24:47-48, 요 1:39-46, 행 1:8, 행 2:38-39, 행 8:12, 고전 1:18-21, 고전 9:14-16, 벧전 1:8-12, 대하 36:15, 사 55:1~2, 렘 7:13,25, 렘 25:3-4, 렘 44:4, 렘 3:12-14,22, 호 14:1).

장자의 명분을 팥죽에 팔아넘긴 에서의 통곡의 눈물을 생각해 보라(히 12:16-17(12-17), 창 25:31-34, 창 27:35-40). 그 원인이 '마카르'안에 있다. 최고의 가치와 보물은 생명진리의 말씀이다. 모든 머리와 만왕의 왕이신 예슈아이시다. 말씀과 예슈아를 마음에 받아 겸손하게 삶에서 적용하지 못하고 모든 머리와 만왕의 왕이신 예슈아를 마음에 잉태함을 의식하며 사랑하지 못한 자들이 현실 상황에 치우치게 된다는 말씀이다.

사람들이 보이지 않는 '가치'를 보지 못하므로 보이는 값을 귀하게 여겨 자기의 미래의 영광을 쉽게 팔아버리는 어리석음을 범하고 후회한다. 사람이 쉽게 속는 이유도 속이는 자가 친구나 친척들이기 때문이다. 생명진리의 말씀을 자기에게 적용하여 예슈아 마쉬아흐로 머리를 삼고 생활하여 보라. 아담과 하부하(하와)처럼 자기의 생명을 과일하나와 바꾸지 않는다. 에사브(에서)와 아담과 하부하(하와)가 어리석게 보이는가? 혹시 당신이 에사브(에서)와 아담과 하부하(하와)는 아닌가 생각해 보아야 한다. 그래야 영생구원을 지킬 수 있다. 환경구원이 곧 영생구원과 연결된다.

더 자세한 것은 이브리어 단어별 합성어해설 제 3038 루코 (4376-4378 스코) 해설을 보라.

(4) 나다흐

■ 나다흐 사전적 의미

נָדַח (5080, 나다흐-재촉하다, 몰아내다, 추방하다, 내어 쫓다, 52회)이다.

'나다흐' 간략해설

물고기는 자기에게 엘로힘께서 창조하실 때에 정하여 주신 생명의 울타리인 물을 떠나지 않는다. 그러나 솨탄의 거짓말을 마음에 받아들여 그 미혹을 따라 행동에 옮긴 아담과 하부하(하와)는 에덴동산에서 쫓겨난 것처럼 생명의 울타리 안에서 내어 쫓김을 당하고 내 몰려 추방당하게 된다는 의미이다.

에하흐(여호와) 하나님의 사람은 생명의 문이신 예슈아 마쉬아흐께 종속되어있다. 그리고 생명의 말씀의 울타리 안에서 선한목자이신 예슈아 마쉬아흐(예수 그리스도, 예수스 크리스토스, 이에수스 크리스토스)의 음성을 듣고 따르므로 보호를 받으며 안전하다(요 10:1-29).

엘로힘께서 물고기에게 정하여 놓으신 규정과 규칙은 물이다. 물고기가 살아가는 곳은 물이다. 그러므로 물고기는 생명의 울타리인 물을 떠나지 않는다. 물을 떠난 물고기는 죽는다. 사람이 살아가는 곳은 지구이다. 지구에서 살아가는 방법이 다양하다. 먹는 음식들도 다르다. 이런 사람들에게 예슈아께서는 사람이 사는 것은 빵(레헴)이 아니라 하나님의 입에서 나오는 모든 말씀으로 산다고 하셨다(마 4:4, 신 8:3).

이유는 하나님의 입에서 나온 말씀은 성경70권(시편을 5권으로)이다. 사람이 살고 죽는 것, 행복과 불행 등이 결정되어지는 말씀들이다. 하나님의 말씀에 순종하면 살고 복을 받는다(출 20:1-17, 신 28:1-14). 불순종하는 자는 저주를 받아 무서운 각종 전염병과 기근과 전쟁으로 고통과 죽음을 당하게 된다(신 28:15-68). 솨탄마귀가 이 사실을 알고 있음으로 사람을 시험하고 미혹하여 죽음과 저주를 받게 한다(창 3:1-24).

사람이 솨탄마귀의 달콤한 거짓말의 미혹을 받으면 넘어간다. 욕심과 교만 때문이다(창 3:5-6). 생명의 경계선을 넘어가는 것으로 끝나는 것이 아니라 그 결과는 불행의 정도가 아니라 비참하다는 것을 아담과 하부하(하와)를 통하여 미리 알려주셨다.

아담과 하부하(하와)가 솨탄의 거짓말을 받아들여 에덴동산에서 좇겨나 버려진다. 그들이 버려진 곳은 행복과 기쁨과 쾌락의 에덴동산과는 전혀 다른 해산의 고통이 있는 곳이다. 가시와 엉겅퀴가 있는 곳이다. 수고와 땀을 흘려야 먹을 것을 얻는 곳이다. 그리고 육의 생명이 죽고 또 영혼이 하나님의 왕국과 영멸지옥의 둘째 사망이 결정되는 곳이다. 반목과 싸움과 살인자가 있는 곳이다(창 3:15-4:8).

그러므로 지구에서 살아가는 에하흐(여호와) 하나님의 사람은 생명의 말씀에 종속되어야 하며 생명의 말씀의 울타리 안에 있어야 생명보호와 복을 받아 누리게 된다.

다바림 דברים 세페르(신) 4:19 또 그리하여 네가 하늘을 향하여 눈을 들어 해와 달과 별들, 하늘 위의 모든 천체 곧 너희의 엘로힘(하나님) 에하흐(여호와)께서 천하 만민을 위하여 배정하신 것을 보고 미혹하여 그것에 경배하며 섬기지 말라고 하였다.

더 자세한 것은 이브리어 단어별 합성어해설 제 3531 루코 (5080 스코)해설을 보라.

(5) 나솨

■ 나솨 사전적 의미

נָשָׁא (5377, 나솨-미혹하다, 속이다, 16회)이다.

'나솨' 간략해설

솨탄마귀는 영이신 하나님의 형상과 모양으로 지음을 받은 자들이 만능의 하나님을 의지하며 살지 못하도록 속이고 미혹한다. 솨탄마귀의 거짓말을 마음에 받아들이도록 미혹을 생각에 계속 넣어준다. 말씀 기도로 무장하지 못하는 자는 솨탄의 미혹을 마음에 받아들여 영이신 하나님께서 정하여 놓으신 생명의 경계선을 넘어가게 하여 저주를 받게 한다는 의미이다(창 3:13-19, 왕하 18:29(23-37), 욥 1:6-21, 욥 2:1-10, 사 19:13, 사 37:10(1-38), 렘 49:16(1-22), 요8:44).

만능의 힘이신 하나님을 배우려면 하나님께서 정하여 놓으신 규정과 규칙 안에 있어야한다. 영적인 하나님의 형상과 모양을 유지하며 올바르게 살기위해서는 끊임없이 진리의 말씀을 생명이 되도록 되새김질하는 것이다. 베레쉬트 בראשית 세페르(창) 3:13에 하부하(하와)가 뱀(나하쉬)가 자기를 미혹하여 속이므로 먹었다고 하였다. 이것은 변명이다. 하부하는 엘로힘(만능들의 힘들이신 하나님)처럼 되고 싶은 욕심과 교만의 행동이었다.

죽고 또 죽는다(창2:17)는 엘로힘의 엄하신 말씀보다 하부하(하와) 자신이 하나님(엘로힘, 만능의 하나님)처럼 된다는 뱀(솨탄마귀)의 거짓말에 미혹되어 '하타' 죄를 범하였다.

하부하(하와)가 미혹된 원인은

1) 힘이신 하나님의 말씀을 놓아버렸다(창 2:16-17).

2) 만능의 엘로힘처럼 되고자 하는 욕심과 교만이다(창 3:5-6).

그러므로 진리의 말씀을 되새김질하는 사람은 솨탄의 거짓된 미혹에 속아 넘어지지 않는다. 욕심과 교만을 다스리는 능력과 지혜가 있다.

더 자세한 것은 이브리어 단어별 합성어해설 제 3723 루코 (5375-5378 스코) 해설을 보라.

사람이 언제 솨탄에게 속고 미혹을 당하는지 성경을 보라.

베레쇠트 בראשית 세페르(창) 3:13 에하흐(여호와) 엘로힘(하나님)이 여자에게 이르시되 네가 어찌하여 이렇게 하였느냐 여자가 이르되 뱀이 나를 꾀므로 내가 먹었나이다.

말라킴 מלכים 세페르벨트(왕하) 18:29 왕의 말씀이 너희는 히스기야에게 속지 말라 그가 너희를 내 손에서 건져내지 못하리라.

솨탄의 전략은 에하흐(여호와) 엘로힘과 그의 말씀을 불신케 하여 사람의 마음을 약하게 하여 무너뜨린다.

말라킴 מלכים 세페르알렢(왕상) 19:10 너희는 유다의 왕 히스기야에게 이같이 말하여 이르기를 네가 믿는 네 하나님이 예루살렘을 앗수르 왕의 손에 넘기지 아니하겠다 하는 말에 속지 말라.

디브리 하야밈 דברי הימים 세페르벨타(대하) 32:15 그런즉 이와 같이 너희는 ① 히스기야에게 속지 말라 ② 꾀임을 받지 말라 ③ 그를 믿지도 말라 어떤 백성이나 어떤 나라의 신도 능히 자기의 백성을 나의 손과 나의 조상들의 손에서 건져내지 못하였나니 하물며 ④ 너희 하나님이 너희를 내 손에서 건져내겠느냐 하였더라고 하였다.

솨탄마귀에게 속지 않으려면 성경을 찾아보라(창 3:3-6, 왕상 22:22, 대상 21:1, 대하 18:20-22, 사 19:13, 사 36:14, 사 37:10, 렘 4:10, 렘 23:39, 렘 29:8, 렘 37:9, 렘 49:16, 옵 1:3,7, 요 6:70, 요 8:44, 행 5:3, 행 13:10, 고후 11:3, 약 4:1-7, 요일 3:12).

◆ **아포칼륍시스 요안누 Ἀποκάλυψις Ἰωάννου그람마(계) 12:9절 헬라어 원어 본문, 직역, 문장정리**

아포칼륍시스 요안누그람마(계) 12:9 헬라어 원어

καὶ ἐβλήθη ὁ δράκων ὁ μέγας, ὁ ὄφις ὁ ἀρχαῖος, ὁ καλούμενος Διάβολος, καὶ ὁ Σατανᾶς, ὁ πλανῶν τὴν οἰκουμένην ὅλην, ἐβλήθη εἰς τὴν γῆν, καὶ οἱ ἄγγελοι αὐτοῦ μετ᾽ αὐτοῦ ἐβλήθησαν.

본문 : **큰 용이 내쫓기니 옛 뱀 곧 마귀라고도 하고 솨탄이라고도 하며 온 천하를 꾀는 자라 그가 땅으로 내쫓기니 그의 사자들도 그와 함께 내쫓기니라**

직역 : **그리고 그가 내던져버렸다 그 드라콘(용, 바다괴물) 그 큰 그 오피스(뱀)**

그 오래된 이것 불렀다 디아볼로스(비방자 마귀) 그리고 그 사타니스(대적자) 이것이다 길을 잃게 하는 자 이 땅 온 저를 내던져버렸다 ~로 향하여 이 땅 그리고 그들 사자들도 저와 함께 바로 저희를 내던져버렸다

문장정리 : 그리고 저를 그가 내던져버렸다 그 큰 그 드라콘(용, 괴물)과 그 오래된 그 오피스(뱀) 이것을 디아볼로스(비방자 마귀)라고 불렀다. 그리고 그 사타니스(대적자) 이것이라. 이 온 땅으로 길을 잃게 하는 자를 이 땅으로 저를 내던져버렸다. 그리고 그들의 사자들도 저와 함께 바로 저희를 내던져버렸다

◆ 헬라어 단어별 사전적 의미

καί (2532 카이-그리고, ~와) καὶ 대등 접속사

βάλλω (906 발로-그가 던지다, 그가 내던지다, 그가 버리다) ἐβλήθη 동직설 과거 수동 3인 단수

ὁ (3588 호-그, 이것, 이 사람, 저것, 저 사람) ὁ 관사 주격 남성 단수

δράκων (1404 드라콘-용, 바다 괴물) δράκων 명사 주격 남성 단수

ὁ (3588 호-그, 이것, 이 사람, 저것, 저 사람) ὁ 관사 주격 남성 단수

μέγας (3173 메가스-큰, 위대한 great.) μέγας, 형용사 주격 남성 단수

ὁ (3588 호-그, 이것, 이 사람, 저것, 저 사람) ὁ 관사 주격 남성 단수

ὄφις (3789 오피스-뱀) ὄφις 명사 주격 남성 단수

ὁ (3588 호-그, 이것, 이 사람, 저것, 저 사람) ὁ 관사 주격 남성 단수

ἀρχαῖος (744 아르카이오스-오래된 old, 고대의) ἀρχαῖος, 형용사 주격 남성 단수

ὁ (3588 호-그, 이것, 이 사람, 저것, 저 사람) ὁ **관사 주격 남성 단수ㅁ관계대명사**

καλέω (2564 칼레오-부르다, 이름 짓다, 초대하다) καλούμενος **동분사 현재 수동 주격 남성단수**

διάβολος (1228 디아볼로스-비방자, 마귀) Διάβολος, **형용사(대) 주격 남성 단수**

καί (2532 카이-그리고, ~와) καὶ **대등 접속사**

ὁ (3588 호-그, 이것, 이 사람, 저것, 저 사람) ὁ **관사 주격 남성 단수**

Σατανᾶς (4567 사타나스-솨탄 Satan, 대적자 adversary.) Σατανᾶς, **명사 주격 남성 단수**

ὁ (3588 호-그, 이것, 이 사람, 저것, 저 사람) ὁ **관사 주격 남성 단수ㅁ관계대명사**

πλανάω (4105 플라나오-길을 잃게 하다, 미혹하다, 빗나가다, 방황하다.) πλανῶν **동분사 현재 능동 주격 남성 단수**

ὁ (3588 호-그, 이것, 이 사람, 저것, 저 사람) τὴν **관사 대격 여성 단수**

οἰκουμένη (3625 오이쿠메네-땅, 지구) οἰκουμένην **명사 대격 여성 단수**

ὅλος (3650 홀로스-온 whole, 모든 all, 전체) ὅλην, **형용사 대격 여성 단수**

βάλλω (906 발로-그가 던지다, 그가 내던지다, 그가 버리다) ἐβλήθη **동직설 과거 수동 3인 단수**

εἰς (1519 에이스-~안(속)으로, ~로 향하여, ~을 위하여.) εἰς **전치사 대격**

ὁ (3588 호-그, 이것, 이 사람, 저것, 저 사람) τὴν **관사 대격 여성 단수**

γῆ (1093 게-땅 earth, 세상) γῆν, **명사 대격 여성 단수**

καί (2532 카이-그리고, ~와) καὶ **대등 접속사**

ὁ (3588 호-그것들, 이것들, 이 사람들, 저것들, 저 사람들) οἱ **관사 주격 남성 복수**

ἄγγελος (32 앙겔로스–천사들, angel, 사자들) ἄγγελοι **명사 주격 남성 복수**

αὐτός (846 아우토스–그는, 그것, 자신, 바로 그) αὐτοῦ **인칭대명사 속격 3인 남성 단수**

μετά (3326 메타–~와 함께, ~후에) μετ' **전치사 속격**

αὐτός (846 아우토스–그는, 그것, 자신, 바로 그) αὐτοῦ **인칭대명사 속격 3인 남성 단수**

βάλλω (906 발로–저희를 던지다, 저희를 내던지다, 저희를 버리다) ἐβλήθησαν. **동직설 과거 수동 3인 복수**

아포칼륍시스 요안누 Ἀποκάλυψις Ἰωάννου그람마(계) 21:8 그러나 두려워하는 자들과 믿지 아니하는 자들과 흉악한 자들과 살인자들과 음행하는 자들과 점술가들과 우상 숭배자들과 거짓말하는 모든 자들은 불과 유황으로 타는 못에 던져지리니 이것이 둘째 사망이라고 하였다.

(6) 수르

■ 수르 사전적 의미

סוּר (5493-5495, 수르-옆으로 빗나가다, 고개를 돌리다, 돌이키다, 벗어나다, 떠나다, 제거하다, 끝나다, 303회)이다.

수르 간략해설

에하흐의 말씀을 붙잡고 버팀대를 삼아 지탱하지 못하고 마음에 연결되어 있지 못하였다. 그리고 에하흐 엘로힘으로 머리삼고 생명으로 품고 살아지지 않음으로 말씀의 버팀대 위에 서있지 못하고 옆으로 빗나가고 벗어나 떠났다. 말씀의 버팀대를 떠나면 에하흐 엘로힘과의 관계가 끝나고 에하흐 엘로힘에게서 분리된다. 최상의 복이 끝난다는 의미이다.

이렇게 된 이유는 뱀-솨탄의 미혹에 걸려들었기 때문이다. 영이신 루바흐 엘로힘을 바라보아야 할 자가 외면하고 돌이켜 솨탄에게로 마음과 얼굴을 돌린 결과이다. 그러므로 영이신 루바흐 엘로힘의 뜻과 목적을 빗나가는 죄를 짓는 것이다.

더 자세한 것은 이브리어 단어별 합성어해설 제 3804 루코 (5493-5495 스코) 해설을 보라.

(7) 파타

■ 파타 사전적 의미

פָּתָה (6601, 파타-열려 있거나 개방되어 있다, 유혹하다, 속이다, 넓다, 28회)이다.

'파타' 간략해설

뱀(솨탄마귀)이 하부하(하와)를 미혹하여 속이는 입의 말로 목표를 달성하여 하부하(하와)와 아담의 숨통을 조였다. 솨탄의 입에서 나오는 말은 사실 같으나 모두 거짓말이다. 그런데 그 말에 다 속는다. 이유는 미혹을 당하는 당사자에게 가장 필요 적절하고 달콤하고 부드러운 미끼를 던지기 때문에 모두가 걸려들게 된다. 솨탄마귀는 넓은 길로 인도한다(마 7:13). 개방은 좋은 것 같지만 올바름에서 멀어진다. 성경에서 멀어진다. 영이신 하나님과 예슈아(예수)에게서 멀어진다는 의미이다.

솨탄의 거짓말에 속지 않으려면 기도하면서 그리고 사모하는 마음으로 아래성경을 묵상해 보라. 그리고 당신이 누구인지 발견되어져서 지식과 지혜와 능력을 얻으라. 성경보다 더 좋은 주석은 없다. 주석의 본질은 성경이다. 영이신 하나님을 사랑하는 자는 성경을 하가(묵상)한다.

묵상할 성경구절들

(창 1:2–5, 창 3:1–6, 창 9:27, 출 22:16, 신 13:1–3, 신 11:16, 삿 14:15, 삿 16:5, 삼

하 3:25, 왕상 22:20,21,22, 대하 18:19, 대하 18:20, 대하 18:21, 욥 5:2, 욥 31:9, 욥 31:27, 시 42:11, 시 78:36, 시 107:4-9,10-22,23-32,33-43, 시 119:9-11,18-20, 37,67,71,97-105,131,147,165,166, 잠 1:10, 잠 16:29, 잠 20:19, 잠 24:28, 잠 25:15, 사 9:15-16, 사 56:10-12, 렘 14:14-16, 렘 20:7,10, 렘 23:14-16, 렘 28:15-17, 겔 14:9, 호 2:14, 호 7:11, 미 3:5-11, 습 3:3-4, 마 7:15-27, 마 24:4-5,24,25, 요 8:44, 요 10:10, 행 20:29-31, 롬 6:23, 롬 8:5-9,24-25, 고후 4:18, 엡 4:14, 빌 3:2, 골 2:8, 딤전 4:1-2, 딤후 3:5-9, 살후 2:9-12, 히 3:14, 히 10:39, 히 11:1-2,6, 벧후 2:1-3,18-19, 벧후 3:17, 약 1:15, 요일 2:16-17 요일 4:1, 계 19:20등등)

성경보다 더 확실한 진리의 증거는 없다. 성경은 그 자체로써의 진리의 증거를 가지고 있으나 학자의 견해와 추측은 견해와 추측일 뿐이다. 진리도 아니다. 한 개인과 단체의 학문용어일 뿐이다. 성경은 진리의 본질이다. 진리의 본질을 성경으로 증명하므로 본서의 가치가 있다.

'그러나 성령이 밝히 말씀하시기를 후일에 어떤 사람들이 믿음에서 떠나 미혹하는 영과 귀신의 가르침을 따르리라 하셨으니 2 자기 양심이 화인을 맞아서 외식함으로 거짓말하는 자들이라'(딤전 4:1-2)고 하였다.

'악한 자의 나타남은 사탄의 활동을 따라 모든 능력과 표적과 거짓 기적과 10 불의의 모든 속임으로 멸망하는 자들에게 있으리니 이는 그들이 진리의 사랑을 받지 아니하여 구원함을 받지 못함이라 11 이러므로 하나님이 미혹의 역사를 그들에게 보내사 거짓 것을 믿게 하심은 12 진리를 믿지 않고 불의를 좋아하는 모든 자들로 하여금 심판을 받게 하려 하심이라'(살후2:9-12)고 하였다.

그렇다. 믿음의 영적세계는 영이신 루바흐 엘로힘과 말씀에는 넓게 열려 있어야 한다. 그러나 덮은 우물, 봉한 샘, 잠근 동산의 상태를 유지하지 않으면 쇠탄마귀의 유혹에 속을 수밖에 없다. 성도가 가는 길은 좁고 협착하다고 하셨다(아 4:12, 마 7:13-14). 아버지 하나님의 말씀을 새김질하며, 지키며, 따라가기가 쉽지 않다(시 1:1-2,3-6). 넓은 길은 언제나 쉽다. 그다지 힘쓸 필요가 없다. 적당히 믿음생활하려는 자가 넓은 길을 간다. 그 길은 사망의 길이다(마 7:12).

더 자세한 것은 이브리어 단어별 합성어해설 제 4507 루코 (6601 스코)해설을 보라.

(8) 쇠가흐

■ 쇠가흐 사전적 의미

שָׁגָה (7685, 쇠가흐-자라다, 증가하다, 커지다, 4회, 7686 쇠가흐-길을 잃다, 옆길로 빗나가다, 잘못하다, 타락하다, 21회)이다.

쇠가흐 간략해설

왜 성도가 영생구원의 길을 잃고 옆길로 빗나가며 잘못행하여 타락할까? 생명의 주인을 믿지 아니하거나 만나지 못하고 자기에게 영이신 하나님의 형상과 모양이 있음을 알지 못하므로 생명의 주인이신 영이신 하나님께 보답과 감사하지 못하기 때문이라는 의미이다.

쉰 ש은 하나님의 형상과 모양을 주셨다. 진리의 말씀을 되새김질하며 믿음이 자라나서 길을 잃고 옆길로 가지 아니하고 올바른 길을 가라는 말씀을 저버리고 자의적으로 살아간다. 넓은 길을 가는 자이다.

'끼멜' ג은 생명의 주인이신 루바흐 엘로힘께 감사하며 보답을 하지 않았다. 감사가 없는 사람은 믿음이 어리거나 아직 거듭나지 않은 사람이다. 그러므로 분별을 하지 못하고 정로의 길을 잃고 옆길로 빗나간다. 타락의 길을 간다.

'헤이' ה는 생명의 호흡과 실존케 하시는 루바흐 엘로힘이시다. 루바흐 엘로힘께서 호흡하게 하심을 모르고 살아가는 자는 진리의 말씀에 이끌려 살아가지 아니하므로 불신자와 같다.

자신을 호흡과 목숨으로 실존케 하는 것과 루바흐(영) 엘로힘(남성복수 하나님) 에하흐(여호와)의 형상과 모양을 주신자에 대한 감사와 보답은 믿음이 자라나고 두렵고 떨림으로 환경구원을 이루어간다(눅 13:24, 롬 13:11-14, 고전 9:24-27, 빌 2:12-14, 히 4:11,1, 히 12:1-2, 벧전 2:1-3, 벧후 3:18, 스 10:3, 시 119:120).

믿음의 성장이 중단되면 저주의 죽음이다. 타락하여 영생구원의 길에서 넓은 옆길로 벗어나 가다가 영생구원의 길을 잃어버리기 때문이다.

호흡의 목숨을 주시고 영원히 실존하는 생명을 주시고 영적인 형상과 모양을 주신 루바흐 에하흐 엘로힘을 모르기 때문에 자기를 지으신 아버지

하나님께 보답할 수가 없다. 그러므로 올바른 길, 생명의 길을 잃고 타락하여 잘못된 길로 간다. '쇠가흐'는 죄의 열매로 자라나고 증가하며 커지고 강해진다.

그렇다 성도의 변질의 원인은 영이신 루바흐 엘로힘, 에하흐 엘로힘 하나님께서 원하시는 것만큼 성장하여 자라나지 못하였기 때문이다. 믿음이 자라나고 두렵고 떨림으로 구원을 이루어가는 사람은 솨탄의 어떤 미혹에도 흔들리지 않는 강하고 담대한 믿음을 가져야 한다(수 1:7-9, 사 41:10).

솨가흐(7685)와 관련된 성구와 성경

'네 시작은 미약하였으나 네 나중은 심히 창대하리라'(욥 8:7)

'왕골이 진펄 아닌 데서 크게 자라겠으며 갈대가 물 없는 데서 크게 자라겠느냐'(욥 8:11)

'볼지어다 이들은 악인들이라도 항상 평안하고 재물은 더욱 불어나도다'(시 73:12)

'의인은 종려나무 같이 번성하며 레바논의 백향목 같이 성장하리로다'(시 92:12)

(레4:13, 민15:22, 신27:18, 삼상26:21, 욥6:24, 욥12:16, 욥19:4, 시119:10,21,118, 잠5:19,20,23, 잠19:27, 잠20:1, 잠28:10, 사28:7, 사28:7, 사28:7, 겔34:6, 겔45:20)

(9) 타아흐

■ 타아흐 사전적 의미

תָּעָה (8582, 타아흐-정신적, 도덕적, 윤리적으로, 신체적으로, 잘못 행하다(하다), 방황하다, 나쁜 길로 이끌리다, 50회)이다.

타아흐 간략해설

영이신 루바흐(영) 엘로힘(남성복수 하나님) 에하흐(여호와) 하나님을 믿는 자는 윤리도덕의 차원을 넘어 살아가는 자이다. 예슈아께서 저주의 십자가에서 대리적 속죄의 희생물이 되신 증거가 마음에 있기 때문이다. 그러나 자신이 저주를 받아 영원한 지옥 멸망할 죄에서 건져주신 것을 외면하고 눈에 보이는 안목의 정욕을 따라가며 육체의 목숨을 위하여 살아가는 자는 미혹에 약하며 방황하게 되고 악한 길로 이끌려간다. 요즘 방송을 통하여 목회자의 부도덕한 행동들이 밝혀짐으로 인해 복음의 문이 닫히고 있다.

'타아흐'를 통하여 그것을 알려주고 있다. 보라. 정신적, 도덕적, 윤리적으로, 신체적으로, 잘못 행한다라고 하였다. 심각한 영적인 병에 걸려있는 사회가 아니라 목회자와 성도라고 지적하는 단어이다. 성경은 성도들에게 주신 말씀이다.

'타아흐'와 관련된 성경50곳 중에 절반만 올렸으나 나머지는 독자가 묵상하여 영이신 루바흐 엘로힘, 에하흐 하나님께 도움을 받아야 한다.

타아흐 한글번역 단어들

방황(창 21:14, 창 37:15, 시 107:4, 시 119:176)

광야 40년동안 마음이 미혹된 메뚜기들(시 95:10, 잠 7:25, 사 9:16, 렘 23:32, 호 4:12, 암 2:4)

꾐을 받고(왕하 21:9)

어지럽고(사 21:4)

비틀거리며(사 28:7)

혼미하던 자들(사 29:24)

미혹(사 30:28, 렘 23:32, 겔 14:11, 호 4:12, 암 2:4)

다니지(사 35:8)

흩어지고(사 47:15)

그릇 행하여(사 53:6, 사 47:15, 잠 14:22)

떠나게 하시며(사 63:17)

그릇되게 하였고(렘 23:13, 겔 44:10,15, 겔 48:11)

속였느니라(시 58:3, 렘 42:20)

그들을 곁길로(렘 50:6)

유혹하는 선지자들은(미 3:5)

성경을 많이 읽고 깊이 있게 하가(묵상)하는 사람은 생명의 능력이 넘치는 말씀을 선포한다. 잠든 영혼을 깨운다. 영육간의 질병을 치유한다. 죽은 영혼을 살린다. 야성을 깨워 전투적인 예수스 크리스토스(예수 그리스도, 이에수스 크리스토스, 예슈아 마쉬아흐)의 정병으로 세운다.

그리고 대표적인 복인 토브 טוֹב , 빠라크 בָּרַךְ , 에세르 אֶשֶׁר , 솨람 שָׁלַם, 야타브 יָטַב, 차라흐 צָלַח, 예슈아 יְשׁוּעָה (3444, 예슈아-구원, 구조, 구출, 번영, 도움, 하나님에 의한 구원, 승리)의 7가지 복 εὐλογέω(2127, **율로게오**-칭찬하다, 찬양하다, 축복하다, **이브리 역어 빠라크**), μακάριος(3107, **마카리오스**-복된 blessed, 행복한 happy, 일상적인 염려와 걱정들로부터 놓여 자유하는, **이브리어 역어 에세르**), εὐοδόω(2137, **유오도오**-일이 잘되다, 번영하다, 형통하다, 성공하다, 좋은 길로 이끌다, 잘 인도하다, 옳은 길로 이끌다, **이브리어 역어 차라흐** צָלַח(6743, **차라흐**-앞으로 나가다, 발전하다, 형통하다, 번영하다, 성공하다, Ἰησοῦς(2424, **예수스**-예수 Jusus(인), 여호와는 도움이시다 또는 여호와는 구원이시다, 구원, 구출, 구조, 안전, 복리, 번영, 승리, **이브리어 역어는 예슈아**)을 받아 누리게 하는 복음의 진리를 선포하게 된다.

2. 헬라어 미혹 (6단어)

(1) 플라나오

■ 플라나오 사전적 의미

πλανάω(**4105,플라나오-미혹(타락)되다, 길을 잃게 하다, 미혹하다, 빗나가다, 방황하다. 26회**)이다.

토 카타 마타이온 유앙겔리온 Τὸ κατὰ Ματθαῖον Εὐαγγέλιον (마) 18:12 너희 생각에는 어떠하냐 만일 어떤 사람이 양 백 마리가 있는데 그 중의 하나가 길을 잃었으면(플라나오) 그 아흔아홉 마리를 산에 두고 가서 길 잃은 양을 찾지 않겠느냐라고 하였다.

플라나오 간략해설 (토 카타 마타이온 유앙겔리온(마) 18:12절 중심으로)

예슈아께서 오신 목적이다. 예슈아께서 하나님의 왕국으로 가는 길을 잃어버린 양을 찾으려고 오셔서 저주의 십자가에서 대리적 속죄의 희생물로 죽으심으로 당신을 믿는 자들이 더 이상 솨탄마귀의 미혹을 받지 아니하고 그 타락한 장소에서 벗어나 죄 사함과 영생구원을 주신다는 말씀이다. 그러나 예슈아(예수)를 믿지 아니하는 자는 솨탄마귀의 미혹을 받아 죄사함과 영생구원의 길을 잃어버리고 타락하며 복음진리에서 벗어나 방황하게 된다는 의미이다.

(2) 플라네

■ **플라네 사전적 의미**

πλάνη**(4106, 플라네-방황, 이탈, 미혹, 잘못. 길을 잃음, 배회함, 방황함, 잘못 이끄는 것, 속임수, 사기, 창 3:4-6, 요 8:44, 벧후 3:17, 10회)**이다.

에피스톨레 이야코부 Ἐπιστολή Ἰακώβου 그람마γράμμα(약) 5:20 너희가 알 것은 죄인을 미혹된 길에서 돌아서게 하는 자가 그의 영혼을 사망에서 구원할 것이며 허다한 죄를 덮을 것임이라고 하였다.

플라네 간략해설 (에피스톨레 이야코부그람마(약) 5:20절 중심으로)

사람이 죄인(하마르톨로스)이 되는 것은 솨탄마귀의 미혹을 받아들여 진리에서 이탈하여 방황하며 길을 잃어버린 자들의 영혼을 사망에서 구원하는 것을 사람에게 맡기셨다(마 28:19-20, 막 16:15-16. 롬 10:9-15, 고전 1:18,21).

전도자가 전하는 내용은 ①주 예슈아(예수)를 믿으라고 전한다(행16:31, 행4:12). ②믿음의 선한행실로 전한다(마5:16). 예슈아의 십자가복음을 듣고 마음에 받아들인 자에게 과거, 현재, 미래의 죄(하마르티아)를 예슈아의 피로 덮어주심으로 죄사함과 영생구원을 주신다. 그러나 솨탄마귀의 미혹에 이끌려가는 자는 방황한다. 영이신 하나님의 선하신 뜻에서 이탈한다. 미혹을 받는다. 잘못 행한다. 행복과 구원의 길을 잃어버린다. 배회하게 된다.

(3) 플라네테스

■ **플라네테스 사전적 의미**

πλανήτης(**4107, 플라네테스-옆길로 빗나간 자, 방랑 자**) 명사 플라네테스 어근은 플라나오(πλανάω, **4105: 방황하게 하다, 방황하다, 빗나가다**)이다.

에피스톨레 유다 Ἐπιστολὴ Ἰούδα 그람마γράμμα(유) 1:13 자기 수치의 거품을 뿜는 바다의 거친 물결이요 영원히 예비된 캄캄한 흑암으로 돌아갈 유리하는 별들이라고 하였다.

플라네테스 간략해설 (에피스톨레 유다그람마(유) 1:13절 중심으로)

플라네테스는 '유리하는'으로 번역하였으나 사전적 의미는 '옆길로 빗나간 자들(거짓목회자들)', '방랑자들(거짓목회자들)"이다. 진리와 복음에서 빗나가게 가르치는 별들(목자와 감독들), 캄캄한 흑암을 만나서 방랑자가 되게 하는 별들(거짓목회자들),이다. 그런데 예슈아의 십자가 복음에서 빗나간 자가 별들(거짓목회자들)이라고 하였다. '별들'의 비밀을 보라(계1:20).

아포칼륍시스 요안누 Ἀποκάλυψις Ἰωάννου 그람마γράμμα(계)1:20 네가 본 것은 내 오른손의 일곱 별의 비밀과 또 일곱 금 촛대라 일곱별은 일곱 교회의 사자요 일곱 촛대는 일곱 교회니라고 하였다.

'일곱별은 일곱 교회의 사자'는 아시아 일곱 예배당에서 회중에게 성경을 가르치고 십자가의 복음을 전하는 오늘날 목회자들이다. 아시아 일곱 교회는 대표적인 교회이므로 전 세계에 있는 목회자가 옆길로 빗나가고 있다고 하였다. 성도(엑클레시아)들이 옆길로 가는 것은 당연지사다. 이런 별들, 이단들과 양의 탈을 쓴 거짓 목회자들의 예배당에 다니는 사람들이 불쌍하다(마 23:33, 마 24:5-12, 고후 11:3, 13-15, 고전 10:20, 살후 2:11-12, 딤전 4:1-2, 벧후 2:1, 요일 2:18, 계 19:20, 계 20:2-3, 계 20:10, 창 3:13,4-6). 그러므로 마콤מָקוֹם (4725, 마콤-설 자리, 장소, 그 위치, 방, 가정)의 장소가 중요하다(민 16:21,26,45,(1-50) 시 1:1, 아 6:13, 행 2:1-4(1-47), 행 2:40, 고후 6:17, 계 18:4).

다니엘 דניאל 세페르סֵפֶר(단) 12:3 지혜 있는 자는 궁창의 빛과 같이 빛날 것이요 많은 사람을 옳은 데로 돌아오게 한 자는 별과 같이 영원토록 빛나리라고 하였다.

다니엘세페르 12:3절에 '별과 같이 영원토록 빛나리라'는 말씀은 전도자(목회자)의 영광이다. 많은 사람을 예슈아의 믿는 생명의 길을 잃어버리고 빗나가 지옥으로 향하는 자들을 올바르고 의로운 곳(차다크-올바르다. 공의롭다, 의롭다, 예슈아를 믿어 공의롭고 의롭고 올바른 길을 가게 하는 자)으로 돌아오게 하는 목회자(전도자)에게 주어지는 영광이다.

(4) 플라노스

■ 플라노스 사전적 의미

πλάνος(4108, 플라노스-(길잃고) 방황하는, 헤메는, 미혹하는, 길을 잃게 하는, 속이는 (자), 사기꾼. 5회)이다.

프로스 티모테온 알파 Πρὸς Τιμόθεον α' 그람마γράμμα(딤전) 4:1 그러나 성령이 밝히 말씀하시기를 후일에 어떤 사람들이 믿음에서 떠나 미혹하는 영과 귀신의 가르침을 따르리라 하셨으니라고 하였다.

플라노스 간략해설 (프로스 티모테온 알파그람마(딤전) 4:1절 중심으로)

플라노스는 '미혹하는'이다. 좌우로 연결되는 말씀을 보라. '어떤 사람들이 믿음에서 떠나 미혹하는 영(프뉴마-영, 악한 영)과 귀신(다이모니온-귀신, 악령)의 가르침(디다스칼리아-가르침, 교훈, 교설) 을 따르리라(프로세코-전념하다)고 하였다'.

그렇다. 누구라도 예슈아를 믿는 믿음에서 떠나면 미혹하는 영, 귀신의 가르침을 받고 따르는데 전념하게 된다. 이단단체들의 가르침을 전념으로 따르는 자들도 여기에 속한다. 정상적인 믿음을 가진 성도들은 인간을 하나님으로, 예슈아로, 거룩한 영 하나님으로 믿고 따르고 몸 바치고 물질 바치고 온 인생과 생명까지 바치고 따라가는 사람들이 이해가 되지 아니할 것이다. 성경은 이들에 대하여 '진리를 믿지 않고 불의를 좋아하는 모든 자들로 하여금 심판을 받게 하려 하심이라'(살후 2:11-12)고 하였다.

양심이 화인을(솨탄의 불화살, 엡6:16) 맞아 외식하며 거짓말하며 분별력을 상실한 자들이라(딤전 4:2)고 하였다.

(5) 아포플라나오

■ **아포플라나오 사전적 의미**

ἀποπλανάω(**635, 아포플라나오-길을 잃다, 미혹되다, 빗나가다. 2회**)이다.

토 카타 마르콘 유앙겔리온 Τὸ κατὰ Μᾶρκον Εὐαγγέλιον (막) 13:22 거짓 그리스도들과 거짓 선지자들이 일어나서 이적과 기사를 행하여 할 수만 있으면 택하신 자들을 미혹하려 하리라고 하였다.

프로스 티모테온 알파그람마(딤전) 6:10 돈을 사랑함이 일만 악의 뿌리가 되나니 이것을 탐내는 자들은 미혹을 받아 믿음에서 떠나 많은 근심으로써 자기를 찔렀도다라고 하였다.

아포플라나오 간략해설 (토 카타 마르콘 유앙겔리온(막) 13:22절과 프로스 티모테온 알파그람마(딤전) 6:10절 중심으로)

거짓 크리스토스(그리스도)는 자칭예수, 자칭성령, 자칭 약속하신 목자, 새 목자, 이긴 자, 창조주 참 하나님, 육체 영생하는 자, 자칭 크리스토스라고 하는 이단들이다. 거짓 선지자들은 오늘날 각 교단에 속하여 목회자들 중에 있는 자들로서 영이신 하나님의 부르심이 없이 직업적으로 하는 자들이다. 이들은 신비주의자들이다. 음란하다. 돈을 사랑한다.

하나님과 예슈아이름으로 거짓 예언하는 자들이다. 이성과 돈을 갈취한다. 모이는 회중을 자기를 섬기고 추앙하게 하여 종으로 삼아 꼼짝 못하게 한다. 솨탄마귀의 힘으로 이적σημεῖον(4592, 세메이온-징조, 표적)과 기사τέρας(5059, 테라스-놀라운 일, 경이, 전조, 징조, 기적, 기사, 두려움과 공포를 자아내며, 무서운 현상)를 행하여 올바른 길을 가는 성도들을 미혹하는 솨탄마귀의 종들이다. 성도들이 있는 바를 족하게 여기며 살지 아니하고 돈을 사랑φιλαργυρία(5365, 필라르귀리-돈에 대한 사랑, 탐욕)하고 탐ὀρέγω(3713, 오레고마이-~을 얻으려고 내밀다, 또는 얻으려고 애쓰다)하는 자는 솨탄마귀의 미혹ἀποπλανάω(635, 아포플라나오-길을 잃게 하다, 속이다, 미혹하다, 빗나가다)을 받아 시험(유혹)과 올무(덫)와 여러 가지 어리석고(현명하지 못함) 해로운(남을 해하는) 욕심(충동, 욕망, 갈망)에 떨어진다. 그 사람으로 파멸(올레드로스-멸망, 죽음)과 멸망(아폴레이라-파괴, 파멸, 소멸)에 빠지게 한다. 믿음에서부터 떠나 많은 근심ὀδύνη(3601, 오뒤네-육체적 고통, 정신적 고통)으로 자기를 꿰찌르는, 꿰뚫는, 관통하는 지옥의 고통을 당하게 된다(마 8:12, 눅 16:22-24,28, 계 14:10-11, 시 9:17, 계 20:10,13,14, 잠 7:27). 시험과 올무와 파멸과 멸망에 빠지게 된다(딤전 6:7-12).

(6) 델레아조

■ 델레아조 사전적 의미

δελεάζω(**1185, 델레아조-유혹하다, 3회**)이다.

'오직 각 사람이 시험을 받는 것은 자기 욕심에 끌려 미혹됨이니'(약 1:14)라고 하였다.

'음심이 가득한 눈을 가지고 범죄하기를 그치지 아니하고 굳세지 못한 영혼들을 유혹하며 탐욕에 연단된 마음을 가진 자들이니 저주의 자식이라'(벧후 2:14)고 하였다.

에피스톨레 페트루 베타 Ἐπιστολή Πέτρου β´그람마γράμμα(벧후) 2:18 그들이 허탄한 자랑의 말을 토하며 그릇되게 행하는 사람들에게서 겨우 피한 자들을 음란으로써 육체의 정욕 중에서 유혹하는도다라고 하였다.

델레아조 간략해설 (에피스톨레 이야코부그람마(약) 1:14절 중심으로)

욕심ἐπιθυμία(1939, 에피뒤미아-충동, 욕망, 갈망), 거짓말, 살인은 솨탄마귀의 전용(專用)무기이다(창 3:5-6, 요 8:44, 딤전 6:9-10, 약 1:14-15). 솨탄은 사람의 마음(생각) 욕심을 넣어준다(요 13:2,26,27, 요 6:70, 눅 22:3, 행 5:3, 엡 2:3). 그러므로 욕심을 다스리지 못하면 믿음을 지킬 수 없으며 죽음을 생산하게 된다는 의미이다(약 1:15). 죄의 영향력이 개인으로 끝나지 아니하고 그의 가문에 죽음을 계속 생산하게 된다는 것이다.

욕심은 곧 솨탄마귀이므로 욕심과 솨탄마귀는 하나이다. 이스카리오테스(가룟) 이우다스(유다)에게 욕심을 넣어주었다는 것은 곧 솨탄마귀가 이스카리오테스(가룟) 이우다스(유다)에게 들어갔다는 것이다. 그 솨탄마귀의 욕심을 받아들이면 미혹에 이끌리게 된다. 이것을 죄를 잉태하였다고 한다. 잉태한 죄가 태어나면 행동에 옮기게 된다. 바늘도둑이 소도둑으로 성장하여 둘째사망의 해를 받게 된다. 그래서 속지말라고 하였다(약 1:16)

에피스톨레 페트루 베타 Ἐπιστολή Πέτρου β΄그람마γράμμα(벧후) 2:14,18절의 말씀도 이성에 대한 탐욕이다. 이 탐욕도 쏴탄마귀의 전용무기이다. 이단들과 거짓선지자들이 이 짓거리를 많이 한다(마 5:28, 벧후 2:14,17-18, 계 21:8, 계 22:15).

하타(하타아)의 죄에 빠지지 않으려면 기도와 말씀으로 영이 깨어있어야 한다. 영이 깨어있다는 것은 말씀에 의한 분별력으로 뱀(쏴탄마귀)의 미혹을 차단하라는 것이다. 뱀(쏴탄마귀)의 미혹을 차단하려면 생명진리의 말씀을 굳게 붙들고 강하고 담대하게 인내하며 거룩한 영 안에서 기도하며 서있어야 한다(엡 6:10-19).

육체와 함께 그 정욕과 탐심을 십자가에 못 박아야한다(갈 5:24).

날마다 자기를 쳐서 영이신 하나님 얼굴 앞과 말씀 앞에 복종 시켜야한다(고전 9:27).

날마다 십자가에서 죽는 연습을 하여야한다(고전 15:31).

이에수스 크리스토스(예수 그리스도, 예수스 크리스토스, 예슈아 마쉬아흐)를 믿는 믿음 안에서 살아지기를 힘써야한다(갈 2:20).

두렵고 떨림으로 구원을 이루어 가야한다(빌 2:12).

신령한 영적인 해설의 말씀을 먹고 구원에 이르도록 자라나야한다(벧전 2:2, 엡 4:15, 살후 1:3, 벧후 3:18, 벧전 1:23, 약 1:18, 요 6:53-68, 고전 3:1-2, 고전 14:20, 히 5:12-13).

05. 마엔의 죄

베레쇠트 בראשית 세페르(창) 37:35 그의 모든 자녀가 위로하되 그가 그 위로를 받지 아니하여 이르되 내가 슬퍼하며 스올로 내려가 아들에게로 가리라 하고 그의 아버지가 그를 위하여 울었더라고 하였다.

베레쇠트 בראשית 세페르(창) 39:8 요셉이 거절하며 자기 주인의 아내에게 이르되 내 주인이 집안의 모든 소유를 간섭하지 아니하고 다 내 손에 위탁하였으니라고 하였다.

■ **마엔 사전적 의미**

מָאֵן (3985, 마엔-옹기(甕器), 그릇, 거절(거부)하다 거절하는, 거부하는, 54회)이다.

마엔의 죄는 필수적인 생명진리의 말씀과 만능의 힘이신 하나님의 희생을 배우는 것과 하나님께서 정하여 놓으신 규칙과 규정의 말씀을 마음의 그릇에 담아 순종하기를 거절, 거부한 죄이다.

◆ **이브리어 마엔 단어별 사전적 의미**

מָאן (3984, 만-그릇, 옹기, 7회)

מָאֵן (3985, 마엔-거절(거부)하다, 42회)

מָאֵן (3986, 마엔-거절하는, 거부하는, 4회)

מְאֵן (3987, 메엔-거절하는, 거부하는, 1회)

● 마엔 합성어해설

마엔-멤+알레프+눈이다.

○ 사전적 의미

멤-물, 진리, 사역, 열린 자궁, 닫힌 자궁, 열린 계시, 닫힌 계시, 열린 계시의 필수적인 생명진리의 말씀으로 사역(생활화)하라는 의미이다.

알레프-소, 희생, 배우다. 만능의 힘이신 하나님께서 저주의 십자에서 대리적 속죄의 희생양이 되어주신 것을 배우라는 의미이다,

눈-물고기, 규칙(규정), 영이신 루바흐 엘로힘께서 정하여 놓으신 생명의 경계선 안에 있으라는 의미이다.

'마엔' 간략해설

모든 루바흐 엘로힘 하나님의 창조물들은 하나 같이 필수적인 생명진리의 말씀에 따라서 순응하며 살아간다, 루바흐 엘로힘께서 정하여 놓으신 생명의 경계선을 아담이후 인간들만 생명진리의 말씀을 지키지 아니한다. 영이신 루바흐 엘로힘께서 물고기에게 물에서 살라고 생명의 경계선을 정하셨으나 물고기가 거절하고 육지에서 살겠다는 것은 스스로 죽음을 선택한 것이다. 토기장이 마음대로 그릇을 만드는 절대주권에 대한 반항이라는 의미이다.

프로스 로마이우스 Πρὸς Ρωμαίους 그람마(롬) 9:19-21 혹 네가 내게 말하기를 그러면 하나님이 어찌하여 허물하시느냐 누가 그 뜻을 대적하느냐 하리니 20 이 사람아 네가 누구이기에 감히 하나님께 반문하느냐 지음을 받은 물건이 지은 자에게 어찌 나를 이같이 만들었느냐 말하겠느냐 21 토기장이가 진흙 한 덩이로 하나는 귀히 쓸 그릇을, 하나는 천히 쓸 그릇을 만들 권한이 없느냐고 하였다(사 29:16, 사 45:9).

영이신 루바흐 엘로힘께서 물고기는 물에서 살라는 생명진리의 말씀을 거절한 것은 물고기가 물에서 행복하게 살면서 생육하고 번성하라는 말씀을 저버린 반역이다. 이것은 만능이신 엘로힘께서 정하여 놓으신 곳에서 살지 않아도 좋은 곳이 있다는 망상(妄想)의 반역이다.

정말 그럴까? 창조주 루바흐 엘로힘께서 물고기에게 정하여 놓으신 곳은 물이다. 물고기가 물에서 즐겁게 노래하며 아름다운 곳에서 유쾌하고 기쁘게 생육하고 번성하며 살아가는 소유지인 물을 떠난 것은 생명의 경계선을 넘어간 것이다. 잠깐의 자유가 자유가 아니라 즉시고통을 느끼다가 죽는다.

아담과 하부하(하와)가 루바흐 엘로힘께서 정하여 놓으신 경계선을 넘어가 '하타'의 죄를 범하는 동시에 부끄러움과 두려움이 찾아왔다(창 3:7-10) 그래서 다뷔드(다윗)은 '주께서 줄로 재 준 구역은 아름다운נְעִים (5273, 나임-즐거운, 사랑스러운, 아름다운, 노래하는, 유쾌한)곳에 있음이여 나의 기업이 실로 아름답도다שָׁפַר (8231, 샤파르-아름답다, 기쁘다, 적당하다)'라고 하였다(시 16:6~11). 말씀의 경계선이 곧 생명의 경계선이요 아름다운 것이다. 그래서 경계를 넘어가지 말라고 하였다(고전 4:6).

마엔의 죄는 영이신 하나님의 말씀을 가르침 받기를 거절, 거부하고 교훈, 책망, 바르게 함, 의로 교육하심을 거절 거부하고 있다(딤후 3:15-17). 그러므로 마엔의 죄는 영이신 하나님과의 관계가 틀어진 죄, 비틀어진 죄이다.

성도들이 왜 우리는 이렇게 살아야(말씀엄수, 주일성수, 십중에서(십일조와 각종 헌금) 봉사 등등)하느냐고 원망불평하면서 거부하며 거절하면 '하타' 죄를 범하게 된다. 영이신 하나님께서 모든 동식물들을 만드신 목적에 따라서 살아가는 것이 피조물의 본분을 다하는 것이다. 그 안에서 참된 행복을 누리는 것이 곧 마음에 있는 하나님의 왕국이다. 창조질서의 선을 넘어서는 순간 고통과 불행이 시작된다는 것을 알아야 한다(창 3:9-24, 출 8:2-12:30, 렘 3:3, 렘 5:3, 렘 8:5, 렘 9:6, 렘 13:10, 렘 15:18, 렘 31:15, 호 11:5, 슥 7:11).

그렇다. 에하흐의 참는 기간이 끝나면 '마엔' 하는 자에게 칼을 보내 죽이신다.

예솨에야흐 ישעיה 세페르ספר(사) 1:20 너희가 거절(마엔-거절하다, 거부하다)하여 배반(마라-반역하다, 완고하다, 반항하다)하면 칼에 삼켜지리라 여호와의 입의 말씀이니라고 하셨다.

말씀은 곧 하나님이시다(요1:1) 말씀이 싫다면 영이신 하나님과 예슈아가 싫다는 증거이다(눅 12:8-10, 막 8:38, 눅 9:26, 딤후 2:12, 마 25:41).

성경을 찾아 읽는 것을 싫어한다면 목회를 그만둬야한다. 예슈아와 하나님을 싫어하는 자가 목회를 한다면 성도들을 올바르게 인도할 수가 없다. 목회자는 성경과 기도에 전문가라야 한다.

아래성결구절을 보라.

요 3:19-20, 사 30:9, 신 31:27-29, 대하 33:10, 대하 36:15,6, 느 9:29,30, 잠 28:9, 사 1:4, 사 30:1, 렘 7:13, 렘 44:4,5,6, 습 3:2, 슥 1:4, 슥 7:11,12, 행 7:51, 롬 2:21, 계 21:8, 계 22:15.

이브리어 마엔과 연관된 단어들

(1) 마나

■ **마나 사전적 의미**

מָנַע (4513, 마나-보류하다, 억제하다, 말리다, 그만두다, 삼가다, 걷어치우다, 취소하다, 제지하다, 감추다, 39회)이다.

마나 간략해설

마나의 죄는 눈에 보이는 것을 취하려고 에하흐(여호와) 하나님께서 정하여 놓으신 규정과 규칙의 생명진리의 말씀의 약속을 취소하고 보류하거나 다른 사람이 순종하려는 것을 하지 말라고 말리고 걷어치우고 그만두게 하는 죄라는 의미이다.

(2) 나아츠

■ 나아츠 사전적 의미

נָאַץ (5006, 나아츠-거부(절)하다, 경멸하다, 업신여기다, 일축하다, 24회)이다.

나아츠 간략해설

나아츠의 죄는 솨탄이 던진 미혹의 낚시바늘에 걸려들어 만능이신 하나님께서 정하여 놓으신 생명과 복의 경계선을 거부하고 업신여기며 경멸하여 일축해버리는 죄이다.

(3) 누

■ 누 사전적 의미

נוּא (5106, 누-방해하다, 저지(제지)하다, 못하게 하다, 허락하지 않다, 좌절 시키다, 헛되게 하다, 9회)이다.

누 간략해설

누의 죄는 만능이신 엘로힘(남성복수, 하나님)과 예슈아(예수)와의 생명의 연결을 방해하여 제지하고 못하게 하여 좌절시켜 생명의 경계선을 넘어가게 하는 죄이다. 솨탄의 앞잡이 노릇을 하는 죄를 범하는 자는 불행한 자이다. 자기의 행복과 불행의 여부는 자기의 선택에 달려있다는 의미이다(신 30:15-20).

성도는 만능이신 엘로힘께서 정하여 놓으신 규정과 규칙을 지켜나가는데 방해가 되는 모든 것들을 하나씩 저지하며 조금이라도 틈을 주지 않고 솨탄의 거짓된 미혹을 헛되게 하려면 만능의 힘이신 하나님과 정하여 놓으신 말씀의 경계선을 굳게 지켜야 한다.

마엔은 하나님을 거절한 죄, 거부한 죄를 말한다. 모든 죄는 영이신 루바흐 엘로힘, 에하흐 엘로힘과의 관계에서 비롯된다.

죄가 무엇인지를 이브리어 단어별 합성어해설과 성경구절을 통하여 명쾌하게 확인할 수 있다. 한글번역 성경으로는 어떤 죄인지를 명확하게 알 수가 없다.

06. 마알의 죄

바이크라 ויקרא 세페르סֵפֶר(레) 5:15 누구든지 여호와의 성물에 대하여 부지중에 범(하타)죄(마알)하였(마알)으면 여호와께 속건제를 드리되 네가 지정한 가치를 따라 성소의 세겔로 몇 세겔 은에 상당한 흠 없는 숫양을 양 떼 중에서 끌어다가 속건제로 드려서라고 하였다.

직역문장정리 : 숨 쉬는 이 사람이 에하흐의 거룩한 것들을 실수나 부주의로 그 하타의 죄를 행한 자는 이 반역(마알)과 불성실한(마알)의 죄로 인하여 에하흐께 그 속건 희생물(아솸)의 그것을 드리되 그 가치의 은 세겔과 세겔들로 그 양떼로부터 실체의 흠 없는 수양을 그 거룩한 속건 희생물(아솸)로,

■ 마알 사전적 의미

מַעַל (4603, 마알-불성실하게(부정하게) 행하다, 반역적으로 행하다, 부정, 반역, 불성실한 행위들~이상으로, 위로, 위에, 들어감, 들어 올림, 들어올리기, 배신하는 죄, 배반하다, 배역하다, 불성실하게(부정하게) 행하다, 반역적으로 행동하다, 의식적인 배신행위로서 법률을 파괴하거나 혹은 위반하는 것, 여호와께 거슬려 범죄하다, 36회)이다.

마알의 죄는 눈에 보이는 안목의 정욕을 통하여 필수적인 생명진리의 가르침을 위반하며 불성실하게 행하면서 진리의 말씀을 부정하고 반역하며

배신하고 배역하는 죄이다. 이 죄로 인하여 징계를 당하게 된다는 것을 알려주셨다(창 2:17, 창 3:6, 요일 2:16-18, 창 3:17-24, 사 3:11, 겔 18:4).

자. 보라. 바이크라세페르(레) 5:15절에 '범죄'를 하였으니 '속건 희생'을 드리라고 하셨는데, 이브리어 원어와는 관계없이 본문을 번역하였다. 어떤 범죄에 대해서 속건 희생을 드리라는 것인지가 분명하지 않다. 이브리어는 분명하다. 범죄의 '범'은 '하타의 죄'이다. '죄'는 '마알의 죄'이다. 그리고 '하였으면'도 '마알의 죄'이다. 그런데 한글번역은 '하타의 죄'와 '마알의 죄'를 한 단어로 '범죄'라고 하였다. '하였으면'은 '마알의 죄'인데 '하였으면'으로 번역하였다. 바이크라세페르(레) 5:15절의 '범(하타)죄(마알)하였으면(마알) 여호와께 속건희생을 드리되' 이브리어 직역문장정리 '그 하타의 죄를 행한 자가 이 반역(마알)과 불성실한(마알) 죄로 인하여 에하흐께 그 속건 희생물(아샴)의 그것을 드리되'라고 번역을 하여야한다.

'하타' 죄는 뱀(솨탄마귀)의 거짓말에 속아 만능이신 하나님과 생명의 울타리를 놓아버린 죄이다. '마알' 죄는 눈에 보이는 안목의 정욕을 통하여 필수적인 생명진리의 가르침을 위반하며 불성실하게 행하면서 진리의 말씀을 부정하고 반역하며 배신하고 배역하는 죄이다.

하타와 마알의 죄를 속건하기 위한 희생물을 드리라는 것이다. 속건희생물을 드린 자는 솨탄마귀의 거짓말에 속지 아니한다. 만능의 하나님과 세상죄를 짊어지신 생명의 울타리, 예슈아의 굳게 붙잡고 안목의 정욕에 빠지지 아니하며 부정과 배신의 자리에서 일어나 필수적인 생명진리의 말씀을 아만(아멘)으로 마음에 받아들여 순종하게 된다.

성경번역은 이브리어 사전적 의미의 범위를 벗어나지 말아야하며 한글 접속사를 최소화하여 본질을 벗어나지 않아야한다. 매끄럽게 문장을 다듬다보면 본질을 왜곡 할 수 있으므로 금지해야한다. 성경을 읽는 독자를 이해시키려고 하지 말아야한다. 성경이해는 영이신 하나님께서 간절히 사모하는 자에게 알게 하신다. 그래서 성경말씀을 전하는 목자와 감독(엡4:11, 행20:28)의 사명이 크다. 2023년 7월 14일 성경구절을 찾기 위하여 네이버에 성경단어를 쳤는데 Bing AI가 답을 해주었다. 깜작 놀랐다. AI등장으로 성경연구하기 싫은 자에게 AI에게 물으면 생명 없는 죽음의 정보가 넘쳐나게 되었다. 지식전달의 수단과 언어의 잔재주를 부려 육신의 감동은 줄 수는 있겠으나 영적감동과 내면의 변화, 속사람의 변화와 회개와 구원의 복음의 효과(效果-본받아 배울 열매)를 기대 할 수 없다. 영적감동과 내면의 변화, 속사람의 변화와 돌이킴의 회심은 사람의 말재주와 AI가 작성해 준 설교로 되어지는 것이 아니라 오직 영이신 하나님이 하신다. 넘쳐나는 정보시대에 영혼을 살려내는 골방기도와 말씀묵상이 사라져가는 시대가 되었다.

브미다바르 במדבר 세페르 ספֶר(민) 5:6 이스라엘 자손에게 이르라 남자나 여자나 사람들이 범(6213, 아사는 ~행하는, ~만드는 죄)하는 죄(2403, 하타아의 죄)를 범(4603, 마알의 죄)하여 여호와께 거역함(4604, 마알의 죄)으로 죄(816, 아솸의 죄)를 지으면이라고 하였다.

한글번역 성경으로는 죄명이 분명하지 않다. 죄명이 분명하지 않으니까 무슨 죄인지도 모르게 번역되어 있는 한글성경을 가지고 믿습니까! 라고 하고 있다. 목자와 감독(엡4:11, 행20:28)들이 이브리어원어를 보지 아니하면 죄명을 알 수가 없다. 그리고 이브리어원어를 보았다 할지라도 이브리어 죄의 단어는 알아도 사전적 의미에도 죄명이 불확실하다. 그러므로 반드시 이브리어 단어별 합성어해설을 하므로 죄명을 분명하게 알 수가 있다.

다바림 דברים 세페르סֵפֶר(신) 32:51 이는 너희가 신 광야 가데스의 므리바 물 가에서 이스라엘 자손 중 내게 범죄(마알)하여 내 거룩함을 이스라엘 자손 중에서 나타내지 아니한 까닭이라.

성경묵상의 목적 요 5:39~40(요 3:15~18,36),
썩지 아니하는 것은 보이지 아니하는 영원한 것이다(롬 2:7-11, 롬 5:12-21, 롬 6:23, 고전 6:9~10, 고후 4:6,18, 갈 6:8, 엡 2:1~5, 약 1:17, 요일 5:12, 계 21:8).

◆ 이브리어 마알 단어별 사전적 의미

מָעַל (4603, 마알–불성실하게(부정하게) 행하다, 반역적으로 행하다, 부정, 반역, 불성실한 행위들, ~이상으로, 위로, 위에, 들어감, 들어 올림, 들어올리기, 배신하는 죄, 배반하다, 배역하다, 불성실하게(부정하게) 행하다, 반역적으로 행동하다, 의식적인 배신행위로서 법률을 파괴하거나 혹은 위반하는 것, 여호와께 거슬려 범죄 하다, 36회)**이다.**

מַעַל (4604, 마알–부정, 반역, 불성실한 행위, 30회)

מַעַל (4605, 마알–~이상으로, 위로, 위에, 140회)

מֵעָל (4606, 메알–들어감, 1회)

מֹעַל (4607, 모알–들어 올림, 들어올리기 1회)

● 마알 합성어해설

마알-멤+아인+라메드이다.

○ 사전적 의미

멤-**물, 진리, 사역, 열린 자궁, 닫힌 자궁, 열린 계시, 닫힌 계시, 열린계시의 필수적인 생명진리의 말씀으로 사역(생활화)하라는 의미이다.**

아인-**눈, 대답, 영이신 하나님이 보고 계신다. 예. 아니요. 화답을 해야 한다.**

라메드-**목자(통치자)의 막대기, 가르치다, 익히다, 목자이신 예슈아께서 가르쳐 주실 때 마음에 받아들여 순종하라는 의미이다.**

사람이 살아가는 필수적인 생명진리의 말씀으로 가르침을 받고 배우라고 부르셨으나 거역하여 불성실한 행위를 하며 말씀하여도 그 말씀에 대하여 대답하지 아니하므로 그 죄에 대하여 징계의 막대기로 벌하신다는 의미이다(롬1:18-20, 21-32).

이것이 영이신 루바흐(영) 엘로힘(남성복수 하나님) 에하흐(여호와)께 대한 배신이요. 반역의 죄이다. 스스로 살아가는 줄로 여기는 사악한 자이다. 생명을 주시고 번영하게 하시며 행복하기만을 바라시는 분을 반역하여 배신하는 것은 대역죄이다.

다바림 דברים 세페르סֵפֶר(신) 8:10~18 네가 먹어서 배부르고 네 하나님 여호와께서 옥토를 네게 주셨음으로 말미암아 그를 찬송하리라 11 내가 오늘 네게 명하는 여호와의 명령과 법도와 규례를 지키지 아니하고 네 하나님 여호와를 잊어버리지 않도록 삼갈지어다 12 네가 먹어서 배부르고 아름다운 집을 짓고 거주하게 되며 13 또 네 소와 양이 번성하며 네 은금이 증식되며 네 소유가 다 풍부하게 될 때에 14 네 마음이 교만하여 네 하나님 여호와를 잊어버릴까 염려하노라 여호와는 너를 애굽 땅 종 되었던 집에서 이끌어 내시고 15 너를 인도하여 그 광대하고 위험한 광야 곧 불뱀과 전갈이 있고 물이 없는 간조한 땅을 지나게 하셨으며 또 너를 위하여 단단한 반석에서 물을 내셨으며 16 네 조상들도 알지 못하던 만나를 광야에서 네게 먹이셨나니 이는 다 너를 낮추시며 너를 시험하사 마침내 네게 복을 주려 하심이었느니라 17 또 두렵건대 네가 마음에 이르기를 내 능과 내 손의 힘으로 내가 이 재물을 얻었다 할까 하노라 18 네 하나님 여호와를 기억하라 그가 네게 재물 얻을 능을 주셨음이라 이같이 하심은 네 열조에게 맹세하신 언약을 오늘과 같이 이루려 하심이니라고 하였다.

다바림 דברים 세페르סֵפֶר(신) 32:15 그런데 여수룬이 기름지매 발로 찼도다 네가 살찌고 비대하고 윤택하매 자기를 지으신 하나님을 버리고 자기를 구원하신 반석을 업신여겼도다라고 하였다.

다바림 דברים 세페르סֵפֶר(신) 33:26 여수룬이여 하나님 같은 이가 없도다 그가 너를 도우시려고 하늘을 타고 궁창에서 위엄을 나타내시는도다라고 하였다.

아래 성경을 보라.

(신 6:10~15, 신 8:10-12(1~20), 신 31:16-20, 신 32:15, 삿 2:12, 삿 10:13, 대상 28:9, 시 36:9, 시 81:11-13, 시 115:4-8, 시 146:3-4, 전 1:2, 전 2:11, 21, 사 1:3, 사 5:13, 사 44:9-20, 사 46:6-7, 사 55:2, 렘 1:16, 렘 2:11,13,17,26,31-32(1-37), 렘 4:22, 렘 5:31, 렘 15:6, 렘 17:1, 렘 29:11, 요 4:14, 요 7:37, 벧후 2:17, 계 22:17).

버릴 것(죄, 욕심, 쇄탄마귀)을 버리지 못하고 붙잡아야 할 영이신 루바흐 엘로힘, 에하흐 엘로힘를 버리고 반역하여 우상을 섬기는 패역한 죄를 지은 것이다. '마알'은 배신하여 반역하는 죄로 인하여 우상들을 힘들의 하나님으로 섬기고 숭배하는 죄를 지적하고 있다.

이런 자들은 영적인 유기 상태라고 할 수 있다(시 81:11-12, 행 14:16 롬 1:24, 26, 28, 엡 4:18, 살후 2:10-12).

마알은 루바흐 엘로힘, 에하흐 엘로힘를 배역, 배신한 죄이다.

쇄탄마귀가 그들에게 들어가(마12:43-45, 눅22:3, 요13:2, 행5:3,8,9) 지배하며 통치하여 그들을 죽음과 영멸의 장소로 이끌어 간다(가룟유다, 아담과 하와, 고라당의 무리들, 사울 왕, 거짓 선지자 시드기야와 400명의 무리들 등등).

에하흐 엘로힘 하나님께서는 어느 사람에게나 듣고 보고 느끼는 기회를 동일하게 주시지만 영생 얻을 기회(시간, 적절한 때)와 돌이킬 기회(시간, 적절한 때)를 지나쳐 버린 자가 배신자의 행위를 한다(고전 1:21, 눅 16:27-31, 요 1:11-12, 요 3:15-18, 행 19:8, 행 26:28, 행 28:23, 고후 4:3).

마알 66회중에 한글번역 단어들을 보라

죄(마알)**하였**(마알)(레 5:15), **신실하지 못한**(레 6:2), **잘못**(레 26:40), **그 위에**(민 4:6), **거역함으로**(민 5:6), **범죄**(마알)**하였**(마알)(대하 28:19), **범죄**(수 22:22, 대상 9:1, 대상 10:13, 대하 12:2, 대하 28:22, 대하 26:16, 대하 29:19, 대하 30:7, 겔 39:23), **허물**(대하 33:19), **죄**(수 22:31, 스 9:2,4, 스 10:6, 겔 39:26, 단 9:7), **거짓**(욥 21:34), **불법을**(겔 14:13), **범법**(겔 15:8), **그 반역을**(겔 17:20), **그가 그 범한**(마알) **허물**(마알)(겔 18:24)**이다.**

07. 아바흐의 죄

세무엘 שמואל 알렢 א(삼상) 20:30 사울이 요나단에게 노를 발하고 그에게 이르되 패역 부도(아바흐)의 계집의 소생아 네가 이새의 아들을 택한 것이 네 수치와 네 어미의 벌거벗은 수치 됨을 내가 어찌 알지 못하랴 고 하였다.

세무엘 שמואל 벧트 ב(삼하) 7:14 나는 그 아비가 되고 그는 내 아들이 되리니 저가 만일 죄를 범하면(아바흐) 내가 사람 막대기와 인생 채찍으로 징계하려니와 라고 하였다.

■ 아바흐 사전적 의미

עָוָה (5753, 아바흐-구부리다, 뒤틀다, 비틀다, 비틀어 돌리거나 구부리다, 불법(부정)을 저지르다, 잘못을 행하다, 왜곡하다, 17회)이다.

아바흐 간략해설

아바흐 죄는 눈에 보이는 안목의 정욕과 연결되어 왜곡하고 구부리며 비틀어버리는 죄이다. 눈에 보이는 것들과 육신의 생명에 매이고 이끌려서 자기의 생명을 비틀어버리고 파멸하게 만드는 죄라는 의미이다.

◆ 이브리어 아바흐 사전적 의미

עָוָה (5753, 아바흐-구부리다, 뒤틀다, 비틀다, 비틀어 돌리거나 구부리다, 불법(부정)을 저지르다, 잘못을 행하다, 왜곡하다, 17회, 파멸, 찌그러짐, 뒤틀림, 멸망, 잡석, 3회, 아와 Ava(지), 5회)이다.

● 아바흐 합성어해설

아바흐-아인+바브+헤이**이다.**

○ 사전적 의미

아인-**눈, 대답, 보다, 바라보다, 사모하다, 분별, 지식, 지혜이다,**

바브-**연결, 갈고리, 못, 연결하는 사람 예슈아이다.**

헤이-**호흡, 목숨, 실존, 목숨의 생명과 영원히 실존하는 영혼이 있다.**

사람이 호흡하며 실존(實存-씨의 본질이 열매로 존재하는 것, 마 5:16, 갈 2:20, 빌 1:20-21, 딤후 4:7, 계 14:13)하는 목적은 영생의 열매를 맺기 위함이다. 사람의 호흡은 사람의 것이 아니라 영이신 루바흐 엘로힘, 에하흐(여호와)엘로힘의 것이다. 만약에 호흡이 사람의 것이라면 사람은 죽지 않고 영존할 것이다.

'아바흐'는 영원히 실존하는 영혼을 파멸의 구렁텅이로 내몰아 왜곡하고 자기의 인생과 내세의 실존을 부정하고 구부리며 비틀어버리는 죄이다.

'아바흐'의 죄는 자기의 영혼을 안목의 정욕과 부정적인 언어로 온갖 왜곡된 것들로 혼합되어 있다는 것이며 이것은 영육간의 자기의 실존의 삶을 부수고 파괴, 파멸시키는 것이며 멸망시키는 것이요 영멸시키는 죄라는 것을 알려주셨다(민 14:28-30, 민 26:64-65, 민 32:11, 민 13:30-14:4, 시 90:8, 요일 2:16, 약 3:1-12, 히 3:17).

왜 아바흐가 불법과 부정을 저지르고 비틀어 왜곡시키는 죄인가?
무엇이 비틀어지고 왜곡되어 졌는가?

첫째 눈이 비틀어졌다. 눈이 비틀어졌다는 것은 마음이 비틀어 졌다는 증거이다. 눈은 정보를 입수하여 생각하게 하고 그 생각하던 것을 결정하여 마음에 담아놓았다가 말하며 행동하게 한다. 눈으로 봄으로 끝나지 않는다. 유년시절 부르던 복음송이 생각난다.

너의 눈이 보는 걸 조심해-어린이복음찬송가 425장

1. 너의 눈이 보는 걸 조심해 (조심해) 너의 눈이 보는 걸 조심해 (조심해) 우리 하늘 아버지 항상 지켜 보시네 너의 눈이 보는 걸 조심해

눈과 마음이 생명진리의 말씀을 읽고 되새김질하며 그 말씀으로 올바르게 이끌림을 받으면 생각과 마음이 비틀어지지 않는다. 살다보면 순간순간 어떤 충동과 미혹을 받겠지만 바로 돌이키게 된다. 사람은 찰나적으로 충동을 받는다. 이 충동과 욕망, 욕심을 다스리지 못하면 죄의 열매를 맺히게 된다.

테힐림 תהלים 미즈모르מִזְמוֹר(시) 10:3-4 악인은 그의 마음נֶפֶשׁ (5315, 네페쉬-숨쉬는 존재, 영혼, 생명)의 욕심 תַּאֲוָה (8378, 타아와-욕구, 욕망, 갈망)을 자랑하며 탐욕 בָּצַע (1214, 바차-잘라내다, 베어버리다, 끊다, 부셔버리다, 폭력으로 얻다)을 부리는 자는 에하흐(여호와)를 배반 בָּרַךְ (1288, 바라크-무릎을 꿇다, 축복하다(복을 주다), 찬양하다 '하나님에 대하여' 저주하다, 욕하다)하여 멸시 נָאַץ (5006, 나아츠-거부(절)하다, 일축하다, 경멸(시)하다, 업신여기다)하나이다 4 악인은 그의 교만한 얼굴로 말하기를 에하흐(여호와)께서 이를 감찰하지 아니하신다 하며 그의 모든 사상 מְזִמָּה (4209, 메짐마-계획, 의도, 분별, 꾀, 악한생각, 계략, 음모)에 하나님이 없다고 하였다.

테힐림 תהלים 미즈모르 מִזְמוֹר(시) 10:3-4절 중에서 '욕심'과 '사상' 두 단어를 해설한다.

(1) 타아바

■ 타아바 사전적 의미

욕심 : תַּאֲוָה (8378-8379, 타아바(와)-욕구, 욕망, 갈망, 경계, 한계(도)) 타아바 (명여) 어근은 아바흐(אָוָה 183-185, 아바흐- ~하고 싶어하다, 바라다, 굽히다, (마음, 노력, 정력 등을) 기울이다, 돌리다(생각, 마음, 얼굴 등), 유숙하기 위해 돌리다, 거주하다, 마음을 기울이다, 좋아하다, 바라다, 열망하다, 표시하다, 신호로 표시하다, 지시(지적)하다, 묘사하다, 의향)이다.

타아바 간략해설

타아바 합성어는 타브-죽음, 알레프-힘이신 하나님, 바브-연결, 헤이-호흡, 목숨이다. 힘이신 하나님께서 욕심을 부리는 자의 호흡을 연결을 시켜주지 아니하시므로 죽음에 넘기신다는 의미이다. 욕심은 솨탄마귀의 속성이다(창 3:5-6, 요 8:44). 욕심은 곧 죽음이다(약 1:15) 솨탄마귀의 본질은 욕심쟁이요. 거짓말쟁이와 살인자이며 죄라는 의미이다.

솨탄마귀는 만능의 힘이신 하나님과 생명의 호흡을 주시는 하나님과의 연결고리가 끊어져 있다. 솨탄마귀가 넣어준 욕심을 받아들이면 그 욕심을 이루기 위하여 계획(거짓말, 거짓행동)하고 영이신 하나님께서 정하여 놓으신 생명의 경계선을 지워버리고 넘어 가게 하여 죽고(영혼) 죽는(호흡이 끝나면 영멸지옥, 둘째사망)열매를 맺히게 된다.

그러므로 생각과 마음에 마귀의 불화살(엡6:16, 딤전4:2)을 맞은 사람은 욕심을 이루기 위하여 거짓말을 하고 살인을 하면서 양심의 가책을 전혀 받지 않는다(마 7:1,5,15, 롬 1:28-32, 롬 16:17-18, 고후 11:13-15, 엡 6:16, 엡 4:19, 딤전 4:2, 딤후 3:5, 벧후 2:1-3,18, 빌 3:19, 살후 2:10, 삼상 2:12,22-25,29,34(삼상 4:11,17-18), 사 56:10-11, 렘 5:21, 렘 23:14,32, 겔 13:19, 단 8:23-25).

'불화살'(엡6:16) 불 πυρόω(4448, 퓌로오-불을 붙이다, 불태우다, 불로 멸하다) 화살 βέλος(956, 벨로스b-화살 arrow) 불붙은 화살이다(엡6:16). 솨탄마귀가 쏘아대는 불붙은 화살은 보이지 아니한다. 영적인 화살이다. 퓌로오벨로스의 불붙은 화살을 맞은 사람은 악한 일(무차별 살인, 강도, 성폭행, 부패한 식품유통 등)을 하면서 양심의 가책을 전혀 느끼지 아니한다. 양심이 마비되고 죽었기 때문이다. 불붙은 화살을 맞은 자는 솨탄마귀의 속성을 가지고 솨탄마귀의 일을 대행하는 솨탄마귀의 종이 되었다는 증거이다.

화인(딤전4:2) καυστηριάζω(2741b, 카우스테리아조-달아오른 쇠로 태우다, 낙인찍는 쇠도장으로 태우다(찍다))을 맞았다는 것은 양심이 죽었다는 것이요, 거짓말을 하고 있으면서도 거짓말인지를 모른다는 것이요, 분별력을 상실하였다는 것이요, 솨탄마귀귀신의 종노릇 하고 있음을 알지 못한다는 것이다.

솨탄마귀의 사자가 되어 욕심의 욕구를 채우는 일에 빠르다. 악한 생각을 적극적으로 실행한다. 결국 자기의 영혼을 영멸의 둘째사망에 이르게 한다(계 21:8).

더 자세한 것은 이브리어원어 합성어해설집 욕심(타아바) 제5348, 루코, (8378-8379, 스코)를 참고하라.

(2) 마지마흐

■ 마지마흐 사전적 의미

사상 : מְזִמָּה (4209, 마지마흐-계획, 의도, 분별, 악한생각) 마지마흐(명여) 어근은 자맘(זָמַם, 2161, 자맘-생각하다, 꾀하다, 궁리하다)이다.

필수적인 생명진리의 말씀과 성령의 검의 말씀으로 사역(생활화)하지 아니하는 사람은 호흡하며 실존하는 동안 그 사람이 계획하고 의도하는 바가 악한생각으로 기울어져 있다. 그러므로 그의 사상이 선한 분별력을 상실하고 악한생각을 하며 꾀하고 궁리한다는 의미이다(창 6:5, 민 13~14장, 욥 15:16, 시 10:4, 시 14:1, 시 36:1-4, 시 94:4,7, 사 1:4, 마 12:34, 눅 12:20, 요 3:19-20, 롬 1:28, 엡 2:1-12, 딛 1:16, 딛 3:3, 계 21:8).

욕심과 연결된 생각과 마음은 왜곡되고 비틀어져있다. 솨탄과의 연결고리를 가지고 있기 때문에 그렇게 생활하게 된다. 사람에게는 보이지 않는 영적인 줄, 선, 끈이 있다. 그 선이 영이신 하나님과 연결되어 있으면 선한 생각과 마음으로 살아지게 되지만 솨탄마귀귀신에게 연결되어 있으면 악한 생각으로 계획을 한다. 이런 사람은 눈에 보이는 것마다 비틀어지게 보고 귀는 비틀어지게 듣게 된다. 무엇을 보고 듣든지 올바른 분별은 그 사람의 영적인 상태에 따라서 그 차이가 난다.

마지마흐 끝 알파벳 '헤이'는 호흡과 목숨, 실존의 의미이다. 그러니까 살아 생활하는 동안 내내 자기의 생각과 마음이 파멸을 향하여 찌그러지고 왜곡되어 자기를 파괴하고 있는 자는 루바흐 엘로힘 에하흐(여호와)와의 관계로부터 잘못된 것이다. 타락한 인간들의 육법(六法)전서(典書)와는 전혀 다른 개념의 죄이다.

토 카타 마타이온 유앙겔리온 Τὸ κατὰ Ματθαῖον Εὐαγγέλιον (마) 7:23절

에 '불법' ἀνομία(458, 아노미아-불법, 악행, 죄)이다. 헬라어 '아노미아'의 이브리어 역어는 없다. '아노미아' 사전적 의미와 가장 적합한 이브리어 단어는 '아본'이다.

■ 아본 사전적 의미

עָוֹן (5770-5771, 아본-불법, 부정, 죄악, 사악, 유죄, 죄의 벌(징계), 231회) 아본(명남) 어근은 '아바흐'(עָוָה, 5753-5754, 아바흐-구부리다, 뒤틀다, 비틀다, 불법을 저지르다, 왜곡하다, 파멸, 찌그러짐, (20회))이다.

아본 간략해설

아본의 죄는 안목의 정욕과 연결되어 영이신 하나님께서 정하여 놓으신 생명의 경계선을 넘어가 불법을 행하고 자기인생을 비틀고 왜곡하며 파멸케 하는 죄이다.

● 아본 합성어해설

아본-아인+바브+눈이다.

○ 사전적 의미

아인-눈, 대답, 예 아니요, 이다.

바브-갈고리, 못, 연결하는 것이다,

눈-물고기, 규칙, 규정, 영이신 하나님이 정하여 놓으신 생명의 경계선이다.

보는 것과 말하는 것들이 비틀어지고 왜곡된 것이다. 이것은 사람의 마음과 생각이 왜곡되고 비틀어져서 루바흐(영) 엘로힘(남성복수 하나님) 에하흐(여호와) 엘로힘(만능들이신 하나님, 힘들이신 하나님, 권세들이신 하나님 등등)께서 말씀으로 정해 놓으신 규정과 규칙을 버리고 솨탄과의 연결고리를 가지고 있기 때문이다.

사람에게는 보이지 않는 영적인 줄, 선, 끈이 있는데 그 선이 영이신 하나님과 연결 되어 있으면 선한 생각과 마음으로 살아지게 되지만 솨탄마귀귀신과 연결되어 있으면 생각과 마음이 삐딱하게 틀어져 있기 때문에 비틀어지게 보고 비틀어 듣게 된다.

무엇을 듣고 보는 것을 올바르게 분별하는 것은 그 사람의 영적인 상태에 따라서 달라진다. 아본의 죄에 빠지지 않으려면 예슈아 십자가의 복음과 말씀의 줄, 선, 끈에 매여야한다. 줄, 선, 끈은 예슈아 십자가의 복음과 생명의 말씀이다. 예슈아 십자가의 복음과 생명의 말씀의 줄과 선과 끈에 매여 이끌림을 받아야한다.

'아본'과 '아바흐'와의 차이점은 끝 자가 '눈' ן과 '헤이' ה이다. '헤이'는 호흡과 목숨, 그리고 영원히 실존하는 생명이다. '눈'은 물고기와 규정과 규칙과 영이신 하나님께서 정하여 놓으신 생명의 경계선이다. '헤이'는 살아 숨 쉬는 동안 자기의 생각과 마음 상태에 따라서 파멸의 찌그러짐을 당하거나 평온의 홍함을 누리거나 에하흐(여호와) 엘로힘(남성복수 하나님)께서 정하여 놓으신 생명과 직결된 규정과 규칙을 따라야할지를 선택하게 된다.

'눈'은 하나님께서 정하여 놓으신 규정과 규칙의 경계선 안에 있으면 평온과 홍함을 누리게 된다. 선택의 결과에 따라서 영생의 길과 영멸의 길이 달라진다(신 11:26~32, 신 28:1~68, 신명기 30:15~20, 신 32:1~47, 마 16:16, 요 3:16-21, 갈 3:13-14, 갈 5:6, 요일 3:23, 요일 5:11-12).

토 카타 이요안넨 유앙겔리온 Τὸ κατὰ Ἰωάννην Εὐαγγέλιον (요) 6:68. 시몬 베드로가 대답하되 주여 영생의 말씀이 주께 있사오니 우리가 누구에게로 가오리이까라고 하였다.

이 믿음만 있으면 순교, 생명 내어놓는 것은 아무것도 아니다. 호흡이 떨어지면 곧장 아버지 품으로 직행하기 때문이다(눅16:22-23). 파울로스(바울)처럼 예슈아 마쉬아흐(예수 그리스도, 예수스 크리스토스, 이에수스 크리스토스) 외에는 배설물(똥, 쓰레기)로 보이는 영안이 열려야한다. 성도에게 가장 소중한 것은 크리스토스(기름부음을 받은 자), 마쉬아흐(기름부음을 받은 자)영이신 하나님을 믿는 것이라면 모든 것들을 다 해로 여기게 된다. 오직 예슈아 마쉬아흐(예수 그리스도, 예수스 크리스토스, 이에수스 크리스토스)만을 사랑하고 존귀하게 여기기 때문이다(행 20:24, 행 21:13, 롬 14:7-8, 롬 12:1, 고후 4:10, 고후 5:15, 갈 2:20, 빌 3:7-9, 빌 1:20-21, 살전 5:10,23, 딤후 4:7-8, 계 14:13, 마 24:36, 막 13:32, 행 1:7).

프로스 필맆페시우스 Πρὸς Φιλιππησίους 그람마γράμμα(빌) 3:7-9 그러나 무엇이든지 내게 유익하던 것을 내가 그리스도를 위하여 다 해로 여길뿐더러 8 또한 모든 것을 해로 여김은 내 주 그리스도 예수를 아는 지식이 가장 고상하기 때문이라 내가 그를 위하여 모든 것을 잃어버리고 배설물로 여김은 그리스도를 얻고 9 그 안에서 발견되려 함이니 내가 가진 의는 율법에서 난 것이 아니요 오직 그리스도를 믿음으로 말미암은 것이니 곧 믿음으로 하나님께로부터 난 의라고 하였다.

프로스 필맆페시우스 Πρὸς Φιλιππησίους 그람마γράμμα(빌) 1:20~21 나의 간절한 기대와 소망을 따라 아무 일에든지 부끄러워하지 아니하고 지금도 전과 같이 온전히 담대하여 살든지 죽든지 내 몸에서 그리스도가 존귀하게 되게 하려 하나니 21 이는 내게 사는 것이 그리스도니 죽는 것도 유익함이라고 하였다.

'나의 영혼아 잠잠히 하나님만 바라라 무릇 나의 소망이 그로부터 나오는도다'(시 62:5)라고 하였다.

'주의 말씀대로 나를 붙들어 살게 하시고 내 소망이 부끄럽지 않게 하소서'(시 119:116)라고 하였다. (관련성경을 보라. 요 21:15-22, 행 21:10-14, 롬 5:5, 롬 6:13-19, 롬 12:1, 롬 14:7-8, 고전 15:31, 고후 2:14-16, 고후 4:10, 히 11:24-26)

내가 달려갈 길과 주 예수께 받은 사명 곧 하나님의 은혜의 복음을 증언하는 일을 마치려 함에는 나의 생명조차 조금도 귀한 것으로 여기지 아니하노라(행 20:24)고 하였다.

'아바흐'가 어떤 죄인지를 알면 '아본'의 죄를 쉽게 알 수 있다.

'아바흐'의 죄는 '왜곡하는 죄, 구부리고 비틀어버리는 죄', '육신의 실존인 숨구멍, 호흡하는 육신에 매여 눈에 보이는 것 때문에 실존의 문제를 왜곡하고 비틀어버리는 죄'이다. 안목의 정욕은 그래서 무섭다. 눈은 정보를 입수하는 기관이다. 그러므로 그 눈이 무엇에게로 향하느냐에 따라서 그의 인생이 결정된다.

'아본'의 죄는 물고기(사람)가 에하흐(여호와) 하나님께서 정하여 놓으신 규칙과 규정에 매여 있지 않고 눈에 보이는 것을 따라가는 탐욕의 죄이다.

규정은 모범의 표준규칙으로 정하여 놓았다(창 24:44, 창 31:37, 욥 9:33)

규칙은 여러 사람이 지키기로 정한 모범의 법칙(출 20:1~17), 율법 613가지가 아니라 창 1:1~계 22:21절이 영이신 루바흐(영) 엘로힘(남성복수 하나님) 에하흐(여호와) 엘로힘께서 모범의 법칙으로 정하여 놓으신 말씀이다(막 13:30-31).

루바흐 엘로힘께서 정하여 놓으신 말씀을 거역하여 불법을 저지르고 부정을 행하며 사악하게 나아가므로 정죄를 당하고 죄의 벌(징계)을 받게 된다. 에하흐(여호와) 엘로힘 하나님께 영원한 영멸의 형벌을 받게 된다. 세상법의 형벌은 면(무죄)하고 속일 수 있지만 영이신 루바흐 엘로힘, 에하흐 엘로힘은 속일 수 없다.

하나님은 생각에 대한 것까지 이미 죄를 범하였다고 하셨다. 죄는 사람 앞에서가 아니라 영이신 하나님 앞에서의 죄이다. 세상에서는 범죄인이 죽으면 민형사상 모든 집행이 정지가 되지만 영이신 하나님께서 그것까지 물으신다(삼하 19:18-23(왕상 2:8-9,37-46), 시 32:5, 시 51:4, 시 106:6, 사 24:5, 렘 3:25, 렘 4:1, 렘 9:5, 애 3:9, 단 9:7-11(1-19), 겔 33:11, 눅 15:18, 요일 1:10).

아본를 어근으로 하는 단어들

■ 메이 사전적 의미

מְעִי (4596, 메이-쓰레기더미, 폐허의 더미) 메이(명남) 어근은 아본(עָוָה, 5753)이다.

메이 간략해설

안목의 정욕으로 마음이 비틀어진 자는 폐허의 더미와 쓰레기처럼 버려지는 곳(유황과 불못, 지옥)으로 갈 자이다. 진리의 말씀과 에하흐(여호와) 손의 능력으로 영멸한다. 한번 들어가면 영원히 나올 수 없는 지옥은 마지막 쓰레기통이다(계 19:20, 계 20:10,14, 계 21:8). * '아본'과 '아베흐'는 앞에 해설을 참고하라.

■ 아본 사전적 의미

עָוֹן (5771, 아본-불법, 부정, 죄악, 죄의 벌) 아본(명남) 어근은 아바흐(עָוָה, 5753)이다.

■ 아베흐 사전적 의미

עַוְעֶה (5773, 아베흐-비틀어짐, 왜곡됨) 아베흐(명남) 어근은 아바흐(עָוָה, 5753)이다.

■ 이 사전적 의미

עִי (5856, 이-심하게 떨어지거나 넘어짐, 폐허의 무더기) 이(명남) 어근은 아바흐(עָוָה, 5753)이다.

이 간략해설

안목의 정욕에 이끌려가는 사람은 에하흐 능력의 손을 뿌리친다. 그 결과 폐허무더기처럼 버림을 받게 된다는 의미이다. 사람이 생활쓰레기, 폐허무더기를 싫어한다. 코를 막고 피해간다. 눈과 생각과 마음이 폐허무더기가 된 자들을 에하흐(여호와)께서 영원히 폐허무더기인 지옥으로 보내신다는 의미이다.

위 단어들에서 빠지지 않은 단어가 아인ע이다, 보는 것의 위험성을 경고한다. 무엇을 눈으로 보았느냐가 아니라 그 본 것을 지나쳐 버리지 아니하고 깊이 생각하고 마음에 담아 놓은 것에 미혹이 된다. 타락한 인간의 생각과 마음은 비틀어져 있고 왜곡되어져 있다. 쓰레기더미와 같이 폐허가 된 생각과 마음이다. 영이신 루바흐 엘로힘, 에하흐 엘로힘이 없는 마음이다. 그러므로 부정과 불법의 열매를 맺는다.

08. 에벨의 죄

바이크라 ויקרא 세페르סֵפֶר(레) 19:15 너희는 재판할 때에 불의(에벨)를 행하지 말며 가난한 자의 편을 들지 말며 세력 있는 자라고 두둔하지 말고 공의로 사람을 재판할지며라고 하였다.

다바림 דברים 세페르סֵפֶר(신) 25:16 이런 일들을 행하는 모든 자, 악(에벨)을 행하는 모든 자는 네 하나님 여호와께 가증하니라고 하였다.

다바림 דברים 세페르סֵפֶר(신) 32:4 그는 반석이시니 그가 하신 일이 완전하고 그의 모든 길이 정의롭고 진실하고 거짓(에벨)이 없으신 하나님이시니 공의로우시고 바르시도다고 하였다.

■ 에벨 사전적 의미

עֶוֶל (5763-5767, 에벨--~젖을 빨리다, ~젖을 먹이다, 젖먹이, 유아, 불의하게 행하다, 불의, 부정, 불법, 부정한 자, 불의한 자, 사악한 자, 66회)이다.

'에웰'을 모음어에 따라 '에벨'로 번역하지 않았다. '바브'의 모음은 '쎄골"ㅔ'하나뿐이다. '쉰렉' 'ㅜ'가없다. '바브'는 'ㅇ'가 아니라 'ㅂ'이다. 그러므로 모음어 번역은 '에벨'이다.

에벨 간략해설

에벨의 죄는 생명의 젖인 생명진리의 말씀을 먹지 않는 죄이다(벧전 2:1-3, 사 55:1). 신생아는 젖을 먹지 않으면 죽는다. 당신을 바라볼 수 있는 유일한 곳은 성경70권이며(시편을 5권으로) 이 성경70권에서 생명의 젖을 먹고 자라나서 구원을 이루며 장성한 분량에 이르라고 주셨다. 그러나 육신의 눈이 향한 곳은 썩어질 것들만 바라보았다는 것을 에벨에서 말씀하셨다.

생명진리의 말씀을 먹지 않는 자는 죽은 자이며 에하흐(여호와)께 징계의 매를 맞는다. 징계는 영이신 루바흐(영, 창1:2) 엘로힘(남성복수 하나님, 창1:2) 에하흐(여호와, 창2:4) 엘로힘(창2:4)하나님께서 사랑하는 아들에게 하신다고 하셨다. 징계의 목적은 당신의 사랑받는 아들로 올바르게 세우셔서 유업을 물려주시기 위함이다. 그리고 눈을 주신 것은 당신을 바라보라고 주셨다(히 12:1-13).

◆ 이브리어 울 단어별 사전적 의미

עוּל (5763, 울–젖을 빨리다, 젖을 먹이다, 5회)

עוּל (5764, 울–젖먹이, 유아, 2회)

עָוַל (5765, 아발–불의하게 행하다, 2회)

עֶוֶל (5766, 에벨–불의, 부정, 불법, 52회)

עַוָּל (5767, 아빨–부정한 자, 불의한 자, 사악한 자, 5회)

● 에벨 합성어해설

에벨–아인+바브+라메드이다.

○ 사전적 의미

아인–눈, 대답, 예, 아니요, 계시를 보다, 이해하다.

바브–갈고리, 못, 연결하는 사람 예슈아.

라메드–목자의 막대기, 가르치다, 익히다 이다.

에벨은 두 개의 단어는 젖에 대하여 세 개의 단어는 불의에 대하여 말하였다. 아기에게 젖을 먹이기 위해 젖을 빨리는 엄마와 그 젖을 먹지 않으려고 젖을 거부하고 부정하며 행동하고 있는 아기를 연상케 하는 단어이다.

무엇을 말씀 하시려는 것일까? 젖은 영이신 루바흐 엘로힘, 에하흐 엘로힘 하나님께서 먹고 깨달아 힘을 얻어서 생명에 길을 가라고 주신말씀이다. 그러나 생명과 능력이 되는 말씀의 젖을 빨아 먹지 않으면 허약해지고 무력해지며 병들어 간교한 솨탄의 거짓된 유혹을 뿌리칠 수가 없음으로 부정과 불법과 불의를 행하게 된다는 말씀이다.

이것이 당연한 것은 생명과 능력이 되는 말씀을 먹지 않은 결과이다. 아기가 살려면 엄마의 젖을 사모하고 젖을 먹어야 한다. 그러나 젖을 빠는 것이 결코 쉬운 일이 아니다. 처음에는 땀을 뻘뻘 흘리기도 한다. 이 과정을 거쳐야 모유가 원활하게 나오게 되지만 이 과정을 이겨내지 못하면 엄마와 아기가 힘들어지게 된다.

'제대로 젖을 물어야 빨리 돌고 또 많이 나오게 되므로 처음 젖 물리는 방법이 가장 중요하다. 아기가 젖을 제대로 빨면 얼굴로 피가 쏠리고 얼굴 전체의 근육이 사용된다. 아기가 젖을 물고 나서 조금 지나면 엄마는 가슴이 저려올 정도의 강력한 흡입감을 느끼는데 그것은 50cm 낮은 곳에 있는 물을 빨아올릴 정도의 힘이다.

아기는 이와 같은 흡입력을 본능적으로 타고난다고 전문가들은 말한다. 얼굴의 모든 근육을 이용해서 젖을 빨면 아기의 표정도 좋아져 훗날 관상이 훌륭해질 뿐만 아니라 치열도 고르게 된다. 하지만, 이 첫 물리기에 실패하는 산모들이 많다. 우선 출산 후 힘들어서, 퇴원하면 모유수유를 하겠다고 하고 우선은 고무젖꼭지를 물리는데, 그러면 쉽게 먹을 수 있는 방법을 알아버린 아기는 엄마 젖을 멀리하고 빨기의 본능을 잊을 수 있다'고 하였다. _출처미상

에벨의 부정적인 해설과 긍정적인 해설로 구분해서 비교해 보자.

(1) 부정적인 해설

눈으로 인지하고 대답할 것을 대비하는 것과 연결 되어있지 않음으로 징계를 받게 되는 죄이다. 그런데 불의, 부정, 불법, 사악하다는 것은 에하흐(여호와)께서 그의 설교자들을 보내셔서 생명의 젖을 빨리고 젖을 먹이는데 먹지 않는 죄이다(벧전 2:1~2). 이것이 불의한 행위이며 불의한 자이다.

생명의 말씀을 먹지 않았다는 것은 생명을 거부한 것이다. 생명을 거부한 것은 생명을 주시는 영이신 루바흐 엘로힘, 에하흐 엘로힘 하나님을 거부한 것과 같다. 이것이야말로 최고로 어리석고 미련한 자이다. 엄마가 아기에게

젖을 물리는데 먹지 않는다면 어떻게 될까 허약해지고 병들어 죽는다. 젖이 무엇인가? 영이신 루바흐 엘로힘, 에하흐 엘로힘 하나님의 말씀을 비유한 것이다(요 1:1,14, 벧전 2:2, 계 19:13, 사 55:1-3). 그러므로 생명의 말씀을 먹지 않으면 불의, 불법, 사악한 죄의 열매를 맺게 된다.

어느 시대나 루바흐 엘로힘, 에하흐 엘로힘께서 당신의 영적인 생명을 주시는 방법으로 전도 인을 보내신다(눅 16:29,31, 롬 10:13-18, 고전 1:18-21, 마 28:18-20, 막 16:15, 행 9:15, 행 10:36-37, 엡 4:11-12, 벧전 1:12, 사 40:9, 사 52:7, 사 61:1, 렘 7:13,23-28, 렘 25:3-7, 나 1:15).

전도인의 말(복음)을 듣고 당신에게로 돌아서는 자들에게 당신의 영원한 생명을 주신다. '하나님의 지혜에 있어서는 이 세상이 자기 지혜로 하나님을 알지 못하므로 하나님께서 전도의 미련한 것으로 믿는 자들을 구원하시기를 기뻐하셨도다'(고전 1:21).

'이르되 모세와 선지자들에게 듣지 아니하면 비록 죽은 자 가운데서 살아나는 자가 있을지라도 권함을 받지 아니하리라 하였다 하시니라'(눅 16:31,30)고 하였다.

이르메야흐 ירמיה 세페르ספר(렘) 25:3-5 유다의 왕 아몬의 아들 요시야 왕 열셋째 해부터 오늘까지 이십삼 년 동안 에하흐(여호와)의 말씀이 내게 임하기로 내가 너희에게 꾸준히 일렀으나 너희가 순종하지 아니하였느니라 4 그러므로 에하흐(여호와)께서 그의 모든 종 선지자를 너희에게 끊임없이 보내셨으나 너희가 순종하지 아니하였으며 귀를 기울여 듣지도 아니하였도다 5 그가 이르시기를 너희는 각자의 악한 길과 악행을 버리고 돌아오라 그리하면 나 에하흐(여호와)가 너희와 너희 조상들에게 영원부터 영원까지 준 그 땅에 살리라고 하였다(대하 36:15-16, 렘 7:24-26, 렘 11:7, 렘 22:21, 렘 26:5, 렘 29:19, 렘 32:33, 렘 44:4-5, 행 7:11-12,51-52, 히 12:25).

영이신 루바흐 엘로힘, 에하흐 엘로힘 하나님께서 끊임없이 당신의 전도자들을 보내셔서 돌아오라고 부르시지만 지옥 영멸하는 자들은 예슈아 마쉬아흐께로 돌아오지 않았다. 에하흐(여호와)께서 전능하시지만 어쩔 수가 없다. 누구에게나 동일한 방법으로 말씀하시고 감동하시고 씨를 뿌리지만 '어찌 할꼬' 하면서 돌이켜 회심하는 자가 있고 이를 갈며 복음전도자를 돌로 쳐 죽이는 무리들이 있다(행 2:37,41(14~41), 행 6:8~7:60, 54,(57-58)).

말씀이시고 생명이시고 빛이신 예슈아 크리스토스가 오셨지만 빛보다 어둠을 더 사랑하므로 예슈아 크리스토스께 오지 않았다고 하셨다(요 1:4-9, 요 3:19~21).

(2) 긍정적인 해설

영이신 루바흐 엘로힘, 에하흐 엘로힘 하나님을 알려고 하는 열정으로 연결되어 에하흐 엘로힘 하나님만을 앙망하는 눈을 가지고 말할 것을 내가 준비하는 것이 아니라 아버지하나님의 말하게 하심을 따라 말하려는 하나님의 입이 된다(출 4:10-16, 사 6:1-8, 렘 1:4-9, 마 10:19-20).

'오직 에하흐(여호와)를 앙망하는 자는 새 힘을 얻으리니 독수리가 날개치며 올라감 같을 것이요 달음박질하여도 곤비하지 아니하겠고 걸어가도 피곤하지 아니하리로다'(사 40:31)라고 하였다.

'주를 바라는 자들은 수치를 당하지 아니하려니와 까닭 없이 속이는 자들은 수치를 당하리이다'(시 25:3)고 하였다.

'너는 에하흐(여호와)를 기다릴지어다 강하고 담대하며 에하흐(여호와)를 기다릴지어다'(시 27:14)라고 하였다(시 40:1-2시 119:82, 시 123:2, 시 130:5~6, 애3:26).

이런 사람은 영이신 루바흐 엘로힘, 에하흐 엘로힘 하나님께 항상 연결되는 삶을 산다. 하나님을 떠나지 않는다. 그러므로 말씀의 젖을 주실 때 사모하며 기다렸기 때문에 잘 빨아먹고 구원을 이루어 나가기 때문에 구원과 구출의 지팡이가 되어주신다. 받은 은혜와 복으로 에하흐를 더욱 알아가며 두렵고 떨림으로 구원을 이루며 자라난다(사 55:1-2, 벧전 2:2, 엡 4:15-16, 행 10:33,44, 빌 2:12-13, 빌 3:14, 살전 2:13, 행 17:11-12).

말씀의 조명을 받기 때문에 불의하게 행하거나 불의, 부정, 불법, 부정한 자, 불의한 자, 사악한 자가 아니라 의롭고 선한 자로 살아진다.

그렇다. 에벨의 죄가 영멸의 불행이요 환난이라는 것을 안다면 누가 행하겠는가?

'에벨'의 죄에 빠진 사람들은

1) 영이신 루바흐 엘로힘, 예슈아 크리스토스를 믿지 않는다.
2) 환난과 불행의 원인이 영이신 루바흐 엘로힘, 에하흐 엘로힘 하나님의 심판의 징계인줄을 모른다. 운이 없어서 재수가 없어서 정도로 안다는 것이

더 큰 문제이다.

3) 내생을 믿지 않는다. 죽으면 그만이라고 믿고 현실에 내몰려 살아간다.

4) 오직 이생과 육체의 정욕과 안목의 정욕과 이생의 자랑에 이끌려 살아간다.

09. 페솨의 죄

베레쇠트 בראשית 세페르סֵפֶר(창) 31:36 야곱이 노하여 라반을 책망할 새 야곱이 라반에게 대답하여 이르되 내 허물(페솨)이 무엇이니이까 무슨 죄가 있기에 외삼촌께서 내 뒤를 급히 추격하나이까라고 하였다.

베레쇠트 בראשית 세페르סֵפֶר(창) 50:17 너희는 이같이 요셉에게 이르라 네 형들이 네게 악을 행하였을지라도 이제 바라건대 그들의 허물과 죄(페솨)를 용서하라 하셨나니 당신 아버지의 하나님의 종들인 우리 죄(페솨)를 이제 용서하소서 하매 요셉이 그들이 그에게 하는 말을 들을 때에 울었더라라고 하였다.

■ **페솨 사전적 의미**

פֶּשַׁע **(6588, 페솨-반역, 범죄, 위반, 93회)**이다.

페솨 간략해설

페솨는 입으로 짓는 죄이다. 영적인 하나님의 형상과 모양을 가진 자가 안목의 정욕에 빠져서 루바흐 엘로힘의 입에서 나오는 말씀을 위반하며 반역하여 거부하는 죄이다. 입으로 영적인 하나님의 형상과 모양을 가진 자가 안목의 정욕으로 인하여 거부하며 반역하는 것을 번져나가게 하는 죄라는 의미이다.

‘페솨’를 ‘죄’라고 하였으나 무엇을 왜 어떻게 반역, 범죄, 위반하였는지에 대한 ‘죄’인지를 말하지 않고 있다. 그러나 ‘걷다’, ‘행진하다’, ‘걸음’, ‘일보’등을 보면 ‘페솨’에서 말씀하시고자 하시는 죄는 눈에 보이는 시각을 통하여 들어온 정보를 마음에서 생각하고 그 생각을 말하고 실생활에서 행동으로 걸어간다는 것을 알 수 있다.

발 없는 말이 천리 간다는 속담처럼 말이다. 페솨는 영적인 형상과 모양을 반역하고 거부하는 죄를 의미하며 이 페솨의 죄를 행진하며 반역하여 퍼져나가게 하는 죄, 번져나가게 하는 죄를 말한다.

◆ 이브리어 페솨 단어별 사전적 의미

פָּשַׁע (6585, 파솨–걷다, 행진하다, 1회)**이다.**

פָּשַׁע (6586, 파솨–반역하다, 범죄하다, 40회)**이다.**

פֶּשַׁע (6587, 페솨–걸음, 일보, 1회)**이다.**

פֶּשַׁע (6588, 페솨–반역, 범죄, 죄, 93회)**이다.**

● 페솨 합성어해설

페솨–페+쉰+아인 **이다.**

○ 사전적 의미

페–**입, 개방, 말씀하시다.**

> 쉰–이빨, 되새김질, 형상과 모양, 올바름이다.
>
> 아인–눈, 대답, 예, 아니요, 계시를 보다, 이해하다이다.

입을 열어 자기 안에 거하시는 루바흐 엘로힘의 형상과 모양을 반역하며 눈으로 보는 것마다 반역적인 말을 한다. 루바흐 엘로힘의 형상과 모양을 반역한다는 것은 거부하는 것이다. 자기 안에 영생으로 거하시는 영이신 루바흐 엘로힘, 예하흐 엘로힘 하나님의 감동과 이끄심을 거부하고 반역의 길을 간다.

그러므로 불신자들은 영멸의 길을 가면서도 모른다. 발 없는 말이 천리 간다는 것처럼 입에서 나오는 불신의 말들은 루바흐(영) 엘로힘(남성복수 하나님) 하나님께 대한 반역이며 암적인 말들이다. 이런 말들은 악을 퍼뜨려 빠르게 퍼져나가게 하는 누룩 같다.

또한 보는 것을 통하여 반역적인 말을 쏟아낸다. 보는 것에 대한 것들이 죄악의 열매를 맺게 되는 것은 그 사람이 거듭나지 못하였기 때문이다. 거듭난 사람은 눈으로 보는 것을 옳고 그름을 올바르게 분별하게 되므로 폐쇄의 죄에 빠지지 않는다. 자기가 교훈을 받고 경계를 하며 올바르게 말하기 때문이다.

폐쇄 단어묵상

파솨에 모음을 붙여서 하나를 네 개로 분리하였으나 기본어근으로 하는 자음 안에 네 가지로 분류한 모든 뜻들이 다 들어 있다. 이브리어 단어별 합성어해설에서 항상 잊지말아야할 부분이다. 지금까지는 이것을 놓치고 보았기에 핵심적인 뜻과 다양한 뜻을 놓쳐버렸다. 이브리어 단어별 합성어해설이 아니고서는 단어의 확실한 뜻을 알 수가 없다.

이브리어단어와 관련성경을 묵상하는 것은 필수이다.

이브리어 단어별 합성어해설만 묵상하고 관련된 성경을 묵상하지 않으면 말씀의 짝을 잃어버리는 것이며, 구슬을 꿸 줄이 없어서 꿰지 못하는 것과 같아서 생명을 살리고 구원을 이루며 자라나도록 변화시키는 진리를 세워 나아갈 수가 없다.

예솨에야흐 ישעיה 세페르סֵפֶר(사) 34:16 너희는 여호와의 책에서 찾아 읽어 보라 ①이것들 가운데서 빠진 것이 하나도 없고 ②제 짝이 없는 것이 없으리니 이는 ③여호와의 입이 이를 명령하셨고 ④그의 영이 이것들을 모으셨음이라고 하였다.

필자는 지면에 다 올리지 못하지만 독자는 각 단어에 나오는 전체 성경을 모두 묵상하는 것을 원칙으로 할 때 독자 자신 성경을 균형적으로 보게 되며 성경을 이해하는데 해박해진다. 그러나 설교 인용이나 하려고 한다면 자신과 성도의 변화를 기대하지 말아야한다. 변화가 없는 자는 루바흐 엘로힘, 에하흐 엘로힘께 버림을 받게 될 것이 뻔하다(마 7:20-23, 마 25:41, 사 29:10사

56:9-12, 렘 2:13, 렘 17:13).

예솨에야흐 ישעיה 세페르ספר(사) 27:4 나는 포도원에 대하여 노함이 없나니 찔레와 가시가 나를 대적하여 싸운다 하자 내가 그것을 [밟고] 모아 불사르리라고 하였다(렘 6:13-14, 렘 14:13-14, 렘 23:13-14, 겔 3:16-19,26-27, 겔 33:6, 호 4:6, 호 9:7, 욘 1:2-6).

아래 페솨 관련성경을 보라. 와!~ 성구 절이 왜 이렇게 많아! 라고 한다면 당신은 목회자로써의 자격이 없다. 목회자는 다른 면에는 좀 부족해도 성경에 대해서는 전문가가 되어야한다. 막힘이 없어야한다. 루바흐 엘로힘, 에하흐 엘로힘 하나님을 사랑하고 경외하는 사람은 성경을 가까이한다. 성경은 곧 영이신 하나님과의 동등어이다(요 1:1). 영이신 하나님을 싫어하는 사람은 영이신 하나님의 양 무리들을 인도할 자격이 없는 자이다.

나는 본서의 페이지 수를 줄이려고 아래성경구절에 밑줄 친 내용을 모두 삭제하는데 많은 시간이 들었다. 나는 성구들의 앞뒤 문맥까지 묵상을 한다. 그래야 단어의 의미들을 확실하게 깨닫게 된다. 아래 '페솨'관련 성구들을 보면서 '아이쿠 머리야' 한다면 목회를 하지 말아야한다고 생각한다. 성경보다 더 좋은 주석의 본질은 없다.

(왕상 8:50, 왕상 12:19, 왕하 3:5,7, 왕하 8:20,22, 대하 10:19, 대하 21:8,10, 스 10:13, 시 37:38, 시 51:13, 잠 18:19, 잠 28:21, 사 1:2,28, 사 43:27, 사 46:8, 사 48:8, 사 53:12, 사 59:13, 사 66:24, 렘 2:8, 렘 2:29, 렘 3:13, 렘 33:8, 애 3:42, 겔 2:3, 겔 18:31, 겔 20:38, 단 8:23, 호 7:13, 호 8:1, 호 14:9, 암 4:4, 습 3:11, 삼상 20:3, 창 31:36, 창 50:17, 출 22:9, 출 23:21, 출 34:7, 레 16:16, 민 14:18, 수 24:19, 삼상 24:11, 삼상 25:28, 왕상 8:50, 욥 7:21, 욥 8:4, 욥 13:23, 욥 14:17, 욥 31:33, 욥 33:9, 욥 34:6,37, 욥 35:6, 욥 36:9, 시 5:10, 시 19:13, 시 25:7, 시 32:1,5, 시 36:1, 시 39:8, 시 51:1,3, 시 59:3, 시 65:3, 시 89:32, 시 103:12, 시 107:17, 잠 10:12,19, 잠 12:13, 잠 17:9,19, 잠 19:11, 잠 28:2,13,24, 잠 29:6,16,22, 사 24:20, 사 43:25, 사 44:22, 사 50:1, 사 53:5,8, 사 57:4, 사 58:1, 사 59:12,20, 렘 5:6, 애 1:5,14,22, 겔 14:11, 겔 18:22,28,30,31, 겔 21:24, 겔 33:10,12, 겔 37:23, 겔 39:24, 단 8:12,13, 단 9:24, 암 1:3,6,9,11,13, 암 2:1,4,6, 암 3:14, 암 5:12, 미 1:5,13, 미 3:8, 미 6:7, 미 7:18)

10. 라의 죄

베레쇠트 בראשית 세페르סֵפֶר(창) 2:9 여호와 하나님이 그 땅에서 보기에 아름답고 먹기에 좋은 나무가 나게 하시니 동산 가운데에는 생명 나무와 선(토브)악(라)을 알게 하는 나무도 있더라

베레쇠트 בראשית 세페르סֵפֶר(창) 2:17 선(토브)악(라)을 알게 하는 나무의 열매는 먹지 말라 네가 먹는 날에는 반드시 죽으리라 하시니라

■ **라 사전적 의미**

רַע (7451, 라-나쁜, 악한, 악, 악한 것, 666회)이다.

라 간략해설

라의 죄는 안목의 정욕과 교만 죄이다. 그리고 눈으로 보고 머리로 생각하고 마음에 품고 있는 것을 말하는 죄이다.

예슈아 마쉬아흐(예수 그리스도, 예수스 크리스토스, 이에수스 크리스토스)를 자기의 머리로 삼지 아니하고 생명으로 마음에 품고 사랑하지 아니하므로 눈에 보이는 것을 따라가며 말하는 죄이다.

예슈아 마쉬아흐는 엑클레시아(교회, 성도)의 머리시다. 모든 통치자와 권세의 머리이시며 땅의 모든 임금들의 머리이시다. 만물을 지배하시는 전능하신 자(계1:8, 전능하신 자는 판도크라토르이다. παντοκράτωρ(3841, 판토크라토르-만물을 지배하는 자, 전능자)이시다.

아래 성경을 보라.

'또 만물을 그의 발 아래에 복종하게 하시고 그를 만물 위에 교회의 머리로 삼으셨느니라 23 교회는 그의 몸이니 만물 안에서 만물을 충만하게 하시는 이의 충만함이니라'(에페시노스그람마(엡) 1:22-23)고 하였다.

'그는 몸인 교회의 머리시라 그가 근본이시요 죽은 자들 가운데서 먼저 나신 이시니 이는 친히 만물의 으뜸이 되려 하심이요'(콜롯사이그람마(골) 1:18)라고 하였다.

'오직 사랑 안에서 참된 것을 하여 범사에 그에게까지 자랄지라 그는 머리니 곧 그리스도라'(에페시노스그람마(엡) 4:15)고 하였다.

'이는 남편이 아내의 머리 됨이 그리스도께서 교회의 머리됨과 같음이니 그가 바로 몸의 구주시니라'(에페시노스그람마(엡) 5:23)고 하였다.

'너희도 그 안에서 충만하여졌으니 그는 모든 통치자와 권세의 머리시라'(콜롯사이그람마(골) 2:10)고 하였다.

'그러나 나는 너희가 알기를 원하노니 각 남자의 머리는 그리스도요 여자의 머리는 남자요 그리스도의 머리는 하나님이시라'(코린도스알파 그람마(고전) 11:3)고 하였다.

'또 충성된 증인으로 죽은 자들 가운데에서 먼저 나시고 가 되신 예수 그리스도로 말미암아 은혜와 평강이 너희에게 있기를 원하노라 우리를 사랑하사 그의 피로 우리 죄에서 우리를 해방하시고'(요안네스아포칼립시스그람마(계) 1:5)고 하였다.

요안네스아포칼립시스그람마(계) 17:14 그들이 어린 양과 더불어 싸우려니와 어린 양은 만주의 주시요 만왕의 왕이시므로 그들을 이기실 터이요 또 그와 함께 있는 자들 곧 부르심을 받고 택하심을 받은 진실한 자들도 이기리로다라고 하셨다(신 10:17, 시 2:6(1-11), 시 110:5, 시 136:2-3, 잠 8:15-16, 계 1:5, 계 11:15, 계 17:14, 계 19:16(15-21)).

하나님과 반대되는 것이 악이 솨탄이요, 죄가 곧 솨탄마귀이다. 하나님은 선이시고 공의와 사랑이시며 복을 주신다. 그러나 솨탄은 악이요. 나쁨과 죄이다. 솨탄마귀귀신이 스올에 갇히면 죄πλανάω(4105, 플라나오-길을 잃게 하다, 미혹하다, 빗나가다, 방황하다, 창 3:1-6, 계 12:9, 계 19:20, 계 20:1-3)가 없는 세계가 된다. 그 세계가 천년왕국이다.

● 라 합성어해설

라-레소+아인이다.

○ 사전적 의미

레소-머리, 왕, 지배자, 통치자, 잉태이다,

아인-눈, 대답, 예, 아니요, 계시를 보다, 이해하다이다.

◆ 이브리어 단어별 사전적 의미

רַע (7451, 라–나쁜, 악한, 악, 악한 것, 666회)

רֵעַ (7452, 레아–외침, 부르짖음, 3회)

רֵעַ (7453, 레아–친구, 동료, 타인, 187회)

רֵעַ (7454, 레아–의사, 목적, 생각, 2회)

רֹעַ (7455, 로아–나쁨, 악, 불행, 17회)

רַע-'라'의 종합적인 뜻은 나쁜, 악한, 악, 악한 것, 나쁨, 나쁜 것, 해로운 것, 외침, 부르짖음, 친구, 동료, 타인, 의사, 목적, 생각, 해악, 악한 것, 불행, 해, 고난, 재난, 참화, 나쁨, 불행이다.

'라'의 죄는 하나님과 반대되는 것이 악이요, 솨탄이요, 죄가 솨탄이다. 영이신 하나님은 선이시고 공의와 사랑이시며 좋음이다. 그러나 솨탄은 악이요, 나쁨이며 죄이다.

토브 טוֹב (2896, 토브-선하다, 좋다, 기쁘다, 바르게(잘) 행하다, 유익하다, 좋은, 선한, 즐거운, 유쾌한, 좋은 것, 선, 이익, 번영, 복지, 좋은 것, 상품이나 물건, 선함, 유익, 행복)는 모든 선의 총칭어이다. '라'는 모든 나쁜 것과 악의 총칭어이다.

토브(623회)와 관련된 낱말(성구는 생략)들을 묵상해보자

창 1:4 빛이 하나님이 보시기에 [좋았더라],

'[좋았더라]/ 그의 말이 [좋다]/ 하면 왕께 행한 일은 심히 [선함이]/ 다윗을 [칭찬]하여/ 얼굴이 [아름답더라]/ 왕보다 [나은]/ 순종이 제사보다 [낫고]/ 네 말이 [옳다]/ 그보다 더 [준수한] 자가 없고 /사울이요 [준수한] 소년/ 감람원에서 [제일 좋은 것]/ [선하신] 대로 하실 것/ 여호와와 사람들에게 [은총을 더욱 받더라]/ 내게 들리는 소문이 [좋지] 아니/ 내가 그대에게 열 아들보다 [낫지] 아니하냐/ 일곱 아들보다 [귀한] 네 며느리가 낳은 자로다/ 네게 이행하려 하면 [좋으니]/ 다른 밭에서 사람을 만나지 아니하는 것이 [좋으니라]/ 이스라엘의 한 지파 한 족속의 제사장이 되는 것 중에서 [어느 것이 낫겠느냐]/ 우리가 그 땅을 본즉 매우 [좋더라]/ 그들의 마음이 [즐거울] 때에 동생이 그보다/ [더 아름답지] 아니하냐 발락보다/ [더] 나은 것이 있느냐/ 주께서 보시기에 [좋은] 대로/ 그의 집을 [선대]함이냐/ 나의 [아름다운] 열매/ 너희에게 [나으냐]/ 이스라엘에 베푼 모든 [은혜를] 따라/ 만물 포도보다 [낫지] 아니하냐/ 너희에게 주신 이 [아름다운] 땅/ 그에게 [친절하게] 말하고/ 내가 [복을] 내어버렸음이여/ 멍에를 메는 것이 [좋으니]/ 잠잠히 기다림이 [좋도다]/ [순]금이 변질하였으며/ 칼에 죽은 자들이 주려 죽은 자들보다 [나음은]/ [옥]토에 심은 것 뛰어나고/ [아름다운] 나무들/ [좋은] 우리에 누워 있으며/ [좋은] 꼴을 먹이고/너희가 [좋은] 꼴을 먹는 것을 작은 일로/ 너희 [좋지] 못한 행위/ 용모가 [아름다우며] 그들의 얼굴이/ [더욱 아름답고]/ 그 나무 그늘이 [좋음]/ 이스라엘이 이미 [선을] 버렸으니/ 번영할수록 주상을 [아름답게 하도다]/ [선을] 사랑하며 이 나라들보다 [나으냐]/ [복을 내리지] 아니하리라/ 죽는 것이 내게 [나음] 이니이다/ 근심 중에 [복을 바라니]/ 너희가 [선을] 미워/ 주께서 [선한 것이] 무엇/ [그들의 가장 선한 자라도] 가시 같고/ [미모의] 음녀/ 즐거운 마음, 모든 [좋은 물품]/ 그 땅의 [아름다운 것]/ 모든 [아름다운 물건]/ 큰 [복]/ 열매를 먹고 [그것의 아름다운]/ [좋은] 명철/ 예루살렘의 번영/ 주의 크신 [은혜]/ 여호와의 [선하심]/ [주의 선하심]/ [은혜]/ [아름다운 소산]/ [내 복으로]/ [그의 은총]/ [그의 형통함]/ [즐거운]/ [아름다운]/ [좋은 물품으로]/ [선한] 말씀/ 나의 성읍들이 [넘치도록] 다시 풍부할 것/ 즐거움과 [희락의] 절기들/ 너희가 [좋게] 여기거든/ [선을] 구하고'(약 75개) 우리 모두 영이신 루바흐 엘로힘 에하흐 엘로힘께서 보실 때 좋았더라(토브)라고 칭함을 받도록 하자.

'라'의 죄는 교만이다. '라'는 머리(왕 노릇, 교만)로 행동하는 교만 죄와 안목의 정욕의 죄이다, 머리는 생각과 마음이다. 머리는 육체를 움직이며 활동하게 하는 실체의 기능이다. 생각과 마음이 나쁘고 악하니까 중립의 기능인 눈으로 보는 것마다 악하고 나쁘게 보는 죄이다. 눈은 중립으로 보는 기능일 뿐이다. 눈이 죄를 짓는 것이 아니라 눈을 통하여 생각을 하게 되고 생각을 통하여 마음으로 저장되고 마음에 저장 되어있는 것을 말하며 계획하며 행동에 옮기게 하는 것도 마음의 결정에 의하여 죄를 짓는다. 마음의 결정은 곧 영이다. 영이 죄를 짓는다는 것이 맞다.

육체의 지체들인 눈, 귀, 코, 손과 발등은 모두가 중립적이며, 정보가 생각을 거쳐 마음에 들어가 마음에서 결정되어지는 것들을 행동으로 움직이도록 영이 역할을 한다. 이것을 움직이는 것들이 신경선이며 신경선은 마음(영)과 연결되어 있다, 그러므로 '라'를 비롯하여 모든 죄와 죄의 열매의 근원지가 마음과 영이다. 그래서 생각과 마음이 그 사람의 실체요 속사람이다.

◆ 프로스 로마이오스 Πρὸς Ῥωμαίους 그람마γράμμα(롬) 7:21-24절 본문과 직역문장정리를 비교하여 보라.

본문 : 21 그러므로 내가 한 법을 깨달았노니 곧 선을 행하기 원하는 나에게 악이 함께 있는 것이로다

직역문장정리 : 그러므로 내가 그의 그 법을 발견하였고 내가 이 선하고 좋은 것, 하는 것을 내가 원하고 기뻐하는 나는 이악한 이것의 옆에 출석하여있다

본문 : 22 내 속사람으로는 하나님의 법을 즐거워하되

직역문장정리 : 참으로 그 속(안) 사람은 그 규범에 대하여 내가 그 하나님과 함께 기뻐한다

본문 : 23 내 지체 속에서 한 다른 법이 내 마음의 법과 싸워 내 지체 속에 있는 죄의 법으로 나를 사로잡는 것을 보는도다

직역문장정리 : 나의 지체들 안에 이들의 다른 법이 나의 그 마음이 그 법에 대항하여 싸워 저것들이 나의 지체들을 이 하마르티아(죄)가 그 법안으로 나를 포로로 하는 것을 지금 그의 안에 내가 있으면서 내가 보았다

그렇다.

비록 거듭난 자라도 육체 안에 있을 때에는 이런 고백이 반복되어지지만 생명의 성령의 법에 사로잡히면 더 이상 이러한 하마르티아(죄)에서 완전히 해방되어지고 더 이상 정죄를 당하지도 않는다(로메그라페(롬) 8:1-2,5-9).

'라'의 죄는 모든 악, 모든 나쁜 것은 솨탄의 속성이며 솨탄이 넣어준 솨탄의 선물이다(요 13:2, 눅 22:3, 눅 22:31, 요 6:70, 요 13:27, 행 5:3, 약 1:14).

토브는 루바흐 엘로힘, 에하흐 엘로힘 하나님의 모든 속성이다.

'라'의 죄에 붙들린 사람은 에하흐(여호와) 엘로힘 하나님을 앙망하지 않음으로 그의 친구나 동료나 사귀는 사람들이 악하고 나쁜 자들뿐이다. 이것이 자기를 불행하게 하며 고난을 불러오게 하며 재난(참화)을 당하게 되므로 나쁘고 악하다.

그래서 생각과 마음을 어떻게 가지느냐에 따라서 그 사람의 미래가 결정되는 가장 귀한 기능이다. 혹자는 눈에 보이는 것보다 생각과 마음을 중요하게 여기지 않는다. 생각과 마음이 병들어 버리면 결국 영멸의 길을 가고 있는 것이다 라는 것을 모른다.

'악한 계교를 꾀하는 마음과 빨리 악으로 달려가는 발과'(마솰레이(잠) 6:18).

'모든 사람의 결국은 일반이라 이것은 해 아래에서 행해지는 모든 일 중의 악한 것이니 곧 인생의 마음에는 악이 가득하여 그들의 평생에 미친 마음을 품고 있다가 후에는 죽은 자들에게로 돌아가는 것이라'(코헤레트세페르(전) 9:3).

'예루살렘아 네 마음의 악을 씻어 버리라 그리하면 구원을 얻으리라 네 악한 생각이 네 속에 얼마나 오래 머물겠느냐'(이르메야흐(렘) 4:14).

'만물보다 거짓되고 심히 부패한 것은 마음이라 누가 능히 이를 알리요 마는'(이르메야흐(렘) 17:9).

'모든 지킬 만한 것 중에 더욱 네 마음을 지키라 생명의 근원이 이에서 남이니라'(마쉴레이(잠) 4:23)고 하였다.

이 세상에 지킬 것들이 많다. 그중에 가장 지켜야할 것이 마음이다.

(시 139:23, 잠 13:3, 잠 23:19, 잠 28:26, 마 12:35, 막 14:38, 히 12:15, 약 1:14-15).

다바림 세페르(신) 4:9 오직 너는 스스로 삼가며 네 마음을 힘써 지키라 그리하여 네가 눈으로 본 그 일을 잊어버리지 말라 네가 생존하는 날 동안에 그 일들이 네 마음에서 떠나지 않도록 조심하라 너는 그 일들을 네 아들들과 네 손자들에게 알게 하라(신 9:1-9보라).

하나님은 선이시고 솨탄은 악과 나쁨이다. 그러므로 솨탄마귀귀신이 죄이다. 솨탄이 생각과 마음에 들어오는 것을 알아야 하며 솨탄이 악한 생각을 넣어준다는 것을 알아야 한다. '하타'의 죄와 모든 죄의 열매를 맺히게 한다(창 3:1-6,19,14, 마 16:22-23, 요 8:44, 롬 3:23, 롬 6:23, 롬 7:4-5(1-25), 롬 8:5-9, 약 1:15).

'라'의 죄와 관련된 성경묵상

베레쉬트 בראשית 세페르סֵפֶר(창) 2:9 여호와 하나님이 그 땅에서 보기에 아름답고 먹기에 좋은 나무가 나게 하시니 동산 가운데에는 생명나무와 선 טוֹב (2896, 토브-좋은, 선한, 즐거운, 선, 이익, 번영, 복지) 악을 רַע (7451, 라-나쁜, 악한, 악,

악한 것) 알게 하는 나무도 있더라고 하였다.

베레쇠트 בראשית 세페르ספֶר(창) 2:17 선טוֹב (2896, 토브-좋은, 선한, 즐거운, 선, 이익, 번영, 복지) 악을 רַע (7451, 라-나쁜, 악한, 악, 악한 것) 알게 하는 나무의 열매는 먹지 말라 네가 먹는 날에는 반드시 죽으리라 하시니라고 하였다.

베레쇠트 בראשית 세페르ספֶר(창) 3:5 너희가 그것을 먹는 날에는 너희 눈이 밝아져 하나님과 같이 되어 선 טוֹב (2896, 토브-좋은, 선한, 즐거운, 선, 이익, 번영, 복지)악을 רַע (7451, 라-나쁜, 악한, 악, 악한 것) 알 줄 하나님이 아심이니라고 하였다.

◆ 베레쇠트 בראשית 세페르ספֶר(창) 3:22 본문, 직역, 문장정리를 보라.

본문 : 베레쇠트 세페르(창) 3:22 여호와 하나님이 이르시되 보라 이 사람이 선악을 아는 일에 우리 중 하나 같이 되었으니 그가 그의 손을 들어 생명 나무 열매도 따먹고 영생할까 하노라 하시고

직역 : 그가 말씀하시기를 에호바 엘로힘 보라! 그 아담 그가 되었다 하나(독립성을 가진 자) 우리(루바흐, 엘로힘, 에하흐)로부터 밖으로 알고 선(토브) 악(라) 지금 ~하지 않도록 그가 뻗쳐서 그의 손 그것을 취하여 또 다시 나무 그 살아있는 자들 그것을 계속 먹고 그가 살아있다 영원히

문장정리 : 에하흐(여호와) 엘로힘(남성복수 하나님) 그가 말씀하시기를 보라!

그 아담이 지금 우리(루바흐 엘로힘 에하흐)**로부터 밖으로 나가 그가 선과 악을 알고 하나**(독립성을 가진 자)**가 되었다 또 다시 나무에 그의 손을 그가 뻗쳐서 그것을 취하여 그가 계속 먹고 살아있는 자들로 그가 영원히 살지 않도록 하자.**

선악을 아는 일에 아담이 '우리(루바흐 엘로힘 에하흐)중에 하나 같이 되었다'는 번역은 오역이다. 루바흐 엘로힘, 에하흐 엘로힘은 하나이신 하나님이신데 우리 중에 하나같이 되었다고 하는 것은 말을 지어낸 주관적인 번역이다. '그 아담이 우리(루바흐, 에하흐, 엘로힘)로부터 밖으로 나가 독립한 자가 되었다'는 확실한 증거는 네 개의 단어이다. 잘 묵상해보라.

◆ 베레쉬트세페르(창) 3:22절중에서 이브리어 단어별 사전적 의미

הָיָה (1961 하야–~이 일어나다, 그가~되었다, ~이다) הָיָה **칼 완료 3인 남성 단수**

אֶחָד (259 에하드–하나, 독립성을 가진 자) כְּאַחַד **전치사–형용사 기수 남성 단수 연계**

מִן (4480 민–우리~로부터 밖으로, ~보다 더) מִמֶּנּוּ **전치사–1인 공성 복수**

יָדַע (3045 야다–알고 이해하려고) לָדַעַת **전치사–칼 부정사 연계**

민 간략해설

아담이 생명진리의 말씀과 에하흐 엘로힘께서 정하여놓으신 규정과 규칙을 놓치고 버린 결과가 루바흐 엘로힘, 에하흐 엘로힘으로부터 밖으로 나가버렸다는 것이다. 더 이상 루바흐 엘로힘, 에하흐 엘로힘의 간섭아래 있기 싫다는 독립선언과 같다. 자기가 엘로힘(모든 만능들이신 하나님)하겠다는 것과 같다(창 3:5, 눅 15:11-12,13-24).

그렇다. 어느 누가 에하흐 엘로힘 하나님의 생명진리의 말씀을 떠나서 독립 자가 되어 살아 갈 수가 있을까? 하나도 없다고 단언한다. 분명한 이유는 모든 사람은 루바흐 엘로힘, 에하흐 엘로힘 하나님의 일반은총을 받아야 살아갈 수 있기 때문이다. 독립(獨立-홀로 확고히서다)은 좋은 면이 있지만 에하흐 엘로힘을 믿는 자에게는 독립은 교만이요. 악이다. 모든 피조물들은 절대능력과 생명이신 에하흐 엘로힘을 떠나 살아갈 수가 없다.

대기권이라는 경계와 바다와 육지의 경계와 강과 육지의 경계와 국가 간의 경계와 이웃과의 경계등 생활 속에도 수많은 경계의 선과 줄이 있다. 이 경계선이 무너질 때 사람이 죽고 국가가 무너지고 행복 추구권이 무너진다. 하물며 생명과 행복을 위하여 주신 말씀의 경계를 넘어서는 것은 저주의 영멸을 자초 한다(출 20:1-17, 신 11:26-28, 신 28:1-14,15-68, 신 30:15-20, 요 3:15-18, 고전 4:6, 요일 5:11-12). * 내 인생은 내꺼야 는 없다. 하나님 아니면 솨탄에게 종속되어 살아간다.

'라' 한글 번역들

악(죄악)(창 6:5, 창 8:21, 신 28:20, 사 1:16, 렘 21:12, 렘 23:2, 렘 23:22, 렘

25:5, 렘 26:3, 호 9:15)

요란(출 32:17)

우레(욥 36:33)

서로(창 11:3,7, 창 31:49)

마주(창 15:10)

생각(시 139:2,17)

흉한(창 41:19)

완악(삼상 17:28)

근심(느 2:2, 전 7:3)

나쁜(렘 24:2,3,8)

상함(렘 29:17)

자! 악의 본질이 무엇인지를 알았을 것이다. '라'의 죄는 합성어 안에 다 들어있다. 악의 중심은 솨탄이다. 악을 나쁜 것의 정도로 알면 속은 것이다. '라'는 곧 솨탄이다. 솨탄과 죄는 하나이다. 솨탄의 무기는 거짓말이다. 솨탄의 거짓말에 하부하(하와)가 속았다. 그 결과는 영육간의 죽음과 함께 행복한 삶을 지키지 못하고 다 잃어버렸다(창 3:1-24, 눅 8:12-14).

'라'를 다섯 개로 분류하였으나 모든 분류해놓은 단어들이 그렇듯이 기본어근에 다 포함되는 것을 이브리어를 유대인들에게 가르친다는 명분을 내세워 분류한 것은 매우 잘못이다. '라'의 뜻을 보라. 나쁜, 악한, 악, 악한 것, 외침, 부르짖음, 친구, 동료, 타인, 의사, 목적, 생각, 나쁨, 악, 불행이다.

왜? '라'가 나쁜 것이고 악한 것인가?

레소는 머리와 잉태의 뜻도 가지고 있다. 악이 무엇인가를 알려준다. 솨탄을 잉태하여 머리에 품고 있는 것이 악하다. 즉 생각과 마음이 악하다. 이 악한 것이 무엇을 통하여 생각하게 될까 안목의 정욕이다. '아인'은 눈과 대답의 뜻을 가지고 있다. 악한 것, 나쁜 것은 눈을 통하여 들어온다.

감각기관[sensory system, 感覺器官](촉각, 온각, 냉각, 통각, 고유 감각 등 감각을 받아들이는 다양한 수용체로 구성된 기관)을 통하여 들어온다. 눈은 감각 기관 중에 하나이다.

1. 일반 감각신체조직을 통한 느낌을 말하며, 체성 감각과 내장 감각으로 구분할 수 있다. 체성 감각은 촉각, 통각, 온각, 냉각, 위치감각으로 이 느낌은 체성신경에 의해 뇌로 전달된다.
2. 특수 감각 특수한 감각 수용기를 통한 느낌을 말하며 시각, 미각, 후각, 청각, 평형감각이 이에 해당 한다.

악에 속한 감각은 거짓된 욕심에서 비롯된다. 솨탄마귀귀신의 무기이다.

_출처 [네이버 지식백과] 감각기관 [sensory system, 感覺器官] 서울대학교병원 신체기관정보, 서울대학교병원

눈에 보이는 것은 실상이지만 일시적이기에 허상이다. 허상에 사로잡히게 하는 것이 '라'의 죄이다. 보이는 것은 잠간이요 보이지 아니하는 것이 영원함이라고 하였다(고전 4:18, 고후 5:7).

프로스 코린티우스 알파 Πρὸς Κορινθίους α΄그람마γράμμα(고전) 4:18

우리의 돌아보는 것은 보이는 것이 아니요 보이지 않는 것이니 보이는 것은 잠간이요 보이지 않는 것은 영원함이니라고 하였다(롬 8:24-25, 고후 5:7, 히 11:1, 요일 2:25).

더 자세한 내용은 이브리어 단어별 합성어해설집 제 4933, 루코 (4751-4755, 스코)를 참고하라.

이브리어 단어별 해설로 새롭게 알아가는 신론과 죄론을 해설하였다.

신론에서는 하나님은 영이시다(요 4:24, 창 1:2). 영이신 하나님은 실존하시지만 볼 수가 없다. 볼 수 없는 영이신 하나님의 칭호와 속성을 통하여 넓고 깊이 있게 그리고 균형 있게 해설하였다.

대표적인 죄 10개를 해설하여 죄가 무엇인지를 분명하게 하였다.

신론과 죄론을 목자들과 신학교수들이 가르치고 외쳐야한다. 구약에서는 '라아'(목자, 겔 34:2,5,7,9-12,23)라고 하였고 신약에서는 '포이멘'(목자, 엡4:11)라고 하였다. 아래 원어를 보라.

'라아רָעָה (7462, 라아-풀을 뜯기다, 방목하다, 풀을 뜯다, 교제하다, 사귀다, 친구가 되다, 목자, 왕상 22:17, 시 23:1, 사 40:11, 사 56:11, 렘 12:10, 렘 23:2, 렘 50:6, 슥 10:2-3, 슥 13:7, 겔 34:2,5,7,8-12,23)이다.

'목자(포이멘)'ποιμήν(4166, 포이멘-목자, 엡 4:11, 마 9:36, 마 25:32, 마 26:31, 눅 2:8, 요 10:12, 벧전 2:25)이다. 성경에 '목사'라는 직분은 없다.

이브리어의 '라아'와 헬라어 '포이멘'은 오늘날의 목자의 직분이다. 그리고 목양을 하는 '에피스코포스'의 '감독' ἐπίσκοπος(1985, 에피스코포스-감독자, 감독)의 직분이 있다(행 20:28, 빌 1:1, 딤전 3:2, 딛 1:7, 벧전 2:25).

목회자가 죄가 무엇인지를 모르고 설교해 왔었다고 본다. 죄를 모르면 죄 문제를 해결할 수가 없으니 죄 사함을 받을 길이 없고 죄 사함을 받지 못하면 영생구원을 받을 길이 없다. 이브리어 단어별 합성어해설 연구원에서 영이신 하나님이신 루바흐 엘로힘의 칭호들과 솨탄마귀의 속성들인 대표적인 죄의 단어들과 그의 어근들에 관련된 단어까지 합성어 해설을 하여 교재로 사용하다가 좀 더 정리하여 신론과 죄론을 합본하여 본서를 발간하게 되었다.

저자는 루바흐 רוּחַ 에하흐 יְהוָה 엘로힘 אֱלֹהִים 이시다. 필자는 심부름꾼이다.

본서는 이브리어 단어별 합성어해설과 그 단어와 관련되어 있는 성경말씀으로만 구성되어 있어서 초교파적으로 사용할 수 있다는 장점이 있다. 이브리원어의 사전적 의미에 충실하였기 때문이다.

아무쪼록 본서가 대한민국의 목회자와 신학교수, 신학생과 성도들을 깨우는데 요긴하게 애용되어지를 간절한 마음으로 기도한다.

이 도서가 나오기까지 43년을 헌신하며 협력해준 나의 사랑하는 아내 박민자께 감사를 드린다. 다섯 명의 자녀들(우림, 엘림, 요셉, 성은, 국진)은 목자의 자녀들이라는 이유로 인하여 성장과정(교회와 학교)에서 여러모로 많은 불이익을 당하였고 희생의 헌물이 되었다. 자녀들에게 미안하고 감사하다는 마음을 전한다.

다섯 명의 자녀들이 공의와 사랑의 루바흐 엘로힘, 에하흐 엘로힘을 믿고 섬기며 경외하고 의지하며 도움으로 삼고 나아가므로 복들을 받아 누리게 될 것을 나는 확실하게 믿는다.

검수위원으로 수고를 아끼지 않으신 국문과 재학 중인 김현서청년과 김혜영권사께 감사를 드린다. 김창식장로의 (주)GCS 디자인연구소 조윤정부장(집사)께서 표지와 내용 편집을 해주셔서 감사드린다.

목자의 목양에 기도와 함께 문서선교로 동참하고 있는 잘되는교회 모든 성도들에게 감사를 드린다. 잘되는교회 모든 성도들에게 '토브', '빠라크', '에셰르', '솨람(샬람,샬롬)', '야타브', '차라흐', '예슈아'의 완성된 능력과 형통과 번영과 성공과 승리와 건강과 평안과 구원의 복들을 부여해 주시기를 간절히 기도한다.

2024.4. 창뜰아랫길 골짜기 하가의 마콤에서
עִבְרִית 원어단어별 합성어 해설연구원 제공

강의문의

신학대학교, 신학대학교대학원, 총회, 노회, 교회
M.P. 010 9088 1252 조길봉
E-mail. sure8402@naver.com